高等教育学校教材

高等数学简明教程

A Concise Course in Advanced Mathematics

杨志鹏　王洪杰　赵健巍

哈尔滨工业大学出版社
HARBIN INSTITUTE OF TECHNOLOGY PRESS

内 容 简 介

本书为本专科院校高等数学课程教材,编者根据教育部高等学校大学数学课程教学指导委员会公布的最新大学数学课程教学基本要求,结合多年的教学经验,对内容的取舍和体系的编排做了适当调整,力求内容简明,体系合理,深入浅出,通俗易懂,便于自学。全书共 8 章,内容包括:函数、极限与连续,导数与微分,微分中值定理及导数的应用,不定积分,定积分,微分方程,多元函数的微积分,无穷级数。

本书可作为本专科院校经济管理类专业教材,也可作为成人高等学历教育教材。

图书在版编目(CIP)数据

高等数学简明教程/杨志鹏,王洪杰,赵健巍主编.
哈尔滨:哈尔滨工业大学出版社,2024.6
—ISBN 978-7-5767-1518-7

Ⅰ.O13

中国国家版本馆 CIP 数据核字第 2024PU5076 号

策划编辑	许雅莹
责任编辑	庞亭亭
封面设计	刘 乐
出版发行	哈尔滨工业大学出版社
社　　址	哈尔滨市南岗区复华四道街 10 号　邮编 150006
传　　真	0451—86414749
网　　址	http://hitpress.hit.edu.cn
印　　刷	哈尔滨圣铂印刷有限公司
开　　本	787 mm×1 092 mm　1/16　印张 16.25　字数 382 千字
版　　次	2024 年 6 月第 1 版　2024 年 6 月第 1 次印刷
书　　号	ISBN 978-7-5767-1518-7
定　　价	48.00 元

(如因印装质量问题影响阅读,我社负责调换)

◎ 前言

    高等数学作为理工科学生必修的一门基础课程，不仅在学术研究中具有重要地位，还在现代科技和工程技术的发展中扮演着不可或缺的角色。本书旨在为广大学习者提供一份系统、清晰且易于理解的学习指南。无论是数学专业的学生、工程技术的从业者，还是对数学感兴趣的读者，本书都将为您提供一种全面、结构化的学习体验。

    本书的结构和内容安排经过精心设计，包括函数，极限与连续，导数与微分，微分中值定理及导数的应用，不定积分，定积分，微分方程，多元函数的微积分，无穷级数等内容，以及附录。每章节涵盖一个或多个相关主题。每个主题从基础概念开始，逐步深入，涵盖从简单到复杂的内容。本书的目标是在确保深度的同时，尽可能将内容以简洁清晰的方式呈现，以便读者能够快速掌握和理解。每个章节都包含充分的例题和练习题，帮助读者巩固所学内容，提升数学运用能力。在授课过程中，教师可根据各专业教学的实际情况，遵循必须够用的原则进行取舍。

    本书由杨志鹏、王洪杰和赵健巍编写，主要内容来自于近年来在云南师范大学、哈尔滨师范大学、黑龙江工商学院等院校相关专业开设的高等数学课程讲稿。本书的成书过程得到了云南师范大学数学学科和云南省现代分析数学及其应用重点实验室的资助，在此表示感谢。

    由于编者水平有限，书中难免有不足之处，衷心希望得到各位专家、同行和读者的批评指正。

编 者
2024 年 4 月

目录

第1章 函数、极限与连续 ... 1
  1.1 映射与函数 ... 1
  1.2 极限 ... 13
  1.3 极限的运算 ... 27
  1.4 无穷小与无穷大 ... 35
  1.5 函数的连续性 ... 40
  本章习题 ... 49

第2章 导数与微分 ... 52
  2.1 导数的概念 ... 52
  2.2 函数的求导法则 ... 58
  2.3 高阶导数、隐函数和参数方程所确定的函数的导数 ... 64
  2.4 函数的微分及其应用 ... 73
  本章习题 ... 79

第3章 微分中值定理及导数的应用 ... 82
  3.1 微分中值定理 ... 82
  3.2 洛必达法则 ... 87
  3.3 函数的单调性、极值与最值 ... 91
  3.4 曲线的凹凸性与拐点 ... 101
  本章习题 ... 103

第4章 不定积分 ... 107
  4.1 不定积分的概念与性质 ... 107
  4.2 换元积分法 ... 112
  4.3 分部积分法 ... 121
  本章习题 ... 124

第5章 定积分 ······ 127
5.1 定积分概念与性质 ······ 127
5.2 微积分基本公式 ······ 133
5.3 定积分的换元积分法和分部积分法 ······ 136
5.4 定积分的应用——定积分的元素法 ······ 139
本章习题 ······ 149

第6章 微分方程 ······ 151
6.1 微分方程的基本概念 ······ 151
6.2 一阶微分方程 ······ 154
6.3 可降阶的高阶微分方程 ······ 162
6.4 高阶线性微分方程 ······ 164
本章习题 ······ 174

第7章 多元函数的微积分 ······ 176
7.1 多元函数的微分学 ······ 176
7.2 多元函数的积分学 ······ 207
本章习题 ······ 216

第8章 无穷级数 ······ 220
8.1 常数项级数的概念和性质 ······ 220
8.2 常数项级数的审敛法 ······ 223
8.3 幂级数 ······ 229
8.4 函数展开成幂级数 ······ 234
本章习题 ······ 242

附录Ⅰ 简单积分表 ······ 245
附录Ⅱ 初等数学常用公式 ······ 250
参考文献 ······ 252

函数、极限与连续

初等数学的研究对象多是不变的量,而高等数学研究的对象则是变动的量.函数是高等数学的主要研究内容,而研究函数的基本方法是极限方法.极限方法是利用有限描述无限、由近似过渡到精确的一种工具和过程.本章将介绍映射、函数、极限、函数的连续性等基本概念,以及它们的一些性质.

1.1 映射与函数

1.1.1 映射

1. 区间与邻域

区间是指介于数轴上某两点之间线段上的点的全体,是高等数学课程中用得较多的一类实数集.

设 $a,b \in \mathbf{R}$,且 $a<b$,实数集 $\{x \mid a<x<b\}$ 称为以 a,b 为端点的开区间,记作 (a,b),即

$$(a,b) = \{x \mid a<x<b\} \quad (\text{图 } 1.1(a))$$

类似地,可以定义以 a,b 为端点的闭区间 $[a,b]$ 和半开区间 $[a,b)$,$(a,b]$,即

$$[a,b] = \{x \mid a \leqslant x \leqslant b\} \quad (\text{图 } 1.1(b))$$
$$[a,b) = \{x \mid a \leqslant x < b\} \quad (\text{图 } 1.1(c))$$
$$(a,b] = \{x \mid a < x \leqslant b\} \quad (\text{图 } 1.1(d))$$

以上这些区间统称为有限区间,$b-a$ 称为这些区间的长度.从数轴上看,这些区间是长度有限的线段(图 1.1).

第 1 章

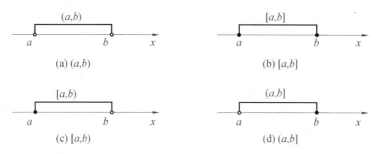

图 1.1

此外还有无限区间,为此需引进记号"$+\infty$"与"$-\infty$",依次读作"正无穷大"与"负无穷大". 因此对 $a \in \mathbf{R}$,有

$$[a, +\infty) = \{x \mid x \geqslant a\}, \quad (a, +\infty) = \{x \mid x > a\}$$
$$(-\infty, a] = \{x \mid x \leqslant a\}, \quad (-\infty, a) = \{x \mid x < a\}$$
$$(-\infty, +\infty) = \{x \mid x \in \mathbf{R}\}$$

有限区间和无限区间统称为区间. 以后在不需要辨明所论区间是开区间还是闭区间、是有限区间还是无限区间时,统称它们为"区间",且常用"I"表示各种类型的区间.

邻域是一种常见的集合. 设 $a \in \mathbf{R}, \delta > 0$,则开区间 $(a-\delta, a+\delta)$ 称为点 a 的 δ 邻域,记作 $U(a, \delta)$,即

$$U(a, \delta) = \{x \mid |x-a| < \delta\} = \{x \mid a-\delta < x < a+\delta\}$$

点 a 称为此邻域的中心,δ 称为此邻域的半径(图 1.2).

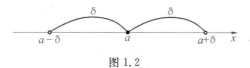

图 1.2

点 a 的去心 δ 邻域是指去掉邻域的中心后所得到的集合,记作 $\mathring{U}(a, \delta)$,即

$$\mathring{U}(a, \delta) = \{x \mid 0 < |x-a| < \delta\}$$

将开区间 $(a-\delta, a)$ 称为点 a 的左 δ 邻域,将开区间 $(a, a+\delta)$ 称为点 a 的右 δ 邻域(图 1.3).

图 1.3

两个闭区间 $[a, b], [c, d]$ 的直积记作 $[a, b] \times [c, d]$,记

$$[a, b] \times [c, d] = \{(x, y) \mid x \in [a, b], y \in [c, d]\}$$

它表示平面上的矩形区域,这个区域在 x 轴与 y 轴上的投影分别是闭区间 $[a, b]$ 和闭区间 $[c, d]$.

2. 映射概念

定义 1.1 设 $X、Y$ 是两个非空集合,如果存在一个法则 f,使得对于 X 中每个元素

x,按法则 f,在 Y 中有唯一确定的元素 y 与之对应,那么称 f 为从 X 到 Y 的映射,记为
$$f: X \to Y$$
其中 y 称为元素 x 在映射 f 下的像,并记作 $f(x)$,即
$$y = f(x)$$
而元素 x 称为元素 y 在映射 f 下的一个原像;集合 X 称为映射 f 的定义域,记作 D_f,即 $D_f = X$;X 中所有元素的像所组成的集合称为映射 f 的值域,记为 R_f,或 $f(X)$,即
$$R_f = f(X) = \{f(x) \mid x \in X\}$$

需要注意的问题:

(1) 构成一个映射必须具备以下三个要素:集合 X,即定义域 $D_f = X$;集合 Y,即值域的范围,$R_f \subset Y$;对应法则 f,使对每个 $x \in X$,有唯一确定的 $y = f(x)$ 与之对应.

(2) 对每个 $x \in X$,元素 x 的像 y 是唯一的;而对每个 $y \in R_f$,元素 y 的原像不一定是唯一的.映射 f 的值域 R_f 是 Y 的一个子集,即 $R_f \subset Y$,不一定 $R_f = Y$.

3. 满射、单射和双射

设 f 是从集合 X 到集合 Y 的映射,若 $R_f = Y$,即 Y 中任一元素 y 都是 X 中某元素的像,则称 f 为 X 到 Y 的满射;若对 X 中任意两个不同元素 $x_1 \neq x_2$,它们的像 $f(x_1) \neq f(x_2)$,则称 f 为 X 到 Y 的单射;若映射 f 既是单射,又是满射,则称 f 为一一映射(或双射).

4. 逆映射与复合映射

设 f 是 X 到 Y 的单射,则由定义,对每个 $y \in R_f$,有唯一的 $x \in X$,使得 $f(x) = y$,于是,可定义一个从 R_f 到 X 的新映射 g,即 $g: R_f \to X$,对每个 $y \in R_f$,规定 $g(y) = x$,x 满足 $f(x) = y$.这个映射 g 称为 f 的逆映射,记作 f^{-1},其定义域 $D_{f^{-1}} = R_f$,值域 $R_{f^{-1}} = X$.

1.1.2 函数

1. 函数概念

定义 1.2 设非空数集 $D \subset \mathbf{R}$,则称映射 $f: D \to \mathbf{R}$ 为定义在 D 上的函数,通常简记为 $y = f(x), x \in D$,其中 x 称为自变量,y 称为因变量,D 称为定义域,记作 D_f,即 $D_f = D$.函数值 $f(x)$ 的全体所构成的集合称为函数的值域,记作 R_f 或 $f(D)$,即
$$R_f = f(D) = \{y \mid y = f(x), x \in D\}$$

(1) 需要注意的问题.

记号 f 和 $f(x)$ 的含义是有区别的,前者表示自变量 x 和因变量 y 之间的对应法则,而后者表示与自变量 x 对应的函数值.但为了叙述方便,习惯上常用记号"$f(x), x \in D$"或"$y = f(x), x \in D$"来表示定义在 D 上的函数,这时应理解为由它所确定的函数 f.

函数 $y = f(x)$ 中表示对应关系的记号 f 也可改用其他字母,例如,"F" "φ" 等.此时函数就记作 $y = \varphi(x), y = F(x)$.

(2) 函数的两要素.

函数是从实数集到实数集的映射,其值域总在 $\mathbf{R}$ 内,因此构成函数的要素是定义域 D_f 及对应法则 f.如果两个函数的定义域相同,对应法则也相同,那么这两个函数就是相同的,否则就是不同的.

函数的定义域通常按以下两种情形来确定：一种是对有实际背景的函数，根据实际背景中变量的实际意义确定. 例如，自由落体运动中，定义域为下落时间 $[0,T]$. 另一种是对抽象地用算式表达的函数，函数的定义域常取使该算式有意义的一切实数组成的集合，这种定义域称为函数的"自然定义域"或"存在域". 如函数 $y=\sqrt{1-x^2}$ 的定义域是闭区间 $[-1,1]$. 在这种情况下，函数的定义域可省略不写，而只用对应法则来表示函数，此时可简单地说函数 $y=\sqrt{1-x^2}$.

[例 1.1] 判断下列函数是否是相同的函数.

(1) $y=1$ 与 $y=\sin^2 x+\cos^2 x$； (2) $y=|x|$ 与 $y=\sqrt{x^2}$；

(3) $y=\ln x^2$ 与 $y=2\ln x$； (4) $y=x+1$ 与 $y=\dfrac{x^2-1}{x-1}$.

解 因为(1)与(2)中两函数的定义域和对应法则两要素都相同，所以它们是相同的函数；而(3)与(4)中两函数的定义域不同，所以它们是不同的函数.

[例 1.2] 求下列函数的定义域.

(1) $y=\dfrac{1}{1-x}+\sqrt{4-x^2}$； (2) $y=\ln(x^2+2x)+\arcsin\dfrac{x-1}{2}$.

解 (1) 由题意可得

$$\begin{cases} x \neq 1 \\ 4-x^2 \geqslant 0 \end{cases}$$

则所求函数的定义域为 $[-2,1) \cup (1,2]$.

(2) 由题意可得

$$\begin{cases} \left|\dfrac{x-1}{2}\right| \leqslant 1 \\ x^2+2x > 0 \end{cases}$$

解得

$$\begin{cases} -1 \leqslant x \leqslant 3 \\ x > 0 \text{ 或 } x < -2 \end{cases}$$

故所求函数的定义域为 $(0,3]$.

2. 函数的表示法

在中学课程里已经学过函数的三种表示法，即解析法（或称公式法）、列表法和图形法. 用一个或几个公式表示函数的方法即为解析法. 用函数图形表示函数的方法称为图形法，这时坐标平面上的点集

$$\{P(x,y) \mid y=f(x), x \in D\}$$

称为函数 $y=f(x), x \in D$ 的图形. 将解析法和图形法相结合来研究函数，可以将抽象函数具体化. 应该指出的是：推动微积分发展的因素除了物理背景外，还有几何直观因素，几何直观对于理解微积分的概念、方法和结论是很有用的.

[例 1.3] 绝对值函数

$$y=|x|=\begin{cases} x & (x \geqslant 0) \\ -x & (x < 0) \end{cases}$$

的定义域 $D=(-\infty,+\infty)$,值域 $R_f=[0,+\infty)$,它的图形如图 1.4 所示.

[例 1.4] 符号函数
$$y=\operatorname{sgn} x=\begin{cases}1 & (x>0)\\ 0 & (x=0)\\ -1 & (x<0)\end{cases}$$

的定义域 $D=(-\infty,+\infty)$,值域 $R_f=\{-1,0,1\}$,它的图形如图 1.5 所示.

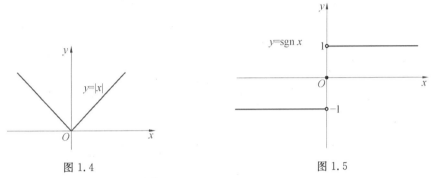

图 1.4　　　　　　　　　　图 1.5

对于任何实数 x,下列关系成立:
$$x=|x|\operatorname{sgn} x$$

不难看出,例 1.3、例 1.4 具有这样的特征:对于自变量的不同取值,函数不能用一个式子表示,在定义域的不同部分需用不同的公式表达,这类函数通常称为分段函数.自然科学、工程技术和经济管理领域涉及的函数多属于分段函数.

[例 1.5] 设 x 为任意实数,不超过 x 的最大整数称为 x 的整数部分,记作 $[x]$.例如,$\left[\dfrac{1}{2}\right]=0,[\sqrt{2}]=1,[\pi]=3,[-2.64]=-3,[-4]=-4$.把 x 看作变量,则函数 $y=[x]$ 称为取整函数.它的定义域 $D=(-\infty,+\infty)$,值域 $R_f=\mathbf{Z}$.它的图形如阶梯形,故称为阶梯曲线(图 1.6).在 x 为整数时,图形发生跳跃,跃度为 1.

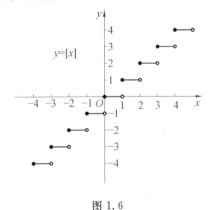

图 1.6

有些函数难以用解析法、列表法或图形法来表示,只能用语言来描述.

[例 1.6] 狄利克雷(Dirichlet)函数

$$D(x) = \begin{cases} 1 & (x \in \mathbf{Q}) \\ 0 & (x \in \mathbf{Q}^c) \end{cases}$$

的定义域 $D = (-\infty, +\infty)$,值域 $R_f = \{0, 1\}$,而且无法画出它的图形.

3. 函数的几种特性

(1) 函数的有界性.

设函数 $f(x)$ 的定义域为 D,数集 $X \subset D$,若存在一常数 K_1,使得

$$f(x) \leqslant K_1$$

对任一 $x \in X$ 都成立,则称函数 $f(x)$ 在 X 上有上界,而 K_1 称为函数 $f(x)$ 在 X 上的一个上界.如果存在一常数 K_2,使得

$$f(x) \geqslant K_2$$

对任一 $x \in X$ 都成立,则称函数 $f(x)$ 在 X 上有下界,而 K_2 称为函数 $f(x)$ 在 X 上的一个下界.

显然,如果 K_1 为 $f(x)$ 在 X 上的上界,那么任何大于 K_1 的数也是 $f(x)$ 在 X 上的上界;如果 K_2 为 $f(x)$ 在 X 上的下界,那么任何小于 K_2 的数也是 $f(x)$ 在 X 上的下界.

若函数 $f(x)$ 在 X 上既有上界又有下界,则称函数 $f(x)$ 在 X 上有界.若函数 $f(x)$ 在其定义域上有界,则其函数图形介于两条直线 $y = M$ 和 $y = -M$ 之间.

函数的有界性也可以用下述方式定义:

若存在正数 M,使得对任一 $x \in X$,有

$$|f(x)| \leqslant M$$

则称函数 $f(x)$ 在 X 上有界,M 即为 $f(x)$ 在 X 上的一个界.

很容易证明这两个定义是等价的.

[**例 1.7**] 判定下列函数在指定区间上的有界性.

(1) $y = \sin x, x \in (-\infty, +\infty)$; (2) $y = \dfrac{1}{x}$,① $x \in (0, 1)$,② $x \in [1, +\infty)$.

解 因为对任意的实数 x,都有

$$|\sin x| \leqslant 1$$

成立,因此函数 $y = \sin x$ 在 $(-\infty, +\infty)$ 内是有界的.它的界 M 可以取 1,当然也可取任何大于 1 的正数.

(2) ① 当 $x \in (0, 1)$ 时,有

$$\frac{1}{x} \geqslant 1$$

成立,因此函数 $y = \dfrac{1}{x}$ 在区间 $(0, 1)$ 内有下界.但由于 x 越靠近 0,函数值越大,因此找不到这样的正数 K_1,使得

$$\frac{1}{x} \leqslant K_1$$

成立,故函数 $y = \dfrac{1}{x}$ 在区间 $(0, 1)$ 内没有上界.因此当 $x \in (0, 1)$ 时,$y = \dfrac{1}{x}$ 无界.

② 当 $x \in [1, +\infty)$ 时,有

$$\left|\frac{1}{x}\right| \leqslant 1$$

成立,因此函数 $y=\frac{1}{x}$ 在 $[1,+\infty)$ 上有界.

例 1.7 表明,讨论函数是否有界必须先指明自变量所在的区间.

(2) 函数的单调性.

设函数 $f(x)$ 的定义域为 D,区间 $I \subset D$. 如果对于区间 I 上任何两点 x_1 及 x_2,当 $x_1 < x_2$ 时,恒有

$$f(x_1) < f(x_2) \quad (f(x_1) > f(x_2))$$

则称函数 $f(x)$ 在区间 I 上是单调增加的(图 1.7)(单调减少的(图 1.8)).单调增加和单调减少的函数统称为单调函数.

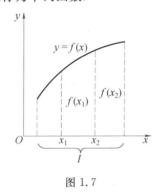

图 1.7　　　　　　　图 1.8

例如,函数 $y=x^3$ 在区间 $(-\infty,+\infty)$ 内是单调增加的(图 1.9). 函数 $y=x^2$ 在区间 $[0,+\infty)$ 上是单调增加的,在区间 $(-\infty,0]$ 上是单调减少的;在区间 $(-\infty,+\infty)$ 内 $y=x^2$ 不是单调的(图 1.10).因此讨论函数的单调性必须先指明自变量所在的区间.

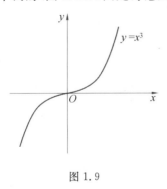 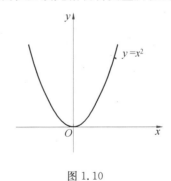

图 1.9　　　　　　　图 1.10

(3) 函数的奇偶性.

设函数 $f(x)$ 的定义域 D 关于原点对称,如果对于任一 $x \in D$,有

$$f(-x) = f(x)$$

恒成立,则称 $f(x)$ 为偶函数. 如果对于任一 $x \in D$,有

$$f(-x) = -f(x)$$

恒成立,则称 $f(x)$ 为奇函数.

偶函数的图形关于 y 轴对称(图1.10),奇函数的图形关于原点对称(图1.9).

[**例1.8**] 判断下列函数的奇偶性.

① $f(x)=2^x+2^{-x}$； ② $f(x)=x+\cos x$；

③ $f(x)=\dfrac{\sin x}{x^2}$； ④ $f(x)=\ln(x+\sqrt{1+x^2})$.

解 这四个函数的定义域均关于原点对称,又

① $f(-x)=2^{-x}+2^{-(-x)}=2^{-x}+2^x=f(x)$,所以该函数为偶函数；

② $f(-x)=-x+\cos(-x)=-x+\cos x$,所以该函数为非奇非偶函数；

③ $f(-x)=\dfrac{\sin(-x)}{(-x)^2}=-\dfrac{\sin x}{x^2}=-f(x)$,所以该函数为奇函数；

④ $f(-x)=\ln(-x+\sqrt{1+(-x)^2})=\ln\dfrac{1}{x+\sqrt{1+x^2}}=-\ln(x+\sqrt{1+x^2})=-f(x)$,所以该函数为奇函数.

(4) 函数的周期性.

设函数 $f(x)$ 的定义域为 D,如果存在一个正数 l,使得对于任一 $x\in D$ 有 $x+l\in D$,且

$$f(x+l)=f(x)$$

恒成立,则称 $f(x)$ 为周期函数,l 称为 $f(x)$ 的周期.通常所说周期函数的周期是指最小正周期.

例如,函数 $\sin x,\cos x$ 都是以 2π 为周期的周期函数；函数 $\tan x$ 是以 π 为周期的周期函数.

值得注意的是,并不是每个周期函数都有最小正周期.例如,常数函数 $y=C$,其中 C 是一确定的常数,是周期函数,但是它不存在最小正周期.又例如,狄利克雷函数是周期函数,因为任何正有理数都是它的周期,但是它也不存在最小正周期.

由函数周期性的概念可知,周期为 l 的周期函数 $y=f(x)$ 的图形沿 x 轴每隔一个周期 l 重复一次,因此对于周期函数只需讨论其在一个周期上的性态,描绘其图形时只需作出一个周期上的图形,然后沿 x 轴向两端延伸即可(图1.11).

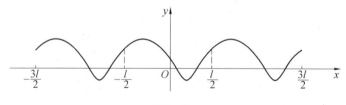

图1.11

1.1.3 反函数

作为逆映射的特例,下面介绍反函数的概念.

设函数 $f:D\to f(D)$ 是单射,则它存在逆映射 $f^{-1}:f(D)\to D$,称此映射 f^{-1} 为函数 f 的反函数.

按此定义,对每个 $y\in f(D)$,有唯一的 $x\in D$,使得 $f(x)=y$,于是有 $f^{-1}(y)=x$. 这就是说,反函数 f^{-1} 的对应法则是完全由函数 f 的对应法则所确定的.

一般地,$y=f(x)$,$x\in D$ 的反函数记作 $y=f^{-1}(x)$,$x\in f(D)$.

按照反函数的定义,反函数 f^{-1} 的对应法则完全由函数 f 的对应法则确定(图 1.12).

通常习惯用 x 表示自变量,用 y 表示因变量. 因此往往将反函数中 x 与 y 互换位置,函数 $y=f(x)$,$x\in D$ 的反函数记成 $y=f^{-1}(x)$,$x\in f(D)$. 在同一坐标系中,函数 $y=f(x)$ 与函数 $x=f^{-1}(y)$ 表示变量 x 与 y 之间的关系,它们的图形是同一条曲线(图1.12);函数 $y=f(x)$ 与其反函数 $y=f^{-1}(x)$ 的图形关于直线 $y=x$ 对称(图 1.13).

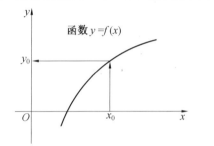
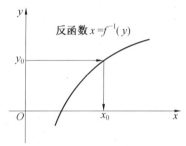

图 1.12

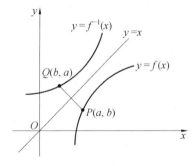

图 1.13

应该注意的是,并非每一个函数都存在反函数. 若 f 是定义在 D 上的单调函数,则 $f:D\to f(D)$ 是单射,于是 f 的反函数 f^{-1} 必定存在,而且容易证明 f^{-1} 也是 $f(D)$ 上的单调函数.

1.1.4 复合函数

复合函数是复合映射的一种特例,按照通常函数的记号,复合函数的概念可如下表述.

设函数 $y=f(u)$ 的定义域为 D_1,函数 $u=g(x)$ 在 D 上有定义且 $g(D) \cap D_1 \neq \varnothing$,则函数

$$y = f[g(x)] \quad (x \in D)$$

称为由函数 $u=g(x)$ 和函数 $y=f(u)$ 构成的复合函数,它的定义域为 D,变量 u 称为中间变量.

函数 g 与函数 f 构成的复合函数通常记为 $f \circ g$,即 $f \circ g = f[g(x)]$.

与复合映射一样,g 与 f 构成复合函数 $f \circ g$ 的条件是:函数 g 在 D 上的值域 $g(D)$ 必须含在 f 的定义域 D_f 内,即 $g(D) \subset D_f$;否则,不能构成复合函数.

例如,$y=f(u)=\arcsin u$ 的定义域为 $[-1,1]$,$u=g(x)=2\sqrt{1-x^2}$ 在 $D = \left[-1, -\frac{\sqrt{3}}{2}\right] \cup \left[\frac{\sqrt{3}}{2}, 1\right]$ 上有定义,且 $g(D) \subset [-1,1]$,则 g 与 f 可构成复合函数 $y=\arcsin 2\sqrt{1-x^2}, x \in D$;但函数 $y=\arcsin u$ 和函数 $u=2+x^2$ 不能构成复合函数,这是因为对任意 $x \in \mathbf{R}$,$u=2+x^2$ 均不在 $y=\arcsin u$ 的定义域 $[-1,1]$ 内.

复合函数也可以由多个函数相继复合而成.例如,由三个函数 $y=\sin u$,$u=\sqrt{v}$ 与 $v=1-x^2$ 相继复合而得到的复合函数为 $y=\sin\sqrt{1-x^2}, x \in [-1,1]$.

[例 1.9] 求由下列所给函数构成的复合函数,并求复合函数的定义域.

(1) $y = \cos u, u = \ln x$;   (2) $y = \sqrt{u}, u = \ln v, v = 2x+3$.

解 (1) 外函数 $y=\cos u$ 的定义域 D_f 为全体实数,内函数 $u=\ln x$ 的值域 $g(D_g)$ 也为全体实数,故两个函数可以复合.两个函数构成的复合函数为 $y=\cos \ln x$,定义域为内函数的定义域 $(0, +\infty)$.

(2) 由于函数 $u=\ln v$ 的定义域与函数 $v=2x+3$ 的值域的交集非空,因此可以生成复合函数 $u=\ln(2x+3)$.同样,由于函数 $y=\sqrt{u}$ 的定义域与复合函数 $u=\ln(2x+3)$ 的值域的交集也非空,因此三个函数生成的复合函数为 $y=\sqrt{\ln(2x+3)}$,其定义域为 $[-1, +\infty)$.

[例 1.10] 设 $f(x) = \dfrac{1}{1-x}$,求 $f(2)$,$f\left(\dfrac{1}{x}\right)$ 及 $f[f(x)]$.

解 分别用 $2, \dfrac{1}{x}, f(x)$ 替代 $f(x) = \dfrac{1}{1-x}$ 中的自变量 x,得

$$f(2) = \frac{1}{1-2} = -1$$

$$f\left(\frac{1}{x}\right) = \frac{1}{1-\frac{1}{x}} = \frac{x}{x-1} \quad (x \neq 0, x \neq 1)$$

$$f[f(x)] = \frac{1}{1-f(x)} = \frac{1}{1-\dfrac{1}{1-x}} = \frac{x-1}{x} \quad (x \neq 0, x \neq 1)$$

1.1.5 基本初等函数

1. 基本初等函数

幂函数：$y = x^\mu$（$\mu \in \mathbf{R}$ 是常数）.

指数函数：$y = a^x$（$a > 0$ 且 $a \neq 1$）.

对数函数：$y = \log_a x$（$a > 0$ 且 $a \neq 1$）. 特别地，当 $a = e$ 时，记为 $y = \ln x$.

三角函数：如 $y = \sin x$，$y = \cos x$，$y = \tan x$ 等.

反三角函数：如 $y = \arcsin x$，$y = \arccos x$，$y = \arctan x$ 等.

以上这五类函数统称为基本初等函数. 它们的性质、图形在中学阶段已经学过，现在表 1.1 中列出，以便查用.

表 1.1

名称	函数表达式	函数的图形	函数的性质
幂函数	$y = x^\mu$（μ 为任意实数） 定义域：随 μ 而不同，但在 $(0, +\infty)$ 中都有定义		(1) 在第一象限内经过 (1, 1) 点； (2) 在 $(0, +\infty)$ 内，当 $\mu > 0$ 时单调增加，当 $\mu < 0$ 时单调减少
指数函数	$y = a^x$（$a > 0$，$a \neq 1$） 定义域：$(-\infty, +\infty)$		(1) 不论 x 为何值，y 总为正数； (2) 当 $x = 0$ 时，$y = 1$； (3) 当 $a > 1$ 时单调增加，当 $0 < a < 1$ 时单调减少
对数函数	$y = \log_a x$（$a > 0$，$a \neq 1$） 定义域：$(0, +\infty)$		(1) 其图形总位于 y 轴右侧，并过 (1, 0) 点； (2) 当 $a > 1$ 时单调增加，当 $0 < a < 1$ 时单调减少

续表1.1

名称	函数表达式	函数的图形	函数的性质
三角函数	$y=\sin x$ 定义域:$(-\infty,+\infty)$		(1) 以 2π 为周期的奇函数; (2) 因 $|\sin x|\leqslant 1$,故为有界函数,图形位于两直线 $y=\pm 1$ 之间
	$y=\cos x$ 定义域:$(-\infty,+\infty)$		(1) 以 2π 为周期的偶函数; (2) 因 $|\cos x|\leqslant 1$,故为有界函数,图形位于两直线 $y=\pm 1$ 之间
	$y=\tan x$ 定义域:$x\neq k\pi+\dfrac{\pi}{2}$ $(k=0,\pm 1,\pm 2,\cdots)$		(1) 以 π 为周期的奇函数; (2) 在 $\left(-\dfrac{\pi}{2},\dfrac{\pi}{2}\right)$ 内为单调增加的无界函数
	$y=\cot x$ 定义域:$x\neq k\pi$ $(k=0,\pm 1,\pm 2,\cdots)$		(1) 以 π 为周期的奇函数; (2) 在 $(0,\pi)$ 内为单调减少的无界函数
反三角函数	$y=\arcsin x$ 定义域:$[-1,1]$		(1) 主值区间为 $\left[-\dfrac{\pi}{2},\dfrac{\pi}{2}\right]$; (2) 单调增加的奇函数
	$y=\arccos x$ 定义域:$[-1,1]$		(1) 主值区间为 $[0,\pi]$; (2) 单调减少
	$y=\arctan x$ 定义域:$(-\infty,+\infty)$		(1) 主值区间为 $\left(-\dfrac{\pi}{2},\dfrac{\pi}{2}\right)$; (2) 单调增加的奇函数
	$y=\text{arccot } x$ 定义域:$(-\infty,+\infty)$		(1) 主值区间为 $(0,\pi)$; (2) 单调减少

2. 初等函数

由常数和基本初等函数经过有限次的四则运算和有限次的函数复合步骤所构成,并可用一个式子表示的函数,称为初等函数. 例如,

$$x^2+2x, \quad \frac{x+1}{3x^2+4}, \quad \sqrt{2x^3+5}, \quad a^x\sin x$$

都是初等函数. 而符号函数、取整函数和狄利克雷函数都不是初等函数. 但是绝对值函数是初等函数,因为 $|x|=\sqrt{x^2}$ 为函数 $\sqrt{x}$ 与 x^2 的复合函数. 在本书中所讨论的函数绝大多数都是初等函数.

[例 1.11] 分解下列复合函数.

(1) $y=\ln(\cos^2 x)$; (2) $y=\sqrt[3]{\sin x^2}$.

解 (1) 函数 $y=\ln(\cos^2 x)$ 由基本初等函数 $y=\ln u, u=v^2, v=\cos x$ 复合而成.

(2) 函数 $y=\sqrt[3]{\sin x^2}$ 由基本初等函数 $y=\sqrt[3]{u}, u=\sin v, v=x^2$ 复合而成.

必须强调的是,正确分析复合函数的构成决定了以后能否熟练掌握微积分的方法和技巧.

1.2 极 限

1.1 节已经介绍了函数的概念,但如果只停留在函数概念本身去研究变量,如仅仅把运动看成物体在某一时刻处于某一位置,那就还没有达到揭示变量变化内部规律的目的,还没有脱离初等数学的范围. 只有用动态的观点揭示函数所确定的两个变量之间的变化关系时,才算真正进入高等数学的研究领域. 极限是进入高等数学的钥匙和工具. 本节从最简单的也是最基本的数列极限开始研究,先介绍数列极限的概念,然后讨论数列极限的性质.

极限的概念是由于求解某些实际问题的真值而产生的. 如古代数学家刘徽的"割圆术",就是极限思想在几何学上的应用. 在一个圆内,作一个内接正六边形,其面积记为 A_1;作一个内接正十二边形,其面积记为 A_2;作一个内接正二十四边形,其面积记为 A_3;…… 一般对于内接正 $6\times 2^{n-1}$ 边形,其面积记为 A_n,得到一系列的内接正多边形的面积 $A_1, A_2, A_3, \cdots, A_n, \cdots$,形成一列有次序的数,而且随着 n 不断增大,即随着边数无限增加,内接正多边形无限接近于圆,同时 A_n 无限接近某个定值,此定值即为圆的面积. 在解决实际问题中逐渐形成的这种极限方法,已成为高等数学中的一种基本方法,因此有必要做进一步的阐述.

1.2.1 数列的极限

1. 数列的定义

定义 1.3 如果按照某一对应法则,对每个 $n\in \mathbf{N}^+$,对应着一个确定的实数 x_n,这些实数 x_n 按照下标 n 从小到大的顺序排列得到一个序列,即

$$x_1, x_2, \cdots, x_n, \cdots$$

则称该序列为数列,简记为数列$\{x_n\}$.实际上,数列是特殊的函数

$$x_n = f(n) \quad (n \in \mathbf{N}^+)$$

即是定义域为正整数、值域含于实数的函数.

数列中的每一个数称为数列的项,第n项x_n称为数列的一般项或通项.例如,

(1) $2, \dfrac{3}{2}, \dfrac{4}{3}, \dfrac{5}{4}, \cdots, \dfrac{n+1}{n}, \cdots$;

(2) $2, 4, 8, \cdots, 2^n, \cdots$;

(3) $-1, \dfrac{1}{2}, -\dfrac{1}{3}, \dfrac{1}{4}, \cdots, \dfrac{(-1)^n}{n}, \cdots$;

(4) $-1, 1, -1, 1, \cdots, (-1)^n, \cdots$.

都是数列的例子.在几何上.数列$\{x_n\}$可以看作在数轴跳动的点,它依次取数轴上的点$x_1, x_2, \cdots, x_n, \cdots$(图 1.14).

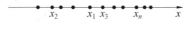

图 1.14

对于数列$\{x_n\}$,如果存在正数M,使得对于所有的x_n都满足不等式

$$|x_n| \leqslant M$$

则称数列$\{x_n\}$是有界的;如果这样的正数M不存在,就说数列$\{x_n\}$是无界的.

例如,数列$x_n = \dfrac{n}{n+1}(n=1,2,\cdots)$是有界的,因为可取$M=1$,而使

$$\left|\dfrac{n}{n+1}\right| \leqslant 1$$

对于一切正整数n都成立.

数列$x_n = 2^n (n=1,2,\cdots)$是无界的,因为当n无限增加时,2^n可超过任何正数.

数轴上对应于有界数列的点x_n都落在闭区间$[-M, M]$上.

2. 数列的极限

数列极限的概念来自实践,它有着丰富的实际背景.我国很早就对数列进行了研究,早在战国时期就有了极限的思想.古代哲学家庄周所著的《庄子·天下篇》引用过一句话:"一尺之棰,日取其半,万世不竭."其含义是:一根长为一尺的木棒,每天截下一半,这样的过程可以无限地进行下去.

把每天截下部分的长度列出如下(单位为尺):

第一天截下$\dfrac{1}{2}$,第二天截下$\dfrac{1}{2^2}$,……,第n天截下$\dfrac{1}{2^n}$,……

这样就得到一个数列,即

$$\dfrac{1}{2}, \dfrac{1}{2^2}, \cdots, \dfrac{1}{2^n}, \cdots \quad 或 \quad \left\{\dfrac{1}{2^n}\right\}$$

不难看出,数列$\left\{\dfrac{1}{2^n}\right\}$的通项$\dfrac{1}{2^n}$随着$n$的无限增大而无限接近于$0$.

定义 1.4 对于数列$\{x_n\}$,若当n无限增大时,x_n能无限地接近某一个常数a,则称此

数列为收敛数列,常数 a 称为它的极限.若数列 $\{x_n\}$ 的极限不存在,则称数列 $\{x_n\}$ 发散.

[例 1.12] 考察前面给出的数列 $\left\{\dfrac{n+1}{n}\right\}$,$\{2^n\}$,$\left\{\dfrac{(-1)^n}{n}\right\}$,$\{(-1)^n\}$,判断其是否是收敛数列.

解 随着项数 n 的无限增大,数列 $\left\{\dfrac{n+1}{n}\right\}$ 各项的值越来越接近于 1;数列 $\{2^n\}$ 各项的值越变越大,而且无限增大;数列 $\left\{\dfrac{(-1)^n}{n}\right\}$ 各项的值在 0 的两边跳跃,越来越接近于 0;数列 $\{(-1)^n\}$ 各项的取值在 -1 与 1 之间来回摆动,它不会与任何常数无限接近.因此,数列 $\left\{\dfrac{n+1}{n}\right\}$ 和 $\left\{\dfrac{(-1)^n}{n}\right\}$ 是收敛数列,而数列 $\{2^n\}$ 和 $\{(-1)^n\}$ 是发散数列.

为使极限概念易于理解和接受,上面只做了定性和直观的描述.由于没有进行数量分析也没有给出严谨的定义,无法在理论上进行推理和论证,因此必须用定量的数学语言来描述极限的概念.

在描述极限的语句中,关键是"随着 n 的无限增大,x_n 无限地接近某一常数 a".这就是说,当 n 充分大时,数列的通项 x_n 与常数 a 的距离无限变小,即无论给出怎样小的正数,它们之间的距离可以变得(并保持)比这个任意小的正数更小,因而,上面表述揭示了极限的本质.

例如,对于数列 $2,\dfrac{3}{2},\dfrac{4}{3},\dfrac{5}{4},\cdots,\dfrac{n+1}{n},\cdots$,已经通过观察数列一般项的变化趋势得到它是收敛数列,极限为 1.其实数列的一般项与其极限的距离为

$$\left|\dfrac{n+1}{n}-1\right|=\dfrac{1}{n}$$

(1) 若给出一个很小的正数 $\dfrac{1}{10}$,第 10 项以后的各项与 1 的距离都比 $\dfrac{1}{10}$ 还小;

(2) 若给出一个很小的正数 $\dfrac{1}{100}$,第 100 项以后的各项与 1 的距离都比 $\dfrac{1}{100}$ 还小;

(3) 若给出一个更小的正数 $\dfrac{1}{1\,000}$,第 1 000 项以后的各项与 1 的距离都比 $\dfrac{1}{1\,000}$ 还小;

(4) 由于数列通项 $\dfrac{n+1}{n}$ 与 1 的距离无限变小,也就是说,如果给出一个任意小的正数 ε,要使

$$\left|\dfrac{n+1}{n}-1\right|=\dfrac{1}{n}<\varepsilon$$

只需 $n>\dfrac{1}{\varepsilon}$,即第 $\left[\dfrac{1}{\varepsilon}\right]$ 项之后的各项与 1 的距离都比 ε 还小.

这表明,对于无论怎样小的正数 ε,第 $\left[\dfrac{1}{\varepsilon}\right]$ 项之后的各项与 1 的距离都能比 ε 小.这样,关于"数列 $\left\{\dfrac{n+1}{n}\right\}$ 以 1 为极限"的含义就更加确切了:

当 n 无限增大时,$\dfrac{n+1}{n}$ 无限地接近于 1,即随着 n 的无限增大,差距 $\left|\dfrac{n+1}{n}-1\right|$ 无限

地变小,也就是对于任意给定的正数 ε,总存在正整数 N,当 $n > N$ 时,$\left|\frac{n+1}{n} - 1\right| < \varepsilon$.

定义 1.5 设 $\{x_n\}$ 为一数列,如果存在确定常数 a,对于任意的正数 ε(无论它多么小),总存在正整数 N,使得当 $n > N$ 时,不等式

$$|x_n - a| < \varepsilon$$

都成立,那么就称常数 a 为数列 $\{x_n\}$ 的极限,或者称数列 $\{x_n\}$ 收敛于 a,并记作

$$\lim_{n \to \infty} x_n = a$$

或

$$x_n \to a (n \to \infty)$$

读作"当 n 趋于无穷大时,x_n 的极限等于 a 或 x_n 趋于 a".

如果不存在这样的常数 a,就说数列 $\{x_n\}$ 没有极限,$\lim\limits_{n \to \infty} x_n$ 不存在,或称 $\{x_n\}$ 为发散数列.

为了表达方便,引入记号"∀",它表示"对于任意给定的"或"对于每一个";记号"∃"表示"存在". 于是,"对于任意给定的 ε > 0"写成"∀ε > 0","存在正整数 N"写成"∃ 正整数 N",数列极限 $\lim\limits_{n \to \infty} x_n = a$ 的定义可表述为:

$\lim\limits_{n \to \infty} x_n = a \Leftrightarrow \forall \varepsilon > 0, \exists$ 正整数 N,当 $n > N$ 时,有 $|x_n - a| < \varepsilon$.

数列极限的概念产生以后,自然会提出如下的问题:

(1) 对于一个给定的数列 $\{x_n\}$,是否有一个实数 a 为其极限?

(2) 当问题(1)的回答肯定时,能否求出其极限 a? 若能,怎样求出?

数列极限的定义并未直接提供求数列极限的方法,数列极限的求法将在后面章节介绍,现在先举几个说明极限概念的例子.

[例 1.13] 证明:$\lim\limits_{n \to \infty} \frac{(-1)^n}{n+1} = 0$.

证明 因为

$$\left|\frac{(-1)^n}{n+1} - 0\right| = \frac{1}{n+1}$$

对 $\forall \varepsilon > 0$,只要

$$\frac{1}{n+1} < \varepsilon \quad \text{或} \quad n > \frac{1}{\varepsilon} - 1$$

所以,取 $N = \left[\frac{1}{\varepsilon} - 1\right]$,则当 $n > N$ 时,便有

$$\left|\frac{(-1)^n}{n+1} - 0\right| = \frac{1}{n+1} < \varepsilon$$

即

$$\lim_{n \to \infty} \frac{(-1)^n}{n+1} = 0$$

[例 1.14] 证明:$\lim\limits_{n \to \infty} \frac{n}{2n+1} = \frac{1}{2}$.

证明 $\forall \varepsilon > 0$,欲使 $\left|\frac{n}{2n+1} - \frac{1}{2}\right| < \varepsilon$,只要

$$\left|\frac{n}{2n+1}-\frac{1}{2}\right|=\frac{1}{2(2n+1)}<\frac{1}{2n+1}<\frac{1}{n}<\varepsilon$$

即 $n>\frac{1}{\varepsilon}$. 取 $N^*=\left[\frac{1}{\varepsilon}\right]$, 当 $n>N^*=\left[\frac{1}{\varepsilon}\right]$ 时, 必有 $n>\frac{1}{\varepsilon}$, 则

$$\left|\frac{n}{2n+1}-\frac{1}{2}\right|<\varepsilon$$

证得 $\lim\limits_{n\to\infty}\frac{n}{2n+1}=\frac{1}{2}$.

注意 在利用数列极限定义论证某个数 a 是数列 $\{x_n\}$ 的极限时, 重要的是对于任意给定的正数 ε, 要能够指出定义中所说的这种正整数 N 确定存在, 没有必要去求最小的 N. 如果知道 $|x_n-a|$ 小于某个量(这个量是 n 的一个函数), 那么当这个量小于 ε 时, $|x_n-a|<\varepsilon$ 当然也成立. 若令这个量小于 ε 来确定 N 比较方便, 就可以采用这种方法. 该方法称为用定义证明极限存在的放大法. 运用适当放大的方法, 求 N 比较方便. 但应注意这种放大必须"适当", 以根据给定的 ε 能确定出 N. 例 1.14 就是运用了适当放大方法.

[例 1.15] 证明: $\lim\limits_{n\to\infty}q^n=0$, 其中 $|q|<1$.

证明 若 $q=0$, 结果是显然的. 现设 $0<|q|<1$, 对 $\forall\varepsilon>0(\varepsilon<1)$, 有

$$|q^n-0|=|q|^n<\varepsilon$$

只要

$$n\ln|q|<\ln\varepsilon$$

即

$$n>\frac{\ln\varepsilon}{\ln|q|}$$

因此取 $N=\left[\frac{\ln\varepsilon}{\ln|q|}\right]$, 当 $n>N$ 时, 便有

$$|q^n-0|<\varepsilon$$

即 $\lim\limits_{n\to\infty}q^n=0$.

关于数列极限的 $\varepsilon-N$ 定义, 通过以上几个例子, 已经有了初步的认识. 对于这个定义的理解还应该注意下面几点:

(1) ε 是任意给定的正数这一点很重要, 因为只有这样, 不等式 $|x_n-a|<\varepsilon$ 才能刻画 x_n 无限接近于 a. 而 ε 一经选取, 就可以根据它来寻找 N. 又因为 ε 是任意小的正数, 那么 $\frac{\varepsilon}{2}$, 3ε 或 ε^2 等同样也是任意小的正数, 因此定义中不等式 $|x_n-a|<\varepsilon$ 中的 ε 可用 $\frac{\varepsilon}{2}$, 3ε 或 ε^2 等来代替. 同时, 正由于 ε 是任意小的正数, 因此可限定 ε 小于一个确定的正数(如在例 1.15 给出的证明方法中限定 $\varepsilon<1$).

(2) 利用极限的定义验证极限时, 关键是对任意给定的正数 ε, 找到满足条件的 N. 一般来说, N 与 ε 有关, 记为 $N=N(\varepsilon)$. 对于给定的正数 ε, N 不是唯一的. 因为, 当 $n>N$ 时, 均能使不等式

$$|x_n-a|<\varepsilon$$

成立. 则当 $n>N_1(N_1>N)$ 时, 上式也成立.

(3) 从几何意义上看, 当 $n>N$ 时, 有

即
$$|x_n - a| < \varepsilon$$
$$-\varepsilon < x_n - a < \varepsilon$$
所以当 $n > N$ 时,所有的点 x_n 都落在开区间 $(a-\varepsilon, a+\varepsilon)$ 内,而只有有限个(至多只有 N 个)在该区间以外(图 1.15).

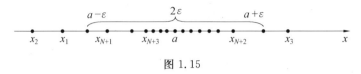

图 1.15

1.2.2 函数的极限

因为数列 $\{x_n\}$ 可看作自变量为 n 的函数 $x_n = f(n), n \in \mathbf{N}^+$,所以,数列 $\{x_n\}$ 的极限为 a,就是当自变量 n 取正整数而无限增大(即 $n \to \infty$)时,对应的函数值 $f(n)$ 无限接近于确定的数 a. 把数列极限概念中的函数为 $f(n)$ 而自变量的变化过程为 $n \to \infty$ 等特殊性撇开,就可以引出函数极限的一般概念. 本节首先介绍函数极限的概念,然后介绍函数极限的性质.

由于数列中自变量是正整数,因此它只有一种变化趋势. 而函数中自变量的变化趋势要比数列复杂得多,自变量的变化过程主要有两种情形:

(1) 自变量 x 的绝对值 $|x|$ 无限增大,即 x 趋于无穷大(记作 $x \to \infty$)时,对应的函数值 $f(x)$ 的变化趋势.

(2) 自变量 x 任意地接近有限值 x_0,或者说 x 趋于有限值 x_0(记作 $x \to x_0$)时,对应的函数值 $f(x)$ 的变化趋势.

1. 自变量趋于无穷大时函数的极限

设函数 $f(x)$ 在 $[a, +\infty)$ 上有定义,类似于数列的情形,首先研究当自变量 x 趋于正无穷大时,对应的函数值的变化情况. 例如,对于函数 $f(x) = \dfrac{1}{x}$,从它的图形上可以看出,当 x 无限增大时,函数值无限地接近 0;而对于函数 $g(x) = \arctan x$,则当 x 趋于 $+\infty$ 时函数值无限地接近 $\dfrac{\pi}{2}$,则称这两个函数当 x 趋于正无穷大时有极限. 一般地,当 x 趋于正无穷大时函数极限的精确定义如下:

定义 1.6 设函数 $f(x)$ 在 $[a, +\infty)$ 上时有定义,如果存在常数 A,对任意给定的 $\varepsilon > 0$(不论多么小),总存在正数 $X(\geqslant a)$,使得当 $x > X$ 时有
$$|f(x) - A| < \varepsilon$$
则称函数 $f(x)$ 当 x 趋于正无穷大时以 A 为极限,记作
$$\lim_{x \to +\infty} f(x) = A \quad \text{或} \quad f(x) \to A (x \to +\infty)$$

在定义 1.6 中,正数 X 的作用与数列极限定义中的 N 相类似,它表明自变量 x 充分大的程度,但这里所考虑的是比 X 大的所有实数 x,而不仅仅是正整数 n. 因此,当 $x \to +\infty$ 时函数 $f(x)$ 以 A 为极限意味着:当自变量 x 充分大时,对应的函数值 $f(x)$ 都含在以 A 为中心、以 ε 为半径的邻域内.

定义 1.6 的几何意义如图 1.16 所示. 对任给的 ε>0, 在坐标平面上均有平行于 x 轴的两条直线 $y=A+ε$ 与 $y=A-ε$, 它们围成以直线 $y=A$ 为中心线、宽为 $2ε$ 的带形区域. 定义中的"当 $x>X$ 时有 $|f(x)-A|<ε$"表示：在直线 $x=X$ 的右方, 曲线 $y=f(x)$ 全部落在这个带形区域之内. 如果正数 ε 给得小一点, 即当带形区域更窄一点, 那么直线 $x=X$ 一般要往右平移; 但无论带形区域如何窄, 总存在这样的正数 X, 使得曲线 $y=f(x)$ 在直线 $x=X$ 的右边部分全部落在带形区域内.

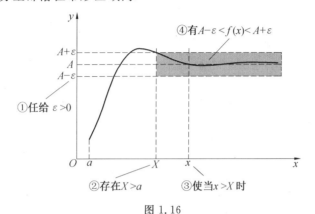

图 1.16

设 $f(x)$ 在 $(-\infty,b)$ 或在 $|x|$ 大于某一正数时有定义, 当 $x \to -\infty$ 或 $x \to \infty$ 时, 若函数值 $f(x)$ 能无限地接近某定数 A, 则称 f 当 $x \to -\infty$ 或 $x \to \infty$ 时以 A 为极限, 分别记作

$$\lim_{x \to -\infty} f(x) = A \quad 或 \quad f(x) \to A (x \to -\infty)$$

$$\lim_{x \to \infty} f(x) = A \quad 或 \quad f(x) \to A (x \to \infty)$$

这两种函数极限的精确定义与定义 1.6 相仿, 只需把其中的"$x>X$"分别改为"$x<-X$"和"$|x|>X$"即可.

不难证明：若 $f(x)$ 在 $|x|$ 大于某一正数时有定义, 则

$$\lim_{x \to \infty} f(x) = A \Leftrightarrow \lim_{x \to +\infty} f(x) = \lim_{x \to -\infty} f(x) = A$$

[例 1.16]　证明：$\lim\limits_{x \to \infty} \dfrac{1}{x} = 0$.

证明　$\forall ε>0$, 要证 $\exists X>0$, 当 $|x|>X$ 时, 不等式

$$\left|\frac{1}{x} - 0\right| < ε$$

成立. 这个不等式相当于

$$\frac{1}{|x|} < ε$$

或

$$|x| > \frac{1}{ε}$$

由此可知, 如果取 $X=\dfrac{1}{ε}$, 那么当 $|x|>X=\dfrac{1}{ε}$ 时, 不等式 $\left|\dfrac{1}{x}-0\right|<ε$ 成立, 这就证明了

$$\lim_{x \to \infty} \frac{1}{x} = 0$$

[**例 1.17**] 证明:(1) $\lim\limits_{x \to -\infty} \arctan x = -\dfrac{\pi}{2}$;(2) $\lim\limits_{x \to +\infty} \arctan x = \dfrac{\pi}{2}$.

证明 $\forall \varepsilon > 0$,由于
$$\left| \arctan x - \left(-\dfrac{\pi}{2}\right) \right| < \varepsilon$$
即
$$-\varepsilon - \dfrac{\pi}{2} < \arctan x < \varepsilon - \dfrac{\pi}{2}$$
而此不等式的左半部分对任何 x 都成立,故只需考察其右半部分 x 的变化范围. 为此,先限制 $\varepsilon < \dfrac{\pi}{2}$,则有
$$x < \tan\left(\varepsilon - \dfrac{\pi}{2}\right) = -\tan\left(\dfrac{\pi}{2} - \varepsilon\right)$$
对 $\forall \varepsilon > 0 \left(\varepsilon < \dfrac{\pi}{2}\right)$,只需取 $X = \tan\left(\dfrac{\pi}{2} - \varepsilon\right) > 0$,则当 $x < -X$ 时有
$$\left| \arctan x - \left(-\dfrac{\pi}{2}\right) \right| < \varepsilon$$
即
$$\lim\limits_{x \to -\infty} \arctan x = -\dfrac{\pi}{2}$$

类似可以证明 $\lim\limits_{x \to +\infty} \arctan x = \dfrac{\pi}{2}$. 由前面的结论可知,当 $x \to \infty$ 时 $\arctan x$ 不存在极限.

2. 自变量趋于有限值时函数的极限

考察函数 $g(x) = x + 1$ 与函数 $f(x) = \dfrac{x^2 - 1}{x - 1}$ 当 $x \to 1$ 时的变化趋势. $g(x)$ 在点 $x = 1$ 处有定义,$f(x)$ 在 $x = 1$ 处没有定义,但此处并非求函数值 $f(1)$,而是考察当 $x \to 1$ 时 $f(x)$ 的变化情况. 由于 x 不论从左边还是从右边无限趋近于 1,x 都取不到 1,因此
$$\dfrac{x^2 - 1}{x - 1} = x + 1 \quad (x \neq 1)$$
所以 $g(x)$ 与 $f(x)$ 都无限接近于 2.

那么如何用数学语言刻画自变量无限趋近于 x_0 时,对应的函数值无限接近于 A 呢?

在 $x \to x_0$ 的过程中,对应的函数值 $f(x)$ 无限接近于 A,就是 $|f(x) - A|$ 能任意小. 如数列极限概念所述,$|f(x) - A|$ 能任意小可以用 $|f(x) - A| < \varepsilon$ 来表达,其中 ε 是任意给定的正数. 因为函数值 $f(x)$ 无限接近于 A 是在 $x \to x_0$ 的过程中实现的,所以对于任意给定的正数 ε,只要求充分接近于 x_0 的 x 所对应的函数值 $f(x)$ 满足不等式 $|f(x) - A| < \varepsilon$. 而充分接近于 x_0 的 x 可表达为 $0 < |x - x_0| < \delta$,其中 δ 是某个正数. 从几何上看,适合不等式 $0 < |x - x_0| < \delta$ 的 x 的全体,就是点 x_0 的去心 δ 邻域,而邻域半径 δ 则体现了 x 接近于 x_0 的程度.

通过以上分析,下面给出 $x \to x_0$ 时函数的极限的定义.

定义 1.7 设函数 $f(x)$ 在点 x_0 的某个去心邻域内有定义,如果存在确定常数 A,对于任意给定的正数 ε(不论它多么小),总存在正数 δ,使得对于适合不等式 $0 < |x - x_0| < \delta$ 的一切 x,对应的函数值 $f(x)$ 都满足不等式 $|f(x) - A| < \varepsilon$,那么常数 A

就称为函数 $f(x)$ 当 $x \to x_0$ 时的极限,记作
$$\lim_{x \to x_0} f(x) = A \quad 或 \quad f(x) \to A(x \to x_0)$$

因为定义中 $0 < |x - x_0|$ 表示 $x \neq x_0$,所以 $x \to x_0$ 时 $f(x)$ 是否有极限,与 $f(x)$ 在点 x_0 是否有定义并无关系.

[例 1.18] 证明:$\lim\limits_{x \to x_0} c = c$,此处 c 是一个常数.

证明 这里
$$|f(x) - A| = |c - c| = 0$$

因此 $\forall \varepsilon > 0$,可任取 $\delta > 0$,当 $0 < |x - x_0| < \delta$ 时,能使不等式
$$|f(x) - A| = |c - c| = 0 < \varepsilon$$

成立,所以
$$\lim_{x \to x_0} c = c$$

[例 1.19] 证明:$\lim\limits_{x \to x_0} x = x_0$.

证明 因为 $|f(x) - A| = |x - x_0|$,任给 $\varepsilon > 0$,总取 $\delta = \varepsilon$,当 $0 < |x - x_0| < \delta = \varepsilon$ 时,能使不等式
$$|f(x) - A| = |x - x_0| < \varepsilon$$

成立,所以
$$\lim_{x \to x_0} x = x_0$$

[例 1.20] 证明:$\lim\limits_{x \to 1} \dfrac{x^2 - 1}{x - 1} = 2$.

证明 函数在点 $x = 1$ 处没有定义,但是函数在 $x \to 1$ 时的极限存在或者不存在与此无关.

因为
$$|f(x) - A| = \left| \frac{x^2 - 1}{x - 1} - 2 \right| = |x - 1|$$

任给 $\varepsilon > 0$,要使 $|f(x) - A| < \varepsilon$,只要取 $\delta = \varepsilon$,当 $0 < |x - x_0| < \delta$ 时,就有
$$\left| \frac{x^2 - 1}{x - 1} - 2 \right| < \varepsilon$$

所以
$$\lim_{x \to 1} \frac{x^2 - 1}{x - 1} = 2$$

[例 1.21] 证明:当 $x_0 > 0$ 时,$\lim\limits_{x \to x_0} \sqrt{x} = \sqrt{x_0}$.

证明 因为
$$|f(x) - A| = |\sqrt{x} - \sqrt{x_0}| = \left| \frac{x - x_0}{\sqrt{x} + \sqrt{x_0}} \right| \leqslant \frac{|x - x_0|}{\sqrt{x_0}}$$

任给 $\varepsilon > 0$,要使 $|f(x) - A| < \varepsilon$,只要 $|x - x_0| < \sqrt{x_0}\varepsilon$ 且不取负值.

取 $\delta = \min\{x_0, \sqrt{x_0}\varepsilon\}$,当 $0 < |x - x_0| < \delta$ 时,就有

$$|\sqrt{x}-\sqrt{x_0}|<\varepsilon$$

所以
$$\lim_{x\to x_0}\sqrt{x}=\sqrt{x_0}$$

关于函数极限的 ε－δ 定义的几点说明如下：

(1) 定义 1.7 中的正数 δ，相当于数列极限 ε－N 定义中的 N，它依赖于 ε，但也不是由 ε 唯一确定. 一般来说，ε 越小，δ 也相应地要小一些，而且把 δ 取得更小些也无妨.

(2) 定义中只要求函数 $f(x)$ 在点 x_0 的某一去心邻域内有定义，而一般不考虑 $f(x)$ 在点 x_0 处是否有定义，或者取什么值. 这是因为，对于函数极限，我们所研究的是当 x 趋于 x_0 过程中函数值的变化趋势. 如例 1.20 中，函数 $f(x)$ 在点 $x=1$ 是没有定义的，但当 $x\to 1$ 时，$f(x)$ 的函数值趋于一个定数.

(3) 定义 1.7 可以简单地表述为 "ε－δ" 语言，即
$$\lim_{x\to x_0}f(x)=A\Leftrightarrow \forall \varepsilon>0,\exists \delta>0,当 0<|x-x_0|<\delta 时，有 |f(x)-A|<\varepsilon.$$

(4) 函数 $f(x)$ 当 $x\to x_0$ 时的极限为 A 的几何解释如下：任意给定一正数 ε，作平行于 x 轴的两条直线 $y=A+\varepsilon$ 和 $y=A-\varepsilon$，介于这两条直线之间是一横条区域. 根据定义，对于给定的 ε，存在点 x_0 的一个 δ 邻域 $(x_0-\delta,x_0+\delta)$，当 $y=f(x)$ 的图形上的点的横坐标 x 在邻域 $(x_0-\delta,x_0+\delta)$ 内，但 $x\neq x_0$ 时，这些点的纵坐标 $f(x)$ 满足不等式
$$|f(x)-A|<\varepsilon$$
或
$$A-\varepsilon<f(x)<A+\varepsilon$$
亦即这些点落在上面所作的横条区域内(图 1.17).

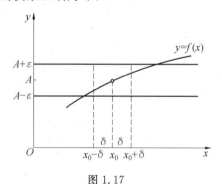

图 1.17

有些函数在其定义域上某些点左侧与右侧的解析式不同(如分段函数定义域上的某些点)，或函数在某些点仅在其一侧有定义(如在定义区间端点处)，这时函数在那些点上的极限只能单侧地给出定义. 上述 $\lim_{x\to x_0}f(x)=A$ 中的 "$x\to x_0$" 是指 x 既可以取 x_0 左侧的点 $(x<x_0)$ 趋于 x_0，也可以取 x_0 右侧的点 $(x>x_0)$ 趋于 x_0. 有时只需考虑 x 从 x_0 的一侧(左侧或右侧)趋于 x_0，这时就需要将上述情况分别讨论.

如果 x 仅从 x_0 的右侧趋于 x_0(记作 $x\to x_0^+$) 时，$f(x)$ 趋于 A，则称 A 为 $f(x)$ 在 $x\to x_0$ 时的右极限，记作 $\lim_{x\to x_0^+}f(x)=A$ 或 $f(x_0^+)=A$.

如果 x 仅从 x_0 的左侧趋于 x_0(记作 $x\to x_0^-$) 时，$f(x)$ 趋于 A，则称 A 为 $f(x)$ 在

$x \to x_0$ 时的左极限,记作 $\lim\limits_{x \to x_0^-} f(x) = A$ 或 $f(x_0^-) = A$.

右极限与左极限统称为单侧极限.

根据函数极限 $\lim\limits_{x \to x_0} f(x)$ 以及左极限和右极限的定义,容易证明

$$\lim_{x \to x_0} f(x) = A \Leftrightarrow \lim_{x \to x_0^+} f(x) = \lim_{x \to x_0^-} f(x) = A$$

因此,即使 $\lim\limits_{x \to x_0^-} f(x)$ 或 $\lim\limits_{x \to x_0^+} f(x)$ 有一个不存在,或者它们都存在但不相等,则 $\lim\limits_{x \to x_0} f(x)$ 也不存在.

[**例 1.22**] 设 $f(x) = \begin{cases} x-1 & (x<0) \\ 0 & (x=0) \\ x+1 & (x>0) \end{cases}$,证明:当 $x \to 0$ 时 $f(x)$ 的极限不存在.

证明 当 $x \to 0$ 时,$f(x)$ 的左极限为

$$\lim_{x \to 0^-} f(x) = \lim_{x \to 0^-} (x-1) = -1$$

而右极限为

$$\lim_{x \to 0^+} f(x) = \lim_{x \to 0^+} (x+1) = 1$$

因为左极限和右极限存在但不相等,所以 $\lim\limits_{x \to 0} f(x)$ 不存在(图 1.18).

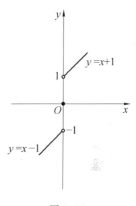

图 1.18

1.2.3 极限的性质

1. 利用极限定义证明

[**例 1.23**] 证明:$\lim\limits_{n \to \infty} \dfrac{n+(-1)^{n-1}}{n} = 1$.

证明 $\forall \varepsilon > 0$,要使

$$|x_n - 1| = \left| \frac{n+(-1)^{n-1}}{n} - 1 \right| = \frac{1}{n} < \varepsilon$$

即 $n > \dfrac{1}{\varepsilon}$,所以,取 $N = \left[\dfrac{1}{\varepsilon} \right]$,则当 $n > N$ 时,就有

$$\left| \frac{n+(-1)^{n-1}}{n} - 1 \right| < \varepsilon$$

即

$$\lim_{n \to \infty} \frac{n+(-1)^{n-1}}{n} = 1$$

[**例 1.24**] 证明:$\lim\limits_{x \to \infty} \dfrac{\sin x}{x} = 0$.

证明 因为

$$\left| \frac{\sin x}{x} - 0 \right| = \left| \frac{\sin x}{x} \right| < \frac{1}{|x|} < \frac{1}{X} = \varepsilon$$

$\forall \varepsilon > 0$,取 $X = \dfrac{1}{\varepsilon}$,则当 $|x| > X$ 时恒有 $\left| \dfrac{\sin x}{x} - 0 \right| < \varepsilon$,故

$$\lim_{x\to\infty}\frac{\sin x}{x}=0$$

[例 1.25] 证明：$\lim\limits_{x\to 1}(4x-1)=3$.

证明 $\forall \varepsilon > 0$，要使
$$|4x-1-3|=4|x-1|<\varepsilon$$
只要 $|x-1|<\dfrac{\varepsilon}{4}$，取 $\delta=\dfrac{\varepsilon}{4}$，当 $0<|x-1|<\delta$ 时，有
$$|4x-1-3|<\varepsilon$$
因此
$$\lim_{x\to 1}(4x-1)=3$$

2. 数列极限的性质

由数列极限的定义可以得到收敛数列的一些重要性质.

定理 1.1(唯一性) 如果数列 $\{x_n\}$ 收敛，那么它的极限唯一.

证明 用反证法. 假设同时有 $x_n\to a$ 及 $x_n\to b$，且 $a<b$，取 $\varepsilon=\dfrac{b-a}{2}$，因为 $\lim\limits_{n\to\infty}x_n=a$，故 $\exists$ 正整数 N_1，当 $n>N_1$ 时，不等式
$$|x_n-a|<\frac{b-a}{2} \tag{1.1}$$
成立.

同理，因为 $\lim\limits_{n\to\infty}x_n=b$，故 $\exists$ 正整数 N_2，当 $n>N_2$ 时，不等式
$$|x_n-a|<\frac{b-a}{2} \tag{1.2}$$
成立.

取 $N=\max\{N_1,N_2\}$（该式表示 N 是 N_1 和 N_2 中较大的那个数），则当 $n>N$ 时，式 (1.1) 及式 (1.2) 同时成立. 但由式 (1.1) 有 $x_n<\dfrac{a+b}{2}$；由式 (1.2) 有 $x_n>\dfrac{a+b}{2}$，这是不可能的. 该矛盾证明了本定理的断言.

一个收敛数列一般含有无穷多个数，而它的极限只有一个数. 单凭这一个数就能估计出几乎全体项的大小. 收敛数列的性质大都基于这一事实.

[例 1.26] 证明：数列 $x_n=(-1)^{n-1}$ 是发散的.

证明 如果该数列收敛，根据定理 1.1 它有唯一的极限. 设极限为 a，即 $\lim\limits_{n\to\infty}x_n=a$. 按数列极限的定义，对于 $\varepsilon=\dfrac{1}{2}$，$\exists$ 正整数 N，当 $n>N$ 时，$|x_n-a|<\dfrac{1}{2}$ 成立，即当 $n>N$ 时，x_n 都在开区间 $\left(a-\dfrac{1}{2},a+\dfrac{1}{2}\right)$ 内. 但这是不可能的，因为 $n\to\infty$ 时，x_n 无休止地重复取得 1 和 -1 这两个数，而这两个数不可能同时属于长度为 1 的开区间 $\left(a-\dfrac{1}{2},a+\dfrac{1}{2}\right)$. 因此该数列发散.

定理 1.2(有界性) 若数列 $\{x_n\}$ 收敛，则 $\{x_n\}$ 为有界数列，即存在正数 M，使得对一

切正整数有 $|x_n| \leqslant M$.

证明 因为数列 $\{x_n\}$ 收敛,设 $\lim\limits_{n\to\infty} x_n = a$,由数列极限的定义,取 $\varepsilon = 1$,存在正整数 N,当 $n > N$ 时,有不等式
$$|x_n - a| < 1$$
即
$$a - 1 < x_n < a + 1$$
成立. 令 $M = \max\{|a_1|, |a_2|, \cdots, |a_N|, |a-1|, |a+1|\}$,则对一切正整数 n 都有
$$|x_n| \leqslant M$$

注意 有界性只是数列收敛的必要条件,而非充分条件. 例如,数列 $\{(-1)^n\}$ 有界,但它并不收敛. 但是如果数列 $\{x_n\}$ 无界,那么它一定发散. 例如,数列 $\{2^n\}$ 的一般项随着项数 n 的增大无限增大,是一个无界数列,因此数列 $\{2^n\}$ 发散.

定理 1.3(保号性) 若 $\lim\limits_{n\to\infty} x_n = a$,且 $a > 0$(或 < 0),则存在正整数 N,使得当 $n > N$ 时有 $x_n > 0$(或 $x_n < 0$).

证明 就 $a > 0$ 的情形证明. 由数列极限的定义,对 $\varepsilon = \dfrac{a}{2} > 0$,∃ 正整数 $N > 0$,当 $n > N$ 时,有
$$|x_n - a| < \frac{a}{2}$$
从而
$$x_n > a - \frac{a}{2} = \frac{a}{2} > 0$$

收敛数列的保号性是指当数列的项数 n 充分大时,数列项的符号与极限的符号保持不变. 事实上,可以进一步证明,若 $\lim\limits_{n\to\infty} x_n = a > 0$(或 < 0),则对任何 $a' \in (0, a)$(或 $a' \in (a, 0)$),存在正整数 N,使得当 $n > N$ 时有
$$x_n > a' > 0 \quad (\text{或 } x_n < a' < 0)$$

推论 1 若 $\lim\limits_{n\to\infty} x_n = a > 0$,且 $a > b$(或 $a < b$),则存在正整数 N,当 $n > N$ 时 $x_n > b$(或 $x_n < b$).

推论 2 若 $\lim\limits_{n\to\infty} x_n = a$,$\lim\limits_{n\to\infty} y_n = b$,且存在正整数 N,使得当 $n > N$ 时,有 $x_n \leqslant y_n$,则 $a \leqslant b$.

推论 3 如果数列 $\{x_n\}$ 从某项起 $x_n \geqslant 0$(或 $x_n \leqslant 0$),且 $\lim\limits_{n\to\infty} x_n = a$,那么 $a \geqslant 0$(或 $a \leqslant 0$).

最后,介绍数列的子列概念和关于子列的一个重要定理.

设 $\{x_n\}$ 为一个数列,$\{n_k\}$ 为正整数集 $\mathbf{N}^+$ 的无限子集,且 $n_1 < n_2 < \cdots < n_k < \cdots$,则数列
$$x_{n_1}, x_{n_2}, \cdots, x_{n_k}, \cdots$$
称为数列 $\{x_n\}$ 的一个子数列(或子列),简记为 $\{x_{n_k}\}$.

注意 $\{x_n\}$ 的子列 $\{x_{n_k}\}$ 的各项都选自 $\{x_n\}$,且保持这些项在 $\{x_n\}$ 中的先后次序. $\{x_{n_k}\}$ 中的第 k 项是 $\{x_n\}$ 中的第 n_k 项,故总有 $n_k \geqslant k$. 实际上 $\{n_k\}$ 本身也是正整数数列 $\{n\}$ 的子列.

例如,子列$\{x_{2k}\}$由数列$\{x_n\}$的所有偶数项所组成,而子列$\{x_{2k-1}\}$则由$\{x_n\}$的所有奇数项所组成.$\{x_n\}$本身也是$\{x_n\}$的一个子列,此时$n_k=k(k=1,2,\cdots)$.

定理1.4(收敛数列与其子列间的关系) 如果数列$\{x_n\}$收敛于a,那么它的任一子列也收敛,且极限也是a.

证明 设数列$\{x_{n_k}\}$是数列$\{x_n\}$的任一子数列,由于$\lim\limits_{n\to\infty}x_n=a$,故$\forall \varepsilon>0$,$\exists$正整数$N$,当$n>N$时,
$$|x_n-a|<\varepsilon$$
成立.取$K=N$,则当$k>K$时,$n_k>n_K=n_N\geqslant N$,于是
$$|x_n-a|<\varepsilon$$
这就证明了$\lim\limits_{k\to\infty}x_{n_k}=a$.

由定理1.4可见,若数列$\{x_n\}$收敛,那么它的所有子列都收敛,且所有这些子列与$\{x_n\}$收敛于同一个极限.于是,若数列$\{x_n\}$有一个子列发散,或有两个子列收敛而极限不相等,则数列$\{x_n\}$一定发散.例如,例1.26中的数列$\{(-1)^{n-1}\}$,由其奇数项组成的子列$\{(-1)^{2n}\}$收敛于1,而由其偶数项组成的子列$\{(-1)^{2k-1}\}$收敛于-1,从而$\{(-1)^{n-1}\}$发散.再如,数列$\left\{\sin\dfrac{n\pi}{2}\right\}$,它的奇数项组成的子列$\left\{\sin\dfrac{2k-1}{2}\pi\right\}$,即为$\{(-1)^{k-1}\}$,由于这个子列发散,故数列$\left\{\sin\dfrac{n\pi}{2}\right\}$发散.由此可见,定理1.4是判断数列发散的有力工具.

3. 函数极限的性质

前面引入了下述六种类型的函数极限:

(1) $\lim\limits_{x\to+\infty}f(x)$;   (2) $\lim\limits_{x\to-\infty}f(x)$;   (3) $\lim\limits_{x\to\infty}f(x)$;

(4) $\lim\limits_{x\to x_0}f(x)$;   (5) $\lim\limits_{x\to x_0^+}f(x)$;   (6) $\lim\limits_{x\to x_0^-}f(x)$.

它们具有与数列极限相类似的一些性质,下面以第(4)种类型的极限为例来叙述这些性质.至于其他类型极限的性质,只要相应地做些修改即可.证明也与数列极限证明的方法类似,故略去.

定理1.5(唯一性) 如果极限$\lim\limits_{x\to x_0}f(x)$存在,那么该极限唯一.

定理1.6(局部有界性) 如果$\lim\limits_{x\to x_0}f(x)=A$存在,那么存在常数$M>0$和$\delta>0$,使得当$0<|x-x_0|<\delta$时,有$|f(x)|\leqslant M$.

证明 因为$\lim\limits_{x\to x_0}f(x)=A$,所以取$\varepsilon=1$,则$\exists\delta>0$,当$0<|x-x_0|<\delta$时,有
$$|f(x)-A|<1\Rightarrow|f(x)|\leqslant|f(x)-A|+|A|\leqslant|A|+1$$
记$M=|A|+1$,则定理得证.

定理1.7(局部保号性) 如果$\lim\limits_{x\to x_0}f(x)=A$,且$A>0$(或$<0$),那么存在常数$\delta>0$,使得当$0<|x-x_0|<\delta$时,有
$$f(x)>0 \quad \text{或} \quad f(x)<0$$

证明 就$A>0$的情形证明.

因为$\lim\limits_{x\to x_0}f(x)=A>0$,所以取$\varepsilon=\dfrac{A}{2}$,则$\exists\delta>0$,当$0<|x-x_0|<\delta$时,有

$$|f(x)-A|<\frac{A}{2} \Rightarrow f(x)>A-\frac{A}{2}=\frac{A}{2}>0$$

类似地可以证明 $A<0$.

推论 1 如果 $\lim\limits_{x \to x_0} f(x) = A(A \neq 0)$，那么就存在 x_0 的某去心邻域 $\overset{\circ}{U}(x_0)$，当 $x \in \overset{\circ}{U}(x_0)$ 时就有 $|f(x)| > \dfrac{|A|}{2}$.

推论 2 如果在 x_0 的某去心邻域 $\overset{\circ}{U}(x_0)$ 内 $f(x) \geqslant 0$ 或 $f(x) \leqslant 0$，而且 $\lim\limits_{x \to x_0} f(x) = A$，那么 $A \geqslant 0$ 或 $A \leqslant 0$.

1.3 极限的运算

1.3.1 极限运算法则

1. 数列极限的计算

极限的定义只能用来验证极限，而不能计算数列的极限，所以下面给出数列极限的运算法则.

定理 1.8（数列极限四则运算法则） 设 $\lim\limits_{n \to \infty} x_n = a, \lim\limits_{n \to \infty} y_n = b$，则

(1) $\lim\limits_{n \to \infty}(x_n \pm y_n) = \lim\limits_{n \to \infty} x_n \pm \lim\limits_{n \to \infty} y_n = a \pm b$；

(2) $\lim\limits_{n \to \infty}(x_n y_n) = \lim\limits_{n \to \infty} x_n \cdot \lim\limits_{n \to \infty} y_n = a \cdot b$；

(3) 若 $y_n \neq 0$ 且 $b \neq 0$，则

$$\lim_{n \to \infty} \frac{x_n}{y_n} = \frac{\lim\limits_{n \to \infty} x_n}{\lim\limits_{n \to \infty} y_n} = \frac{a}{b}$$

证明 (1) 只证求和的运算.

因 $\lim\limits_{n \to \infty} x_n = a, \lim\limits_{n \to \infty} y_n = b$，根据数列极限的定义，对 $\forall \varepsilon > 0$，分别存在正整数 N_1 与 N_2，使得

$$|x_n - a| < \varepsilon \quad (\text{当 } n > N_1 \text{ 时})$$
$$|y_n - b| < \varepsilon \quad (\text{当 } n > N_2 \text{ 时})$$

取 $N = \max\{N_1, N_2\}$，则当 $n > N$ 时，上述两不等式同时成立，从而有

$$|(x_n + y_n) - (a + b)| \leqslant |x_n - a| + |y_n - b| < 2\varepsilon$$

即

$$\lim_{n \to \infty}(x_n + y_n) = \lim_{n \to \infty} x_n + \lim_{n \to \infty} y_n$$

(2) 因 $\lim\limits_{n \to \infty} y_n = b$，由收敛数列的有界性定理，存在正数 M，对一切 $n \in \mathbf{N}^+$，有

$$|y_n| < M$$

因此当 $n > N$ 时，有

$$|x_n y_n - ab| = |(x_n - a)y_n + a(y_n - b)|$$

$$\leqslant |x_n-a||y_n|+|a||y_n-b|$$
$$< (M+|a|)\varepsilon$$

由 ε 的任意性,得
$$\lim_{n\to\infty}(x_n y_n)=\lim_{n\to\infty} x_n \cdot \lim_{n\to\infty} y_n$$

(3) 由(2) 只证 $\lim\limits_{n\to\infty}\dfrac{1}{y_n}=\dfrac{1}{b}$ 即可.

由于 $\lim\limits_{n\to\infty} y_n=b\neq 0$,根据收敛数列的保号性,存在正整数 N_3,当 $n>N_3$ 时,有
$$|y_n|>\frac{1}{2}|b|$$

取 $N_4=\max\{N_2,N_3\}$,则当 $n>N_4$ 时,有
$$\left|\frac{1}{y_n}-\frac{1}{b}\right|=\frac{|y_n-b|}{|y_n b|}<\frac{2|y_n-b|}{b^2}<\frac{2\varepsilon}{b^2}$$

由 ε 的任意性,可得
$$\lim_{n\to\infty}\frac{1}{y_n}=\frac{1}{b}$$

推论 1 定理 1.8 的(1)、(2) 都可以推广至有限多个收敛的数列.

推论 2 $\lim\limits_{n\to\infty} Cx_n=C\lim\limits_{n\to\infty} x_n$($C$ 为常数).

推论 3 $\lim\limits_{n\to\infty}(x_n)^k=(\lim\limits_{n\to\infty} x_n)^k$($k$ 为正整数).

[例 1.27] 求 $\lim\limits_{n\to\infty}\dfrac{3n^2-5n+2}{2n^2+1}$.

解
$$\lim_{n\to\infty}\frac{3n^2-5n+2}{2n^2+1}=\lim_{n\to\infty}\frac{3-\dfrac{5}{n}+\dfrac{2}{n^2}}{2+\dfrac{1}{n^2}}=\frac{\lim\limits_{n\to\infty}\left(3-\dfrac{5}{n}+\dfrac{2}{n^2}\right)}{\lim\limits_{n\to\infty}\left(2+\dfrac{1}{n^2}\right)}$$
$$=\frac{\lim\limits_{n\to\infty} 3-\lim\limits_{n\to\infty}\dfrac{5}{n}+\lim\limits_{n\to\infty}\dfrac{2}{n^2}}{\lim\limits_{n\to\infty} 2+\lim\limits_{n\to\infty}\dfrac{1}{n^2}}=\frac{3}{2}$$

[例 1.28] 求 $\lim\limits_{n\to\infty}\dfrac{a^n}{a^n+1}$,其中 $a\neq -1$.

解 若 $a=1$,则显然有 $\lim\limits_{n\to\infty}\dfrac{a^n}{a^n+1}=\dfrac{1}{2}$;

若 $|a|<1$,则由 $\lim\limits_{n\to\infty} a^n=0$ 及数列极限的四则运算法则,得
$$\lim_{n\to\infty}\frac{a^n}{a^n+1}=\frac{\lim\limits_{n\to\infty} a^n}{\lim\limits_{n\to\infty}(a^n+1)}=0$$

若 $|a|>1$,则根据数列极限的四则运算法则,得
$$\lim_{n\to\infty}\frac{a^n}{a^n+1}=\lim_{n\to\infty}\frac{1}{1+\dfrac{1}{a^n}}=\frac{1}{1+0}=1$$

[例 1.29] 求 $\lim\limits_{n\to\infty}\sqrt{n}(\sqrt{n+1}-\sqrt{n})$.

解 因为
$$\sqrt{n}(\sqrt{n+1}-\sqrt{n}) = \frac{\sqrt{n}}{\sqrt{n+1}+\sqrt{n}} = \frac{1}{\sqrt{1+\frac{1}{n}}+1}$$

由 $1+\frac{1}{n} \to 1(n \to \infty)$ 及数列极限的四则运算法则得

$$\lim_{n\to\infty}\sqrt{n}(\sqrt{n+1}-\sqrt{n}) = \lim_{n\to\infty}\frac{1}{\sqrt{1+\frac{1}{n}}+1} = \frac{1}{2}$$

2. 函数极限的计算

极限的定义只能用来验证函数的已知极限,那么如何计算函数的极限呢?要讨论极限的求法,首先需建立一些相关的运算规则,比如极限的四则运算法则、复合函数的极限运算法则等.有了这些工具,就可以求函数的极限.以 $x \to x_0$ 为例,讨论函数极限的性质.

定理 1.9(函数极限的四则运算法则) 设 $\lim\limits_{x\to x_0}f(x)=A, \lim\limits_{x\to x_0}g(x)=B$,则

(1) $\lim\limits_{x\to x_0}[f(x)\pm g(x)] = \lim\limits_{x\to x_0}f(x) \pm \lim\limits_{x\to x_0}g(x) = A \pm B$;

(2) $\lim\limits_{x\to x_0}[f(x)g(x)] = \lim\limits_{x\to x_0}f(x) \cdot \lim\limits_{x\to x_0}g(x) = A \cdot B$;

(3) $\lim\limits_{x\to x_0}\frac{f(x)}{g(x)} = \frac{\lim\limits_{x\to x_0}f(x)}{\lim\limits_{x\to x_0}g(x)} = \frac{A}{B}$ $(B \neq 0)$.

推论 1 定理 1.9 的(1)、(2)都可以推广至有限多个函数极限.

推论 2 $\lim\limits_{x\to x_0}Cf(x) = C\lim\limits_{x\to x_0}f(x)$ (C 为常数).

推论 3 $\lim\limits_{x\to x_0}[f(x)]^n = [\lim\limits_{x\to x_0}f(x)]^n$ (n 为正整数).

[例 1.30] 求 $\lim\limits_{x\to 1}(x^2+2x-1)$.

解 $\lim\limits_{x\to 1}(x^2+2x-1) = \lim\limits_{x\to 1}x^2 + \lim\limits_{x\to 1}2x + \lim\limits_{x\to 1}(-1) = 1+2-1 = 2$

例 1.30 表明,若 $f(x) = a_0x^n + a_1x^{n-1} + \cdots + a_n$ 为多项式,则

$$\lim_{x\to x_0}f(x) = a_0(\lim_{x\to x_0}x)^n + a_1(\lim_{x\to x_0}x)^{n-1} + \cdots + a_n$$
$$= a_0x_0^n + a_1x_0^{n-1} + \cdots + a_n = f(x_0)$$

[例 1.31] 求 $\lim\limits_{x\to 2}\frac{x^2+5}{x-3}$.

解 这里分母的极限不为零,故

$$\lim_{x\to 2}\frac{x^2+5}{x-3} = \frac{\lim\limits_{x\to 2}(x^2+5)}{\lim\limits_{x\to 2}(x-3)} = \frac{\lim\limits_{x\to 2}x^2 + \lim\limits_{x\to 2}5}{\lim\limits_{x\to 2}x - \lim\limits_{x\to 2}3} = \frac{4+5}{2-3} = -9$$

例 1.31 表明,若 $\frac{f(x)}{g(x)}$ 为两个多项式的商,且 $g(x_0) \neq 0$,可采用代入法求函数 $\frac{f(x)}{g(x)}$ 当 $x \to x_0$ 时的极限,即

$$\lim_{x\to x_0}\frac{f(x)}{g(x)} = \frac{f(x_0)}{g(x_0)}$$

[例 1.32] 求 $\lim\limits_{x\to 2}\dfrac{x-2}{x^2-4}$.

解 当 $x\to 2$ 时,分子分母的极限都是零,于是分子、分母不能分别取极限. 因为分子及分母有公因式 $x-3$,而 $x\to 2$ 时, $x\neq 2, x-2\neq 0$,可约去这个不为零的公因式,所以

$$\lim_{x\to 2}\frac{x-2}{x^2-4}=\lim_{x\to 2}\frac{1}{x+2}=\frac{\lim\limits_{x\to 2}1}{\lim\limits_{x\to 2}(x+2)}=\frac{1}{4}$$

例 1.32 表明,若 $\dfrac{f(x)}{g(x)}$ 为两个多项式的商,当 $x\to x_0$ 时, $f(x_0)=g(x_0)=0$,则采用约去零因子法求函数 $\dfrac{f(x)}{g(x)}$ 当 $x\to x_0$ 时的极限.

[例 1.33] 求 $\lim\limits_{x\to -1}\left(\dfrac{1}{x+1}-\dfrac{3}{x^3+1}\right)$.

解 当 $x+1\neq 0$ 时,有

$$\frac{1}{x+1}-\frac{3}{x^3+1}=\frac{(x+1)(x-2)}{x^3+1}=\frac{x-2}{x^2-x+1}$$

故所求的极限为

$$\lim_{x\to -1}\frac{x-2}{x^2-x+1}=\frac{-1-2}{(-1)^2-(-1)+1}=-1$$

[例 1.34] 求 $\lim\limits_{x\to\infty}\dfrac{2x^3+3x^2+5}{7x^3+4x^2-1}$.

解

$$\lim_{x\to\infty}\frac{2x^3+3x^2+5}{7x^3+4x^2-1}=\lim_{x\to\infty}\frac{2+\dfrac{3}{x}+\dfrac{5}{x^3}}{7+\dfrac{4}{x}-\dfrac{1}{x^3}}=\frac{2}{7}$$

例 1.34 表明,若分式 $\dfrac{f(x)}{g(x)}$ 当 $x\to\infty$ 时,分子分母的绝对值都无限增大,则采用分子分母同除以 x 的最高次幂的方法. 该方法称作无穷小分出法.

定理 1.10(复合函数的极限) 设函数 $y=f[g(x)]$ 是由函数 $u=g(x)$ 与函数 $y=f(u)$ 复合而成, $f[g(x)]$ 在点 x_0 的某去心邻域内有定义,若 $\lim\limits_{x\to x_0}g(x)=u_0$, $\lim\limits_{u\to u_0}f(u)=A$,且存在 $\delta_0>0$,当 $x\in \overset{\circ}{U}(x_0,\delta_0)$ 时,有 $g(x_0)\neq u_0$,则

$$\lim_{x\to x_0}f[g(x)]=\lim_{u\to u_0}f(u)=A$$

在定理 1.10 中, $\lim\limits_{u\to u_0}f(u)=A$ 换成 $\lim\limits_{u\to\infty}f(u)=A$,可得类似的定理. 定理 1.10 表示如果函数 $g(x)$ 和 $f(u)$ 满足该定理的条件,那么做代换 $u=g(x)$ 可把求 $\lim\limits_{x\to x_0}f[g(x)]$ 化为求 $\lim\limits_{u\to u_0}f(u)$,这里 $u_0=\lim\limits_{x\to x_0}g(x)$.

[例 1.35] 求 $\lim\limits_{x\to 0}(\sqrt{x^2+4}+2)$.

解 记 $u=x^2+4$,由于 $\lim\limits_{x\to 0}(x^2+4)=0+4=4$,故

$$\lim_{x\to 0}(\sqrt{x^2+4}+2)=\lim_{u\to 4}(\sqrt{u}+2)=\sqrt{4}+2=4$$

[例 1.36] 求 $\lim\limits_{x \to 1} \sqrt{\dfrac{x^2-1}{2(x-1)}}$.

解 记 $u = \dfrac{x^2-1}{2(x-1)}$，则当 $x \to 1$ 时，$u = \dfrac{x^2-1}{2(x-1)} = \dfrac{x+1}{2} \to 1$，故

$$\lim_{x \to 1} \sqrt{\dfrac{x^2-1}{2(x-1)}} = \lim_{u \to 1} \sqrt{u} = 1$$

1.3.2 两个重要极限

准则 Ⅰ（夹逼准则） 如果数列 $\{x_n\}, \{y_n\}$ 及 $\{z_n\}$ 满足下列条件：

(1) 从某项起，即 $\exists n_0 \in \mathbf{N}$，当 $n > n_0$ 时，有

$$y_n \leqslant x_n \leqslant z_n$$

(2) $\lim\limits_{n \to \infty} y_n = a, \lim\limits_{n \to \infty} z_n = a.$

那么数列 $\{x_n\}$ 的极限存在，且 $\lim\limits_{n \to \infty} x_n = a$.

证明 因 $y_n \to a, z_n \to a$，所以根据数列极限的定义，$\forall \varepsilon > 0$，$\exists$ 正整数 N_1，当 $n > N_1$ 时，有

$$|y_n - a| < \varepsilon$$

又 $\exists$ 正整数 N_2，当 $n > N_2$ 时，有

$$|z_n - a| < \varepsilon$$

现在取 $N = \max\{n_0, N_1, N_2\}$，则当 $n > N$ 时，有

$$|y_n - a| < \varepsilon, \quad |z_n - a| < \varepsilon$$

同时成立，即

$$a - \varepsilon < y_n < a + \varepsilon, \quad a - \varepsilon < z_n < a + \varepsilon$$

同时成立. 又因当 $n > N$ 时，x_n 介于 y_n 和 z_n 之间，从而有

$$a - \varepsilon < y_n \leqslant x_n \leqslant z_n < a + \varepsilon$$

即

$$|x_n - a| < \varepsilon$$

成立. 这就证明

$$\lim_{n \to \infty} x_n = a$$

夹逼准则不仅给出了判定数列收敛的一种方法，还提供了一个求极限的工具.

[例 1.37] 求 $\lim\limits_{n \to \infty} \left(\dfrac{1}{\sqrt{n^2+1}} + \dfrac{1}{\sqrt{n^2+2}} + \cdots + \dfrac{1}{\sqrt{n^2+n}} \right)$.

解 由于

$$\dfrac{n}{\sqrt{n^2+n}} \leqslant \dfrac{1}{\sqrt{n^2+1}} + \dfrac{1}{\sqrt{n^2+2}} + \cdots + \dfrac{1}{\sqrt{n^2+n}} \leqslant \dfrac{n}{\sqrt{n^2+1}}$$

又 $\lim\limits_{n \to \infty} \dfrac{n}{\sqrt{n^2+n}} = \lim\limits_{n \to \infty} \dfrac{1}{\sqrt{1 + \dfrac{1}{n}}} = 1, \quad \lim\limits_{n \to \infty} \dfrac{n}{\sqrt{n^2+1}} = \lim\limits_{n \to \infty} \dfrac{1}{\sqrt{1 + \dfrac{1}{n^2}}} = 1$

由夹逼准则得

$$\lim_{n \to \infty} \left(\dfrac{1}{\sqrt{n^2+1}} + \dfrac{1}{\sqrt{n^2+2}} + \cdots + \dfrac{1}{\sqrt{n^2+n}} \right) = 1$$

上述数列极限存在准则可以推广到函数的极限.

准则 I′ 如果

(1) 当 $x \in \overset{\circ}{U}(x_0, r)$（或 $|x| > M$）时，有
$$g(x) \leqslant f(x) \leqslant h(x)$$

(2) $\lim\limits_{\substack{x \to x_0 \\ (x \to \infty)}} g(x) = A$，$\lim\limits_{\substack{x \to x_0 \\ (x \to \infty)}} h(x) = A$.

那么 $\lim\limits_{\substack{x \to x_0 \\ (x \to \infty)}} f(x)$ 存在，且等于 A.

作为准则 I′ 的应用，下面证明一个重要的极限，即
$$\lim_{x \to 0} \frac{\sin x}{x} = 1$$

首先注意到，函数 $\dfrac{\sin x}{x}$ 对于一切 $x \neq 0$ 都有定义.

图 1.19 所示的四分之一的单位圆中，设圆心角 $\angle AOB = x \left(0 < x < \dfrac{\pi}{2}\right)$，点 A 处的切线与 OB 的延长线相交于点 D，又 $BC \perp OA$，则 $\sin x = CB$，$x = \widehat{AB}$，$\tan x = AD$. 因为

△AOB 的面积 < 扇形 AOB 的面积 < △AOD 的面积

所以
$$\frac{1}{2} \sin x < \frac{1}{2} x < \frac{1}{2} \tan x$$

即
$$\sin x < x < \tan x$$

不等号各边都除以 $\sin x$，有
$$1 < \frac{x}{\sin x} < \frac{1}{\cos x}$$

或
$$\cos x < \frac{\sin x}{x} < 1 \tag{1.3}$$

因为当 x 用 $-x$ 代替时，$\cos x$ 与 $\dfrac{\sin x}{x}$ 都不变，所以上面的不等式对于开区间 $\left(-\dfrac{\pi}{2}, 0\right)$ 内的一切 x 也是成立的.

为了对式(1.3)应用准则 I′，下面来证 $\lim\limits_{x \to 0} \cos x = 1$.

事实上，当 $0 < |x| < \dfrac{\pi}{2}$ 时，有
$$0 < |\cos x - 1| = 1 - \cos x = 2\sin^2 \frac{x}{2} < 2\left(\frac{x}{2}\right)^2 = \frac{x^2}{2}$$

即
$$0 < 1 - \cos x < \frac{x^2}{2}$$

当 $x \to 0$ 时，$\dfrac{x^2}{2} \to 0$，由准则 I′ 有 $\lim\limits_{x \to 0}(1 - \cos x) = 0$，所以

由于 $\lim\limits_{x\to 0}\cos x = 1$, $\lim\limits_{x\to 0} 1 = 1$,由不等式(1.3)及准则 I′,即得

$$\lim_{x\to 0}\frac{\sin x}{x} = 1$$

从图 1.20 中,也可以看出这个重要极限.

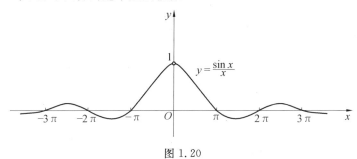

图 1.20

[例 1.38] 求 $\lim\limits_{x\to 0}\dfrac{\tan x}{x}$.

解 $\lim\limits_{x\to 0}\dfrac{\tan x}{x} = \lim\limits_{x\to 0}\dfrac{\sin x}{x}\dfrac{1}{\cos x} = \lim\limits_{x\to 0}\dfrac{\sin x}{x}\cdot\lim\limits_{x\to 0}\dfrac{1}{\cos x} = 1$

[例 1.39] 求 $\lim\limits_{x\to 0}\dfrac{1-\cos x}{x^2}$.

解
$$\lim_{x\to 0}\frac{1-\cos x}{x^2} = \lim_{x\to 0}\frac{2\sin^2\dfrac{x}{2}}{x^2} = \frac{1}{2}\lim_{x\to 0}\frac{\sin^2\dfrac{x}{2}}{\left(\dfrac{x}{2}\right)^2}$$

$$= \frac{1}{2}\lim_{x\to 0}\left(\frac{\sin\dfrac{x}{2}}{\dfrac{x}{2}}\right)^2 = \frac{1}{2}\times 1^2 = \frac{1}{2}$$

[例 1.40] 求 $\lim\limits_{x\to 0}\dfrac{\arcsin x}{x}$.

解 令 $t = \arcsin x$,则 $x = \sin t$,当 $x\to 0$ 时,有 $t\to 0$.于是由复合函数的极限运算法则得

$$\lim_{x\to 0}\frac{\arcsin x}{x} = \lim_{t\to 0}\frac{t}{\sin t} = 1$$

同理可以得到 $\lim\limits_{x\to 0}\dfrac{\arctan x}{x} = 1$.

准则 II 单调有界数列必有极限.

如果数列 $\{x_n\}$ 满足条件

$$x_1 \leqslant x_2 \leqslant \cdots \leqslant x_n \leqslant x_{n+1} \leqslant \cdots$$

就称数列 $\{x_n\}$ 是单调增加的;

如果数列 $\{x_n\}$ 满足条件

$$x_1 \geqslant x_2 \geqslant \cdots \geqslant x_n \geqslant x_{n+1} \geqslant \cdots$$

就称数列$\{x_n\}$是单调减少的.

单调增加和单调减少的数列统称为单调数列.

在 1.2 节中已经证明:收敛数列必有界,但是有界的数列不一定收敛.那么增加什么样的条件可以保证有界数列收敛呢?

对准则 Ⅱ 不做证明,而给出如下的几何解释:

从数轴上看,对应于单调数列的点 x_n 只可能向一个方向移动,所以只有两种可能情形:或者点 x_n 沿数轴移向无穷远($x_n \to +\infty$ 或 $x_n \to -\infty$);或者点 x_n 无限趋近于某一个定点 A(图 1.21),也就是数列$\{x_n\}$趋于一个极限.但现在假定数列是有界的,而有界数列的点 x_n 都落在数轴上某一个区间$[-M, M]$内,那么上述第一种情形就不可能发生.这就表示这个数列趋于一个极限,并且这个极限的绝对值不超过 M.

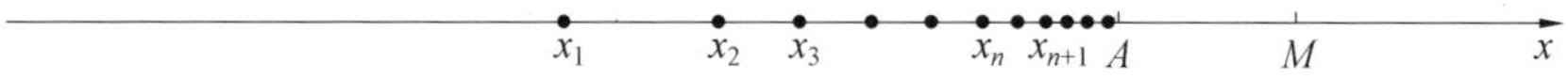

图 1.21

准则 Ⅱ 说得具体一点,即单调增加有上界的数列必有极限;单调减少有下界的数列必有极限.值得注意的是,准则 Ⅱ 是收敛数列的充分非必要条件,即收敛的数列不一定单调.例如,数列$\left\{\dfrac{(-1)^n}{n}\right\}$收敛于 0,但是它并不是单调数列.

作为准则 Ⅱ 的一个重要应用,讨论另一个重要极限,即

$$\lim_{x \to \infty} \left(1 + \frac{1}{x}\right)^x$$

下面考虑 x 取正整数 n 的情形:$\lim\limits_{n \to \infty} \left(1 + \dfrac{1}{n}\right)^n$.

设 $x_n = \left(1 + \dfrac{1}{n}\right)^n$,下面证明此数列单调增加并且有界.由二项式定理,得

$$\begin{aligned} x_n &= \left(1 + \frac{1}{n}\right)^n \\ &= 1 + \frac{n}{1!} \cdot \frac{1}{n} + \frac{n(n-1)}{2!} \cdot \frac{1}{n^2} + \frac{n(n-1)(n-2)}{3!} \cdot \frac{1}{n^3} + \cdots + \\ &\quad \frac{n(n-1)\cdots(n-n+1)}{n!} \cdot \frac{1}{n^n} \\ &= 1 + 1 + \frac{1}{2!}\left(1 - \frac{1}{n}\right) + \frac{1}{3!}\left(1 - \frac{1}{n}\right)\left(1 - \frac{2}{n}\right) + \cdots + \\ &\quad \frac{1}{n!}\left(1 - \frac{1}{n}\right)\left(1 - \frac{2}{n}\right)\cdots\left(1 - \frac{n-1}{n}\right) \end{aligned}$$

同理得

$$\begin{aligned} x_{n+1} &= 1 + 1 + \frac{1}{2!}\left(1 - \frac{1}{n+1}\right) + \frac{1}{3!}\left(1 - \frac{1}{n+1}\right)\left(1 - \frac{2}{n+1}\right) + \cdots + \\ &\quad \frac{1}{n!}\left(1 - \frac{1}{n+1}\right)\left(1 - \frac{2}{n+1}\right)\cdots\left(1 - \frac{n-1}{n+1}\right) + \\ &\quad \frac{1}{(n+1)!}\left(1 - \frac{1}{n+1}\right)\left(1 - \frac{2}{n+1}\right)\cdots\left(1 - \frac{n}{n+1}\right) \end{aligned}$$

比较 x_n, x_{n+1} 的展开式,可以看到除前两项外, x_n 的每一项都小于 x_{n+1} 的对应项,并且 x_{n+1} 还多了最后一项,其值大于 0,因此
$$x_n < x_{n+1}$$
这就说明数列 $\{x_n\}$ 是单调增加的.

这个数列同时还是有界的.因为,如果 x_n 的展开式中各项括号内的数用较大的数 1 代替,得

$$x_n < 1 + 1 + \frac{1}{2!} + \frac{1}{3!} + \cdots + \frac{1}{n!} < 1 + 1 + \frac{1}{2} + \frac{1}{2^2} + \cdots + \frac{1}{2^{n-1}}$$

$$= 1 + \frac{1 - \frac{1}{2^n}}{1 - \frac{1}{2}} = 3 - \frac{1}{2^{n-1}} < 3$$

这表明数列 $\{x_n\}$ 是有界的. 根据极限的存在准则 II,数列 $\{x_n\}$ 的极限存在.

人们为纪念首次发现此数的数学家欧拉(Euler,1707—1783),给出

$$\lim_{n \to \infty} \left(1 + \frac{1}{n}\right)^n = e$$

可以证明,当 x 取实数而趋于 $+\infty$ 和 $-\infty$ 时,函数 $\left(1 + \frac{1}{x}\right)^x$ 的极限都存在且等于 e,因此

$$\lim_{x \to \infty} \left(1 + \frac{1}{x}\right)^x = e \tag{1.4}$$

这个数 e 是无理数,它的值约为
$$e \approx 2.718\ 281\ 828\ 459$$

利用复合函数的极限运算法则,可把式(1.4)写成另一形式,在 $(1+z)^{\frac{1}{z}}$ 中做代换 $x = \frac{1}{z}$,得 $\left(1 + \frac{1}{x}\right)^x$. 又由于当 $z \to 0$ 时 $x \to \infty$,因此由复合函数的极限运算法则得

$$\lim_{z \to 0} (1 + z)^{\frac{1}{z}} = \lim_{x \to 0} \left(1 + \frac{1}{x}\right)^x = e$$

[**例 1.41**] 求 $\lim_{x \to \infty} \left(1 - \frac{1}{x}\right)^x$.

解 $\lim_{x \to \infty} \left(1 - \frac{1}{x}\right)^x = \lim_{x \to \infty} \left[\left(1 + \frac{1}{-x}\right)^{-x}\right]^{-1} = \frac{1}{e}$

[**例 1.42**] 求 $\lim_{x \to 0} (1 + 2x)^{\frac{1}{x}}$.

解 $\lim_{x \to 0} (1 + 2x)^{\frac{1}{x}} = \lim_{x \to 0} \left[(1 + 2x)^{\frac{1}{2x}}\right]^2 = e^2$

1.4 无穷小与无穷大

1.4.1 无穷小

本节将介绍在理论上和应用上都很重要的无穷小和无穷大,并考察两个无穷小的比,

及对两个无穷小趋于零的快慢程度做出判断.

1. 无穷小

定义 1.8 设函数 $f(x)$ 在 $\overset{\circ}{U}(x_0)$ 内有定义,若 $\lim\limits_{x \to x_0} f(x) = 0$,则称函数 $f(x)$ 为当 $x \to x_0$ 时的无穷小.

类似地可定义当 $x \to x_0^+, x \to x_0^-, x \to +\infty, x \to -\infty$ 及 $x \to \infty$ 时的无穷小.

例如,由 $\lim\limits_{x \to 0} \sin x = 0$,知函数 $\sin x$ 是当 $x \to 0$ 时的无穷小.

由 $\lim\limits_{x \to \infty} \dfrac{1}{x} = 0$,知函数 $\dfrac{1}{x}$ 是当 $x \to \infty$ 时的无穷小.

由 $\lim\limits_{n \to \infty} \dfrac{(-1)^n}{n} = 0$,知数列 $\left\{ \dfrac{(-1)^n}{n} \right\}$ 是当 $n \to \infty$ 时的无穷小.

注意 (1) 不要把无穷小与很小的数混淆;无穷小离不开自变量的变化,它是指在自变量的某一变化过程中,函数的绝对值可以小于任意给定的正数.

(2) 0 是可以作为无穷小的唯一的数.

(3) 讨论无穷小的时候,要注意自变量的变化过程. 例如,$f(x) = \dfrac{1}{x}$ 当 $x \to \infty$ 时是无穷小,而当 $x \to 1$ 时极限是 1 而不是无穷小.

2. 无穷小与函数极限的关系

定理 1.11 在自变量的同一变化过程 $x \to x_0$(或 $x \to \infty$)中,函数 $f(x)$ 具有极限 A 的充分必要条件是 $f(x) = A + \alpha$,其中 α 是无穷小.

证明 先证必要性. 设 $\lim\limits_{x \to x_0} f(x) = A$,则 $\forall \varepsilon > 0, \exists \delta > 0$,使当 $0 < |x - x_0| < \delta$ 时,有
$$|f(x) - A| < \varepsilon$$
令 $\alpha = f(x) - A$,则 α 是当 $x \to x_0$ 时的无穷小,且
$$f(x) = A + \alpha$$
这就证明了 $f(x)$ 等于它的极限 A 与一个无穷小 α 之和.

再证充分性. 设 $f(x) = A + \alpha$,其中 A 是常数,α 是当 $x \to x_0$ 时的无穷小,于是
$$|f(x) - A| = |\alpha|$$
因为 α 是当 $x \to x_0$ 时的无穷小,所以 $\forall \varepsilon > 0, \exists \delta > 0$,使当 $0 < |x - x_0| < \delta$ 时,有
$$|\alpha| < \varepsilon$$
即
$$|f(x) - A| < \varepsilon$$
这就证明了 A 是 $f(x)$ 当 $x \to x_0$ 时的极限.

类似地可证明当 $x \to \infty$ 时的情形.

3. 无穷小的性质

根据变量极限性质和运算法则,不难证明在自变量的同一变化过程中下列无穷小的性质.

定理 1.12 有限个无穷小的代数和仍然是无穷小;

定理 1.13 有界函数与无穷小的乘积是无穷小.

推论 1　有限个无穷小的乘积仍是无穷小.

推论 2　常数与无穷小的乘积是无穷小.

定理 1.14　极限不为零的函数除无穷小,所得的商仍为无穷小.

1.4.2　无穷大

定义 1.9　如果对于任意给定的正数 M(不论它多么大),总存在正数 δ(或正数 X),使得对于满足不等式 $0<|x-x_0|<\delta$(或 $|x|>X$)的一切 x,所对应的函数值 $f(x)$ 都满足不等式 $|f(x)|>M$,则称函数 $f(x)$ 当 $x\to x_0$(或 $x\to\infty$)时为无穷大,记作

$$\lim_{x\to x_0}f(x)=\infty \quad (或\lim_{x\to\infty}f(x)=\infty)$$

类似地定义当 $x\to x_0^+,x\to x_0^-,x\to+\infty,x\to-\infty$ 及 $x\to\infty$ 时的无穷大.

注:(1) 无穷大是没有极限的变量,但无极限的变量不一定是无穷大.例如,$\lim_{x\to\infty}\sin x$ 不存在,但 $x\to\infty$ 时,$\sin x$ 是有界函数而不是无穷大.

(2) 无穷大是变量,不是很大的数,在某一极限过程中其绝对值可以无限增大,任何常数都不是无穷大.

(3) 无穷大一定是无界函数,但是无界函数不一定是无穷大.

[例 1.43]　证明:$\lim\limits_{x\to 1}\dfrac{1}{x-1}=\infty$.

证明　设 $\forall M>0$,要使

$$\left|\frac{1}{x-1}\right|>M$$

只要

$$|x-1|<\frac{1}{M}$$

所以,取 $\delta=\dfrac{1}{M}$,则只要 x 适合不等式 $0<|x-1|<\delta=\dfrac{1}{M}$,就有

$$\left|\frac{1}{x-1}\right|>M$$

这就证明了 $\lim\limits_{x\to 1}\dfrac{1}{x-1}=\infty$.

一般来说,如果 $\lim\limits_{x\to x_0}f(x)=\infty$,则称直线 $x=x_0$ 是函数 $y=f(x)$ 的图形的铅直渐近线.例如,直线 $x=1$ 是函数 $y=\dfrac{1}{x-1}$ 的图形的铅直渐近线.

1.4.3　无穷小与无穷大的关系

定理 1.15　在自变量的同一变化过程中,如果 $f(x)$ 为无穷大,则 $\dfrac{1}{f(x)}$ 为无穷小;反之,如果 $f(x)$ 为无穷小,且 $f(x)\neq 0$,则 $\dfrac{1}{f(x)}$ 为无穷大.

证明　设 $\lim\limits_{x\to x_0}f(x)=\infty$.则 $\forall\varepsilon>0$,取 $M=\dfrac{1}{\varepsilon}$,$\exists\delta>0$,使得当 $0<|x-x_0|<\delta$ 时,

恒有
$$|f(x)| > \frac{1}{\varepsilon} = M$$
即
$$\left|\frac{1}{f(x)}\right| < \varepsilon$$

所以当 $x \to x_0$ 时，$\frac{1}{f(x)}$ 为无穷小.

反之，设 $\lim\limits_{x \to x_0} f(x) = 0$，且 $f(x) \neq 0$. 则 $\forall M > 0$，取 $M = \frac{1}{\varepsilon}$，$\exists \delta > 0$，使得当 $0 < |x - x_0| < \delta$ 时，恒有
$$|f(x)| < \varepsilon = \frac{1}{M}$$

由于 $f(x) \neq 0$，从而
$$\left|\frac{1}{f(x)}\right| > M$$

所以当 $x \to x_0$ 时，$\frac{1}{f(x)}$ 为无穷大.

1.4.4　无穷小的比较

前面已经知道，两个无穷小的和、差、乘积仍是无穷小，但是两个无穷小的商，却会出现不同的情况. 例如，当 $x \to 0$ 时，$3x, x^2, \sin x$ 都是无穷小，而
$$\lim_{x \to 0} \frac{x^2}{3x} = 0, \quad \lim_{x \to 0} \frac{\sin x}{3x} = \frac{1}{3}, \quad \lim_{x \to 0} \frac{3x}{x^2} = \infty$$

两个无穷小之比的极限的各种不同情况，反映了无穷小趋于零的"快慢"程度. 就上面的例子而言，在 $x \to 0$ 的过程中，x^2 比 $3x$ 快些，反过来，$3x$ 比 x^2 慢些，而 $\sin x$ 与 x 趋于 0 的快慢程度相仿.

下面，就无穷小之比的极限存在或为无穷大时，来说明两个无穷小之间的比较. 应当注意，下面的 α 及 β 都是在同一个自变量的变化过程中的无穷小，且 $\alpha \neq 0$，$\lim \frac{\beta}{\alpha}$ 也是在这个变化过程中的极限.

定义 1.10

如果 $\lim \frac{\beta}{\alpha} = 0$，则称 β 是比 α 高阶的无穷小，记作 $\beta = o(\alpha)$；

如果 $\lim \frac{\beta}{\alpha} = \infty$，则称 β 是比 α 低阶的无穷小；

如果 $\lim \frac{\beta}{\alpha} = c \neq 0$，则称 β 与 α 是同阶无穷小；

特别地，如果 $\lim \frac{\beta}{\alpha} = 1$，则称 β 与 α 是等价无穷小，记作 $\alpha \sim \beta$；

如果 $\lim \frac{\beta}{\alpha^k} = c \neq 0, k \geqslant 2, k \in \mathbf{N}^+$，则称 β 是关于 α 的 k 阶无穷小.

显然,等价无穷小是同阶无穷小的特殊情形,即 $c=1$ 的情形.

下面举一些例子.

因为 $\lim\limits_{x\to 0}\dfrac{2x^2}{x}=0$,所以当 $x\to 0$ 时,$2x^2$ 是比 x 高阶的无穷小,即 $2x^2=o(x)(x\to 0)$.

因为 $\lim\limits_{n\to\infty}\dfrac{\frac{1}{n}}{\frac{1}{n^2}}=\infty$,所以当 $n\to\infty$ 时,$\dfrac{1}{n}$ 是比 $\dfrac{1}{n^2}$ 低阶的无穷小.

因为 $\lim\limits_{x\to 2}\dfrac{x^2-4}{x-2}=4$,所以当 $x\to 2$ 时,x^2-4 与 $x-2$ 是同阶无穷小.

因为 $\lim\limits_{x\to 0}\dfrac{\sin x}{x}=1$,所以当 $x\to 0$ 时,$\sin x$ 与 x 是等价无穷小.

[例 1.44] 证明:当 $x\to 0$ 时,$\sqrt{1+x}-1$ 与 x 是同阶无穷小.

证明 由于

$$\lim_{x\to 0}\frac{\sqrt{1+x}-1}{x}=\lim_{x\to 0}\frac{1}{\sqrt{1+x}+1}=\frac{1}{2}$$

由定义 1.10 可知,当 $x\to 0$ 时,$\sqrt{1+x}-1$ 与 x 是同阶无穷小.

此例也表明 $\sqrt{1+x}-1\sim\dfrac{x}{2}(x\to 0)$,进一步,可以证明

$$(1+x)^a-1\sim ax \quad (x\to 0, a\neq 0)$$

关于等价无穷小有下面两个定理.

定理 1.16 β 与 α 是等价无穷小的充分必要条件为 $\beta=\alpha+o(\alpha)$.

因为当 $x\to 0$ 时,$\sin x\sim x$,$\tan x\sim x$,$\arcsin x\sim x$,$1-\cos x\sim\dfrac{1}{2}x^2$,所以当 $x\to 0$ 时,有

$$\sin x=x+o(x), \quad \tan x=x+o(x)$$

$$\arcsin x=x+o(x), \quad 1-\cos x=\frac{1}{2}x^2+o(x^2)$$

定理 1.17 设 $\alpha\sim\alpha'$,$\beta\sim\beta'$,且 $\lim\dfrac{\beta'}{\alpha'}$ 存在,则

$$\lim\frac{\beta}{\alpha}=\lim\frac{\beta'}{\alpha'}$$

证明 $\lim\dfrac{\beta}{\alpha}=\lim\left(\dfrac{\beta}{\beta'}\cdot\dfrac{\beta'}{\alpha'}\cdot\dfrac{\alpha'}{\alpha}\right)=\lim\dfrac{\beta}{\beta'}\cdot\lim\dfrac{\beta'}{\alpha'}\cdot\lim\dfrac{\alpha'}{\alpha}=\lim\dfrac{\beta'}{\alpha'}$

定理 1.17 表明,求两个无穷小之比的极限时,分子及分母都可以用等价无穷小来代替.因此,如果用来代替的无穷小选得适当,就可以使计算简化.

[例 1.45] 求 $\lim\limits_{x\to 0}\dfrac{\tan^2 2x}{1-\cos x}$.

解 因为当 $x\to 0$ 时,$1-\cos x\sim\dfrac{1}{2}x^2$,$\tan 2x\sim 2x$,所以

$$\lim_{x \to 0} \frac{\tan^2 2x}{1 - \cos x} = \lim_{x \to 0} \frac{(2x)^2}{\frac{1}{2}x^2} = 8$$

[例 1.46] 求 $\lim\limits_{x \to 0} \dfrac{\tan x - \sin x}{\sin^3 2x}$.

解 当 $x \to 0$ 时,$\sin 2x \sim 2x$,$\tan x - \sin x = \tan x(1 - \cos x) \sim \dfrac{1}{2}x^3$,则

$$\lim_{x \to 0} \frac{\tan x - \sin x}{\sin^3 2x} = \lim_{x \to 0} \frac{\frac{1}{2}x^3}{(2x)^3} = \frac{1}{16}$$

注意 在利用等价无穷小代换求极限时,只有对所求极限式中相乘或相除的因式才能用等价无穷小来替代,而对极限式中的相加或相减部分则不能随意替代. 如在例1.46中,若因有

$$\tan x \sim x(x \to 0), \quad \sin x \sim x(x \to 0)$$

而推出

$$\lim_{x \to 0} \frac{\tan x - \sin x}{\sin^3 2x} = \lim_{x \to 0} \frac{x - x}{(2x)^3} = 0$$

则得到的是错误的结果.

[例 1.47] 求 $\lim\limits_{x \to 0} \dfrac{\sqrt{1 + x^2} - 1}{\cos x - 1}$.

解 当 $x \to 0$ 时,$\sqrt{1 + x^2} - 1 \sim \dfrac{x^2}{2}$,$\cos x - 1 \sim -\dfrac{1}{2}x^2$,故由定理1.17,得

$$\lim_{x \to 0} \frac{\sqrt{1 + x^2} - 1}{\cos x - 1} = \lim_{x \to 0} \left(-\frac{\frac{1}{2}x^2}{\frac{1}{2}x^2} \right) = -1$$

1.5 函数的连续性

1.5.1 函数连续性的定义

自然界有许多量的变化是连续的,如时间的变化、温度的变化、流体的流动等都是连续变化. 这种现象在函数关系上的反映,就是函数的连续性. 例如,就气温的变化来看,当时间变动很微小时,气温的变化也很微小,这种特点就是连续性. 下面先引入增量的概念,然后来描述连续性,并引出函数连续性的定义.

1. 函数的增量

假定函数 $y = f(x)$ 在点 x_0 的某一个邻域内有定义,当自变量 x 在这个邻域内从 x_0 变到 x_1 时,函数值或因变量 $f(x)$ 相应地从 $f(x_0)$ 变到 $f(x_1)$,差 $\Delta x = x_1 - x_0$ 称为 x 的增量,$\Delta y = f(x_1) - f(x_0)$ 称为 $y = f(x)$ 的增量(图 1.22).

注意 Δx,Δy 是一个完整的记号,它们可正、可负,也可为 0.

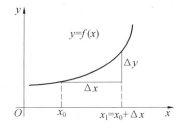
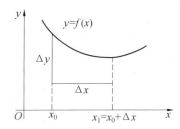

图 1.22

2. 函数连续的定义

定义 1.11 设函数 $y=f(x)$ 在点 x_0 的某一邻域内有定义,如果
$$\lim_{\Delta x \to 0} \Delta y = \lim_{\Delta x \to 0}[f(x_0+\Delta x)-f(x_0)]=0$$
那么就称函数 $y=f(x)$ 在点 x_0 连续.

为了应用方便,下面把函数 $y=f(x)$ 在点 x_0 连续的定义用不同的方式来叙述.

记 $x=x_0+\Delta x$,则 $\Delta x \to 0$ 就是 $x \to x_0$. 又由于
$$\Delta y = f(x_0+\Delta x)-f(x_0)=f(x)-f(x_0)$$
即
$$f(x)=\Delta y + f(x_0)$$
可见 $\Delta y \to 0$ 就是 $f(x) \to f(x_0)$,因此
$$\lim_{x \to x_0} f(x) = f(x_0)$$
所以函数 $y=f(x)$ 在点 x_0 连续的定义可叙述如下:

定义 1.12 设函数 $y=f(x)$ 在点 x_0 的某一邻域内有定义,如果
$$\lim_{x \to x_0} f(x) = f(x_0)$$
那么就称函数 $y=f(x)$ 在点 x_0 连续.

用"$\varepsilon-\delta$"语言,可将函数在一点连续的定义叙述如下:

定义 1.13 若 $\forall \varepsilon>0, \exists \delta>0$,当 $|x-x_0|<\delta$ 时,恒有 $|f(x)-f(x_0)|<\varepsilon$,那么就称函数 $y=f(x)$ 在点 x_0 连续.

下面说明左连续和右连续的概念.

如果 $\lim\limits_{x \to x_0^-} f(x) = f(x_0^-)$ 存在且等于 $f(x_0)$,即 $f(x_0)=f(x_0^-)$,那么函数 $f(x)$ 在点 x_0 左连续.

如果 $\lim\limits_{x \to x_0^+} f(x) = f(x_0^+)$ 存在且等于 $f(x_0)$,即 $f(x_0)=f(x_0^+)$,那么函数 $f(x)$ 在点 x_0 右连续.

函数 $f(x)$ 在点 x_0 连续的充要条件是: $f(x)$ 在点 x_0 既是右连续又是左连续.

[例 1.48] 讨论函数 $f(x)=\begin{cases} x+2 & (x \geqslant 0) \\ x-2 & (x<0) \end{cases}$ 在点 $x=0$ 的连续性.

解 因为
$$\lim_{x \to 0^+} f(x) = \lim_{x \to 0^+}(x+2)=2$$

$$\lim_{x \to 0^-} f(x) = \lim_{x \to 0^-}(x-2) = -2$$

而 $f(0)=2$,所以 $f(x)$ 在点 $x=0$ 右连续,但不左连续,从而它在 $x=0$ 不连续,如图 1.23 所示.

如果函数 $f(x)$ 在开区间 (a,b) 内每一点都连续,那么称函数 $f(x)$ 在区间 (a,b) 内连续;如果函数 $f(x)$ 在开区间 (a,b) 内连续,在右端点 b 左连续,在左端点 a 右连续,那么称函数 $f(x)$ 在闭区间 $[a,b]$ 上连续.

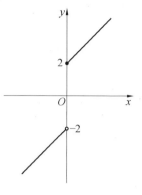

图 1.23

连续函数的图形是一条连续不间断的曲线.

在 1.3 节中曾证明:如果函数 $f(x)$ 是有理函数(多项式),那么对于任意的实数 x_0,都有 $\lim\limits_{x \to x_0} f(x) = f(x_0)$,因此有理函数在区间 $(-\infty,+\infty)$ 内是连续的,对于有理分式函数 $F(x) = \dfrac{P(x)}{Q(x)}$,只要 $Q(x_0) \neq 0$,就有 $\lim\limits_{x \to x_0} F(x) = F(x_0)$,因此有理分式函数在其定义域内每一点都是连续的.

[例 1.49] 证明 $y = \sin x$ 在定义域 **R** 内连续.

证明 设 x 是区间 $(-\infty,+\infty)$ 内任意取定的一点,当 x 有增量 Δx 时,对应函数的增量为

$$\Delta y = \sin(x+\Delta x) - \sin x$$

由三角公式有

$$\sin(x+\Delta x) - \sin x = 2\sin\frac{\Delta x}{2}\cos\left(x+\frac{\Delta x}{2}\right)$$

注意到 $\left|\cos\left(x+\dfrac{\Delta x}{2}\right)\right| \leqslant 1$,可推得

$$|\Delta y| = |\sin(x+\Delta x) - \sin x| \leqslant 2\left|\sin\frac{\Delta x}{2}\right|$$

因为对于任意的角度 α,当 $\alpha \neq 0$ 时有 $|\sin \alpha| < |\alpha|$,所以

$$0 \leqslant |\Delta y| = |\sin(x+\Delta x) - \sin x| < |\Delta x|$$

因此,当 $\Delta x \to 0$ 时,由夹逼准则得

$$|\Delta y| \to 0$$

这就证明 $y = \sin x$ 对于任一 $x \in (-\infty,+\infty)$ 是连续的.

类似地可以证明,函数 $y = \cos x$ 在区间 $(-\infty,+\infty)$ 内是连续的.

1.5.2 初等函数的连续性

1. 连续函数的四则运算

由于函数的连续性是由极限定义的,所以根据极限的四则运算法则,立即可得出连续函数的四则运算法则.

定理 1.18 若函数 $f(x)$ 和 $g(x)$ 在点 x_0 连续,则 $f \pm g$,$f \cdot g$,f/g(这里 $g(x_0) \neq 0$)也都在点 x_0 连续.

[例 1.50] 由正弦函数 $y=\sin x$ 和余弦函数 $y=\cos x$ 在 **R** 上的连续性,可推出正切函数 $y=\tan x$、余切函数 $y=\cot x$、正割函数 $y=\sec x$ 和余割函数 $y=\csc x$ 在其定义域内的每一点都连续.

2. 反函数的连续性

定理 1.19 如果函数 $y=f(x)$ 在区间 I_x 上单调增加(或单调减少)且连续,那么它的反函数 $x=f^{-1}(y)$ 也在对应的区间 $I_y=\{y\mid y=f(x), x\in I_x\}$ 上单调增加(或单调减少)且连续.

[例 1.51] 由于 $y=\sin x$ 在闭区间 $\left[-\dfrac{\pi}{2},\dfrac{\pi}{2}\right]$ 上单调增加且连续,所以它的反函数 $y=\arcsin x$ 在闭区间 $[-1,1]$ 上也是单调增加且连续的. 同理,$y=\arccos x$ 在闭区间 $[-1,1]$ 上单调减少且连续. 而其他的反三角函数在它们的定义域内也都是连续的.

3. 复合函数的连续性

利用复合函数极限的运算法则可以得到复合函数连续性的如下定理:

定理 1.20 设函数 $y=f[g(x)]$ 由函数 $u=g(x)$ 与函数 $y=f(u)$ 复合而成,且 $\mathring{U}(x_0)\subset D_{f\circ g}$. 若 $\lim\limits_{x\to x_0}g(x)=u_0$,而函数 $y=f(u)$ 在 $u=u_0$ 连续,则

$$\lim_{x\to x_0}f[g(x)]=\lim_{u\to u_0}f(u)=f(u_0)$$

注:根据连续性的定义,上述定理的结论可表示为

$$\lim_{x\to x_0}f[g(x)]=f[\lim_{x\to x_0}g(x)]=f[g(x_0)] \tag{1.5}$$

式(1.5)表明,在定理 1.20 的条件下,函数符号和极限符号可以交换次序.

注:若复合函数 $f\circ g$ 的内函数 g 当 $x\to x_0$ 时极限为 a,而 $a\ne g(x_0)$ 或 g 在 x_0 无定义(即 x_0 为 g 的可去间断点),又外函数 f 在 $u=a$ 连续,则仍可用上述定理来求复合函数的极限,即有

$$\lim_{x\to x_0}g[f(x)]=g[\lim_{x\to x_0}f(x)] \tag{1.6}$$

还可证明:式(1.6)不仅对于 $x\to x_0$ 这种类型的极限成立,而且对于 $x\to+\infty$,$x\to-\infty$ 或 $x\to x_0^-$,$x\to x_0^+$ 等类型的极限也是成立的.

[例 1.52] 求 $\lim\limits_{x\to 1}\sin(1-x^2)$.

解 $\sin(1-x^2)$ 可看作函数 $f(u)=\sin u$ 与 $g(x)=1-x^2$ 的复合,由式(1.5)得

$$\lim_{x\to 1}\sin(1-x^2)=\sin[\lim_{x\to 1}(1-x^2)]=\sin 0=0$$

[例 1.53] 求 $\lim\limits_{x\to 3}\sqrt{\dfrac{x-3}{x^2-9}}$.

解 $y=\sqrt{\dfrac{x-3}{x^2-9}}$ 可看作由 $y=\sqrt{u}$ 与 $u=\dfrac{x-3}{x^2-9}$ 复合而成,因为 $\lim\limits_{x\to 3}\dfrac{x-3}{x^2-9}=\dfrac{1}{6}$,而函数 $y=\sqrt{u}$ 在点 $u=\dfrac{1}{6}$ 连续,所以

$$\lim_{x\to 3}\sqrt{\dfrac{x-3}{x^2-9}}=\sqrt{\lim_{x\to 3}\dfrac{x-3}{x^2-9}}=\sqrt{\dfrac{1}{6}}=\dfrac{\sqrt{6}}{6}$$

定理 1.21 设函数 $y=f[g(x)]$ 由函数 $u=g(x)$ 与函数 $y=f(u)$ 复合而成，$U(x_0) \subset D_{f \cdot g}$，若函数 $u=g(x)$ 在点 $x=x_0$ 连续，且 $g(x_0)=u_0$，而函数 $y=f(u)$ 在点 $u=u_0$ 连续，则复合函数 $y=f[\varphi(x)]$ 在点 $x=x_0$ 也连续.

[例 1.54] 讨论函数 $y=\sin\dfrac{1}{x}$ 的连续性.

解 函数 $y=\sin\dfrac{1}{x}$ 可看作由 $y=\sin u$ 及 $u=\dfrac{1}{x}$ 复合而成. $u=\dfrac{1}{x}$ 在 $(-\infty,0)\cup(0,+\infty)$ 内连续，$y=\sin u$ 在 $(-\infty,+\infty)$ 内连续. 根据定理 1.21，有 $y=\sin\dfrac{1}{x}$ 在 $(-\infty,0)\cup(0,+\infty)$ 内连续.

4. 初等函数的连续性

前面证明了三角函数及反三角函数在其定义域内是连续的.

这里直接指出(但不详细讨论)，指数函数 $a^x(a>0,a\neq 1)$ 对于一切实数 x 都有定义，且在区间 $(-\infty,+\infty)$ 内是单调且连续的，它的值域为 $(0,+\infty)$.

由指数函数的单调性和连续性，利用定理 1.19 可得：对数函数 $\log_a x(a>0,a\neq 1)$ 在区间 $(0,+\infty)$ 内是单调且连续的.

幂函数 $y=x^\mu$ 的定义域随 μ 的值而异，但无论 μ 为何值，在区间 $(0,+\infty)$ 内幂函数总是有定义的. 下面证明，在 $(0,+\infty)$ 内幂函数是连续的.

事实上，设 $x>0$，则
$$y=x^\mu=a^{\mu\log_a x}$$
因此，幂函数 $y=x^\mu$ 可看作是由 $y=a^u, u=\mu\log_a x$ 复合而成的，由定理 1.20 可知，它在 $(0,+\infty)$ 内连续.

如果对于 μ 取各种不同值加以分别讨论，可以证明(证明从略)幂函数在它的定义域内是连续的.

定理 1.22 一切基本初等函数都是定义域上的连续函数.

由于任何初等函数都是由基本初等函数经过有限次四则运算与复合运算得到的，所以有如下定理：

定理 1.23 任何初等函数都是其定义区间上的连续函数.

下面举两个利用函数的连续性求极限的例子.

[例 1.55] 求 $\lim\limits_{x\to 0}\dfrac{\ln(1+x)}{x}$.

解 由对数函数的连续性有
$$\lim_{x\to 0}\dfrac{\ln(1+x)}{x}=\lim_{x\to 0}\ln(1+x)^{\frac{1}{x}}=\ln\left[\lim_{x\to 0}(1+x)^{\frac{1}{x}}\right]=\ln \mathrm{e}=1$$

[例 1.56] 求 $\lim\limits_{x\to 0}\dfrac{a^x-1}{x}$.

解 令 $a^x-1=t$，则 $x=\log_a(1+t)$，当 $x\to 0$ 时 $t\to 0$，于是
$$\lim_{x\to 0}\dfrac{a^x-1}{x}=\lim_{t\to 0}\dfrac{t}{\log_a(1+t)}=\ln a$$

这样又得到了两个重要的等价无穷小，即当 $x\to 0$ 时，有

$$x \sim \ln(1+x) \sim e^x - 1$$

[例 1.57] 求 $\lim\limits_{x \to 0}(1+2x)^{\frac{3}{\sin x}}$.

解 因为

$$(1+2x)^{\frac{3}{\sin x}} = (1+2x)^{\frac{1}{2x} \cdot \frac{x}{\sin x} \cdot 6} = e^{\frac{x}{\sin x} \cdot 6\ln(1+2x)^{\frac{1}{2x}}}$$

利用定理 1.20 及极限的运算法则,便有

$$\lim_{x \to 0}(1+2x)^{\frac{3}{\sin x}} = e^{\lim\limits_{x \to 0}\frac{x}{\sin x} \cdot 6\ln(1+2x)^{\frac{1}{2x}}} = e^6$$

一般地,对于形如 $u(x)^{v(x)}$ ($u(x) > 0, u(x) \not\equiv 1$) 的函数(通常称为幂指函数),如果

$$\lim u(x) = a > 0, \quad \lim v(x) = b$$

那么

$$\lim u(x)^{v(x)} = a^b$$

注意 这里三个 lim 都表示在同一自变量变化过程中的极限.

1.5.3 闭区间上函数连续性的性质

从本质上讲,函数在一点连续只描述了函数在这一点附近的局部性质,所以说连续只是一个局部概念.但如果函数在某个闭区间上连续,那么函数就具有一些整体性质.本节介绍闭区间上连续函数的整体性质,这些性质非常有用,在几何上看也很自然,但是它们的严格证明却相当困难,需要较多的预备知识,感兴趣的读者可以参阅数学分析相关教材.

1. 有界性与最大值最小值定理

定义 1.14 设 $f(x)$ 为定义在区间 I 上的函数,若存在 $x_0 \in I$,使得对一切 $x \in I$ 有

$$f(x_0) \geqslant f(x) \quad (f(x_0) \leqslant f(x))$$

即 $f(x)$ 在 I 上有最大(最小)值,并称 $f(x_0)$ 为 f 在 I 上的最大(最小)值.

例如,$\sin x$ 在 $[0, \pi]$ 上有最大值 1,最小值 0.但一般而言,函数 $f(x)$ 在其定义域 D 上不一定有最大值或最小值(即使 $f(x)$ 在 D 上有界).如 $f(x) = x$ 在 $(0,1)$ 上有界,但既无最大值也无最小值.又如

$$g(x) = \begin{cases} \dfrac{1}{x} & (x \in (0,1)) \\ 2 & (x \in \{0,1\}) \end{cases} \tag{1.7}$$

它在闭区间 $[0,1]$ 上也无最大值、最小值.下述定理给出了函数能取得最大值、最小值的充分条件.

定理 1.24(有界性与最大值最小值定理) 若函数 $f(x)$ 在闭区间 $[a,b]$ 上连续,则 $f(x)$ 在 $[a,b]$ 上有界且一定能取得最大值与最小值.

注:(1) 开区间上连续的函数不一定存在最大值或最小值.例如,$y = \tan x$ 在区间 $\left(-\dfrac{\pi}{2}, \dfrac{\pi}{2}\right)$ 内连续,但是无界.即无最值.

(2) 开区间连续有界的函数也不一定存在最大值或最小值.例如,前面提到的 $f(x) = x$ 在 $(0,1)$ 上有界但既无最大值也无最小值.又如,$f(x) = \sin x$ 在区间 $(0, \pi)$ 有

界,但只能取到最大值,没有最小值.

(3) 闭区间上间断的函数也不一定存在最大值或最小值. 例如,函数
$$f(x)=\begin{cases}-x+1 & (0\leqslant x<1)\\ 1 & (x=1)\\ -x+3 & (1<x\leqslant 2)\end{cases}$$
在闭区间 $[0,2]$ 上有间断点 $x=1$. 它在闭区间 $[0,2]$ 上虽然有界,但是函数 $f(x)$ 既无最大值也无最小值(图 1.24).

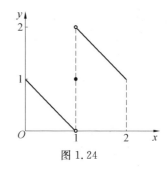

图 1.24

2. 零点定理与介值定理

如果 x_0 使 $f(x_0)=0$,那么 x_0 称为函数 $f(x)$ 的零点.

定理 1.25(零点定理) 若函数 $f(x)$ 在闭区间 $[a,b]$ 上连续,且 $f(a)$ 与 $f(b)$ 异号(即 $f(a)f(b)<0$),则至少存在一点 $\xi\in(a,b)$,使得 $f(\xi)=0$,即方程 $f(x)=0$ 在 (a,b) 内至少有一个根.

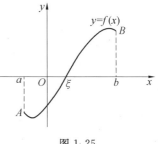

图 1.25

这个推论的几何解释如图 1.25 所示:若点 $A(a,f(a))$ 与点 $B(b,f(b))$ 分别在 x 轴的两侧,则连接 A,B 的连续曲线 $y=f(x)$ 与 x 轴至少有一个交点.

由定理 1.25 立即推得如下一般性的定理:

定理 1.26(介值定理) 设函数 $f(x)$ 在闭区间 $[a,b]$ 上连续,且 $f(a)\neq f(b)$. 若 μ 为介于 $f(a)$ 与 $f(b)$ 之间的任何实数($f(a)<\mu<f(b)$ 或 $f(a)>\mu>f(b)$),则至少存在一点 $\xi\in(a,b)$,使得 $f(\xi)=\mu$.

定理 1.26 表明,若 $f(x)$ 在 $[a,b]$ 上连续,不妨设 $f(a)<f(b)$,则 $f(x)$ 在 $[a,b]$ 上必能取得区间 $[f(a),f(b)]$ 中的一切值,即有
$$[f(a),f(b)]\subset f([a,b])$$

应用介值定理,还容易推得连续函数的下述性质:若 $f(x)$ 在区间 I 上连续且不是常量函数,则值域 $f(I)$ 也是一个区间;特别地,若 I 为闭区间 $[a,b]$,$f(x)$ 在 $[a,b]$ 上的最大值为 M,最小值为 m,则 $f([a,b])=[m,M]$. 即有下面的推论:

推论 在闭区间上连续的函数必取得介于最小值与最大值之间的任何值.

[**例 1.58**] 证明方程 $x^3-4x^2+1=0$ 在区间 $(0,1)$ 内至少有一个根.

证明 函数 $f(x)=x^3-4x^2+1$ 在闭区间 $[0,1]$ 上连续,又
$$f(0)=1>0,\quad f(1)=-2<0$$
根据零点定理,在 $(0,1)$ 内至少有一点 ξ,使得
$$f(\xi)=0$$
即
$$\xi^3-4\xi^2+1=0\quad(0<\xi<1)$$
该等式说明方程 $x^3-4x^2+1=0$ 在区间 $(0,1)$ 内至少有一个根 ξ.

1.5.4 函数的间断点

事物发展有渐变和突变,函数值也如此,即除有连续变化外,还有间断情形.如导线中电流通常是连续变化,但当电流增加到一定程度会烧断保险丝,电流就突然变为0,这时因连续性被破坏而出现间断现象.

定义 1.15 设函数 $f(x)$ 在点 x_0 的某个去心邻域内有定义,若 $f(x)$ 在点 x_0 无定义,或 $f(x)$ 在点 x_0 有定义而不连续,则称点 x_0 为函数 $f(x)$ 的间断点或不连续点.

按此定义,以及关于极限与连续性之间联系的讨论,若 x_0 为函数 $f(x)$ 的间断点,则必出现下列情形之一:

(1) $f(x)$ 在点 x_0 无定义;

(2) $f(x)$ 在点 x_0 有定义,但极限 $\lim\limits_{x \to x_0} f(x)$ 不存在;

(3) $f(x)$ 在点 x_0 有定义,且极限 $\lim\limits_{x \to x_0} f(x)$ 存在,但 $\lim\limits_{x \to x_0} f(x) \neq f(x_0)$.

据此,对函数的间断点做如下分类:

1. 第一类间断点

设 x_0 为函数 $f(x)$ 的间断点,若 $f(x_0^+)$ 与 $f(x_0^-)$ 都存在,则称 x_0 为函数 $f(x)$ 的第一类间断点.

第一类间断点又可以分成两类:可去间断点和跳跃间断点.

(1) 可去间断点. 若 $\lim\limits_{x \to x_0} f(x) = A$,而 $f(x)$ 在点 x_0 无定义,或有定义但 $f(x_0) \neq A$,则称 x_0 为 $f(x)$ 的可去间断点.

[例 1.59] 讨论函数 $f(x) = \begin{cases} 2\sqrt{x} & (0 \leqslant x < 1) \\ 1 & (x = 1) \\ 1+x & (x > 1) \end{cases}$ 在 $x = 1$ 处的连续性(图 1.26).

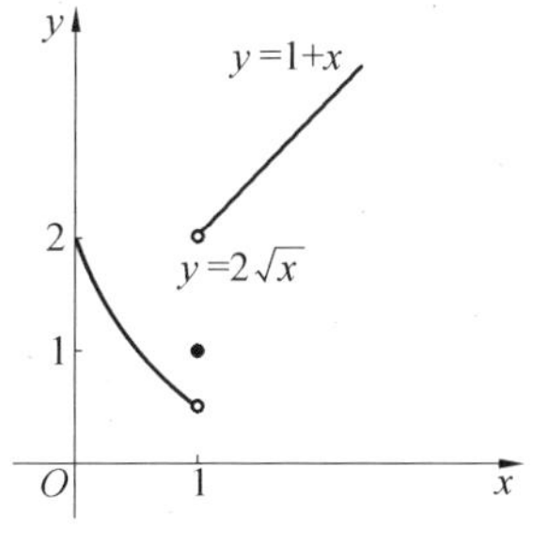

图 1.26

解 因为
$$f(1) = 1, \quad f(1-0) = 2, \quad f(1+0) = 2$$
所以
$$\lim_{x \to 1} f(x) = 2 \neq f(1)$$
所以 $x = 0$ 为函数的可去间断点.

注意 可去间断点只要改变或者补充间断处函数的定义,则可使其变为连续点.

如例 1.59 中,令 $f(1)=2$,则 $f(x)=\begin{cases} 2\sqrt{x} & (0 \leqslant x < 1) \\ 1+x & (x \geqslant 1) \end{cases}$ 在 $x=1$ 处连续.

(2) 跳跃间断点. 若函数 $f(x)$ 在点 x_0 的左、右极限都存在,但
$$\lim_{x \to x_0^+} f(x) \neq \lim_{x \to x_0^-} f(x)$$
则称点 x_0 为函数 $f(x)$ 的跳跃间断点.

[例 1.60] 讨论函数 $f(x)=\begin{cases} -x & (x \leqslant 0) \\ 1+x & (x > 0) \end{cases}$ 在 $x=0$ 处的连续性.

解 因为
$$f(0-0)=0, \quad f(0+0)=1$$
所以
$$f(0-0) \neq f(0+0)$$
所以 $x=0$ 为函数的跳跃间断点.

2. 第二类间断点

函数的所有其他形式的间断点,即 $f(x_0^+)$ 与 $f(x_0^-)$ 至少有一个不存在的那些点,称为第二类间断点.

[例 1.61] 讨论函数 $f(x)=\dfrac{1}{x-1}$ 在点 $x=1$ 的连续性.

解 因为 $x=1$ 时,$f(x)$ 无定义,故 $x=1$ 是函数 $f(x)$ 的间断点. 又
$$\lim_{x \to 1} \frac{1}{x-1} = \infty$$
所以 $x=1$ 是 $f(x)=\dfrac{1}{x-1}$ 的第二类间断点. 这类间断点称作无穷间断点.

[例 1.62] 函数 $f(x)=\sin\dfrac{1}{x}$ 在点 $x=0$ 处左、右极限都不存在,当 $x \to 0$ 时,函数值在 -1 与 1 之间无限次振荡,故 $x=0$ 是 $\sin\dfrac{1}{x}$ 的第二类间断点. 这类间断点称作振荡间断点(图 1.27).

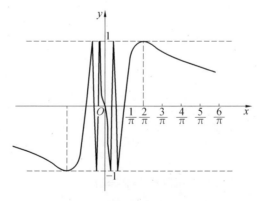

图 1.27

本 章 习 题

1.1 判断下列各组函数是否相同.

(1) $f(x) = \sin x$ 与 $g(x) = \sqrt{1-\cos^2 x}$;

(2) $f(x) = 1$ 与 $g(x) = \sec^2 x - \tan^2 x$;

(3) $f(x) = \dfrac{x^3-1}{x-1}$ 与 $g(x) = x^2+x+1$;

(4) $f(x) = \ln\sqrt{x}$ 与 $g(x) = \dfrac{1}{2}\ln x$.

1.2 求下列函数的定义域.

(1) $y = \sqrt{x^2-1}$;

(2) $y = e^{\frac{1}{x}}$;

(3) $y = \log_2(x-1)$;

(4) $y = \dfrac{x}{x-1} + \ln(4-x^2)$;

(5) $y = \arcsin\dfrac{x-2}{3}$;

(6) $y = \sqrt{3-x} + \arctan\dfrac{1}{x}$.

1.3 分解下列复合函数.

(1) $y = \sqrt{x+1}$;

(2) $y = e^{\sin x}$;

(3) $y = \sin(2x+1)$;

(4) $y = \ln^2(\cos x)$;

(5) $y = \sqrt{1+\arctan^2 x}$;

(6) $y = \dfrac{1}{\sqrt{1-\sin^3 x}}$.

1.4 写出下面数列的前 5 项,并观察数列的变化趋势,哪些是收敛数列? 哪些是发散数列? 写出收敛数列的极限.

(1) $x_n = 1 - \dfrac{1}{2^n}$;

(2) $x_n = \dfrac{n^2-1}{n}$;

(3) $x_n = n(-1)^n$;

(4) $x_n = \dfrac{n-1}{n+1}$;

(5) $x_n = \sin\dfrac{\pi}{n}$;

(6) $x_n = \dfrac{2^n-1}{3^n}$.

1.5 根据数列极限的定义证明:

(1) $\lim\limits_{n\to\infty}\dfrac{1}{n^2} = 0$;

(2) $\lim\limits_{n\to\infty}\dfrac{2n+1}{3n+1} = \dfrac{2}{3}$;

(3) $\lim\limits_{n\to\infty}\dfrac{\sin n}{n} = 0$;

(4) $\lim\limits_{n\to\infty}(\sqrt{n+1}-\sqrt{n}) = 0$.

1.6 根据函数极限的定义证明:

(1) $\lim\limits_{x\to 3}(2x-1) = 5$;

(2) $\lim\limits_{x\to\infty}\dfrac{3x+5}{x-1} = 3$;

(3) $\lim\limits_{x\to -2}\dfrac{x^2-4}{x+2} = -4$;

(4) $\lim\limits_{x\to +\infty}\dfrac{\sin x}{\sqrt{x}} = 0$.

1.7 求下列极限.

(1) $\lim\limits_{x \to 1} \dfrac{x^2-1}{x^2-5x+4}$;

(2) $\lim\limits_{x \to 2} \dfrac{x^3+1}{x^2-5x+3}$;

(3) $\lim\limits_{h \to 0} \dfrac{(x+h)^3-x^3}{h}$;

(4) $\lim\limits_{x \to 1} \dfrac{x^3-1}{x-1}$;

(5) $\lim\limits_{x \to 1} \dfrac{3x^2+1}{x^2-4x+1}$;

(6) $\lim\limits_{x \to 0} \dfrac{\sqrt{1+x^2}-1}{x^2}$;

(7) $\lim\limits_{x \to 4} \dfrac{\sqrt{x}-2}{x-4}$;

(8) $\lim\limits_{x \to \infty} \dfrac{x^2+x}{5x^3-3x+1}$.

1.8 设 $f(x)=\begin{cases} e^x & (x<0) \\ 2x+a & (x \geqslant 0) \end{cases}$, 问当 a 为何值时,极限 $\lim\limits_{x \to 0} f(x)$ 存在?

1.9 设函数 $f(x)=\begin{cases} x-1 & (x<0) \\ 0 & (x=0) \\ x+1 & (x>0) \end{cases}$, 讨论当 $x \to 0$ 时, $f(x)$ 的极限是否存在.

1.10 已知 a,b 为常数, $\lim\limits_{x \to 1} \dfrac{ax+b}{x-1}=4$, 求 a,b 的值.

1.11 计算下列极限.

(1) $\lim\limits_{x \to 0} x \cot x$;

(2) $\lim\limits_{x \to 0} \dfrac{\sin 2x}{3x}$;

(3) $\lim\limits_{x \to 0} \dfrac{\tan 4x}{2x}$;

(4) $\lim\limits_{x \to 0} \dfrac{\arctan x}{\sin 2x}$;

(5) $\lim\limits_{x \to \infty} x \cdot \sin \dfrac{1}{x}$;

(6) $\lim\limits_{x \to 0} \dfrac{\cos x - \cos 3x}{5x}$;

(7) $\lim\limits_{n \to \infty} 2^n \sin \dfrac{x}{2^n}$ (x 为不等于零的常数);

(8) $\lim\limits_{x \to 0} \dfrac{x \sin x}{1-\cos 2x}$;

(9) $\lim\limits_{x \to 2} \dfrac{\sin(x^2-4)}{x-2}$;

(10) $\lim\limits_{x \to 0^+} \dfrac{\cos x - 1}{x^{\frac{3}{2}}}$.

1.12 计算下列极限.

(1) $\lim\limits_{x \to \infty} \left(1+\dfrac{1}{2x}\right)^x$;

(2) $\lim\limits_{x \to 0} (1-x)^{\frac{2}{x}}$;

(3) $\lim\limits_{x \to 0} \left(1+\dfrac{x}{2}\right)^{\frac{-1}{x}}$;

(4) $\lim\limits_{x \to \infty} \left(1-\dfrac{2}{x}\right)^{2x}$;

(5) $\lim\limits_{x \to 2} \left(\dfrac{x}{2}\right)^{\frac{1}{x-2}}$;

(6) $\lim\limits_{x \to \infty} \left(\dfrac{x+5}{x-5}\right)^x$;

(7) $\lim\limits_{x \to \frac{\pi}{2}} (1+\cos x)^{3\sec x}$;

(8) $\lim\limits_{x \to 0} (1+2\sin x)^{\frac{1}{x}}$.

1.13 利用极限存在准则证明:

(1) $\lim\limits_{n \to \infty} \left(\dfrac{1}{\sqrt{n^6+n}}+\dfrac{2^2}{\sqrt{n^6+2n}}+\cdots+\dfrac{n^2}{\sqrt{n^6+n^2}}\right)=\dfrac{1}{3}$;

(2) $\lim\limits_{n \to \infty} \sqrt{1+\dfrac{3}{n}}=1$;

(3) $\lim\limits_{x \to 0^+} x \left[\dfrac{1}{x}\right] = 1$;

(4) 数列 $\sqrt{2}, \sqrt{2+\sqrt{2}}, \underbrace{\sqrt{2+\sqrt{2+\cdots+\sqrt{2}}}}_{n\text{个根号}}, \cdots$ 的极限存在,并求其极限.

1.14 利用等价无穷小的性质,求下列极限.

(1) $\lim\limits_{x \to 0} \dfrac{\tan nx}{\sin mx}$ (n, m 为正整数);   (2) $\lim\limits_{x \to 0} \dfrac{\arcsin 2x}{\tan 3x}$;

(3) $\lim\limits_{x \to 0} \dfrac{\sqrt{2} - \sqrt{1+\cos x}}{\sin^2 3x}$;   (4) $\lim\limits_{x \to 0} \dfrac{x \sin 3x}{\tan 5x \sin \dfrac{x}{2}}$;

(5) $\lim\limits_{x \to 0} \dfrac{\sqrt{1+x+2x^2}-1}{\sin 3x}$;   (6) $\lim\limits_{x \to 0^+} \dfrac{1-\sqrt{\cos x}}{x(1-\cos\sqrt{x})}$.

1.15 求下列极限.

(1) $\lim\limits_{x \to 1} \sin\left(\pi \sqrt{\dfrac{x+1}{5x+3}}\right)$;   (2) $\lim\limits_{x \to +\infty} \arcsin(\sqrt{x^2+x}-x)$;

(3) $\lim\limits_{x \to 1} \dfrac{\dfrac{1}{2}+\ln(2-x)}{3\arctan x - \dfrac{\pi}{4}}$;   (4) $\lim\limits_{x \to 0} (1-4x)^{\frac{1-x}{x}}$;

(5) $\lim\limits_{x \to 0} [1+\ln(1+x)]^{\frac{2}{x}}$;   (6) $\lim\limits_{x \to 0} (1+x^2 e^x)^{\frac{1}{1-\cos x}}$;

(7) $\lim\limits_{x \to 0} (\cos x)^{\cot^2 x}$.

1.16 若函数 $f(x) = \begin{cases} a+bx^2 & (x \leqslant 0) \\ \dfrac{\sin bx}{x} & (x > 0) \end{cases}$ 在 $(-\infty, +\infty)$ 内连续,确定 a 和 b 之间的关系.

1.17 设 $\lim\limits_{x \to \infty} \left(\dfrac{x+2a}{x-a}\right)^x = 8$,且 $a \neq 0$,求常数 a 的值.

1.18 指出下列函数的间断点,并判断其类型.如果是可去间断点,则补充或修改函数的定义使其连续.

(1) $y = \dfrac{x^2-1}{x^2-3x+2}$;   (2) $y = \dfrac{x^2-x}{|x|(x^2-1)}$;

(3) $y = \dfrac{\tan x}{x}$;   (4) $y = \dfrac{1}{1+e^{\frac{1}{x}}}$.

1.19 证明:方程 $x^5 - 3x = 1$ 至少有一个根介于 1 和 2 之间.

1.20 证明:方程 $x^5 + x = 1$ 有正实根.

1.21 证明:方程 $x = a\sin x + b$,其中 $a > 0, b > 0$,至少有一个正根,并且它不超过 $a+b$.

1.22 若 $f(x)$ 在 $[a,b]$ 上连续,$a < x_1 < x_2 < \cdots < x_n < b$,则在 (x_1, x_n) 内至少有一点 ξ,使

$$f(\xi) = \dfrac{f(x_1)+f(x_2)+\cdots+f(x_n)}{n}$$

导数与微分

第 1 章研究了函数,而函数的概念刻画了因变量随自变量变化的依赖关系.但是,对研究运动过程来说,仅知道变量之间的依赖关系是不够的,还需要进一步知道因变量随自变量变化的快慢程度.

本章将要介绍微积分中的重要组成部分——微分.微分的基本任务是解决两类问题:一是函数相对于自变量的变化快慢程度,即函数的变化率问题;二是函数的增量问题.由前一个问题可引出导数概念,而由后一问题可引出微分概念.

导数与微分的概念是建立在极限概念基础上的,导数与微分也是研究函数性态的有力工具.

2.1 导数的概念

2.1.1 两个实例

导数思想最初是由法国数学家费马(Fermat)为研究极值问题而引入的,但与导数概念直接相联系的是以下两个问题:已知运动规律求瞬时速度和已知曲线求它的切线.这两个问题是由英国数学家牛顿(Newton)和德国数学家莱布尼茨(Leibniz)分别在研究力学和几何学过程中建立起来的.

下面以这两个问题为背景引入导数的概念.

1. 变速直线运动的瞬时速度

若物体做匀速运动,求速度的问题就很容易解决,即物体在任何时刻的速度都等于运动路程 s 与时间 t 的比值.当物体做非匀速直线运动时,其运动方程是路程 s 与时间 t 的函数 $s=s(t)$,那么如何求物体在时刻 t_0 时的速度呢?

当时间从 t_0 变到 t 时,物体经过的路程为
$$\Delta s = s(t) - s(t_0)$$
于是,在这段时间内物体的平均速度为
$$\bar{v} = \frac{\Delta s}{\Delta t} = \frac{s(t) - s(t_0)}{t - t_0}$$

其中,$\bar{v}$ 只能说明在这段时间内物体运动的平均快慢程度.时间间隔越小,其平均速度 $\bar{v}$ 就越接近于时刻 t_0 的速度.当时间间隔趋于零时,平均速度 $\bar{v}$ 的极限值就可以认为是物体在时刻 t_0 的速度,于是有
$$v(t_0) = \lim_{\Delta t \to 0} \frac{\Delta s}{\Delta t} = \lim_{\Delta t \to 0} \frac{s(t) - s(t_0)}{t - t_0} \tag{2.1}$$

式(2.1)称为物体在 t_0 时的瞬时速度,同时也提供了瞬时速度的计算方法.

在后续研究中将会发现,在计算诸如物质比热、电流强度、线密度等问题时,尽管它们的物理背景各不相同,但最终都归结于讨论形如式(2.1)的极限.

2. 切线的斜率

速度与切线是导致导数概念产生的两大古老问题.大约在公元前 3 世纪,就已经出现了切线的静态定义:切线是与曲线只在一点接触的直线.根据这一定义可得出求圆锥曲线上切线的方法,但具有很大的局限性.在寻求其他曲线切线的过程中,人们逐渐以运动的观点来看待切线,其中之一就是近代形成的切线的动态定义:切线是变动割线的极限位置.

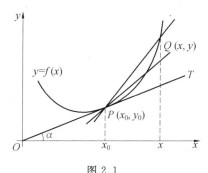

图 2.1

如图 2.1 所示,曲线 $y=f(x)$ 在其上一点 $P(x_0, y_0)$ 处的切线 PT 是割线 PQ 当动点 Q 沿此曲线无限接近于点 P 时的极限位置.由于割线 PQ 的斜率为
$$\bar{k} = \frac{f(x) - f(x_0)}{x - x_0}$$
因此,当 $x \to x_0$ 时,如果 $\bar{k}$ 的极限存在,则极限
$$k = \lim_{x \to x_0} \frac{f(x) - f(x_0)}{x - x_0} \tag{2.2}$$
即为切线 PT 的斜率.

2.1.2 导数的概念与意义

上面两个实例中,前一个是运动学问题,而后一个是几何学问题.尽管它们的实际意

义不同,但是从解法思路与算法过程来看完全相同,即对应于自变量的改变量算出函数的改变量;写出函数的改变量与自变量的改变量的比;求出这个比的极限.经过这样的抽象,就可以引出导数的概念.

1. 函数在一点处的导数与导函数

定义 2.1 设函数 $y=f(x)$ 在点 x_0 的某个邻域内有定义,当自变量 x 在 x_0 处取得增量 Δx(点 $x_0+\Delta x$ 仍在该邻域内)时,相应地函数 y 取得增量 $\Delta y=f(x_0+\Delta x)-f(x_0)$,如果当 $\Delta x \to 0$ 时 Δy 与 Δx 之比的极限存在,则称函数 $y=f(x)$ 在点 x_0 处可导,并称这个极限为函数 $y=f(x)$ 在点 x_0 处的导数,记为 $f'(x_0)$,即

$$f'(x_0) = \lim_{\Delta x \to 0} \frac{\Delta y}{\Delta x} = \lim_{\Delta x \to 0} \frac{f(x_0+\Delta x)-f(x_0)}{\Delta x} \tag{2.3}$$

也可记为 $y'|_{x=x_0}, \dfrac{\mathrm{d}y}{\mathrm{d}x}\bigg|_{x=x_0}$ 或 $\dfrac{\mathrm{d}f(x)}{\mathrm{d}x}\bigg|_{x=x_0}$. 函数 $f(x)$ 在点 x_0 处可导有时也说成 $f(x)$ 在点 x_0 具有导数或者导数存在.

导数的定义式(2.3)也可以取不同的形式,常见的有

$$f'(x_0) = \lim_{h \to 0} \frac{f(x_0+h)-f(x_0)}{h} \tag{2.4}$$

和

$$f'(x_0) = \lim_{x \to x_0} \frac{f(x)-f(x_0)}{x-x_0} \tag{2.5}$$

导数是函数值的增量 Δy 与自变量增量 Δx 之比 $\dfrac{\Delta y}{\Delta x}$ 的极限.这个增量比称为函数关于自变量的平均变化率(又称差商),而导数 $f'(x_0)$ 则为 $f(x)$ 在 x_0 处关于 x 的变化率(瞬时变化率).

如果式(2.3)极限不存在,就说函数 $f(x)$ 在点 x_0 处不可导.如果不可导原因是 $\Delta x \to 0$ 时,比式 $\dfrac{\Delta y}{\Delta x} \to \infty$,为了方便起见,也往往说函数 $f(x)$ 在点 x_0 处的导数为无穷大.

上面讲的是函数在一点处可导,如果函数 $f(x)$ 在开区间 I 内每一点处都可导,那么就称函数 $f(x)$ 在开区间 I 内可导.这时,对于任一 $x \in I$,都对应着 $f(x)$ 的一个确定的导数值.这样就构成了一个新的函数,这个函数称为原函数 $f(x)$ 的导函数,简称导数,记为 $y', f'(x), \dfrac{\mathrm{d}y}{\mathrm{d}x}$ 或 $\dfrac{\mathrm{d}f(x)}{\mathrm{d}x}$,即

$$y' = \lim_{\Delta x \to 0} \frac{f(x+\Delta x)-f(x)}{\Delta x} \quad \text{或} \quad f'(x) = \lim_{h \to 0} \frac{f(x+h)-f(x)}{h}$$

注意 在以上两式中,虽然 x 可以取区间 I 内的任何数值,但在极限过程中,x 是常量,Δx 或 h 是变量.

显然,函数在点 x_0 处的导数等于函数的导函数在点 x_0 处的函数值,即有

$$f'(x_0) = f'(x)|_{x=x_0}$$

2. 单侧导数

若只讨论函数在点 x_0 的右邻域(左邻域)上的变化率,需引进单侧导数的概念.

定义 2.2 设函数 $y=f(x)$ 在点 x_0 的某右邻域 $[x_0, x_0+\delta)$ 上有定义,若右极限

$$\lim_{\Delta x \to 0^+} \frac{\Delta y}{\Delta x} = \lim_{\Delta x \to 0^+} \frac{f(x_0 + \Delta x) - f(x_0)}{\Delta x} = \lim_{x \to x_0^+} \frac{f(x) - f(x_0)}{x - x_0}$$

存在,则称该极限值为 $f(x)$ 在点 x_0 的右导数,记作 $f'_+(x_0)$.

类似地,可定义 $f(x)$ 在点 x_0 处的左导数

$$f'_-(x_0) = \lim_{\Delta x \to 0^-} \frac{f(x_0 + \Delta x) - f(x_0)}{\Delta x}$$

或

$$f'_-(x) = \lim_{x \to x_0^-} \frac{f(x) - f(x_0)}{x - x_0}$$

右导数和左导数统称为单侧导数.如同左、右极限与极限之间的关系,有如下定理:

定理 2.1 若函数 $y = f(x)$ 在点 x_0 的某邻域内有定义,则 $f'(x_0)$ 存在的充要条件是 $f'_+(x_0)$ 与 $f'_-(x_0)$ 都存在,且 $f'_+(x_0) = f'_-(x_0)$.

如果函数 $f(x)$ 在开区间 (a, b) 内可导,且在左端点右可导,右端点左可导,则称 $f(x)$ 在闭区间 $[a, b]$ 可导.

3. 导数的几何意义

若 $y = f(x)$ 在 x_0 处可导,则函数 $f(x)$ 在点 $x = x_0$ 的切线斜率 k 正是割线斜率在 $x \to x_0$ 时的极限,即

$$k = \lim_{x \to x_0} \frac{f(x) - f(x_0)}{x - x_0}$$

由导数的定义可知 $k = f'(x)$,所以曲线 $y = f(x)$ 在点 (x_0, y_0) 的切线方程是

$$y - y_0 = f'(x_0)(x - x_0) \tag{2.6}$$

由解析几何知道,曲线 $y = f(x)$ 在点 (x_0, y_0) 的法线方程为

$$y - y_0 = -\frac{1}{f'(x_0)}(x - x_0) \tag{2.7}$$

[例 2.1] 求曲线 $y = \dfrac{1}{\sqrt{x}}$ 在点 $(1, 1)$ 处的切线方程.

解 因为

$$k = y' \big|_{x=1} = -\frac{1}{2} x^{-\frac{3}{2}} \Big|_{x=1} = -\frac{1}{2}$$

所以切线方程为

$$y - 1 = -\frac{1}{2}(x - 1)$$

整理得

$$x + 2y - 3 = 0$$

值得注意的是,如果函数 $f(x)$ 在点 x_0 处可导,则函数 $f(x)$ 在该点的切线一定存在,并且切线的斜率为函数 $f(x)$ 在该点的导数 $f'(x_0)$.但是如果函数 $f(x)$ 在点 x_0 处不可导,那么在该点处的切线也有可能存在.例如,$f(x) = \sqrt[3]{x}$ 在 $x = 0$ 处不可导(导数为无穷大),但是曲线在该点存在切线 $x = 0$(图 2.2).

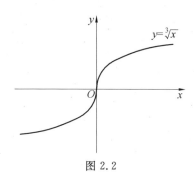

图 2.2

2.1.3 求导举例

下面根据定义求部分基本初等函数的导数,从而得出部分导数的基本公式.

[例 2.2] 求常数函数 $f(x)=C$(C 为常数) 的导数.

解
$$f'(x) = \lim_{\Delta x \to 0} \frac{f(x+\Delta x)-f(x)}{\Delta x}$$
$$= \lim_{\Delta x \to 0} \frac{C-C}{\Delta x} = 0$$

也就是说,任何常数的导数都等于零,即
$$C' = 0$$

从常数函数的图形也可以看出,函数值不随着自变量的变化而变化,因此变化率为零.

[例 2.3] 求幂函数 $f(x)=x^n$(n 为正整数) 的导数.

解 $$f'(x) = \lim_{\Delta x \to 0} \frac{\Delta y}{\Delta x}$$
$$= \lim_{\Delta x \to 0} \left[nx^{n-1} + \frac{n(n-1)}{2!}x^{n-2}\Delta x + \cdots + (\Delta x)^{n-1} \right] = nx^{n-1}$$

即
$$(x^n)' = nx^{n-1}$$

需要说明的是:对于一般的幂函数 $y=x^\alpha$(α 为实数),上面的公式也成立,即
$$(x^\alpha)' = \alpha x^{\alpha-1}$$

[例 2.4] 求正弦函数 $f(x)=\sin x$ 的导数.

解 $$f'(x) = \lim_{\Delta x \to 0}\frac{\Delta y}{\Delta x} = \lim_{\Delta x \to 0}\left[\cos\left(x+\frac{\Delta x}{2}\right)\cdot\frac{\sin\frac{\Delta x}{2}}{\frac{\Delta x}{2}}\right]$$
$$= \lim_{\Delta x \to 0}\frac{\sin\frac{\Delta x}{2}}{\frac{\Delta x}{2}} \cdot \lim_{\Delta x \to 0}\cos\left(x+\frac{\Delta x}{2}\right) = 1\cdot\cos x = \cos x$$

即
$$(\sin x)' = \cos x$$

类似地,可以推导出
$$(\cos x)' = -\sin x$$

[例 2.5] 求对数函数 $y=\log_a x$($x>0, a>0, a\neq 1$) 的导数.

解
$$f'(x) = \lim_{\Delta x \to 0} \frac{\Delta y}{\Delta x} = \lim_{\Delta x \to 0}\left[\frac{1}{x}\log_a\left(1+\frac{\Delta x}{x}\right)^{\frac{x}{\Delta x}}\right]$$
$$= \frac{1}{x}\log_a\left[\lim_{\Delta x \to 0}\left(1+\frac{\Delta x}{x}\right)^{\frac{x}{\Delta x}}\right] = \frac{1}{x}\log_a e = \frac{1}{x\ln a}$$

即
$$(\log_a x)' = \frac{1}{x\ln a} \tag{2.8}$$

特别地,当 $a = e$ 时,因为 $\ln e = 1$,所以 $y = \ln x$ 的导数为
$$(\ln x)' = \frac{1}{x}$$

如 $y = \log_2 x$,因为 $a = 2$,由式(2.8)可得 $(\log_2 x)' = \frac{1}{x\ln 2}$.

[例 2.6] 求指数函数 $y = a^x (a > 0, a \neq 1)$ 的导数.

解
$$f'(x) = \lim_{\Delta x \to 0}\frac{\Delta y}{\Delta x} = a^x \lim_{\Delta x \to 0}\frac{a^{\Delta x}-1}{\Delta x} = a^x \ln a$$

即
$$(a^x)' = a^x \ln a$$

特别地,当 $a = e$ 时,有
$$(e^x)' = e^x$$

[例 2.7] 判断函数 $f(x) = |x|$ 在 $x = 0$ 处的可导性.

解
$$\lim_{h \to 0}\frac{f(0+h)-f(0)}{h} = \lim_{h \to 0}\frac{|h|-0}{h} = \lim_{h \to 0}\frac{|h|}{h}$$

当 $h > 0$ 时
$$\lim_{h \to 0^+}\frac{f(0+h)-f(0)}{h} = \lim_{h \to 0^+}\frac{h}{h} = 1$$

当 $h < 0$ 时
$$\lim_{h \to 0^-}\frac{f(0+h)-f(0)}{h} = \lim_{h \to 0^-}\frac{-h}{h} = -1$$

所以,$\lim_{h \to 0}\frac{f(0+h)-f(0)}{h}$ 不存在,即函数 $y = f(x)$ 在 $x = 0$ 点不可导.

2.1.4 函数的可导性与连续性的关系

定理2.2 如果函数 $y = f(x)$ 在点 x_0 处可导,则 $y = f(x)$ 在点 x_0 处一定连续. 反之不成立.

证明 因为 $y = f(x)$ 在点 x_0 处可导,则有
$$f'(x_0) = \lim_{\Delta x \to 0}\frac{\Delta y}{\Delta x}$$

故
$$\lim_{\Delta x \to 0}\Delta y = \lim_{\Delta x \to 0}\frac{\Delta y}{\Delta x} \cdot \Delta x = \lim_{\Delta x \to 0}\frac{\Delta y}{\Delta x} \cdot \lim_{\Delta x \to 0}\Delta x = f'(x_0) \cdot 0 = 0$$

由连续的定义知,$y = f(x)$ 在点 x_0 处连续.

这个定理的逆命题不成立,即函数 $y = f(x)$ 在点 x_0 处连续时,在点 x_0 不一定可导,如下面的例子.

[**例 2.8**] 设
$$f(x)=|x|=\begin{cases} x & (x \geqslant 0) \\ -x & (x < 0) \end{cases}$$
判断绝对值函数 $f(x)$ 在 $x=0$ 处的连续性及可导性.

解 $f(0^+)=\lim\limits_{x\to 0^+}f(x)=\lim\limits_{x\to 0^+}x=0$

$f(0^-)=\lim\limits_{x\to 0^-}f(x)=\lim\limits_{x\to 0^-}(-x)=0$

故 $\lim\limits_{x\to 0}f(x)=0$

又 $f(x)=0$,所以 $f(x)$ 在 $x=0$ 处连续. 但在例 2.7 中已经看到,该函数在 $x=0$ 处不可导. 曲线在原点 O 没有切线(图 2.3).

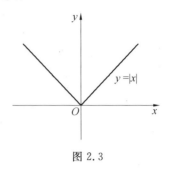

图 2.3

由以上讨论可知,函数在某点连续是函数在该点可导的必要条件,但不是充分条件.

2.2 函数的求导法则

在 2.1 节中,从定义出发求出了一些简单函数的导数,但当函数比较复杂时,直接用定义求导数是比较困难的. 而实际问题中遇到最多的是初等函数的导数,因此只要建立了基本初等函数的求导公式、导数的四则运算,以及复合函数的求导法则,初等函数求导问题就基本能得到解决. 为此本节将介绍导数的四则运算、反函数的求导法则、复合函数的求导法则,有了这些方法就可以比较方便地求任何初等函数的导数.

2.2.1 函数的和、差、积、商的求导法则

定理 2.3 如果函数 $u=u(x)$ 及 $v=v(x)$ 都在点 x 具有导数,那么它们的和、差、积、商(除分母为零的点外)都在点 x 具有导数,且有如下三条法则:

(1) $[u(x) \pm v(x)]' = u'(x) \pm v'(x)$;

(2) $[u(x)v(x)]' = u'(x)v(x) + u(x)v'(x)$;

(3) $\left[\dfrac{u(x)}{v(x)}\right]' = \dfrac{u'(x)v(x) - u(x)v'(x)}{v^2(x)} \, (v(x) \neq 0)$.

证明 (1) $[u(x) \pm v(x)]' = \lim\limits_{\Delta x \to 0} \dfrac{[u(x+\Delta x) \pm v(x+\Delta x)] - [u(x) \pm v(x)]}{\Delta x}$

$= \lim\limits_{\Delta x \to 0} \dfrac{u(x+\Delta x) - u(x)}{\Delta x} \pm \lim\limits_{\Delta x \to 0} \dfrac{v(x+\Delta x) - v(x)}{\Delta x}$

$= u'(x) \pm v'(x)$

于是法则(1)获得证明. 法则(1)可简单地表示为

$$(u \pm v)' = u' \pm v'$$

(2) $[u(x)v(x)]'$
$$= \lim_{\Delta x \to 0} \frac{u(x+\Delta x)v(x+\Delta x) - u(x)v(x)}{\Delta x}$$
$$= \lim_{\Delta x \to 0} \left[\frac{u(x+\Delta x) - u(x)}{\Delta x} \cdot v(x+\Delta x) + u(x) \cdot \frac{v(x+\Delta x) - v(x)}{\Delta x} \right]$$
$$= \lim_{\Delta x \to 0} \frac{u(x+\Delta x) - u(x)}{\Delta x} \cdot \lim_{\Delta x \to 0} v(x+\Delta x) + u(x) \cdot \lim_{\Delta x \to 0} \frac{v(x+\Delta x) - v(x)}{\Delta x}$$
$$= u'(x)v(x) + u(x)v'(x)$$

于是法则(2)获得证明. 法则(2)可简单地表示为
$$(uv)' = u'v + uv'$$

(3) $\left[\dfrac{u(x)}{v(x)}\right]' = \lim\limits_{\Delta x \to 0} \dfrac{\dfrac{u(x+\Delta x)}{v(x+\Delta x)} - \dfrac{u(x)}{v(x)}}{\Delta x}$

$$= \lim_{\Delta x \to 0} \frac{u(x+\Delta x)v(x) - u(x)v(x+\Delta x)}{v(x+\Delta x)v(x)\Delta x}$$

$$= \lim_{\Delta x \to 0} \frac{[u(x+\Delta x) - u(x)]v(x) - u(x)[v(x+\Delta x) - v(x)]}{v(x+\Delta x)v(x)\Delta x}$$

$$= \lim_{\Delta x \to 0} \frac{\dfrac{u(x+\Delta x) - u(x)}{\Delta x}v(x) - u(x)\dfrac{v(x+\Delta x) - v(x)}{\Delta x}}{v(x+\Delta x)v(x)}$$

$$= \frac{u'(x)v(x) - u(x)v'(x)}{[v(x)]^2}$$

于是法则(3)获得证明. 法则(3)可简单地表示为
$$\left(\frac{u}{v}\right)' = \frac{u'v - uv'}{v^2}$$

定理 2.3 中的法则(1)、(2)可推广到任意有限个可导函数的情形. 例如,设 $u=u(x)$, $v=v(x)$, $w=w(x)$ 均可导,则有
$$(u+v-w)' = u' + v' - w'$$
$$(uvw)' = [(uv)w]' = (uv)'w + (uv)w' = (u'v + uv')w + uvw'$$
即
$$(uvw)' = u'vw + uv'w + uvw'$$

在法则(2)中,当 $v(x) = C$(C 为常数)时,有
$$(Cu)' = Cu'$$

[例 2.9] 求 $y = x^3 - 2x^2 + \sin x$ 的导数.

解 $$y' = 3x^2 - 4x + \cos x$$

[例 2.10] 求函数 $y = e^x(\sin x + \cos x)$ 的导数.

解 $$y' = (e^x)'(\sin x + \cos x) + e^x(\sin x + \cos x)'$$
$$= e^x(\sin x + \cos x) + e^x(\cos x - \sin x)' = 2e^x\cos x$$

[例 2.11] 已知 $f(x) = \dfrac{x^2 - x + 1}{x + 1}$,求 $f'(x)$.

解
$$f'(x) = \frac{(x^2-x+1)'(x+1)-(x^2-x+1)(x+1)'}{(x+1)^2}$$
$$= \frac{(2x-1)(x+1)-(x^2-x+1)\cdot 1}{(x+1)^2}$$
$$= \frac{x^2+2x-2}{(x+1)^2}$$

[例 2.12] 证明：$(\tan x)' = \sec^2 x$；$(\cot x)' = -\csc^2 x$.

证明
$$(\tan x)' = \left(\frac{\sin x}{\cos x}\right)' = \frac{(\sin x)'\cos x - \sin x(\cos x)'}{\cos^2 x}$$
$$= \frac{\cos^2 x + \sin^2 x}{\cos^2 x} = \frac{1}{\cos^2 x} = \sec^2 x$$

同理可证
$$(\cot x)' = -\csc^2 x$$

[例 2.13] 证明：$(\sec x)' = \sec x\tan x$；$(\csc x)' = -\csc x\cot x$.

证明 仍只证第一个导数公式，第二个公式请读者自证.
$$(\sec x)' = \left(\frac{1}{\cos x}\right)' = -\frac{(\cos x)'}{\cos^2 x} = \frac{\sin x}{\cos^2 x} = \sec x\tan x$$

2.2.2 复合函数的求导法则

设有函数 $y = \ln\cos x$，若使用已知的求导公式和四则运算，难以求出 $y = \ln\cos x$ 的导数. 如果运用第 1 章的知识，把函数 $y = \ln\cos x$ 表示成函数 $y = \ln u$ 和 $u = \cos x$ 的复合函数，由于初等函数是由一些基本初等函数经过有限次的四则运算和有限次的复合运算而成，因此，复合函数的求导法则是求导运算中经常应用的一个重要法则.

定理 2.4 如果 $u = g(x)$ 在点 x 可导，而 $y = f(u)$ 在点 $u = g(x)$ 可导，那么复合函数 $y = f[g(x)]$ 在点 x 可导，且其导数为

$$\frac{dy}{dx} = f'(u) \cdot g'(x) \quad \text{或} \quad \frac{dy}{dx} = \frac{dy}{du} \cdot \frac{du}{dx}$$

证明 由于 $y = f(u)$ 在点 u 可导，因此
$$\lim_{\Delta u \to 0} \frac{\Delta y}{\Delta u} = f'(u)$$

存在. 于是根据极限与无穷小的关系有

$$\frac{\Delta y}{\Delta u} = f'(u) + \alpha \tag{2.9}$$

其中，α 是 $\Delta u \to 0$ 时的无穷小. 式(2.9)中 $\Delta u \neq 0$，用 Δu 乘式(2.9)两边，得

$$\Delta y = f'(u)\Delta u + \alpha \cdot \Delta u \tag{2.10}$$

当 $\Delta u = 0$ 时，规定 $\alpha = 0$，这时因 $\Delta y = f(u+\Delta u) - f(u) = 0$，而式(2.10)右端亦为零，故式(2.10)对 $\Delta u = 0$ 也成立. 用 $\Delta x \neq 0$ 除式(2.10)两边，得

$$\frac{\Delta y}{\Delta x} = f'(u)\frac{\Delta u}{\Delta x} + \alpha \cdot \frac{\Delta u}{\Delta x}$$

于是

$$\lim_{\Delta x \to 0} \frac{\Delta y}{\Delta x} = \lim_{\Delta x \to 0} \left[f'(u) \frac{\Delta u}{\Delta x} + \alpha \frac{\Delta u}{\Delta x} \right]$$

根据函数在某点可导必在该点连续的性质知道,当 $\Delta x \to 0$ 时,$\Delta u \to 0$,从而可以推知

$$\lim_{\Delta x \to 0} \alpha = \lim_{\Delta u \to 0} \alpha = 0$$

又因 $u = g(x)$ 在点 x 处可导,有

$$\lim_{\Delta x \to 0} \frac{\Delta u}{\Delta x} = g'(x)$$

故

$$\lim_{\Delta x \to 0} \frac{\Delta y}{\Delta x} = f'(u) \cdot \lim_{\Delta x \to 0} \frac{\Delta u}{\Delta x}$$

即

$$\frac{\mathrm{d}y}{\mathrm{d}x} = f'(u) \cdot g'(x)$$

注意 (1) 复合函数的求导公式亦称为链式法则. 函数 $y = f(u), u = \varphi(x)$ 的复合函数在点 x 的求导公式一般也写作

$$\frac{\mathrm{d}y}{\mathrm{d}x} = \frac{\mathrm{d}y}{\mathrm{d}u} \cdot \frac{\mathrm{d}u}{\mathrm{d}x} \tag{2.11}$$

即复合函数的导数等于复合函数对中间变量的导数乘中间变量对自变量的导数. 对于由多个函数复合而得的复合函数,其导数公式可反复应用式(2.11)而得.

(2) $f'[\varphi(x)] = f'(u)|_{u=\varphi(x)}$ 与 $\{f[\varphi(x)]\}' = f'[\varphi(x)]\varphi'(x)$ 的含义不可混淆.

在计算复合函数的导数时,关键是弄清楚复合函数的构造,也就是弄清楚复合函数是由哪几个基本初等函数复合而成,然后再运用复合函数的求导法则.

[例 2.14] 设 $y = \ln\sin x$,求 $\frac{\mathrm{d}y}{\mathrm{d}x}$.

解 $y = \ln\sin x$ 可看作由 $y = \ln u, u = \sin x$ 复合而成,因此

$$\frac{\mathrm{d}y}{\mathrm{d}x} = \frac{\mathrm{d}y}{\mathrm{d}u} \cdot \frac{\mathrm{d}u}{\mathrm{d}x} = \frac{1}{u} \cdot \cos x = \frac{\cos x}{\sin x} = \cot x$$

[例 2.15] 设 $y = (x^2 + 1)^{10}$,求 $\frac{\mathrm{d}y}{\mathrm{d}x}$.

解 $y = (x^2 + 1)^{10}$ 可看作由 $y = u^{10}, u = x^2 + 1$ 复合而成,因此

$$\frac{\mathrm{d}y}{\mathrm{d}x} = \frac{\mathrm{d}y}{\mathrm{d}u} \cdot \frac{\mathrm{d}u}{\mathrm{d}x} = 10u^9 \cdot 2x = 10(x^2 + 1)^9 \cdot 2x = 20x(x^2 + 1)^9$$

[例 2.16] 设 α 为实数,求幂函数 $y = x^\alpha (x > 0)$ 的导数.

解 因为 $y = x^\alpha = \mathrm{e}^{\alpha\ln x}$ 可看作 $y = \mathrm{e}^u$ 与 $u = \alpha\ln x$ 的复合函数,故

$$(x^\alpha)' = (\mathrm{e}^{\alpha\ln x})' = \mathrm{e}^{\alpha\ln x} \cdot \frac{\alpha}{x} = \alpha x^{\alpha-1}$$

对复合函数的分解比较熟练后,就不必再写出中间变量,而可以采用下列例题的方式来计算.

[例 2.17] 设 $y = \sqrt[3]{1 - 2x^2}$,求 $\frac{\mathrm{d}y}{\mathrm{d}x}$.

解 $\frac{\mathrm{d}y}{\mathrm{d}x} = \left[(1 - 2x^2)^{\frac{1}{3}}\right]' = \frac{1}{3}(1 - 2x^2)^{-\frac{2}{3}} \cdot (1 - 2x^2)' = \frac{-4x}{3\sqrt[3]{(1 - 2x^2)^2}}$

复合函数的求导法则可以推广到多个中间变量的情形,以两个中间变量为例,设 $y = $

$f(u), u=\varphi(v), v=\phi(x)$,则 $\dfrac{\mathrm{d}y}{\mathrm{d}x}=\dfrac{\mathrm{d}y}{\mathrm{d}u}\cdot\dfrac{\mathrm{d}u}{\mathrm{d}x}$,而 $\dfrac{\mathrm{d}u}{\mathrm{d}x}=\dfrac{\mathrm{d}u}{\mathrm{d}v}\cdot\dfrac{\mathrm{d}v}{\mathrm{d}x}$,故复合函数的导数为

$$\frac{\mathrm{d}y}{\mathrm{d}x}=\frac{\mathrm{d}y}{\mathrm{d}u}\cdot\frac{\mathrm{d}u}{\mathrm{d}v}\cdot\frac{\mathrm{d}v}{\mathrm{d}x} \tag{2.12}$$

当然,这里假定式(2.12)右端所出现的导数在相应处都存在.

[例 2.18] 设 $y=\mathrm{e}^{\sin\frac{1}{x}}$,求 $\dfrac{\mathrm{d}y}{\mathrm{d}x}$.

解 $y'=\mathrm{e}^{\sin\frac{1}{x}}\left(\sin\dfrac{1}{x}\right)'=\mathrm{e}^{\sin\frac{1}{x}}\cdot\cos\dfrac{1}{x}\cdot\left(\dfrac{1}{x}\right)'=-\dfrac{1}{x^2}\mathrm{e}^{\sin\frac{1}{x}}\cdot\cos\dfrac{1}{x}$

2.2.3 反函数的导数

前面已经求得三角函数的导数,为求得它的反函数的导数,下面先证明反函数的求导公式.

定理 2.5 如果函数 $x=f(y)$ 在区间 I_y 内单调、可导且 $f'(y)\neq 0$,则它的反函数 $y=f^{-1}(x)$ 在区间 $I_x=\{x\mid x=f(y),y\in I_y\}$ 内也可导,且

$$[f^{-1}(x)]'=\frac{1}{f'(y)} \quad \text{或} \quad \frac{\mathrm{d}y}{\mathrm{d}x}=\frac{1}{\dfrac{\mathrm{d}x}{\mathrm{d}y}}$$

证明 由于 $x=f(y)$ 在 I_y 内单调、可导(从而连续),因此 $x=f(y)$ 的反函数 $y=f^{-1}(x)$ 存在,且在 I_x 内也单调连续.

任取 $x\in I_x$,给 x 以增量 $\Delta x(\Delta x\neq 0, x+\Delta x\in I_x)$,由 $y=f^{-1}(x)$ 的单调性可知

$$\Delta y=f^{-1}(x+\Delta x)-f^{-1}(x)\neq 0$$

于是有

$$\frac{\Delta y}{\Delta x}=\frac{1}{\dfrac{\Delta x}{\Delta y}}$$

因 $y=f^{-1}(x)$ 连续,$\lim\limits_{\Delta x\to 0}\Delta y=0$,所以

$$[f^{-1}(x)]'=\lim_{\Delta x\to 0}\frac{\Delta y}{\Delta x}=\lim_{\Delta y\to 0}\frac{1}{\dfrac{\Delta x}{\Delta y}}=\frac{1}{f'(y)}$$

上述结论可简单地说成:反函数的导数等于直接函数导数的倒数.下面用上述结论来求反三角函数及对数函数的导数.

[例 2.19] 证明:$(a^x)'=a^x\ln a$(其中 $a>0, a\neq 1$).特别地,$(\mathrm{e}^x)'=\mathrm{e}^x$.

证明 前面已经用导数的定义证明了该导数公式,下面利用反函数的求导法则证明.

由于 $y=a^x, x\in\mathbf{R}$ 为对数函数 $x=\log_a y, y\in(0,+\infty)$ 的反函数,由反函数求导法则,得

$$(a^x)'=\frac{1}{(\log_a y)'}=\frac{y}{\log_a \mathrm{e}}=a^x\ln a$$

[例 2.20] 证明:$(\arcsin x)'=\dfrac{1}{\sqrt{1-x^2}}$;$(\arccos x)'=-\dfrac{1}{\sqrt{1-x^2}}$.

证明 由于 $y=\arcsin x, x\in(-1,1)$ 是 $x=\sin y, y\in\left(-\dfrac{\pi}{2},\dfrac{\pi}{2}\right)$ 的反函数,且 $\cos y>0$,故由反函数求导法则,得

$$(\arcsin x)'=\frac{1}{(\sin y)'}=\frac{1}{\cos y}=\frac{1}{\sqrt{1-\sin^2 y}}=\frac{1}{\sqrt{1-x^2}} \quad (x\in(-1,1))$$

同理可得

$$(\arccos x)'=-\frac{1}{\sqrt{1-x^2}}$$

[例 2.21] 证明:$(\arctan x)'=\dfrac{1}{1+x^2}$;$(\text{arccot}\, x)'=-\dfrac{1}{1+x^2}$.

证明 由于 $y=\arctan x, x\in\mathbf{R}$ 是 $x=\tan y, y\in\left(-\dfrac{\pi}{2},\dfrac{\pi}{2}\right)$ 的反函数,因此

$$(\arctan x)'=\frac{1}{(\tan y)'}=\frac{1}{\sec^2 y}=\frac{1}{1+\tan^2 y}=\frac{1}{1+x^2} \quad (x\in(-\infty,\infty))$$

同理可证

$$(\text{arccot}\, x)'=-\frac{1}{1+x^2} \quad (x\in(-\infty,+\infty))$$

2.2.4 初等函数的求导公式

1. 常数和基本初等函数的导数公式

(1) $(C)'=0$; (2) $(x^\mu)'=\mu x^{\mu-1}$;

(3) $(\sin x)'=\cos x$; (4) $(\cos x)'=-\sin x$;

(5) $(\tan x)'=\sec^2 x$; (6) $(\cot x)'=-\csc^2 x$;

(7) $(\sec x)'=\sec x\tan x$; (8) $(\csc x)'=-\csc x\cot x$;

(9) $(a^x)'=a^x\ln a$; (10) $(\mathrm{e}^x)'=\mathrm{e}^x$;

(11) $(\log_a x)'=\dfrac{1}{x\ln a}$; (12) $(\ln x)'=\dfrac{1}{x}$;

(13) $(\arcsin x)'=\dfrac{1}{\sqrt{1-x^2}}$; (14) $(\arccos x)'=-\dfrac{1}{\sqrt{1-x^2}}$;

(15) $(\arctan x)'=\dfrac{1}{1+x^2}$; (16) $(\text{arccot}\, x)'=-\dfrac{1}{1+x^2}$.

2. 函数的和、差、积、商的求导法则

设 $u=u(x), v=v(x)$ 都可导,则

(1) $(u\pm v)'=u'\pm v'$; (2) $(Cu)'=Cu'$ (C 是常数);

(3) $(uv)'=u'v+uv'$; (4) $\left(\dfrac{u}{v}\right)'=\dfrac{u'v-uv'}{v^2}$ ($v\neq 0$).

3. 反函数的求导法则

设 $x=f(y)$ 在区间 I_y 内单调、可导且 $f'(y)\neq 0$,则它的反函数 $y=f^{-1}(x)$ 在 $I_x=f(I_y)$ 内也可导,且

$$[f^{-1}(x)]' = \frac{1}{f'(y)} \quad \text{或} \quad \frac{\mathrm{d}y}{\mathrm{d}x} = \frac{1}{\frac{\mathrm{d}x}{\mathrm{d}y}}$$

4. 复合函数的求导法则

设 $y=f(u)$,而 $u=g(x)$ 且 $f(u)$ 及 $g(x)$ 都可导,则复合函数 $y=f[g(x)]$ 的导数为

$$\frac{\mathrm{d}y}{\mathrm{d}x} = \frac{\mathrm{d}y}{\mathrm{d}u} \cdot \frac{\mathrm{d}u}{\mathrm{d}x} \quad \text{或} \quad y'(x) = f'(u) \cdot g'(x)$$

2.3 高阶导数、隐函数和参数方程所确定的函数的导数

2.2 节给出的求导公式和求导法则基本上解决了初等函数的求导问题,但对于有些特殊形式的函数,有的不能直接套用公式和法则,有的直接利用公式和法则很烦琐,因此本节针对几类特殊形式的函数,讨论相应的求导方法.

2.3.1 隐函数求导法

在此之前我们所接触的函数,其表达式大多是自变量的某个算式,如

$$y = x^2 + 1, \quad y = \cos(2x-1)$$

这种形式的函数称为显函数.即等号左端是因变量的符号,而右端是含有自变量的式子,当自变量取定义域内任一值时,由这个式子能确定对应的函数值.

而实际中有些含 x,y 的方程 $F(x,y)=0$ 也蕴含变量 x 与 y 之间的函数关系,因而也可以确定 y 是 x 的函数,例如

$$x^2 + y^2 - 4 = 0, \quad xy = \mathrm{e}^{x+y}, \quad \cos(x^2 y) - 2y = 0$$

一般地,如果变量 x 和 y 满足一个方程 $F(x,y)=0$,在一定条件下,当 x 取某区间内的任一值时,相应地总有满足该方程的唯一的 y 值存在,那么就说方程 $F(x,y)=0$ 在该区间内确定了一个隐函数.

有些隐函数可以化为显函数,称为隐函数的显化.如方程 $x^2+y^3-4=0$ 可以化为 $y=\sqrt[3]{4-x^2}$.而更多的隐函数难以甚至不能化为显函数,如 $xy=\mathrm{e}^{x+y}$ 就不能化为显函数.因此,有必要找出求隐函数导数的方法.

我们知道,把方程 $F(x,y)=0$ 所确定的隐函数 $y=y(x)$ 代入原方程,结果是恒等式,即

$$F(x, y(x)) = 0$$

这个恒等式两端对自变量 x 求导,所得结果也必然相等.但应注意 y 是 x 的函数 $y(x)$,要用复合函数的求导法则,这样便得到一个含有 y' 的方程,解出 y' 就得到所求隐函数的导数.但在隐函数导数的表达式中,一般都含有 x 和 y.下面举例说明隐函数求导法则.

[**例 2.22**] 求方程 $x^2+y^3-4=0$ 所确定的隐函数的导数.

解 将方程 $x^2+y^3-4=0$ 两边同时对 x 求导,注意 y 是 x 的函数,利用复合函数的

求导法则,得
$$2x + 3y^2 y' - 0 = 0$$
解得
$$y' = -\frac{2x}{3y^2}$$

[例 2.23]　求方程 $xy = e^{x+y}$ 所确定的隐函数的导数.

解　将方程 $xy = e^{x+y}$ 两边同时对 x 求导,注意 y 是 x 的函数,利用复合函数的求导法则,得
$$y + xy' = e^{x+y}(1+y')$$
解得
$$y' = \frac{y - e^{x+y}}{e^{x+y} - x} = \frac{y - xy}{xy - x}$$

[例 2.24]　求由方程 $xy - e^x + e^y = 0$ 所确定的隐函数 y 的导数 $\dfrac{dy}{dx}, \left.\dfrac{dy}{dx}\right|_{x=0}$.

解　方程两边对 x 求导,得
$$y + x\frac{dy}{dx} - e^x + e^y \frac{dy}{dx} = 0$$
解得
$$\frac{dy}{dx} = \frac{e^x - y}{x + e^y}$$
由原方程知 $x = 0$ 时,$y = 0$,所以
$$\left.\frac{dy}{dx}\right|_{x=0} = \left.\frac{e^x - y}{x + e^y}\right|_{\substack{x=0 \\ y=0}} = 1$$

[例 2.25]　求曲线 $xy + \ln y = 1$ 在点 $M(1,1)$ 处的切线方程.

解　方程两边同时对 x 求导,得
$$y + xy' + \frac{1}{y} \cdot y' = 0$$
解得
$$y' = -\frac{y}{x + \dfrac{1}{y}} = -\frac{y^2}{xy + 1}$$

在点 $M(1,1)$ 处,$y'|_{\substack{x=1 \\ y=1}} = -\dfrac{1}{2}$,于是在点 $M(1,1)$ 处的切线方程为
$$y - 1 = -\frac{1}{2}(x - 1)$$
即
$$x + 2y - 3 = 0$$

2.3.2　对数求导法

若一个函数是多个函数的乘积、商、根式,或者是幂数函数、指数函数,利用对数的性质,可以化乘除为加减,化乘方与开方为乘积,化幂数函数、指数函数为复合函数,然后按隐函数求导法则求导,使求导运算变得简便. 这种方法因此称为对数求导法. 注意,y' 最

终的表达式中不允许保留 y,而要用相应的 x 的表达式代替.

[例 2.26] 设 $y=\sqrt{\dfrac{(x-1)(x-2)}{(x-3)(x-4)}}$,求 y'.

解 先对函数式取对数($x>4$),得
$$\ln y=\frac{1}{2}\left[\ln(x-1)+\ln(x-2)-\ln(x-3)-\ln(x-4)\right]$$

上式两边分别求导数,得
$$\frac{1}{y}y'=\frac{1}{2}\left(\frac{1}{x-1}+\frac{1}{x-2}-\frac{1}{x-3}-\frac{1}{x-4}\right)$$

于是
$$y'=\frac{y}{2}\left(\frac{1}{x-1}+\frac{1}{x-2}-\frac{1}{x-3}-\frac{1}{x-4}\right)$$

当 $x<1$ 时,$y=\sqrt{\dfrac{(x-1)(x-2)}{(x-3)(x-4)}}$;当 $2<x<3$ 时,$y=\sqrt{\dfrac{(x-1)(x-2)}{(x-3)(x-4)}}$.用同样的方法可得与上面相同的结果.

[例 2.27] 设 $y=\dfrac{(x+5)^2(x-4)^{\frac{1}{3}}}{(x+2)^5(x+4)^{\frac{1}{2}}}$,$x>4$,求 y'.

解 先对函数式取对数,得
$$\ln y=\ln\frac{(x+5)^2(x-4)^{\frac{1}{3}}}{(x+2)^5(x+4)^{\frac{1}{2}}}$$
$$=2\ln(x+5)+\frac{1}{3}\ln(x-4)-5\ln(x+2)-\frac{1}{2}\ln(x+4)$$

再对上式两边分别求导数,得
$$\frac{y'}{y}=\frac{2}{x+5}+\frac{1}{3(x-4)}-\frac{5}{x+2}-\frac{1}{2(x+4)}$$

整理后得到
$$y'=\frac{(x+5)^2(x-4)^{\frac{1}{3}}}{(x+2)^5(x+4)^{\frac{1}{2}}}\left[\frac{2}{x+5}+\frac{1}{3(x-4)}-\frac{5}{x+5}-\frac{1}{2(x+4)}\right]$$

注意 虽然可用乘积和商的求导法则来求例 2.27 中函数的导数,但用对数求导法更为清晰、简便.

[例 2.28] 设 $y=x^{\sin x}(x>0)$,求 y'.

解 等式两边取对数,得
$$\ln y=\sin x\cdot\ln x$$

上式两边对 x 求导,得
$$\frac{1}{y}y'=\cos x\cdot\ln x+\sin x\cdot\frac{1}{x}$$

所以
$$y'=y\left(\cos x\cdot\ln x+\sin x\cdot\frac{1}{x}\right)=x^{\sin x}\left(\cos x\cdot\ln x+\frac{\sin x}{x}\right)$$

[例 2.29] 求 $y=x^x(x>0)$ 的导数.

解 对 $y=x^x$ 两边取对数,得
$$\ln y = x\ln x$$
两边同时对 x 求导,得
$$\frac{1}{y}y' = \ln x + 1$$
整理后得到
$$y' = x^x(\ln x + 1)$$

另外,此题也有如下解法:

因 $y = x^x = e^{\ln x^x} = e^{x\ln x}$,故
$$y' = e^{x\ln x} \cdot (x\ln x)' = e^{x\ln x}(\ln x + 1)$$
即
$$y' = x^x(\ln x + 1)$$

一般地,对 $f(x) = u(x)^{v(x)}$ $(u(x) > 0)$ 两边同时取对数,得
$$\ln f(x) = v(x) \cdot \ln u(x)$$
上式两边同时对自变量 x 求导,有
$$\frac{f'(x)}{f(x)} = v'(x) \cdot \ln u(x) + \frac{v(x)u'(x)}{u(x)}$$
解得
$$f'(x) = u(x)^{v(x)}\left[v'(x)\ln u(x) + \frac{v(x)u'(x)}{u(x)}\right]$$

2.3.3 由参数方程所确定的函数的求导法

研究物体运动的轨迹时,常遇到参数方程. 例如,研究抛射体的运动问题时,如果空气阻力忽略不计,那么抛射体的运动轨迹可表示为

$$\begin{cases} x = v_1 t \\ y = v_2 t - \dfrac{1}{2}gt^2 \end{cases} \tag{2.13}$$

其中,v_1,v_2 分别是抛射体初速度的水平分量、铅直分量;g 是重力加速度;t 是飞行时间;x 和 y 分别是飞行中抛射体在铅直平面上的位置的横坐标和纵坐标(图 2.4).

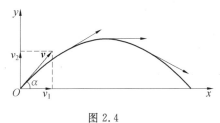

图 2.4

在式(2.13)中,x、y 都与 t 存在函数关系. 如果把对应于同一个 t 值的 y 与 x 的值看作是对应的,那么就得到 y 与 x 之间的函数关系,即

$$y = \frac{v_2}{v_1}x - \frac{g}{2v_1^2}x^2$$

这是因变量 y 与自变量 x 直接联系的式子,也是参数方程(2.13)所确定的函数的显示

表示.

一般地,若参数方程

$$\begin{cases} x = \varphi(t) \\ y = \phi(t) \end{cases} \tag{2.14}$$

确定了 y 与 x 之间的函数关系,则称此函数关系所表述的函数为由参数方程所确定的函数.

例如,参数方程

$$\begin{cases} x = 2t \\ y = t^2 \end{cases}$$

能够确定函数 $y = y(x)$,并可以通过消去参数 t 求出函数 $y = y(x)$ 的表达式,有

$$y = t^2 = \left(\frac{x}{2}\right)^2 = \frac{x^2}{4}$$

进而可以求得 y 对 x 的导数为

$$y' = \frac{1}{2}x$$

下面介绍由参数方程所确定的函数的求导方法.

在方程 $\begin{cases} x = \varphi(t) \\ y = \phi(t) \end{cases}$ 中,设函数 $x = \varphi(t)$ 单调可导,且 $\varphi'(t) \neq 0$,则其有反函数 $t = \varphi^{-1}(x)$,且此函数能与函数 $y = \phi(t)$ 构成复合函数,那么由参数方程所确定的函数就是

$$y = \phi[\varphi^{-1}(x)]$$

再设函数 $x = \varphi(t), y = \phi(t)$ 都可导,且 $\varphi'(t) \neq 0$,由复合函数及反函数的求导法则得

$$\frac{dy}{dx} = \frac{dy}{dt} \cdot \frac{dt}{dx} = \frac{dy}{dt} \cdot \frac{1}{\frac{dx}{dt}} = \frac{\phi'(t)}{\varphi'(t)}$$

即

$$\frac{dy}{dx} = \frac{\frac{dy}{dt}}{\frac{dx}{dt}} \tag{2.15}$$

[例 2.30] 求圆的参数方程 $\begin{cases} x = a\cos t \\ y = a\sin t \end{cases}$ $(a > 0)$ 所确定的函数 $y = y(x)$ 的导数.

解 按式(2.15)求得

$$\frac{dy}{dx} = \frac{\frac{dy}{dt}}{\frac{dx}{dt}} = \frac{(a\sin t)'}{(a\cos t)'} = \frac{a\cos t}{-a\sin t} = -\cot t$$

[例 2.31] 求参数方程 $\begin{cases} x = a\cos^3 t \\ y = b\sin^3 t \end{cases}$ $(a, b > 0)$ 所确定的函数 $y = y(x)$ 的导数.

解 按式(2.15)求得

$$\frac{dy}{dx} = \frac{\frac{dy}{dt}}{\frac{dx}{dt}} = \frac{(b\sin^3 t)'}{(a\cos^3 t)'} = \frac{3b\sin^2 t \cos t}{-3a\cos^2 t \sin t} = -\frac{b}{a}\tan t$$

[**例 2.32**] 求曲线 $\begin{cases} x = 2e^t \\ y = e^{-t} \end{cases}$ 在点 $(2,1)$ 处的切线方程和法线方程.

解 因为对应于点 $(2,1)$ 的参数 $t=0$,所以

$$k = \frac{dy}{dx}\bigg|_{t=0} = \frac{\frac{dy}{dt}}{\frac{dx}{dt}}\bigg|_{t=0} = \frac{-e^{-t}}{2e^t}\bigg|_{t=0} = -\frac{1}{2}$$

故切线方程为

$$y - 1 = -\frac{1}{2}(x-2)$$

即

$$x + 2y - 4 = 0$$

法线方程为

$$y - 1 = 2(x-2)$$

即

$$2x - y - 3 = 0$$

[**例 2.33**] 如果不计空气阻力,求抛射体的运动轨迹的参数方程.

解 因为速度的水平分量和铅直分量分别为

$$\frac{dx}{dt} = v_1, \quad \frac{dy}{dt} = v_2 - gt$$

所以抛射体的运动速度的大小为

$$v = \sqrt{\left(\frac{dx}{dt}\right)^2 + \left(\frac{dy}{dt}\right)^2} = \sqrt{v_1^2 + (v_2 - gt)^2}$$

而速度的方向就是轨道的切线方向. 若 φ 是切线与 x 轴正向的夹角,则根据导数的几何意义,有

$$\tan \varphi = \frac{dy}{dx} = \frac{y'_t}{x'_t} = \frac{v_2 - gt}{v_1} \quad \text{或} \quad \varphi = \arctan \frac{v_2 - gt}{v_1}$$

2.3.4 高阶导数

设物体的运动方程为 $s = s(t)$,则物体的运动速度为 $v(t) = s'(t)$,而速度在时刻 t_0 的变化率就是运动物体在时刻 t_0 的加速度. 因此,加速度是速度函数的导数,也就是路程 $s(t)$ 的导函数的导数,这就产生了高阶导数的概念.

函数 $y = f(x)$ 的导数 $y' = f'(x)$ 一般来说仍是 x 的函数,因而可将 $y' = f'(x)$ 再对 x 求导数,所得结果 $(y')' = [f'(x)]'$(如果存在)就称为 $y = f(x)$ 的二阶导数,记作

$$f''(x), y'', \frac{d^2 f(x)}{dx^2} \text{ 或 } \frac{d^2 y}{dx^2}$$

函数 $y = f(x)$ 的二阶导数 $f''(x)$ 一般仍是 x 的函数,如果对它再求导数(如果存在),则称这个导数为函数 $y = f(x)$ 的三阶导数,记作

$$f'''(x), y''', \frac{d^3 f(x)}{dx^3} \text{ 或 } \frac{d^3 y}{dx^3}$$

依此类推,函数 $y = f(x)$ 的 $n-1$ 阶导数的导数称为函数 $y = f(x)$ 的 n 阶导数,记作

$$f^{(n)}(x), y^{(n)}, \frac{\mathrm{d}^{(n)} f(x)}{\mathrm{d} x^{(n)}} \text{ 或 } \frac{\mathrm{d}^{(n)} y}{\mathrm{d} x^{(n)}}$$

二阶及二阶以上的导数,统称为高阶导数. 从高阶导数的定义可知,求高阶导数就是按前面学过的求导法则多次接连地求导数,若需要求函数的高阶导数公式,则需要在逐次求导过程中,善于寻求它的某种规律.

[**例 2.34**] 设 $y = ax + b$,求 y''.

解 $$y' = a, \quad y'' = 0$$

[**例 2.35**] 设 $y = \arctan x$,求 $f''(0), f'''(0)$.

解 因为

$$y' = \frac{1}{1+x^2}, \quad y'' = \left(\frac{1}{1+x^2}\right)' = \frac{-2x}{(1+x^2)^2}$$

$$y''' = \left[\frac{-2x}{(1+x^2)^2}\right]' = \frac{2(3x^2-1)}{(1+x^2)^3}$$

所以

$$f''(0) = \frac{-2x}{(1+x^2)^2}\bigg|_{x=0} = 0$$

$$f'''(0) = \frac{2(3x^2-1)}{(1+x^2)^3}\bigg|_{x=0} = -2$$

下面介绍几个初等函数的 n 阶导数.

[**例 2.36**] 求幂函数 $y = x^n$(n 为正整数)的各阶导数.

解 由幂函数的求导公式得

$$y' = nx^{n-1}$$
$$y'' = n(n-1)x^{n-2}$$
$$\vdots$$
$$y^{(n-1)} = (y^{(n-2)})' = n(n-1)\cdots 2x$$
$$y^{(n)} = (y^{(n-1)})' = [n(n-1)\cdots 2x]' = n!$$
$$y^{(n+1)} = y^{(n+2)} = \cdots = 0$$

由此可见,对于正整数幂函数 x^n,每求导一次,其幂次降低 1,且第 n 阶导数为一常数,大于 n 阶的导数都等于 0.

[**例 2.37**] 求 $y = a^x$ 的 n 阶导数.

解 $$y' = a^x \ln a$$
$$y'' = (y')' = (a^x \ln a)' = a^x \ln a \cdot \ln a = a^x (\ln a)^2$$
$$y''' = (y'')' = [a^x (\ln a)^2]' = a^x (\ln a)^2 \cdot \ln a = a^x (\ln a)^3$$
$$\vdots$$
$$y^{(n)} = a^x (\ln a)^n$$

特别地,有

$$(\mathrm{e}^x)^{(n)} = \mathrm{e}^x \quad (n \in \mathbf{N}^+)$$

即指数函数 e^x 的各阶导数仍是 e^x.

[**例 2.38**] 求函数 $y = \ln x$ 的各阶导数.

解
$$y' = \frac{1}{x}$$
$$y'' = \left(\frac{1}{x}\right)' = -\frac{1}{x^2}$$
$$y''' = \left(\frac{-1}{x^2}\right)' = \frac{2}{x^3}$$
$$y^{(4)} = \left(\frac{2}{x^3}\right)' = \frac{-2\times 3}{x^4}$$

一般地,可得
$$y^{(n)} = (-1)^{n-1}\frac{(n-1)!}{x^n}$$

[**例 2.39**]　求 $y = \sin x$ 和 $y = \cos x$ 的各阶导数.

解　对于 $y = \sin x$,由三角函数的求导公式得
$$y' = \cos x, \quad y'' = -\sin x, \quad y''' = -\cos x, \quad y^{(4)} = \sin x$$

继续求导,将出现周而复始的现象.为了得到一般 n 阶导数公式,可将上述导数改写为
$$y' = \cos x = \sin\left(x + \frac{\pi}{2}\right)$$
$$y'' = -\sin x = \sin\left(x + 2\cdot\frac{\pi}{2}\right)$$
$$y''' = -\cos x = \sin\left(x + 3\cdot\frac{\pi}{2}\right)$$

一般地,可推得
$$y^{(n)} = \sin\left(x + n\cdot\frac{\pi}{2}\right) \quad (n\in \mathbf{N}^+)$$

类似地,有
$$\cos^{(n)} x = \cos\left(x + n\cdot\frac{\pi}{2}\right) \quad (n\in \mathbf{N}^+)$$

一阶导数的运算法则可直接应用到高阶导数.容易看出:如果函数 $u = u(x), v = v(x)$ 都在 x 处具有 n 阶导数,那么 $u(x) \pm v(x)$ 也在 x 处具有 n 阶导数,且
$$(u \pm v)^{(n)} = u^{(n)} \pm v^{(n)}$$

对于乘法求导法则较为复杂一些.设 $y = uv$,则
$$y' = u'v + uv'$$
$$y'' = (u'v + uv')' = u''v + 2u'v' + uv''$$
$$y''' = (u''v + 2u'v' + uv'')' = u'''v + 3u''v' + 3u'v'' + uv'''$$

如此下去,利用数学归纳法不难证明,$(uv)^{(n)}$ 的计算结果与二项式 $(u+v)^n$ 的展开式极为相似,可得
$$(uv)^{(n)} = u^{(n)}v^{(0)} + C_n^1 u^{(n-1)}v^{(1)} + C_n^2 u^{(n-2)}v^{(2)} + \cdots + C_n^k u^{(n-k)}v^{(k)} + \cdots + u^{(0)}v^{(n)}$$
$$= \sum_{k=0}^{n} C_n^k u^{(n-k)} v^{(k)} \tag{2.16}$$

其中,$u^{(0)} = u, v^{(0)} = v$.式(2.16)称为莱布尼茨公式.

[**例 2.40**] 设 $y=x^2 e^{2x}$,求 $y^{(20)}$.

解 设 $u=e^{2x}, v=x^2$ 则
$$u^{(k)}=2^k e^{2x} \quad (k=1,2,\cdots,20)$$
$$v'=2x, \quad v''=2, \quad v^{(k)}=0 \quad (k=3,4,\cdots,20)$$

应用莱布尼茨公式,得
$$y^{(20)}=(x^2 e^{2x})^{(20)}=2^{20}e^{2x}\times x^2+20\times 2^{19}e^{2x}\cdot 2x+\frac{20\times 19}{2!}2^{18}e^{2x}\times 2$$
$$=2^{20}e^{2x}(x^2+20x+95)$$

[**例 2.41**] 求方程 $x-y+\frac{1}{2}\sin y=0$ 所确定的隐函数的二阶导数 $\frac{d^2 y}{dx^2}$.

解 将方程两端对 x 求导数,有
$$1-\frac{dy}{dx}+\frac{1}{2}\cos y\frac{dy}{dx}=0 \tag{2.17}$$

解得
$$\frac{dy}{dx}=\frac{2}{2-\cos y}$$

式(2.17)两端再对 x 求导,得
$$-\frac{d^2 y}{dx^2}+\frac{1}{2}(-\sin y)\left(\frac{dy}{dx}\right)^2+\frac{1}{2}\cos y\frac{d^2 y}{dx^2}=0$$

将一阶导数代入得
$$\frac{d^2 y}{dx^2}=\frac{-4\sin y}{(2-\cos y)^3}$$

注意 也可以直接对一阶导数再求一次导数来求二阶导数,不过注意 y 和 $\frac{dy}{dx}$ 都是 x 的函数.

设 φ,ϕ 在 $[\alpha,\beta]$ 上都是二阶可导,则由参数方程
$$\begin{cases} x=\varphi(t) \\ y=\phi(t) \end{cases}$$

所确定的函数的一阶导数 $\frac{dy}{dx}=\frac{\phi'(t)}{\varphi'(t)}$ 的参数方程是
$$\begin{cases} x=\varphi(t) \\ \frac{dy}{dx}=\frac{\phi'(t)}{\varphi'(t)} \end{cases}$$

因此可以得到由参数方程所确定的函数的二阶导数公式为
$$\frac{d^2 y}{dx^2}=\frac{d}{dx}\frac{dy}{dx}=\frac{\frac{d}{dt}\frac{\phi'(t)}{\varphi'(t)}}{\frac{dx}{dt}}=\frac{\left[\frac{\phi'(t)}{\varphi'(t)}\right]'}{\varphi'(t)}=\frac{\phi''(t)\varphi'(t)-\phi'(t)\varphi''(t)}{[\varphi'(t)]^3}$$

[**例 2.42**] 试求由摆线方程
$$\begin{cases} x=a(t-\sin t) \\ y=a(1-\cos t) \end{cases}$$

所确定的函数 $y=y(x)$ 的二阶导数.

解 由参数方程确定函数的导数公式,得

$$\frac{dy}{dx}=\frac{[a(1-\cos t)]'}{[a(t-\sin t)]'}=\frac{\sin t}{1-\cos t}=\cot\frac{t}{2}$$

再由二阶导数公式,有

$$\frac{d^2 y}{dx^2}=\frac{\left(\cot\frac{t}{2}\right)'}{[a(t-\sin t)]'}=\frac{-\frac{1}{2}\csc^2\frac{t}{2}}{a(1-\cos t)}=-\frac{1}{4a}\csc^4\frac{t}{2}$$

2.4　函数的微分及其应用

2.4.1　微分的定义

导数表示函数相对于自变量变化的快慢程度,而在实际问题中,往往需要了解函数在某点当自变量取得微小的改变量时,函数取得的相应改变量及其近似值的大小. 一般而言,函数改变量的计算是比较困难的,为了能找到合适改变量的近似表达式,引进微分的概念. 本节首先介绍微分的概念和几何意义,其次讨论它的运算法则,最后介绍微分在近似计算中的应用.

先考察一个具体问题:一个正方形金属薄片受温度变化的影响,其边长由 x_0 变到 $x_0+\Delta x$,问此薄片的面积改变了多少?

正方形的面积 A 与其边长 x 之间的函数关系是

$$A=x^2$$

而金属薄片受温度变化影响时,其面积的改变量可以看成是当自变量 x 自 x_0 取得增量 Δx 时,函数 A 相应的增量 ΔA,即

$$\Delta A=(x+\Delta x)^2-x_0^2=2x_0\Delta x+(\Delta x)^2 \tag{2.18}$$

式(2.18)中,ΔA 由两部分组成:第一部分 $2x_0\Delta x$ 是 Δx 的线性函数,称为 ΔA 的线性主部(图 2.5); 第二部分 $(\Delta x)^2$ 是关于 Δx 的高阶无穷小. 由此可见,当给 x_0 一个微小增量 Δx 时,由此引起的正方形面积增量 ΔA 可以近似地用线性主部来代替. 由此产生的误差是一个关于 Δx 的高阶无穷小,也就是以 Δx 为边长的小正方形的面积.

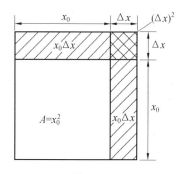

图 2.5

数学上把 ΔA 的线性主部 $2x_0\Delta x$ 称为面积函数 $A=x^2$ 在点 x_0 处的微分. 一般地,函数 $f(x)$ 在点 x_0 处的微分可定义如下:

定义 2.3 设函数 $y=f(x)$ 在某区间内有定义,x_0 及 $x_0+\Delta x$ 在此区间内,如果函数的增量

$$\Delta y=f(x_0+\Delta x)-f(x_0)$$

可表示为
$$\Delta y = A\Delta x + o(\Delta x) \tag{2.19}$$
其中,A 是不依赖于 Δx 的常数,那么称函数 $f(x)$ 在点 x_0 可微,并且称 $A \cdot \Delta x$ 为函数 $y = f(x)$ 在点 x_0 相应于自变量增量 Δx 的微分,记作 $\mathrm{d}y|_{x=x_0}$ 或 $\mathrm{d}f(x_0)$,即 $\mathrm{d}y|_{x=x_0} = A \cdot \Delta x$.

定理 2.6 函数 $f(x)$ 在点 x_0 处可微的充要条件是函数 $f(x)$ 在点 x_0 处可导,而且微分定义中的 A 等于 $f'(x_0)$,即
$$\mathrm{d}y|_{x=x_0} = f'(x_0)\Delta x$$

证明 (必要性). 若 $f(x)$ 在点 x_0 处可微,则由微分定义有
$$\Delta y = A\Delta x + o(\Delta x)$$
两边除以 $\Delta x (\Delta x \neq 0)$,有
$$\frac{\Delta y}{\Delta x} = A + \frac{o(\Delta x)}{\Delta x}$$
当 $\Delta x \to 0$ 时,对式(2.19)两边求极限,有
$$f'(x_0) = \lim_{\Delta x \to 0} \frac{\Delta y}{\Delta x} = \lim_{\Delta x \to 0} \left[A + \frac{o(\Delta x)}{\Delta x} \right] = A$$
这就证明了 $f(x)$ 在点 x_0 处可导且导数等于 A.

(充分性). 若 $f(x)$ 在点 x_0 处可导,即
$$f'(x_0) = \lim_{\Delta x \to 0} \frac{\Delta y}{\Delta x}$$
那么根据极限存在与无穷小的关系,有
$$\Delta y = f'(x_0)\Delta x + o(\Delta x)$$
它表明函数增量 Δy 可表示为 Δx 的线性部分 ($f'(x_0)\Delta x$) 与 Δx 的高阶无穷小之和,所以 $f(x)$ 在点 x_0 可微,且有
$$\mathrm{d}y|_{x=x_0} = f'(x_0)\Delta x$$

若函数 $y = f(x)$ 在区间 I 上每一点都可微,则称 $f(x)$ 为 I 上的可微函数. 函数 $y = f(x)$ 在 I 上任一点 x 处的微分记作
$$\mathrm{d}y = f'(x)\Delta x \quad (x \in I) \tag{2.20}$$
它不仅依赖于 Δx,还依赖于 x.

特别地,当 $y = x$ 时,$\mathrm{d}y = \mathrm{d}x = \Delta x$,这表示自变量的微分 $\mathrm{d}x$ 等于自变量的增量,于是式(2.20)可写为
$$\mathrm{d}y = f'(x)\mathrm{d}x$$
即函数的微分等于函数的导数与自变量微分的积.

例如
$$\mathrm{d}(x^\alpha) = \alpha x^{\alpha-1}\mathrm{d}x, \quad \mathrm{d}(\sin x) = \cos x \mathrm{d}x, \quad \mathrm{d}(\ln x) = \frac{\mathrm{d}x}{x}$$

如果把 $\mathrm{d}y = f'(x)\mathrm{d}x$ 写成 $f'(x) = \frac{\mathrm{d}y}{\mathrm{d}x}$,那么函数的导数就等于函数微分与自变量微分的商. 因此,导数也常称为微商. 在这以前,总把 $\frac{\mathrm{d}y}{\mathrm{d}x}$ 作为一个运算记号的整体来看待,有了微

分概念之后,也不妨把它看作一个分式.

[例 2.43] 求函数 $y=x^3$ 当 $x=2, \Delta x=0.02$ 时的微分.

解 先求函数在任意一点的微分,有
$$\mathrm{d}y = (x^3)' \Delta x = 3x^2 \Delta x$$

再求函数当 $x=2, \Delta x=0.02$ 时的微分,有
$$\mathrm{d}y \big|_{\substack{x=2 \\ \Delta x=0.02}} = 3x^2 \Delta x \big|_{\substack{x=2 \\ \Delta x=0.02}} = 0.24$$

[例 2.44] 求函数 $y=\ln\sin 3x$ 在点 $x=\dfrac{\pi}{12}$ 处的微分.

解 由于
$$\mathrm{d}y = (\ln\sin 3x)' \mathrm{d}x = 3\frac{\cos 3x}{\sin 3x}\mathrm{d}x = 3\cot 3x \, \mathrm{d}x$$

因此
$$\mathrm{d}y \big|_{x=\frac{\pi}{12}} = (3\cot 3x) \big|_{x=\frac{\pi}{12}} \mathrm{d}x = 3\mathrm{d}x$$

2.4.2 微分的几何含义

为了对微分有比较直观的了解,下面说明微分的几何意义.

在直角坐标系中,函数 $y=f(x)$ 的图形是一条曲线. 对于某一固定的 x_0 值,曲线上有一个确定点 $M(x_0, y_0)$,当自变量 x 有微小增量 Δx 时,就得到曲线上另一点 $N(x_0+\Delta x, y_0+\Delta y)$. 从图 2.6 可知
$$MQ = \Delta x, \quad QN = \Delta y$$
过点 M 作曲线的切线 MT,它的倾角为 α,则
$$QP = MQ \cdot \tan \alpha = \Delta x \cdot f'(x_0)$$
即
$$\mathrm{d}y = QP$$

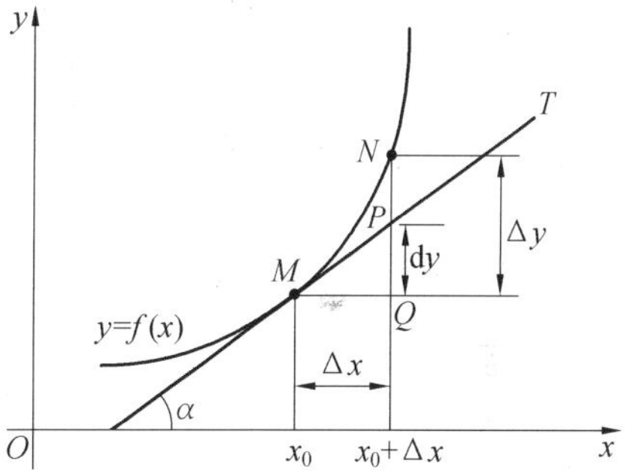

图 2.6

由此可见,对于可微函数 $y=f(x)$ 而言,当 Δy 是曲线 $y=f(x)$ 上点的纵坐标的增量时,$\mathrm{d}y$ 就是曲线的切线上点的纵坐标的相应增量. 当 $|\Delta x|$ 很小时,$|\Delta y - \mathrm{d}y|$ 比 $|\Delta x|$ 小得多. 因此在点 M 的邻近,可以用切线段来近似代替曲线段. 在局部范围内用线性函数近似代替非线性函数,在几何上就是局部用切线段近似代替曲线段,这在数学上称为非线性函数的局部线性化,这是微分学的基本思想方法之一. 这种思想方法在自然科学和工程问题的研究中是经常采用的.

2.4.3 微分运算法则

从函数微分的表达式
$$\mathrm{d}y = f'(x)\mathrm{d}x$$
可以看出,要计算函数的微分,只要计算函数的导数,再乘自变量的微分即可. 因此,可得如下的微分公式和微分运算法则.

1. 基本初等函数的微分公式

由基本初等函数的导数公式可以直接写出基本初等函数的微分公式. 为了便于对照, 列于表 2.1.

表 2.1

导数公式	微分公式
$(x^\mu)' = \mu x^{\mu-1}$	$d(x^\mu) = \mu x^{\mu-1} dx$
$(\sin x)' = \cos x$	$d(\sin x) = \cos x dx$
$(\cos x)' = -\sin x$	$d(\cos x) = -\sin x dx$
$(\tan x)' = \sec^2 x$	$d(\tan x) = \sec^2 x dx$
$(\cot x)' = -\csc^2 x$	$d(\cot x) = -\csc^2 x dx$
$(\sec x)' = \sec x \tan x$	$d(\sec x) = \sec x \tan x dx$
$(\csc x)' = -\csc x \cot x$	$d(\csc x) = -\csc x \cot x dx$
$(a^x)' = a^x \ln a$	$d(a^x) = a^x \ln a dx$
$(e^x)' = e^x$	$d(e^x) = e^x dx$
$(\log_a x)' = \dfrac{1}{x \ln a}$	$d(\log_a x) = \dfrac{1}{x \ln a} dx$
$(\ln x)' = \dfrac{1}{x}$	$d(\ln x) = \dfrac{1}{x} dx$
$(\arcsin x)' = \dfrac{1}{\sqrt{1-x^2}}$	$d(\arcsin x) = \dfrac{1}{\sqrt{1-x^2}} dx$
$(\arccos x)' = -\dfrac{1}{\sqrt{1-x^2}}$	$d(\arccos x) = -\dfrac{1}{\sqrt{1-x^2}} dx$
$(\arctan x)' = \dfrac{1}{1+x^2}$	$d(\arctan x) = \dfrac{1}{1+x^2} dx$
$(\text{arccot } x)' = -\dfrac{1}{1+x^2}$	$d(\text{arccot } x) = -\dfrac{1}{1+x^2} dx$

2. 函数和、差、积、商的微分法则

由函数和、差、积、商的求导法则, 可推得相应的微分法则. 为了便于对照, 列于表 2.2(表中 $u = u(x), v = v(x)$ 都可导).

表 2.2

函数和、差、积、商的求导法则	函数和、差、积、商的微分法则
$(u \pm v)' = u' \pm v'$	$d(u \pm v) = du \pm dv$
$(Cu)' = Cu'$	$d(Cu) = C du$
$(uv)' = u'v + uv'$	$d(uv) = v du + u dv$
$\left(\dfrac{u}{v}\right)' = \dfrac{u'v - uv'}{v^2} (v \neq 0)$	$d\left(\dfrac{u}{v}\right) = \dfrac{v du - u dv}{v^2} (v \neq 0)$

现在以乘积的微分法则为例加以证明.

根据函数微分的表达式得

$$d(uv) = (uv)'dx$$

再根据乘积的求导法则,有

$$(uv)' = u'v + uv'$$

于是

$$d(uv) = (u'v + uv')dx = u'vdx + uv'dx$$

由于 $u'dx = du, v'dx = dv$,所以

$$d(uv) = vdu + udv$$

其他法则都可以用类似方法证明.

3. 复合函数的微分法则

与复合函数的求导法则相应的复合函数的微分法则可推导如下:

设 $y = f(u)$ 及 $u = g(x)$ 都可导,则复合函数 $y = f[g(x)]$ 的微分为

$$dy = y'_x dx = f'(u)g'(x)dx$$

由于 $g'(x)dx = du$,所以复合函数 $y = f[g(x)]$ 的微分公式也可以写成

$$dy = f'(u)du \quad \text{或} \quad dy = y'_u du$$

由此可见,无论 u 是自变量还是中间变量,微分形式 $dy = f'(u)du$ 均保持不变. 这一性质称为微分形式的不变性. 该性质表明,当自变量变换时,微分形式 $dy = f'(u)du$ 并不改变.

[例 2.45] 设 $y = \sin(2x+1)$,求 dy.

解 $y = \sin(2x+1)$ 可看作由 $y = \sin u, u = 2x+1$ 复合而成,因此

$$dy = \cos u du = \cos(2x+1)d(2x+1)$$
$$= \cos(2x+1) \cdot 2dx = 2\cos(2x+1)dx$$

[例 2.46] 设 $y = e^{-ax}\sin bx$,求 dy.

解 利用积的微分法则得

$$dy = e^{-ax} \cdot \cos bx \, d(bx) + \sin bx \cdot e^{-ax} d(-ax)$$
$$= e^{-ax} \cdot \cos bx \cdot bdx + \sin bx \cdot e^{-ax} \cdot (-a)dx$$
$$= e^{-ax}(b\cos bx - a\sin bx)dx$$

[例 2.47] 求 $y = \cos\sqrt{x}$ 的微分.

解 (解法一) 由 $y' = -\dfrac{\sin\sqrt{x}}{2\sqrt{x}}$,得

$$dy = f'(x)dx = -\frac{\sin\sqrt{x}}{2\sqrt{x}}dx$$

(解法二) 利用微分的四则运算和一阶微分形式的不变性,有

$$dy = d(\cos\sqrt{x}) = -\sin\sqrt{x} \, d(\sqrt{x}) = -\sin\sqrt{x} \, \frac{1}{2\sqrt{x}}dx$$

从这里还可得到

$$y' = -\frac{\sin\sqrt{x}}{2\sqrt{x}}$$

[例 2.48] 求 $y = \ln(1+e^x)$ 的微分.

解 由一阶微分形式的不变性可得

$$dy = \frac{1}{1+e^x}d(1+e^x) = \frac{e^x}{1+e^x}dx$$

[例 2.49] 在下列等式左端的括号中填入适当的函数,使等式成立.
(1) d( ) = $\cos\omega t\, dt$; (2) d( ) = $x\, dx$.

解 (1) 已知

$$d(\sin\omega t) = \omega\cos\omega t\, dt$$

可见

$$\cos\omega t\, dt = \frac{1}{\omega}d(\sin\omega t) = d\left(\frac{1}{\omega}\sin\omega t\right)$$

即

$$d\left(\frac{1}{\omega}\sin\omega t\right) = \cos\omega t\, dt$$

一般地,有

$$d\left(\frac{1}{\omega}\sin\omega t + C\right) = \cos\omega t\, dt \quad (C \text{ 为任意常数})$$

(2) 因为

$$d(x^2) = 2x\, dx$$

可见

$$x\, dx = \frac{1}{2}d(x^2) = d\left(\frac{x^2}{2}\right)$$

即

$$d\left(\frac{x^2}{2}\right) = x\, dx$$

一般地,有

$$d\left(\frac{x^2}{2} + C\right) = x\, dx \quad (C \text{ 为任意常数})$$

2.4.4 微分在近似计算中的应用

微分在数学中有许多重要的应用,下面介绍它在近似计算方面的一些应用,这里仅介绍函数的近似计算.

由函数增量与微分的关系

$$\Delta y = f'(x_0)\Delta x + o(\Delta x) = dy + o(x)$$

可知,当 Δx 很小时,有 $\Delta y \approx dy$,由此即得

$$f(x_0 + \Delta x) \approx f(x_0) + f'(x_0)\Delta x$$

或当 $x \approx x_0$ 时,有

$$f(x) \approx f(x_0) + f'(x_0)(x - x_0) \tag{2.21}$$

注意到式(2.21)的形式很像过点 $(x_0, f(x_0))$ 的切线,切线方程为

$$y = f(x_0) + f'(x_0)(x - x_0) \tag{2.22}$$

式(2.22)的几何意义就是当 x 充分接近 x_0 时,可用切线近似替代曲线(以直代曲).常用这种线性近似的思想来对复杂问题进行简化处理.

设 $f(x)$ 分别是 $\sin x, \tan x, \ln(1+x), e^x$ 和 $\sqrt[n]{1+x}$,令 $x_0=0$,则可得这些函数在原点附近的近似公式如下:

$$\sin x \approx x, \quad \tan x \approx x, \quad \ln(1+x) \approx x, \quad e^x \approx 1+x, \quad \sqrt[n]{1+x} \approx 1+\frac{1}{n}x$$

一般地,为求得 $f(x)$ 的近似值,可找一个邻近于 x 的点 x_0,只要 $f(x_0)$ 和 $f'(x_0)$ 易于计算,即可求得 $f(x)$ 的近似值.

[例 2.50] 计算 $\sin 33°$ 的近似值.

解 由于 $\sin 33° = \sin\left(\dfrac{\pi}{6} + \dfrac{\pi}{60}\right)$,因此取 $f(x)=\sin x, x_0=\dfrac{\pi}{6}, \Delta x=\dfrac{\pi}{60}$,由微分的近似计算公式得

$$\sin 33° \approx \sin\frac{\pi}{6} + \cos\frac{\pi}{6} \times \frac{\pi}{60} = \frac{1}{2} + \frac{\sqrt{3}}{2} \times \frac{\pi}{60} \approx 0.545$$

($\sin 33°$ 的真值为 $0.544\,639$).

[例 2.51] 计算 $\sqrt{1.05}$ 的近似值.

解
$$\sqrt{1.05} = \sqrt{1+0.05}$$

这里 $x=0.05$,其值较小,利用近似公式($n=2$),可得

$$\sqrt{1.05} \approx 1 + \frac{1}{2} \times 0.05 = 1.025$$

如果直接开方,可得 $\sqrt{1.05}=1.024\,70$,将两个结果比较可以看出,用 1.025 作为 $\sqrt{1.05}$ 的近似值,其误差不超过 0.001,这样的近似值在一般应用上足够精确.如果开方次数较高,就更能体现出用微分进行近似计算的优越性.

本 章 习 题

2.1 设函数 $f(x)$ 在点 x_0 处可导,求下面的极限.

(1) $\lim\limits_{x \to x_0} \dfrac{f(x)-f(x_0)}{x-x_0}$;

(2) $\lim\limits_{h \to 0} \dfrac{f(x_0-h)-f(x_0)}{h}$;

(3) $\lim\limits_{h \to 0} \dfrac{f(x_0+h)-f(x_0)}{2h}$;

(4) $\lim\limits_{h \to 0} \dfrac{f(x_0+\alpha h)-f(x_0+\beta h)}{h}$.

2.2 讨论下列函数在 $x=0$ 处的连续性和可导性.

(1) $f(x) = \begin{cases} x\sin\dfrac{1}{x} & (x \neq 0) \\ 0 & (x=0) \end{cases}$;

(2) $f(x) = \begin{cases} \sin x & (x \leqslant 0) \\ xe^x & (x > 0) \end{cases}$.

2.3 函数 $f(x) = \begin{cases} x^2 & (x \leqslant 1) \\ ax+b & (x > 1) \end{cases}$ 在 $x=1$ 处可导,求 a,b 的值.

2.4 求下列函数的导数.

(1) $y = e^x - e + 3\sin x - 1$; (2) $y = \ln x + \arctan x$;

(3) $y = 2\sqrt{x} - \dfrac{1}{x} + \cos x$; (4) $y = x^2 \sin x$;

(5) $y = (1+x)(1+x^2)$; (6) $y = x \ln x + \dfrac{\ln x}{x}$;

(7) $y = \dfrac{x+a}{x-a}$; (8) $y = \dfrac{x^2}{x^2+1} - \dfrac{3\sin x}{x}$.

2.5 求下列函数的导数.

(1) $y = e^{-x}(x^2 - 2x - 3)$; (2) $y = \sqrt[3]{x}\, e^{\sin x}$;

(3) $y = \dfrac{\sin 2x}{1 + \cos 2x}$; (4) $y = \ln(\tan x + \sec x)$;

(5) $y = x \arcsin x + \sqrt{4 - x^2}$; (6) $y = \arcsin \dfrac{2x}{1+x^2}$;

(7) $y = \sqrt{x + \sqrt{x}}$; (8) $y = \ln(x + \sqrt{x^2 + 1})$.

2.6 设函数 $f(x)$ 可导,求下列函数的导数 $\dfrac{dy}{dx}$.

(1) $y = f(x^2)$; (2) $y = f(e^x)e^{f(x)}$;

(3) $y = f[f(x)]$; (4) $y = f(\sin^2 x) + f(\cos^2 x)$.

2.7 求下列隐函数的导数 $\dfrac{dy}{dx}$.

(1) $x^2 + xy - 2 = 0$; (2) $\sin(x+y) = y^2 \cos x$;

(3) $y = xy + xe^y$; (4) $\ln\sqrt{x^2+y^2} = \arctan\dfrac{y}{x}$.

2.8 利用对数求导法,求下列函数的导数.

(1) $y = \dfrac{\sqrt{x+2}\,(3-x)^4}{(x+1)^5}$; (2) $y = \sqrt{\dfrac{(x-1)\cos 3x}{(2x+3)(3-4x)}}$;

(3) $y = x^{\sin x}$; (4) $y = \left(\dfrac{x}{1+x}\right)^x$.

2.9 求下列参数方程所确定的函数的导数 $\dfrac{dy}{dx}$.

(1) $\begin{cases} x = t^4 \\ y = 4t \end{cases}$; (2) $\begin{cases} x = \theta(1 - \sin\theta) \\ y = \theta\cos\theta \end{cases}$.

2.10 求下列参数方程所确定的函数在指定点处的导数 $\dfrac{dy}{dx}$.

(1) $\begin{cases} x = e^t \sin t \\ y = e^t \cos t \end{cases}$ $\left(t = \dfrac{\pi}{2}\right)$; (2) $\begin{cases} x = \dfrac{t}{1+t} \\ y = \dfrac{1-t}{1+t} \end{cases}$ $(t = 0)$.

2.11 求下列参数方程所确定的函数的二阶导数 $\dfrac{d^2 y}{dx^2}$.

(1) $\begin{cases} x = a\sin t \\ y = b\cos t \end{cases}$; (2) $\begin{cases} x = 3e^{-t} \\ y = e^t \end{cases}$;

(3) $\begin{cases} x = t - \ln(1+t) \\ y = t^3 + t^2 \end{cases}$; (4) $\begin{cases} x = f'(t) \\ y = tf'(t) - f(t) \end{cases}$ ($f''(t)$ 存在且不为零).

2.12 求曲线 $\begin{cases} x = \cos^3 t \\ y = \sin^3 t \end{cases}$ 在 $t = \dfrac{\pi}{4}$ 处的切线和法线方程.

2.13 求下列函数的二阶导数.

(1) $y = (x^2 + 1)^2$; (2) $y = \ln(1 - x^2)$;

(3) $y = x\cos x$; (4) $y = e^{\sin x}$;

(5) $y = \dfrac{1}{1+x}$; (6) $y = \dfrac{e^x}{x}$;

(7) $y = \sqrt{a^2 - x^2}$; (8) $y = (1 + x^2)\arctan x$.

2.14 求下列函数的微分.

(1) $y = x^2 + \sqrt{x} + 1$; (2) $y = x\ln x - x$;

(3) $y = \dfrac{1}{\sqrt{1+x^2}}$; (4) $y = e^x \sin 2x$;

(5) $y = \ln^2(1+x)$; (6) $y = \dfrac{\cos x}{1 + \sin x}$.

2.15 利用微分求下列函数的近似值.

(1) $\sqrt[3]{1.02}$; (2) $\ln 0.98$; (3) $e^{1.01}$; (4) $\tan 136°$.

2.16 在半径为 1 cm 的金属球表面镀一层厚度为 0.01 cm 的铜,问要用多少铜(铜的密度为 8.9 g/cm³)?

2.17 设扇形的圆心角 $\alpha = 60°$,半径 $r = 100$ cm,如果 r 不变,α 减少 $30'$,问扇形面积改变了多少? 如果 α 不变,r 增加 1 cm,问扇形面积改变了多少?

微分中值定理及导数的应用

导数是研究函数性态的有力工具,是函数的局部概念.本章将讨论怎样由导数这一局部概念来推断函数在区间上所具有的整体性质.微分中值定理就是连接两者的桥梁,它包括罗尔定理、拉格朗日中值定理和柯西中值定理.微分中值定理是应用微分学的理论基础,尤其是拉格朗日中值定理,它建立了函数值与导数值之间的定量联系,因而可用中值定理通过导数去研究函数的性态.此外,由柯西中值定理还可导出求未定式极限的十分有效的方法 —— 洛必达法则.导数的应用主要是应用导数判断函数单调性、凹凸性等重要性态,从而掌握函数图形的各种几何特征.

3.1 微分中值定理

3.1.1 罗尔(Rolle)中值定理

费马引理 设函数 $f(x)$ 在点 x_0 的某邻域 $U(x_0)$ 内有定义,并且在点 x_0 处可导,如果对任意的 $x \in U(x_0)$,有 $f(x_0) \geqslant f(x)(f(x_0) \leqslant f(x))$,那么 $f'(x_0) = 0$.

证明 不妨设 $x \in U(x_0)$ 时,$f(x) \leqslant f(x_0)$(如果 $f(x) \geqslant f(x_0)$,可以类似地证明).于是,对于 $x_0 + \Delta x \in U(x_0)$,有
$$f(x_0 + \Delta x) \leqslant f(x_0)$$
从而当 $\Delta x > 0$ 时,有
$$\frac{f(x_0 + \Delta x) - f(x_0)}{\Delta x} \leqslant 0$$
当 $\Delta x < 0$ 时,有
$$\frac{f(x_0 + \Delta x) - f(x_0)}{\Delta x} \geqslant 0$$

根据函数 $f(x)$ 在点 x_0 可导的条件及极限的保号性,便得到

$$f'(x_0^+) = f'_+(x_0) = \lim_{\Delta x \to 0^+} \frac{f(x_0 + \Delta x) - f(x_0)}{\Delta x} \leqslant 0$$

$$f'(x_0^-) = f'_-(x_0) = \lim_{\Delta x \to 0^-} \frac{f(x_0 + \Delta x) - f(x_0)}{\Delta x} \geqslant 0$$

所以,$f'(x_0) = 0$.

通常称导数等于零的点为函数的驻点(稳定点或临界点).

罗尔定理 如果函数 $f(x)$ 满足:

(1) 在闭区间 $[a,b]$ 上连续;

(2) 在开区间 (a,b) 内可导;

(3) 在区间端点处的函数值相等,即

$$f(a) = f(b)$$

那么在 (a,b) 内至少存在一点 ξ,使得 $f'(\xi) = 0$.

证明 因为 $f(x)$ 在闭区间 $[a,b]$ 上连续,根据闭区间上连续函数的性质,$f(x)$ 在闭区间 $[a,b]$ 上存在最大值与最小值,分别用 M 与 m 表示.现分两种情况来讨论:

(1) 若 $m = M$,这时 $f(x)$ 在 $[a,b]$ 上必为常数,那么,$\forall x \in (a,b)$,有 $f'(x) = 0$.结论显然成立.

(2) 若 $m < M$,则因 $f(a) = f(b)$,使得最大值 M 与最小值 m 至少有一个在 (a,b) 内某点 ξ 处取得,从而 ξ 是 $f(x)$ 的极值点.由条件(2),$f(x)$ 在点 ξ 处可导,故由费马定理推知

$$f'(\xi) = 0$$

罗尔定理的几何意义是:在每一点都可导的一段连续曲线上,如果曲线的两端点高度相等,则至少存在一条水平切线(图 3.1).

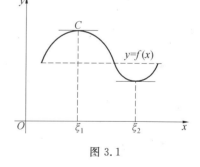

图 3.1

[例 3.1] 已知函数 $f(x) = (x-1)(x-2)(x-3)$,不用求出导数,判定 $f'(x) = 0$ 有几个实根,并指出实根存在的区间.

解 因为函数 $f(x)$ 在闭区间 $[1,2]$ 和 $[2,3]$ 上连续,在开区间 $(1,2)$ 和 $(2,3)$ 内可导,且 $f(1) = f(2) = f(3) = 0$,由罗尔定理知,至少存在一点 $\xi_1 \in (1,2)$,$\xi_2 \in (2,3)$,使得

$$f'(\xi_1) = 0, \quad f'(\xi_2) = 0$$

即 ξ_1 和 ξ_2 都是方程 $f'(x) = 0$ 的实根.

又由代数学基本定理知,方程 $f'(x) = 0$ 至多有两个实根,所以方程 $f'(x) = 0$ 必有且只有两个实根,它们分别位于开区间 $(1,2)$ 和 $(2,3)$ 内.

3.1.2 拉格朗日(Lagrange)中值定理

罗尔定理的条件(3)要求区间端点的函数值必须相等,但在实际问题中所给的函数很难满足这一点,这使罗尔定理的应用受到了很大的限制.罗尔定理的几何意义表明在区

间(a,b)内至少存在一点,使得该点的切线平行于x轴,即与端点的连线平行. 由此可以联想到,对于区间$[a,b]$上的一般可导函数$y=f(x)$所表示的曲线,曲线上是否有某一点的切线平行于两端点的连线呢？回答是肯定的. 于是有下面的定理.

拉格朗日中值定理 如果函数$f(x)$满足:

(1) 在闭区间$[a,b]$上连续;

(2) 在开区间(a,b)内可导.

那么在(a,b)内至少存在一点ξ,使等式

$$f(b)-f(a)=f'(\xi)(b-a) \tag{3.1}$$

成立.

证明 建立辅助函数

$$F(x)=f(x)-f(a)-\frac{f(b)-f(a)}{b-a}(x-a)$$

显然,$F(a)=F(b)=0$,且$F(x)$在$[a,b]$上满足罗尔定理的前两个条件,故存在$\xi\in(a,b)$,使

$$F'(\xi)=f'(\xi)-\frac{f(a)-f(b)}{b-a}=0$$

移项后即得到所要证明的拉格朗日中值定理.

注:(1) 显然,当$f(a)=f(b)$时,拉格朗日中值定理的结论即为罗尔定理的结论. 这表明罗尔定理是拉格朗日中值定理的一个特殊情形.

(2) 拉格朗日中值定理的几何意义是:在满足定理条件的曲线$y=f(x)$上至少存在一点$P(\xi,f(\xi))$,使曲线在该点处的切线平行于曲线两端点的连线. 在证明中引入的辅助函数$F(x)$,正是曲线$y=f(x)$与直线

$$AB:y=f(a)+\frac{f(b)-f(a)}{b-a}(x-a)$$

之差. 事实上,这个辅助函数的引入相当于坐标系在平面内的旋转,使在新坐标系下,线段AB平行于新x轴(图3.2).

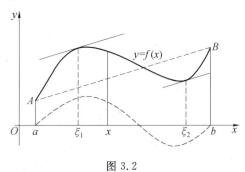

图 3.2

(3) 拉格朗日中值定理的证明提供了一个用构造函数法证明数学命题的典范,通过巧妙的数学变换,将一般化为特殊,将复杂问题化为简单问题的论证思想,也是高等数学重要而常用的数学思维的体现.

(4) 拉格朗日中值定理的结论常称为拉格朗日中值公式. 拉格朗日中值公式无论对

于 $a<b$,还是 $a>b$ 都成立,而 ξ 则是介于 a 与 b 之间的某一定数.它有几种常用的等价形式,可根据不同问题的特点,在不同场合灵活应用,即

$$f(b)-f(a)=f'(\xi)(b-a) \tag{3.2}$$

$$f(b)-f(a)=f'[a+\theta(b-a)](b-a) \quad (0<\theta<1) \tag{3.3}$$

值得注意的是式(3.3)的特点,在于把中值点 ξ 表示成了 $a+\theta(b-a)$,使得不论 a,b 为何值,θ 总为小于 1 的某一正数.

设 $x,x+\Delta x\in[a,b]$,在以 x 与 $x+\Delta x$ 为端点的闭区间上应用拉格朗日中值定理,得

$$f(x+\Delta x)-f(x)=f'(x+\theta\Delta x)\Delta x \tag{3.4}$$

即

$$\Delta y=f'(x+\theta\Delta x)\Delta x \quad (0<\theta<1)$$

将上式与微分的近似计算公式 $\Delta y\approx \mathrm{d}y=f'(x)\Delta x$ 比较,可以看出函数的微分 $\mathrm{d}y=f'(x)\Delta x$ 一般只是函数增量 Δy 的近似表达式,其误差只有当 $\Delta x\to 0$ 时才趋于零.而式(3.4)却给出了自变量取得有限增量 Δx(Δx 不一定很小)时,函数增量 Δy 的准确表达式.因此拉格朗日中值定理也称为有限增量定理,式(3.4)称为有限增量公式.

拉格朗日中值定理是微分学的一个基本定理,在理论上和应用上都有很重要的价值,它建立了函数在一个区间上的改变量和函数在这个区间内某点处的导数之间的联系,从而能用某点处的导数去研究函数在区间上的性态.因此有时也将拉格朗日中值定理称为微分中值定理.

[例 3.2] 证明:当 $x>0$ 时,$\dfrac{x}{1+x}<\ln(1+x)<x$.

证明 设 $f(t)=\ln(1+t)$,则 $f(t)$ 在区间 $[0,x]$ 上满足拉格朗日中值定理的条件,即

$$f(x)-f(0)=f'(\xi)x \quad (0<\xi<x)$$

又 $f(0)=0, f'(t)=\dfrac{1}{1+t}$,于是有

$$\ln(1+x)=\dfrac{x}{1+\xi}$$

又因为 $0<\xi<x$,所以

$$\dfrac{x}{1+x}<\dfrac{x}{1+\xi}<x$$

从而得到所要证明的结论.

推论 1 如果函数 $f(x)$ 在区间 I 上连续,在区间 I 内可导,且 $f'(x)\equiv 0, x\in I$,那么 $f(x)$ 在区间 I 上是一个常数.

证明 任取两点 $x_1,x_2\in I$(设 $x_1<x_2$),在区间 $[x_1,x_2]$ 上应用拉格朗日中值定理,存在 $\xi\in(x_1,x_2)\subset I$,使得

$$f(x_2)-f(x_1)=f'(\xi)(x_2-x_1)=0$$

这说明 $f(x)$ 在区间 I 上任何两点之值相等,即 $f(x)$ 在区间 I 上是一个常数.

[例 3.3] 证明恒等式 $\arcsin x+\arccos x=\dfrac{\pi}{2}(x\in[-1,1])$.

证明 令 $f(x)=\arcsin x+\arccos x$,则当 $x\in(-1,1)$ 时,有

$$f'(x)=\dfrac{1}{\sqrt{1-x^2}}-\dfrac{1}{\sqrt{1-x^2}}=0$$

因此,由推论 1 可知
$$f(x) = \arcsin x + \arccos x = C$$
令 $x=0$,代入上式,得到 $C=\dfrac{\pi}{2}$,所以
$$\arcsin x + \arccos x = \dfrac{\pi}{2} \quad (x \in (-1,1))$$
而当 $x=\pm 1$ 时上式也成立,所以
$$\arcsin x + \arccos x = \dfrac{\pi}{2} \quad (x \in [-1,1])$$
由推论 1 又可进一步得到如下推论:

推论 2 若函数 $f(x)$ 和 $g(x)$ 均在区间 I 上可导,且 $f'(x) \equiv g'(x)(x \in I)$,则在区间 I 上 $f(x)$ 与 $g(x)$ 只相差某一常数,即
$$f(x) = g(x) + C \quad (C\ \text{为某一常数})$$
作为拉格朗日中值定理的推广,有下面的柯西中值定理.

3.1.3 柯西中值定理

柯西中值定理　如果函数 $f(x)$ 和 $g(x)$ 满足:

(1) 在 $[a,b]$ 上都连续;

(2) 在 (a,b) 内都可导;

(3) 对任一 $x \in (a,b)$,$g'(x) \neq 0$.

那么在 (a,b) 内至少存在一点 ξ,使等式
$$\dfrac{f'(\xi)}{g'(\xi)} = \dfrac{f(b)-f(a)}{g(b)-g(a)} \tag{3.5}$$
成立.

证明　建立辅助函数
$$F(x) = f(x) - f(a) - \dfrac{f(b)-f(a)}{g(b)-g(a)}[g(x)-g(a)]$$
易见 $F(x)$ 在 $[a,b]$ 上满足罗尔定理的条件,故存在 $\xi \in (a,b)$,使得
$$F'(\xi) = f'(\xi) - \dfrac{f(b)-f(a)}{g(b)-g(a)} g'(\xi) = 0$$
因为 $g'(\xi) \neq 0$,所以可把上式改写成式(3.5).

柯西中值定理有着与前两个中值定理相类似的几何意义.

[例 3.4] 设函数 $f(x)$ 在 $[0,1]$ 上连续,在 $(0,1)$ 内可导,证明:至少存在一点 $\xi \in (0,1)$,使
$$f'(\xi) = 2\xi[f(1)-f(0)]$$

证明　分析:结论可变形为
$$\dfrac{f(1)-f(0)}{1-0} = \dfrac{f'(\xi)}{2\xi} = \dfrac{f'(x)}{(x^2)'}\bigg|_{x=\xi}$$
设 $g(x) = x^2$,则 $f(x), g(x)$ 在 $[0,1]$ 上满足柯西中值定理的条件,所以在 $(0,1)$ 内至少存在一点 ξ,有

$$\frac{f(1)-f(0)}{1-0} = \frac{f'(\xi)}{2\xi}$$

即
$$f'(\xi) = 2\xi[f(1)-f(0)]$$

[例 3.5] 设函数 $f(x)$ 在 $[a,b]$ $(a>0)$ 上连续,在 (a,b) 内可导,则存在 $\xi \in (a,b)$,使得

$$f(b)-f(a) = \xi f'(\xi)\ln\frac{b}{a}$$

证明 设 $g(x)=\ln x$,显然它在 $[a,b]$ 上与 $f(x)$ 一起满足柯西中值定理条件,于是存在 $\xi \in (a,b)$,使得

$$\frac{f(b)-f(a)}{\ln b - \ln a} = \frac{f'(\xi)}{\frac{1}{\xi}}$$

整理便得所要证明的等式.

在柯西中值定理中,取 $g(x)=x$,则柯西中值定理的结论可写成

$$\frac{f(b)-f(a)}{b-a} = f'(\xi)$$

这正是拉格朗日中值公式.而在拉格朗日中值定理中令 $f(b)=f(a)$,则

$$f'(\xi) = 0$$

这恰恰是罗尔定理.

3.2 洛必达法则

如果当 $x \to a$(或 $x \to \infty$)时,两个函数 $f(x)$ 与 $F(x)$ 都趋于零或都趋于无穷大,那么极限 $\lim\limits_{\substack{x \to a \\ (x \to \infty)}} \frac{f(x)}{F(x)}$ 可能存在,也可能不存在.通常把这种极限叫作未定式,并分别记为 $\frac{0}{0}$ 型或 $\frac{\infty}{\infty}$ 型的未定式极限.对于这类极限,即使它存在也不能用"商的极限等于极限的商"这一法则.

下面将根据柯西中值定理来推出求这类极限的一种简便且重要的方法.首先讨论两种基本的未定式极限.

3.2.1 $\frac{0}{0}$ 型未定式极限

定理 3.1 若函数 $f(x)$ 和 $g(x)$ 满足:

(1) $\lim\limits_{x \to x_0} f(x) = \lim\limits_{x \to x_0} g(x) = 0$;

(2) 在点 x_0 的某去心邻域 $\mathring{U}(x_0)$ 内两者都可导,且 $g'(x) \neq 0$;

(3) $\lim\limits_{x \to x_0} \frac{f'(x)}{g'(x)}$ 存在(或为无穷大).

则
$$\lim_{x \to x_0} \frac{f(x)}{g(x)} = \lim_{x \to x_0} \frac{f'(x)}{g'(x)}$$

证明 由于 $\lim\limits_{x \to x_0} \dfrac{f(x)}{g(x)}$ 存在与否与函数值 $f(x_0)$ 和 $g(x_0)$ 无关,故补充定义 $f(x_0) = g(x_0) = 0$,使得 $f(x)$ 和 $g(x)$ 在点 x_0 处连续. 任取 $x \in \overset{\circ}{U}(x_0)$,在区间 $[x_0, x]$(或 $[x, x_0]$)上应用柯西中值定理,有

$$\frac{f(x) - f(x_0)}{g(x) - g(x_0)} = \frac{f'(\xi)}{g'(\xi)}$$

即
$$\frac{f(x)}{g(x)} = \frac{f'(\xi)}{g'(\xi)} \quad (\xi 介于 x_0 与 x 之间)$$

当 $x \to x_0$ 时,也有 $\xi \to x_0$,使得

$$\lim_{x \to x_0} \frac{f(x)}{g(x)} = \lim_{x \to x_0} \frac{f'(\xi)}{g'(\xi)} = \lim_{x \to x_0} \frac{f'(x)}{g'(x)}$$

注:若将定理 3.1 中 $x \to x_0$ 换成 $x \to x_0^+, x \to x_0^-, x \to +\infty, x \to -\infty, x \to \infty$,只要相应地修正条件(2)中的邻域,也可得到同样的结论.

[例 3.6] 求 $\lim\limits_{x \to 0} \dfrac{\sin ax}{\sin bx}(b \neq 0)$.

解
$$\lim_{x \to 0} \frac{\sin ax}{\sin bx} = \lim_{x \to 0} \frac{a\cos ax}{b\cos bx} = \frac{a}{b}$$

[例 3.7] 求 $\lim\limits_{x \to 1} \dfrac{x^3 - 3x + 2}{x^3 - x^2 - x + 1}$.

解
$$\lim_{x \to 1} \frac{x^3 - 3x + 2}{x^3 - x^2 - x + 1} = \lim_{x \to 1} \frac{3x^2 - 3}{3x^2 - 2x - 1} = \lim_{x \to 1} \frac{6x}{6x - 2} = \frac{3}{2}$$

注意 上式中 $\lim\limits_{x \to 1} \dfrac{6x}{6x - 2}$ 已不是未定式. 不能对应用洛必达法则. 否则将导致错误结果. 以后使用洛必达法则时应当注意这一点.

[例 3.8] 求 $\lim\limits_{x \to 0} \dfrac{x - \sin x}{x^3}$.

解
$$\lim_{x \to 0} \frac{x - \sin x}{x^3} = \lim_{x \to 0} \frac{1 - \cos x}{3x^2} = \lim_{x \to 0} \frac{\sin x}{6x} = \frac{1}{6}$$

[例 3.9] 求 $\lim\limits_{x \to +\infty} \dfrac{\dfrac{\pi}{2} - \arctan x}{\dfrac{1}{x}}$.

解 当 $x \to +\infty$ 时,有 $\dfrac{\pi}{2} - \arctan x \to 0$ 和 $\dfrac{1}{x} \to 0$,这是 $\dfrac{0}{0}$ 型未定式.

由洛必达法则得

$$\lim_{x \to +\infty} \frac{\dfrac{\pi}{2} - \arctan x}{\dfrac{1}{x}} = \lim_{x \to +\infty} \frac{-\dfrac{1}{1+x^2}}{-\dfrac{1}{x^2}} = \lim_{x \to +\infty} \frac{x^2}{1+x^2} = 1$$

注意 洛必达法则是求未定式极限的一种有效方法,但最好能与其他求极限的方法

结合使用. 例如, 能化简时应尽可能先化简, 可以应用等价无穷小替代或重要极限时, 应尽可能应用, 这样可以使运算简捷.

3.2.2 $\dfrac{\infty}{\infty}$ 型未定式极限

定理 3.2 若函数 $f(x)$ 和 $g(x)$ 满足:

(1) $\lim\limits_{x \to x_0} f(x) = \lim\limits_{x \to x_0} g(x) = \infty$;

(2) 在点 x_0 的某去心邻域 $\overset{\circ}{U}(x_0)$ 内两者都可导, 且 $g'(x) \neq 0$;

(3) $\lim\limits_{x \to x_0} \dfrac{f'(x)}{g'(x)}$ 存在(或为无穷大).

则
$$\lim_{x \to x_0} \frac{f(x)}{g(x)} = \lim_{x \to x_0} \frac{f'(x)}{g'(x)}$$

注: 若将定理 3.2 中 $x \to x_0$ 换成 $x \to x_0^+, x \to x_0^-, x \to +\infty, x \to -\infty, x \to \infty$, 只要相应地修正条件(2)中的邻域, 也可得到同样的结论.

[例 3.10] 求 $\lim\limits_{x \to 0} \dfrac{\ln \sin ax}{\ln \sin bx}$.

解
$$\lim_{x \to 0} \frac{\ln \sin ax}{\ln \sin bx} = \lim_{x \to 0} \frac{a\cos ax \cdot \sin bx}{b\cos bx \cdot \sin ax} = \lim_{x \to 0} \frac{\cos bx}{\cos ax} = 1$$

[例 3.11] 求 $\lim\limits_{x \to 0^+} \dfrac{\ln \cot x}{\ln x}$.

解
$$\lim_{x \to 0^+} \frac{\ln \cot x}{\ln x} = \lim_{x \to 0^+} \frac{\tan x \cdot \left(-\dfrac{1}{\sin^2 x}\right)}{\dfrac{1}{x}}$$
$$= -\lim_{x \to 0^+} \frac{x}{\cos x \sin x} = -\lim_{x \to 0^+} \frac{2x}{\sin 2x} = -1$$

注: 不能对任何商式极限都按洛必达法则求解. 首先要注意它是不是未定式极限, 其次看它是否满足洛必达法则的其他条件. 例如

$$\lim_{x \to \infty} \frac{x + \sin x}{x} = 1$$

虽然是 $\dfrac{\infty}{\infty}$ 型, 但若不顾条件地随便使用洛必达法则, 即

$$\lim_{x \to +\infty} \frac{x + \sin x}{x} = \lim_{x \to +\infty} \frac{1 + \cos x}{1}$$

就会因右式的极限不存在而推出原极限不存在的错误结论. 事实上, 洛必达法则的条件是结论成立的充分非必要条件, 即若 $\lim\limits_{x \to x_0} \dfrac{f'(x)}{g'(x)}$ 不存在, 并不能说明 $\lim\limits_{x \to x_0} \dfrac{f(x)}{g(x)}$ 不存在. 原极限可由下面的方法求出:

$$\lim_{x \to \infty} \frac{x + \sin x}{x} = \lim_{x \to \infty} \frac{1 + \dfrac{1}{x}\sin x}{1} = 1$$

[例3.12] 求 $\lim\limits_{x \to +\infty} \dfrac{\ln x}{x^n}(n>0)$.

解 $\lim\limits_{x \to +\infty} \dfrac{\ln x}{x^n} = \lim\limits_{x \to +\infty} \dfrac{(\ln x)'}{(x^n)'} = \lim\limits_{x \to +\infty} \dfrac{1}{nx^n} = 0$.

[例3.13] 求 $\lim\limits_{x \to +\infty} \dfrac{x^n}{e^{\lambda x}}$ (n 为正整数, $\lambda > 0$).

解 $\lim\limits_{x \to +\infty} \dfrac{x^n}{e^{\lambda x}} = \lim\limits_{x \to +\infty} \dfrac{nx^{n-1}}{\lambda e^{\lambda x}} = \lim\limits_{x \to +\infty} \dfrac{n(n-1)x^{n-2}}{\lambda^2 e^{\lambda x}} = \cdots = \lim\limits_{x \to +\infty} \dfrac{n!}{\lambda^n e^{\lambda x}} = 0$.

例3.12和例3.13的结论表明,虽然对数函数、幂函数和指数函数均为当 $x \to +\infty$ 时的无穷大,但是这三个函数增大的"速度"是不一样的,即指数函数最快,幂函数其次,对数函数最慢.

表3.1列出了 $x=10, 100, 1\,000$ 时,函数 $\ln x, \sqrt{x}, x^2$ 及 e^x 相应的函数值.从中可以看出当 x 增大时这几个函数增大"速度"的快慢情况.

表 3.1

x	10	100	1 000
$\ln x$	2.3	4.6	6.9
$\sqrt{x}$	3.2	10	31.6
x^2	100	10^4	10^6
e^x	2.20×10^4	2.69×10^{43}	1.97×10^{434}

3.2.3 其他常见未定式的极限

除上述两种类型的未定式极限外,还有 $0 \cdot \infty, \infty - \infty, 1^\infty, 0^0, \infty^0$ 等类型的未定式极限.它们一般均可化为 $\dfrac{0}{0}$ 型或 $\dfrac{\infty}{\infty}$ 型的极限,下面用例子说明.

[例3.14] 求 $\lim\limits_{x \to 0^+} x \ln x$.

解 这是一个 $0 \cdot \infty$ 型未定式极限.用恒等变形

$$x \ln x = \dfrac{\ln x}{\dfrac{1}{x}}$$

可将它转化为 $\dfrac{\infty}{\infty}$ 型的未定式极限,再应用洛必达法则得

$$\lim\limits_{x \to 0^+} x \ln x = \lim\limits_{x \to 0^+} \dfrac{\ln x}{\dfrac{1}{x}} = \lim\limits_{x \to 0^+} \dfrac{\dfrac{1}{x}}{-\dfrac{1}{x^2}} = \lim\limits_{x \to 0^+} (-x) = 0.$$

[例3.15] 求 $\lim\limits_{x \to \frac{\pi}{2}} (\sec x - \tan x)$.

解 这是一个 $\infty - \infty$ 型未定式极限,通分后可化为 $\dfrac{0}{0}$ 型的极限,即

$$\lim_{x\to\frac{\pi}{2}}(\sec x - \tan x) = \lim_{x\to\frac{\pi}{2}}\frac{1-\sin x}{\cos x} = \lim_{x\to\frac{\pi}{2}}\frac{-\cos x}{-\sin x} = 0$$

[例 3.16] 求 $\lim\limits_{x\to 1} x^{\frac{1}{1-x}}$.

解 这是一个 1^∞ 型未定式极限. 做恒等变形

$$x^{\frac{1}{1-x}} = e^{\frac{1}{1-x}\ln x}$$

其指数部分的极限 $\lim\limits_{x\to 1}\dfrac{\ln x}{1-x}$ 是 $\dfrac{0}{0}$ 型未定式极限, 因此

$$\lim_{x\to 1} x^{\frac{1}{1-x}} = \lim_{x\to 1} e^{\frac{1}{1-x}\ln x} = e^{\lim\limits_{x\to 1}\frac{\ln x}{1-x}} = e^{\lim\limits_{x\to 1}\frac{\frac{1}{x}}{-1}} = e^{-1}$$

[例 3.17] 求 $\lim\limits_{x\to 0^+} x^x$.

解 这是一个 0^0 型未定式极限. 做恒等变形

$$x^x = e^{x\ln x}$$

其指数部分的极限 $\lim\limits_{x\to 0^+} x\ln x$ 可利用取倒数的方法求得, 且已经在例 3.14 中求出, 即

$$\lim_{x\to 0^+} x\ln x = 0$$

从而得到

$$\lim_{x\to 0^+} x^x = e^0 = 1$$

[例 3.18] 求 $\lim\limits_{x\to 0^+}(\cot x)^{\frac{1}{\ln x}}$.

解 这是一个 ∞^0 型未定式极限. 做恒等变形

$$(\cot x)^{\frac{1}{\ln x}} = e^{\frac{1}{\ln x}\cdot \ln(\cot x)}$$

其指数部分的极限

$$\lim_{x\to 0^+}\frac{1}{\ln x}\cdot \ln(\cot x) = \lim_{x\to 0^+}\frac{-\frac{1}{\cot x}\cdot \frac{1}{\sin^2 x}}{\frac{1}{x}} = \lim_{x\to 0^+}\frac{-x}{\cos x\cdot \sin x} = -1$$

于是 $\lim\limits_{x\to 0^+}(\cot x)^{\frac{1}{\ln x}} = e^{-1}$.

3.3　函数的单调性、极值与最值

单调性是函数的重要性态, 但是利用定义来讨论函数的单调性往往是比较困难的. 极值是函数的一种局部性态, 它有助于进一步把握函数的变化状况, 为准确描绘函数图形提供不可缺少的信息. 同时它又是研究函数的最大值和最小值问题的关键所在. 而函数的最值问题有着广泛的应用, 例如求"用料最省""耗时最少""产值最高"等问题. 本节将以导数为工具, 介绍判断函数单调性、极值的简便且具有一般性的方法.

3.3.1　函数单调性的判定

如果函数 $y=f(x)$ 在 $[a,b]$ 上单调增加(单调减少), 那么它的图形是一条沿 x 轴正向

上升（下降）的曲线，如图 3.3 所示．这时曲线上各点处的切线斜率是非负的（是非正的），即
$$y' = f'(x) \geqslant 0 \quad (y' = f'(x) \leqslant 0)$$
由此可见，函数的单调性与导数的符号有着密切的关系．

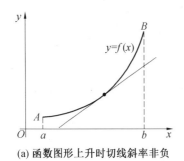

(a) 函数图形上升时切线斜率非负　　(b) 函数图形下降时切线斜率非正

图 3.3

反过来，能否用导数的符号来判定函数的单调性呢？

定理 3.3　设函数 $y=f(x)$ 在闭区间 $[a,b]$ 上连续，在开区间 (a,b) 内可导，则：

(1) 如果在 (a,b) 内，$f'(x)>0$，那么函数 $y=f(x)$ 在 $[a,b]$ 上单调增加；

(2) 如果在 (a,b) 内，$f'(x)<0$，那么函数 $y=f(x)$ 在 $[a,b]$ 上单调减少．

证明　在区间 $[a,b]$ 上任取两点 x_1,x_2，设 $x_1<x_2$，由于 $f(x)$ 在 $[a,b]$ 内可导，所以 $f(x)$ 在闭区间 $[x_1,x_2]$ 上连续，在开区间 (x_1,x_2) 内可导，且满足拉格朗日中值定理条件，因此有
$$f(x_2)-f(x_1)=f'(\xi)(x_2-x_1) \quad (x_1<\xi<x_2)$$
因为 $x_2-x_1>0$，若 $f'(\xi)>0$，则
$$f(x_2)-f(x_1)>0$$
即
$$f(x_2)>f(x_1)$$
由定义可知 $y=f(x)$ 在 $[a,b]$ 上单调增加．

同理可证，若 $f'(\xi)<0$，$y=f(x)$ 在 $[a,b]$ 上单调减少．

如果把这个判定法中的闭区间换成其他各种区间（对于无穷区间，要求在其任一有限的子区间上满足定理的条件），那么结论也成立．

[**例 3.19**]　判定函数 $y=x-\sin x$ 在 $[0,2\pi]$ 上的单调性．

解　因为在 $(0,2\pi)$ 内有
$$y'=1-\cos x>0$$
所以由定理 3.3 可知，函数 $y=x-\sin x$ 在 $[0,2\pi]$ 上单调增加．

[**例 3.20**]　讨论函数 $y=e^x-x-1$ 的单调性．

解　求导有
$$y'=e^x-1$$
又函数 $y=e^x-x-1$ 的定义域为 $(-\infty,+\infty)$，因为在 $(-\infty,0)$ 内 $y'<0$，所以函数 $y=e^x-x-1$ 在 $(-\infty,0]$ 上单调减少；因为在 $(0,+\infty)$ 内 $y'>0$，所以函数 $y=e^x-x-1$ 在 $[0,+\infty)$ 上单调增加．

[**例 3.21**] 讨论函数 $y=\sqrt[3]{x^2}$ 的单调性.

解 该函数的定义域为 $(-\infty,+\infty)$.

当 $x\neq 0$ 时,该函数的导数为
$$y'=\frac{2}{3\sqrt[3]{x}}$$

当 $x=0$ 时,函数的导数不存在. 在 $(-\infty,0)$ 内,$y'<0$,因此函数 $y=\sqrt[3]{x^2}$ 在 $(-\infty,0]$ 上单调减少;在 $(0,+\infty)$ 内,$y'>0$,因此函数 $y=\sqrt[3]{x^2}$ 在 $[0,+\infty)$ 上单调增加(图 3.4).

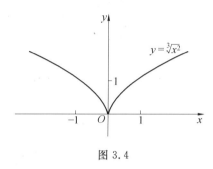

图 3.4

从例 3.20 中看出,有些函数在它的定义区间上不是单调的,但是当用函数的驻点来划分函数的定义区间以后,就可以使函数在各个部分区间上单调. 从例 3.21 中可看出,如果函数在某些点处不可导,则划分函数的定义区间的分点,还应包括这些不可导数不存在的点,一般地,有如下结论:

如果函数 $f(x)$ 在定义区间上连续,除去有限个导数不存在的点外,导数存在且在区间内只有有限个驻点,那么只要用函数的驻点及导数不存在的点来划分 $f(x)$ 的定义区间,就能保证 $f'(x)$ 在各个部分区间内保持固定符号,因而函数在每个部分区间上单调.

[**例 3.22**] 确定函数 $f(x)=2x^3-9x^2+12x-3$ 的单调区间.

解 这个函数的定义域为 $(-\infty,+\infty)$. 先求函数的导数,有
$$f'(x)=6x^2-18x+12=6(x-1)(x-2)$$
解方程 $f'(x)=0$ 得 $x_1=1,x_2=2$. 这两个根把 $(-\infty,+\infty)$ 分成三个部分区间 $(-\infty,1]$, $[1,2]$ 及 $[2,+\infty)$:

在区间 $(-\infty,1)$ 内,$f'(x)>0$,因此,函数 $f(x)$ 在 $(-\infty,1]$ 上单调增加;

在区间 $(1,2)$ 内,$f'(x)<0$,因此,函数 $f(x)$ 在 $[1,2]$ 上单调减少;

在区间 $(2,+\infty)$ 内,$f'(x)>0$,因此,函数 $f(x)$ 在 $[2,+\infty)$ 上单调增加.

综上,该函数的单调区间为 $(-\infty,1],[1,2],[2,+\infty)$. 函数 $y=f(x)$ 的图形如图 3.5 所示.

下面举一个利用函数的单调性证明不等式的例子.

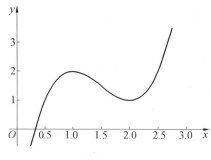

图 3.5

[例 3.23] 证明:当 $x>1$ 时 $2\sqrt{x}>3-\dfrac{1}{x}$.

证明 设 $f(x)=2\sqrt{x}-\left(3-\dfrac{1}{x}\right)$,则

$$f'(x)=\dfrac{1}{\sqrt{x}}-\dfrac{1}{x^2}=\dfrac{1}{x^2}(x\sqrt{x}-1)$$

由于 $f(x)$ 在 $[1,+\infty)$ 上连续,且在 $(1,+\infty)$ 内可导,$f'(x)>0$,因此在 $[1,+\infty)$ 上 $f(x)$ 单调增加,从而当 $x>1$ 时,$f(x)>f(1)$.

由于 $f(1)=0$,故 $f(x)>f(1)=0$,即

$$2\sqrt{x}-\left(3-\dfrac{1}{x}\right)>0$$

亦即

$$2\sqrt{x}>3-\dfrac{1}{x}$$

[例 3.24] 证明方程 $x^5+x+1=0$ 在区间 $(-1,0)$ 内有且只有一个实根.

证明 令 $f(x)=x^5+x+1$,因 $f(x)$ 在闭区间 $[-1,0]$ 上连续,且

$$f(-1)=-1<0,\quad f(0)=1>0$$

根据零点定理 $f(x)$ 在 $(-1,0)$ 内至少有一个零点.

因为对于任意实数 x,有

$$f'(x)=5x^4+1>0$$

所以 $f(x)$ 在 $(-\infty,+\infty)$ 内单调增加,因此曲线 $y=f(x)$ 与 x 轴至多只有一个交点.

综上所述,方程 $x^5+x+1=0$ 在区间 $(-1,0)$ 内有且只有一个实根.

3.3.2 函数的极值

函数的极值不仅在实际问题中占有重要的地位,还是函数性态的一个重要特征.值得对此进行一般性的讨论.

定义 3.1 设函数 $f(x)$ 在点 x_0 的某邻域 $U(x_0)$ 内有定义,如果对于去心邻域 $\mathring{U}(x_0)$ 内的任一 x,有 $f(x)<f(x_0)$(或 $f(x)>f(x_0)$),那么就称 $f(x_0)$ 是函数 $f(x)$ 的一个极大值(或极小值).

函数的极大值和极小值统称为函数的极值,使函数取得极值的点称为极值点.而极值

与最值的区别可以从图 3.6 看出.

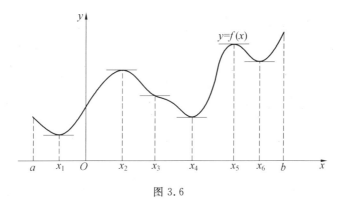

图 3.6

关于极值做以下几点说明：

(1) 函数在某一个区间里可能有几个极大值和几个极小值. 如图 3.6 所示，$f(x_1)$，$f(x_4)$，$f(x_6)$ 均为 $f(x)$ 的极小值，$f(x_2)$ 和 $f(x_5)$ 均为 $f(x)$ 的极大值.

(2) 函数的极大值未必比极小值大. 因为函数的极值是一个局部的概念，如图 3.6 所示，$f(x)$ 的极小值 $f(x_6)$ 大于极大值 $f(x_2)$.

(3) 函数的极值一定出现在区间内部，在区间端点不能取得极值.

由费马引理可知，若函数 $f(x)$ 在点 x_0 可导，且 x_0 为 $f(x)$ 的极值点，则 $f'(x_0)=0$. 这就是可导函数取极值的必要条件. 现将此结论叙述成如下定理：

定理 3.4 设函数 $f(x)$ 在点 x_0 处可导，且在 x_0 处取得极值，则 $f'(x_0)=0$.

定理 3.4 就是说：可导函数的极值点必定是它的驻点. 但反过来，函数的驻点却不一定是极值点. 例如，$f(x)=x^3$ 的导数 $f'(x)=3x^2$，$f'(0)=0$，因此 $x=0$ 是 $f(x)$ 的驻点，但 $x=0$ 却不是 $f(x)$ 的极值点. 所以，函数的驻点只是可能的极值点. 此外，函数在它的导数不存在的点处也可能取得极值. 例如，$f(x)=|x|$ 在 $x=0$ 处不可导，但函数在该点取得极小值.

怎样判定函数在驻点或不可导的点处是否取得极值？如果是的话，究竟取得极大值还是极小值？下面给出判定极值的充分条件：

定理 3.5（极值的第一充分条件） 设函数 $f(x)$ 在点 x_0 处连续，且在点 x_0 的某去心邻域 $\overset{\circ}{U}(x_0,\delta)$ 内可导.

(1) 若 $x \in (x_0-\delta, x_0)$ 时 $f'(x)<0$，而 $x \in (x_0, x_0+\delta)$ 时 $f'(x)>0$，则 $f(x)$ 在点 x_0 取得极小值.

(2) 若 $x \in (x_0-\delta, x_0)$ 时 $f'(x)>0$，而 $x \in (x_0, x_0+\delta)$ 时 $f'(x)<0$，则 $f(x)$ 在点 x_0 取得极大值.

(3) 若 $x \in \overset{\circ}{U}(x_0,\delta)$ 时，$f'(x)$ 的符号保持不变，则点 x_0 不是 $f(x)$ 的极值点.

证明 下面先证(1).

由定理 3.5 的条件及函数单调性的判别法可知，$f(x)$ 在 $(x_0-\delta, x_0)$ 内单调减少，在 $(x_0, x_0+\delta)$ 内单调增加. 又由 $f(x)$ 在 x_0 处连续，故对任意 $x \in \overset{\circ}{U}(x_0,\delta)$，恒有

$$f(x) > f(x_0)$$

即 $f(x)$ 在 x_0 取得极小值(图 3.7(a)).

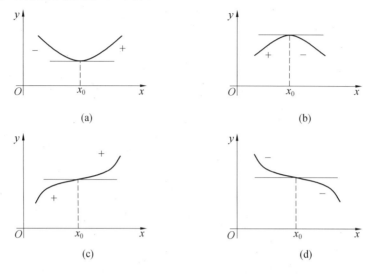

图 3.7

类似地可论证情形(2)及情形(3),分别如图 3.7(b)~(d) 所示.

定理 3.5 也可简单地这样说:当 x 在 x_0 的邻近渐增地经过 x_0 时,如果 $f'(x)$ 的符号由正变负,那么 $f(x)$ 在 x_0 处取得极大值;如果 $f'(x)$ 的符号由负变正,那么 $f(x)$ 在 x_0 处取得极小值;如果 $f'(x)$ 的符号不改变,那么 $f(x)$ 在 x_0 处没有极值.

根据上面的两个定理,如果函数 $f(x)$ 在所讨论的区间内连续,除个别点外处处可导,那么就可以按下列步骤来求 $f(x)$ 在该区间内的极值点和相应的极值:

(1) 求出导数 $f'(x)$;

(2) 求出 $f(x)$ 在定义域内的全部驻点与不可导点;

(3) 考察 $f'(x)$ 的符号在每个驻点或不可导点的左、右邻近的情形,以确定该点是否为极值点,如果是极值点,进一步确定是极大值点还是极小值点.

[**例 3.25**] 求出函数 $f(x) = x^3 - 3x^2 - 9x + 5$ 的极值.

解 (1) $f(x)$ 在定义域 $(-\infty, +\infty)$ 内每一点都可导,且
$$f'(x) = 3x^2 - 6x - 9 = 3(x+1)(x-3)$$

(2) 求驻点. 令 $f'(x) = 0$,得驻点 $x_1 = -1, x_2 = 3$.

(3) 判定极值. 极值判定方法见表 3.2(表中 ↗ 表示单调增加, ↘ 表示单调减少).

表 3.2

x	$(-\infty, -1)$	-1	$(-1, 3)$	3	$(3, +\infty)$
$f'(x)$	$+$	0	$-$	0	$+$
$f(x)$	↗	极大值	↘	极小值	↗

从表 3.2 可以看出,极大值 $f(-1) = 10$,极小值 $f(3) = -22$. 函数图形如图 3.8 所示.

[**例 3.26**] 求 $f(x) = (2x-5)\sqrt[3]{x^2}$ 的极值点与极值.

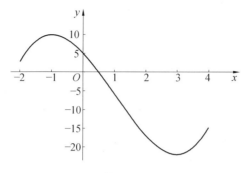

图 3.8

解 (1) 求导数. 因为
$$f(x)=(2x-5)\sqrt[3]{x^2}=2x^{\frac{5}{3}}-5x^{\frac{2}{3}}$$
在 $(-\infty,+\infty)$ 上连续,且当 $x\neq 0$ 时都可导,则有
$$f'(x)=\frac{10}{3}x^{\frac{2}{3}}-\frac{10}{3}x^{-\frac{1}{3}}=\frac{10}{3}\frac{x-1}{\sqrt[3]{x}}$$

(2) 求驻点. 令 $f'(x)=0$,解得 $x=1$ 为 $f(x)$ 的驻点, $x=0$ 为 $f(x)$ 的不可导点.

(3) 判定极值. 列表 3.3 如下:

表 3.3

x	$(-\infty,0)$	0	$(0,1)$	1	$(1,+\infty)$
$f'(x)$	+	不存在	−	0	+
$f(x)$	↗	极大值 0	↘	极小值 −3	↗

从表 3.3 可以看出,点 $x=0$ 为 $f(x)$ 的极大值点,极大值 $f(0)=0$; $x=1$ 为 $f(x)$ 的极小值点,极小值 $f(1)=-3$(图 3.9).

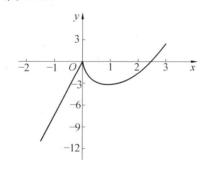

图 3.9

当函数 $f(x)$ 在驻点处的二阶导数存在且不为零时,也可以利用下述定理来判定 $f(x)$ 在驻点处取得极大值还是极小值.

定理 3.6(极值的第二充分条件) 设函数 $f(x)$ 在 x_0 处具有二阶导数且 $f'(x_0)=0$, $f''(x_0)\neq 0$.

(1) 若 $f''(x_0)<0$,函数 $f(x)$ 在 x_0 取得极大值;

(2) 若 $f''(x_0)>0$,函数 $f(x)$ 在 x_0 取得极小值.

证明 只证情形(1). 由于 $f''(x_0)<0$, 按二阶导数的定义有
$$f''(x_0)=\lim_{x\to x_0}\frac{f'(x)-f'(x_0)}{x-x_0}<0$$
根据函数极限的局部保号性, 当 x 在 x_0 的足够小的去心邻域内时, 有
$$\frac{f'(x)-f'(x_0)}{x-x_0}<0$$
但 $f'(x_0)=0$, 所以上式为
$$\frac{f'(x)}{x-x_0}<0$$
从而可知, 对于该去心邻域内的 x 来说, $f'(x)$ 与 $x-x_0$ 的符号相反. 因此, 当 $x-x_0<0$, 即 $x<x_0$ 时, $f'(x)>0$; 当 $x-x_0>0$, 即 $x>x_0$ 时, $f'(x)<0$. 于是根据定理 3.5, $f(x)$ 在点 x_0 处取得极大值.

定理 3.6 说明, 如果函数 $f(x)$ 在驻点 x_0 处的二阶导数 $f''(x_0)\neq 0$, 那么该驻点一定是极值点, 并且可以按二阶导数 $f''(x_0)$ 的符号来判断 $f(x_0)$ 是极大值还是极小值, 但当 $f''(x_0)=0$ 时, $f(x)$ 在点 x_0 处可能取极大值, 也可能取极小值, 这个判定方法失效, 这时仍用极值存在的第一充分条件来判定.

[例 3.27] 求出函数 $f(x)=x^3+3x^2-24x-20$ 的极值.

解 (1) 求导数. $f(x)$ 在定义域 $(-\infty,+\infty)$ 内每一点都可导, 且
$$f'(x)=3x^2+6x-24=3(x+4)(x-2)$$
(2) 求驻点. 令 $f'(x)=0$, 得驻点 $x_1=-4, x_2=2$.

(3) 判定极值.
$$f''(x)=6x+6$$
因 $f''(-4)=-18<0$, 故函数 $f(x)$ 在 $x=-4$ 有极大值 $f(-4)=60$; 因 $f''(2)=18>0$, 故函数 $f(x)$ 在 $x=2$ 有极小值 $f(2)=-48$. 函数图形如图 3.10 所示.

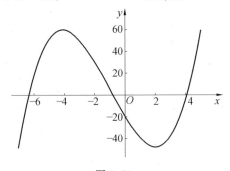

图 3.10

[例 3.28] 求函数 $f(x)=x^2(x^4-3x^2+3)$ 的极值.

解 (1) 求导数. $f(x)$ 在定义域 $(-\infty,+\infty)$ 内每一点都可导, 且
$$f'(x)=2x(x^4-3x^2+3)+x^2(4x^3-6x)=6x(x^2-1)^2$$
$$f''(x)=6(x^2-1)^2+6x\cdot 2(x^2-1)\cdot 2x=6(x^2-1)(5x^2-1)$$
(2) 求驻点. 令 $f'(x)=0$, 解得驻点 $x_1=-1, x_2=0, x_3=1$.

(3) 判定极值. 因为

$$f''(0) = 6 > 0$$

所以 $x_2 = 0$ 是极小值点,极小值 $f(0) = 0$.

因为 $f''(-1) = 0, f''(1) = 0$,所以不能用二阶导数判定 $x_1 = -1, x_3 = 1$ 是否为极值点.这时只能用定理 3.5 判定.但当 x 取 x_1 左右两侧附近的值时,$f'(x) < 0$;当 x 取 x_3 左右两侧附近的值时,$f'(x) > 0$,所以函数 $f(x)$ 在 $x_1 = -1, x_3 = 1$ 处都没有极值.

3.3.3 函数的最值

在工农业生产、工程技术及科学实验中,常常会遇到这样一类问题:在一定条件下,怎样使"生产最多""成本最低""效率最高"?这类问题在数学上有时可归结为求某一函数(通常称为目标函数)的最大值或最小值问题.

由闭区间连续函数性质知,若函数 $f(x)$ 在闭区间 $[a,b]$ 上连续,则 $f(x)$ 在 $[a,b]$ 上一定有最大、最小值.若函数 $f(x)$ 的最大(小)值点 x_0 在区间 (a,b) 内,则 x_0 必定是 $f(x)$ 的极大(小)值点.又若 $f(x)$ 在 x_0 可导,则 x_0 还是一个驻点.所以只要比较 $f(x)$ 在所有驻点、不可导点和区间端点上的函数值,就能从中找到 $f(x)$ 在 $[a,b]$ 上的最大值与最小值.因此,求连续函数 $f(x)$ 在闭区间 $[a,b]$ 上最值的基本步骤是:

(1) 求出 $f(x)$ 在 (a,b) 内的驻点和导数不存在的点;
(2) 计算上述各点以及两个端点的函数值;
(3) 比较这些函数值的大小,其中最大的为 $f(x)$ 在 $[a,b]$ 上的最大值,最小的为 $f(x)$ 在 $[a,b]$ 上的最小值.

[**例 3.29**] 求函数 $f(x) = x^3 - 6x^2 + 9x - 9$ 在 $[-1, 4]$ 上的最大值和最小值.

解 因为 $f(x) = x^3 - 6x^2 + 9x - 9$ 在 $[-1, 4]$ 上连续,所以 $f(x)$ 在 $[-1, 4]$ 上存在最大值和最小值.又因为

$$f'(x) = 3x^2 - 12x + 9 = 3(x-1)(x-3)$$

令 $f'(x) = 0$,得驻点 $x_1 = 1, x_2 = 3$.由于

$$f(1) = -5, \quad f(3) = -9, \quad f(-1) = -25, \quad f(4) = -5$$

比较各值可得函数 $f(x)$ 的最大值为 -5,最小值为 -25.

[**例 3.30**] 一艘轮船在航行中的燃料费和它的速度的立方成正比.已知当速度为 10 km/h 时,燃料费为每小时 6 元,而其他与速度无关的费用为每小时 96 元.问轮船的速度为多少时,每航行 1 km 所消耗的费用最少?

解 设船速为 x km/h,据题意每航行 1 km 的耗费为

$$y = \frac{1}{x}(kx^3 + 96)$$

由已知当 $x = 10$ 时,$k \cdot 10^3 = 6$,故得比例系数 $k = 0.006$.所以

$$y = \frac{1}{x}(0.006x^3 + 96) \quad (x \in (0, +\infty))$$

现在问题就归结为:在 $x > 0$ 内,自变量取何值时目标函数 y 的值最小.先对 y 求导数,有

$$y' = \frac{0.012}{x^2}(x^3 - 8\,000)$$

解方程 $y' = 0$,求得驻点 $x = 20$.由极值第一充分条件检验得 $x = 20$ 是极小值点.由于在 (0,

$+\infty$) 上该函数处处可导,且只有唯一的极值点,故当它为极小值点时必为最小值点. 所以求得当船速为 20 km/h 时,每航行 1 km 的耗费最少,其值为

$$y_{\min}=0.006\times 20^2+\frac{96}{20}=7.2\text{(元)}$$

在实际问题中,经常会遇到求最大值和最小值的问题,而这些问题实质上就是求一个函数的最大值和最小值问题.因此在解决具体问题时,往往需要根据问题的实际意义来断定可导函数 $f(x)$ 有最大值或最小值,且一定在讨论区间内部取得.这时如果函数 $f(x)$ 在所讨论的区间内只有一个驻点 x_0,则 $f(x_0)$ 必是最大值或最小值.

[例 3.31] 将一块边长为 a 的正方形铁皮的四角截去一个大小相等的小正方形,然后把各边折起来做成一个无盖的盒子.问截去的小正方形的边长为多大时,才能使盒子的容积最大?

解 如图 3.11 所示,设所截去的小正方形边长为 x,则盒底是边长为 $a-2x$ 的正方形,高为 x,所以铁盒容积为

$$V=(a-2x)^2\cdot x \quad \left(0<x<\frac{a}{2}\right)$$

又

$$V'=(a-2x)(a-6x)$$

令 $V'=0$,得 $x_1=\frac{a}{6}$,$x_2=\frac{a}{2}$(舍去).

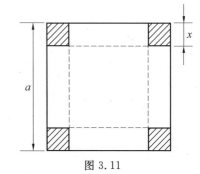

图 3.11

因为只有 $x_1=\frac{a}{6}\in\left(0,\frac{a}{2}\right)$,故只需检验 $x_1=\frac{a}{6}$.

当 $x<\frac{a}{6}$ 时,$V'(x)>0$;当 $x>\frac{a}{6}$ 时,$V'(x)<0$,所以 $x_1=\frac{a}{6}$ 是极大值点,同时也是最大值点.

由此可知,当截去的小正方形的边长为 $\frac{a}{6}$ 时,所做成的铁皮盒子容积最大.

[例 3.32] 某房地产公司有 50 套公寓要出租,当租金定为每月 180 元时,公寓会全部租出去.当租金每月增加 10 元时,就有一套公寓租不出去,而租出去的房子每月需花费 20 元的整修维护费.试问房租定为多少可获得最大收入?

解 设房租为每月 x 元,租出去的房子有 $50-\frac{x-180}{10}$ 套,则每月总收入为

$$R(x)=(x-20)\left(50-\frac{x-180}{10}\right)=(x-20)\left(68-\frac{x}{10}\right)$$

$$R'(x)=\left(68-\frac{x}{10}\right)+(x-20)\left(-\frac{1}{10}\right)=70-\frac{x}{5}$$

令 $R'(x)=0$,解得 $x=350$(唯一驻点),故每月每套租金为 350 元时收入最高.

最大收入为

$$R(x) = (350-20)\left(68 - \frac{350}{10}\right) = 10\,890\,(元)$$

3.4 曲线的凹凸性与拐点

知道函数的单调性和极值,并不能准确描述函数图形的主要特征. 例如,函数 $f(x)=x^2$ 和 $f(x)=\sqrt{x}$ 都在 $(0,1)$ 内单调增加,但两者的图形却有明显的差别,即它们的弯曲方向不同. 这种差别就是所谓的"凹凸性"的区别. 凹凸性是函数的一种重要性质,具有这种性质的函数在近代分析和优化两大领域起着重要的作用. 本节给出曲线凹凸性的定义,并给出利用导数来判断曲线凹凸性的方法,以便更加准确地描绘函数的图形.

先从直观来分析. 如图 3.12 所示,曲线向上看是凹的,任取两点 x_1,x_2,连接这两点间的弦总位于这两点间弧段的上方;而图 3.13 中曲线向上看是凸的. 任取两点 x_1,x_2,连接两点间的弦总位于这两点间弧段的下方. 可以看出,曲线的凹凸性可以通过连接两点间的弦与相应的弧的位置关系来描述.

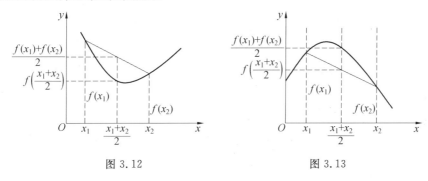

图 3.12　　　　　　　　图 3.13

定义 3.2　设 $f(x)$ 在区间 I 上连续,如果对 I 上任意两点 x_1,x_2,恒有

$$f\left(\frac{x_1+x_2}{2}\right) < \frac{f(x_1)+f(x_2)}{2}$$

那么称 $f(x)$ 在 I 上的图形是(向上)凹的(或凹弧);如果恒有

$$f\left(\frac{x_1+x_2}{2}\right) > \frac{f(x_1)+f(x_2)}{2}$$

那么称 $f(x)$ 在 I 上的图形是(向上)凸的(或凸弧).

如果函数 $f(x)$ 在 I 内具有二阶导数,那么可以利用二阶导数的符号来判定曲线的凹凸性,这就是下面的曲线凹凸性的判定定理.

定理 3.7　设 $f(x)$ 在 $[a,b]$ 上连续,在 (a,b) 内具有一阶和二阶导数,那么
(1) 若在 (a,b) 内 $f''(x) > 0$,则 $f(x)$ 在 $[a,b]$ 上的图形是凹的;
(2) 若在 (a,b) 内 $f''(x) < 0$,则 $f(x)$ 在 $[a,b]$ 上的图形是凸的.

证明　只证(1),(2) 的证明类似.

设 $x_1,x_2 \in [a,b](x_1 < x_2)$,记 $x_0 = \frac{x_1+x_2}{2}$,由拉格朗日中值公式得

$$f(x_1) - f(x_0) = f'(\xi_1)(x_1 - x_0) = f'(\xi_1)\frac{x_1 - x_2}{2} \quad (x_1 < \xi_1 < x_0)$$

$$f(x_2) - f(x_0) = f'(\xi_2)(x_2 - x_0) = f'(\xi_2)\frac{x_2 - x_1}{2} \quad (x_0 < \xi_2 < x_2)$$

两式相加并应用拉格朗日中值公式得

$$f(x_1) + f(x_2) - 2f(x_0) = [f'(\xi_2) - f'(\xi_1)]\frac{x_2 - x_1}{2}$$

$$= f''(\xi)(\xi_2 - \xi_1)\frac{x_2 - x_1}{2} > 0 \quad (\xi_1 < \xi < \xi_2)$$

即

$$\frac{f(x_1) + f(x_2)}{2} > f\left(\frac{x_1 + x_2}{2}\right)$$

所以 $f(x)$ 在 $[a,b]$ 上的图形是凹的.

如果把这个判定法中的闭区间换成其他各种区间(包括无穷区间),那么结论也成立.

[例 3.33] 判断曲线 $y = \ln x$ 的凹凸性.

解 因为 $y' = \frac{1}{x}$,$y'' = -\frac{1}{x^2}$,则在定义域 $(0, +\infty)$ 内,$y'' < 0$,所以曲线 $y = \ln x$ 是凸的.

[例 3.34] 判断曲线 $y = x^3$ 的凹凸性.

解 因为 $y' = 3x^2$,$y'' = 6x$. 令 $y'' = 0$,得 $x = 0$,因此

当 $x < 0$ 时,$y'' < 0$,所以曲线在 $(-\infty, 0]$ 内为凸的;

当 $x > 0$ 时,$y'' > 0$,所以曲线在 $[0, +\infty)$ 内为凹的.

拐点 连续曲线 $y = f(x)$ 上凹弧与凸弧的分界点称为这条曲线的拐点.

由于拐点是凹凸曲线的分界点,所以拐点左右两侧近旁 $f''(x)$ 必然变号. 因此由例 3.33 和例 3.34 知,曲线的拐点的横坐标只可能是使 $f''(x) = 0$ 的点或 $f''(x)$ 不存在的点,从而可得求曲线凹凸区间与确定拐点的方法和步骤:

(1) 确定函数 $y = f(x)$ 的定义域;

(2) 求出二阶导数 $f''(x)$;

(3) 确定使 $f''(x) = 0$ 的点及 $f''(x)$ 不存在的点;

(4) 用上述各点把函数的定义域分成若干部分区间,在各部分区间内考察 $f''(x)$ 的符号,从而判断曲线在各部分区间的凹凸性,并确定曲线的拐点.

[例 3.35] 求曲线 $y = 2x^3 + 3x^2 - 12x + 14$ 的拐点.

解 (1) 定义域为 $(-\infty, +\infty)$.

(2) $y' = 6x^2 + 6x - 12$,$y'' = 12x + 6 = 12\left(x + \frac{1}{2}\right)$.

(3) 解方程 $y'' = 0$,得 $x = -\frac{1}{2}$.

(4) 当 $x < -\frac{1}{2}$ 时,$y'' < 0$;当 $x > -\frac{1}{2}$ 时,$y'' > 0$. 因此,点 $\left(-\frac{1}{2}, 20\frac{1}{2}\right)$ 是这个曲线的拐点.

[例 3.36] 求曲线 $y = 3x^4 - 4x^3 + 1$ 的凹、凸区间及拐点.

解 (1) 函数的定义域为$(-\infty, +\infty)$；

(2) 因为
$$y' = 12x^3 - 12x^2, \quad y'' = 36x^2 - 24x = 36x\left(x - \frac{2}{3}\right)$$

所以此曲线没有二阶导数不存在的点；

(3) 解方程 $y'' = 0$，得 $x_1 = 0, x_2 = \frac{2}{3}$；

(4) 用这两点把定义域分成三个部分区间，列表 3.4 讨论如下：

表 3.4

x	$(-\infty, 0)$	0	$\left(0, \frac{2}{3}\right)$	$\frac{2}{3}$	$\left(\frac{2}{3}, +\infty\right)$
y''	+	0	−	0	+
y	凹的	拐点	凸的	拐点	凹的

因此在区间$(-\infty, 0]$和$\left[\frac{2}{3}, +\infty\right)$上曲线是凹的；在区间$\left[0, \frac{2}{3}\right]$上曲线是凸的；点$(0,1)$ 和 $\left(\frac{2}{3}, \frac{11}{27}\right)$ 是曲线的拐点.

[例 3.37] 求曲线 $y = \sqrt[3]{x}$ 的拐点.

解 这个函数的定义域为$(-\infty, +\infty)$.

当 $x \neq 0$ 时，$y' = \frac{1}{3}x^{-\frac{2}{3}}, y'' = -\frac{4}{9}x^{-\frac{5}{3}}$.

$x = 0$ 是不可导点，y', y'' 均不存在. 故二阶导数在$(-\infty, 0) \cup (0, +\infty)$内连续且不具有零点. 但 $x = 0$ 是 y'' 不存在的点，它把 $(-\infty, +\infty)$ 分成两个部分区间：$(-\infty, 0], [0, +\infty)$.

在$(-\infty, 0)$内，$y'' > 0$，曲线在$(-\infty, 0]$上是凹的；

在$(0, +\infty)$内，$y'' < 0$，曲线在$[0, +\infty)$上是凸的.

因此，点$(0, 0)$是曲线 $y = \sqrt[3]{x}$ 的拐点.

本 章 习 题

3.1 下列函数是否满足罗尔定理的条件？如果满足，求出定理中的使$f'(x) = 0$ 的 ξ；如果不满足说明原因.

(1) $f(x) = \begin{cases} x & (0 \leqslant x < 1) \\ 0 & (x = 1) \end{cases}, x \in [0, 1]$；

(2) $f(x) = |x|, x \in [-1, 1]$；

(3) $f(x) = \ln\sin x, x \in \left[\frac{\pi}{6}, \frac{5\pi}{6}\right]$；

(4) $f(x) = \sin x, x \in [0, \pi]$.

3.2 下列函数是否满足拉格朗日中值定理的条件？如果满足，求出定理结论中的 ξ；如果不满足说明原因.

(1) $f(x) = \arctan x, x \in [0, 1]$;

(2) $f(x) = (2-x)^{\frac{2}{3}}, x \in [1, 3]$;

(3) $f(x) = x^3 - 3x, x \in [0, 2]$;

(4) $f(x) = \begin{cases} \dfrac{3-x^2}{2} & (x \leqslant 1) \\ \dfrac{1}{x} & (x > 1) \end{cases}, x \in [0, 2]$.

3.3 利用拉格朗日中值定理证明不等式.

(1) $|\sin b - \sin a| \leqslant |b - a|$;

(2) $na^{n-1}(b-a) < b^n - a^n < nb^{n-1}(b-a), b > a > 0, n > 1$;

(3) $e^x > ex, x > 1$.

3.4 证明恒等式 $\arctan x + \operatorname{arccot} x = \dfrac{\pi}{2}$ 成立. 其中 $x \in (-\infty, +\infty)$.

3.5 证明方程 $x^3 + x - 1 = 0$ 在 $(0, 1)$ 内只有一个实根.

3.6 若函数 $f(x)$ 在 $[0, 1]$ 上连续，在 $(0, 1)$ 内可导，且 $f(1) = 0$，证明：存在 $\xi \in (0, 1)$，使 $f'(\xi) = -\dfrac{f(\xi)}{\xi}$.

3.7 用洛必达法则，求下列极限.

(1) $\lim\limits_{x \to 0} \dfrac{e^x - e^{-x}}{\sin x}$;

(2) $\lim\limits_{x \to a} \dfrac{\sin x - \sin a}{x - a}$;

(3) $\lim\limits_{x \to 0} \dfrac{\ln(1+x)}{x}$;

(4) $\lim\limits_{x \to 0} \left(\dfrac{1}{e^x - 1} - \dfrac{1}{x}\right)$;

(5) $\lim\limits_{x \to 0} x \cot 2x$;

(6) $\lim\limits_{x \to 0} \left(\dfrac{1}{\sin x} - \dfrac{1}{x}\right)$;

(7) $\lim\limits_{x \to 0^+} \dfrac{\ln \tan 2x}{\ln \tan x}$;

(8) $\lim\limits_{x \to \infty} (1 + x^2)^{\frac{1}{x}}$;

(9) $\lim\limits_{x \to 1} x^{\frac{1}{1-x}}$;

(10) $\lim\limits_{x \to 0^+} x^{\sin x}$.

3.8 求下列极限.

(1) $\lim\limits_{x \to 0} \dfrac{x^2 \sin \dfrac{1}{x}}{\sin x}$;

(2) $\lim\limits_{x \to +\infty} \dfrac{e^x + \sin x}{e^x - \cos x}$.

3.9 验证极限 $\lim\limits_{x \to \infty} \dfrac{x + \sin x}{x}$ 存在，但不能用洛必达法则得出.

3.10 求下列函数的单调区间和极值.

(1) $f(x) = 2x^3 - 6x^2 - 18x - 7$;

(2) $f(x) = x + \sqrt{1-x}$;

(3) $f(x) = \dfrac{1 + 3x}{\sqrt{4 + 5x^2}}$;

(4) $f(x) = \dfrac{x}{1 + x^2}$;

(5) $f(x) = x - \ln(1+x)$;   (6) $f(x) = x^2 e^{-x}$;

(7) $f(x) = (x^2 - 2x)e^x$;   (8) $f(x) = x + \tan x$.

3.11 证明下列不等式.

(1) 当 $x > 1$ 时, $2\sqrt{x} > 3 - \dfrac{1}{x}$;

(2) 当 $0 < x < \dfrac{\pi}{3}$ 时, $\tan x > x - \dfrac{x^3}{3}$;

(3) 当 $x > 0$ 时, $x - \dfrac{x^2}{2} < \ln(1+x) < x - \dfrac{x^2}{2(1+x)}$.

3.12 证明函数 $y = x^3 + 2x + 1$ 在 $(-\infty, +\infty)$ 内有唯一实根.

3.13 讨论方程 $\ln x = ax (a > 0)$ 实根的个数.

3.14 判断下列曲线的凹凸性.

(1) $y = 4x - x^2$;   (2) $y = x + \dfrac{1}{x} \ (x > 0)$;

(3) $y = -x^4$;   (4) $y = x \arctan x$.

3.15 求下列函数图形的凹、凸区间及拐点.

(1) $y = 3x^2 - x^3$;   (2) $y = xe^{-x}$;

(3) $y = \dfrac{2x}{\ln x}$;   (4) $y = x^4 - 6x^3 + 12x^2 - 10$;

(5) $y = \ln(x^2 + 1)$;   (6) $y = 1 + (x-1)^{\frac{1}{3}}$.

3.16 利用函数图形的凹凸性证明下列不等式:

(1) $\dfrac{1}{2}(x^n + y^n) > \left(\dfrac{x+y}{2}\right)^n \ (x > 0, y > 0, x \neq y, n > 1)$;

(2) $e^{\frac{x+y}{2}} \leqslant \dfrac{1}{2}(e^x + e^y)$;

(3) $2\arctan \dfrac{x+y}{2} \geqslant \arctan x + \arctan y \ (x > 0, y > 0)$.

3.17 已知点 $(1,2)$ 为曲线 $y = ax^3 - bx^2$ 的拐点, 求 a, b 的值.

3.18 求 a, b, c 的值, 使 $y = x^3 + ax^2 + bx + c$ 有拐点 $(1, -1)$, 且在 $x = 0$ 处有极大值 1.

3.19 求下列函数在指定区间上的最值.

(1) $f(x) = x^4 - 2x^2 + 5 \ (x \in [0, 2])$; (2) $f(x) = \dfrac{2x}{1+x^2} \ (x \in [0, 2])$.

3.20 某车间靠墙壁要盖一间长方形小屋, 现有存砖只够砌 20 m 长的墙壁, 问应围成怎样的长方形才能使这间小屋的面积最大?

3.21 要造一圆柱形油罐, 体积为 V, 问底面半径 r 和高 h 各等于多少时, 才能使表面积最小? 这时底面直径与高的比是多少?

3.22 铁路线上 AB 段的距离为 100 km. 位于 C 处的工厂距 A 处为 20 km, AC 垂直于 AB. 为了运输需要, 要在 AB 线上选定一点 D 向工厂修筑一条公路. 已知铁路每千米货运的运费与公路上每千米货运的运费之比为 3：5. 为了使货物从位于 B 处的供应站运到位于 C 处的工厂的运费最省, 问 D 点应选在何处?

3.23 某地区防空洞的截面拟建成矩形加半圆. 截面的面积为 5 m², 问底宽 x 为多少时才能使截面的周长最小, 从而使建造时所用的材料最省?

3.24 假设某工厂生产某产品 x 千件的成本 $c(x)=x^3-6x^2+15x$, 售出该产品 x 千件的收入 $r(x)=9x$. 问是否存在一个能取得最大利润的生产水平? 如果存在的话, 找出这个生产水平.

不定积分

在第 2 章中讨论了如何求一个函数的导函数问题,本章将讨论它的反问题,即要寻求一个可导函数,使它的导函数等于已知函数. 这是积分学的基本问题之一.

4.1 不定积分的概念与性质

4.1.1 不定积分的概念

定义 4.1 如果在区间 I 上,可导函数 $F(x)$ 的导函数为 $f(x)$,即对任一 $x \in I$,都有
$$F'(x) = f(x) \quad \text{或} \quad \mathrm{d}F(x) = f(x)\mathrm{d}x$$
那么函数 $F(x)$ 就称为 $f(x)$ 在区间 I 上的一个原函数.

例如,因 $(\sin x)' = \cos x$,故 $\sin x$ 是 $\cos x$ 的一个原函数.

又因为 $(\sin x + 1)' = \cos x, (\sin x + C)' = \cos x (C$ 为任意常数),所以 $\sin x + 1, \sin x + C$ 也都是 $\cos x$ 的原函数.

给出原函数的概念之后,自然会提出以下几个问题:

(1) $f(x)$ 在区间 I 上满足什么条件时才存在原函数? 这属于原函数的存在性问题.

(2) 如果 $f(x)$ 在区间 I 上存在原函数,那么它的原函数是否唯一? 这属于原函数的唯一性问题.

首先解决原函数的存在性问题,于是有如下定理:

定理 4.1(原函数存在定理) 如果函数 $f(x)$ 在区间 I 上连续,那么在区间 I 上存在可导函数 $F(x)$,使对于任一 $x \in I$,都有 $F'(x) = f(x)$.

简单地说就是:连续函数一定有原函数.

其次解决关于原函数的唯一性问题,即同一个函数的原函数有多少个,它们之间又有什么样的关系.

不难验证
$$(\sin x + 1)' = \cos x, \quad (\sin x + C)' = \cos x \quad (C \text{ 为任意常数})$$
所以 $\sin x + 1, \sin x + C$ 也都是 $\cos x$ 的原函数.可见,原函数只要存在,它就不是唯一的.

若函数 $F(x)$ 为函数 $f(x)$ 的一个原函数,则函数族 $F(x) + C$(C 为任意常数)也是函数 $f(x)$ 的原函数.这表明同一个函数的原函数有无穷多个.

设 $\Phi(x)$ 是 $f(x)$ 的任意一个原函数,即对任一 $x \in I$,有
$$\Phi'(x) = f(x)$$
于是
$$[\Phi(x) - F(x)]' = \Phi'(x) - F'(x) = f(x) - f(x) = 0$$
在第 3 章 3.1 节中已经知道,在一个区间上导数恒为零的函数必为常数,所以
$$\Phi(x) - F(x) = C_0 \quad (C_0 \text{ 为某个常数})$$
这表明 $\Phi(x)$ 与 $F(x)$ 只差一个常数.因此,当 C 为任意常数时,表达式
$$F(x) + C$$
就可表示 $f(x)$ 的任意一个原函数.

由以上两点说明,引进下述定义:

定义 4.2 在区间 I 上,函数 $f(x)$ 的带有任意常数项的原函数称为 $f(x)$($f(x)\mathrm{d}x$) 在区间 I 上的不定积分,记作
$$\int f(x)\mathrm{d}x$$

其中,$\int$ 称为积分符号;$f(x)$ 称为被积函数;x 称为积分变量;$f(x)\mathrm{d}x$ 称为被积表达式.

由此定义及前面的说明可知,如果 $F(x)$ 是 $f(x)$ 在区间 I 上的一个原函数,那么 $F(x) + C$ 就是 $f(x)$ 的不定积分,即
$$\int f(x)\mathrm{d}x = F(x) + C$$

值得特别指出的是:$\int f(x)\mathrm{d}x = F(x) + C$ 表示"$f(x)$ 在区间 I 上的所有原函数",等式中的积分常数是不可疏漏的.所以,求一个函数的不定积分实际上只需求出它的一个原函数,再加上任意常数即得.把求一个函数的原函数的运算,称为积分运算.

[**例 4.1**] 求 $\int x^5 \mathrm{d}x$.

解 由于 $\left(\dfrac{x^6}{6}\right)' = x^5$,所以 $\int x^5 \mathrm{d}x = \dfrac{x^6}{6} + C$.

[**例 4.2**] 求 $\int \dfrac{\mathrm{d}x}{1+x^2}$.

解 由于 $(\arctan x)' = \dfrac{1}{1+x^2}$,所以 $\int \dfrac{\mathrm{d}x}{1+x^2} = \arctan x + C$.

[**例 4.3**] 求 $\int \dfrac{\mathrm{d}x}{x}$.

解 当 $x>0$ 时，$(\ln x)'=\dfrac{1}{x}$，所以有
$$\int \dfrac{\mathrm{d}x}{x}=\ln x+C$$
当 $x<0$ 时，$[\ln(-x)]'=\dfrac{1}{x}$，所以有
$$\int \dfrac{\mathrm{d}x}{x}=\ln(-x)+C$$
故
$$\int \dfrac{\mathrm{d}x}{x}=\ln|x|+C$$

[**例 4.4**] 设曲线通过点 $(2,3)$，曲线上任一点切线的斜率为 $3x^2$，求此曲线的方程.

解 设所求曲线方程为 $y=f(x)$，由题设，曲线上任一点 (x,y) 处的切线斜率为
$$f'(x)=3x^2$$
由于 $\int 3x^2\mathrm{d}x=x^3+C$，所以
$$f(x)=x^3+C$$
又因为曲线通过点 $(2,3)$，则 $C=-5$，于是所求曲线的方程为
$$f(x)=x^3-5$$

4.1.2 不定积分的几何意义

从例 4.4 可以得出不定积分的几何意义如下：

如果 $F(x)$ 是 $f(x)$ 的一个原函数，那么曲线 $y=F(x)$ 称为被积函数 $f(x)$ 的一条积分曲线. 由于不定积分
$$\int f(x)\mathrm{d}x=F(x)+C$$
因此在几何上，不定积分 $\int f(x)\mathrm{d}x$ 表示：积分曲线 $y=F(x)$ 沿着 y 轴由 $-\infty$ 到 $+\infty$ 平行移动的积分曲线族. 这个曲线族中所有曲线可表示成 $y=F(x)+C$，它们在同一横坐标 x 处的切线彼此平行，因为它们的斜率都等于 $f(x)$（图 4.1）.

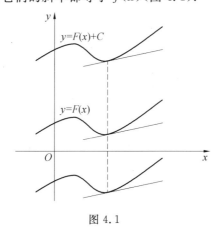

图 4.1

由不定积分的定义,可知下述关系:

由于 $\int f(x)\mathrm{d}x$ 是 $f(x)$ 的原函数,所以

$$\frac{\mathrm{d}}{\mathrm{d}x}\left(\int f(x)\mathrm{d}x\right) = f(x), \quad \mathrm{d}\left(\int f(x)\mathrm{d}x\right) = f(x)\mathrm{d}x$$

$$\int F'(x)\mathrm{d}x = F(x) + C, \quad \int \mathrm{d}F(x) = F(x) + C$$

由此可见,微分运算与求不定积分的运算是互逆的. 当记号 $\int$ 与 d 连在一起时,或者抵消,或者抵消后差一个常数.

4.1.3 基本积分公式

既然积分运算是微分运算的逆运算,那么很自然地可以从导数公式得到相应的积分公式.

(1) $\int k\mathrm{d}x = kx + C$($k$ 是常数);

(2) $\int x^{\alpha}\mathrm{d}x = \frac{1}{1+\alpha}x^{\alpha+1} + C$($\alpha \neq -1$);

(3) $\int \frac{1}{x}\mathrm{d}x = \ln|x| + C$;

(4) $\int a^x \mathrm{d}x = \frac{1}{\ln a}a^x + C$($a > 0, a \neq 1$);

(5) $\int \mathrm{e}^x \mathrm{d}x = \mathrm{e}^x + C$;

(6) $\int \sin x \mathrm{d}x = -\cos x + C$;

(7) $\int \cos x \mathrm{d}x = \sin x + C$;

(8) $\int \sec^2 x \mathrm{d}x = \tan x + C$;

(9) $\int \csc^2 x \mathrm{d}x = -\cot x + C$;

(10) $\int \sec x \tan x \mathrm{d}x = \sec x + C$;

(11) $\int \csc x \cot x \mathrm{d}x = -\csc x + C$;

(12) $\int \frac{1}{\sqrt{1-x^2}} \mathrm{d}x = \arcsin x + C = -\arccos x + C$;

(13) $\int \frac{1}{1+x^2} \mathrm{d}x = \arctan x + C = -\mathrm{arccot}\, x + C$.

上述积分公式是求不定积分最基本的积分公式,如果上述的基本积分公式记不熟,不定积分的计算基本上是无法进行下去的. 以后在计算不定积分时,最终都要化为基本积分公式的形式,因此上述基本公式必须达到熟记的程度. 上述的基本公式通常称为基本积

分表.

[例 4.5] 求 $\int \dfrac{\mathrm{d}x}{x^2 \sqrt{x}}$.

解 $\int \dfrac{\mathrm{d}x}{x^2 \sqrt{x}} = \int x^{-\frac{5}{2}} \mathrm{d}x = \dfrac{1}{-\dfrac{5}{2}+1} x^{-\frac{5}{2}+1} + C = -\dfrac{2}{3x\sqrt{x}} + C$

[例 4.6] 求 $\int \dfrac{\mathrm{d}x}{x^3}$.

解 $\int \dfrac{\mathrm{d}x}{x^3} = \int x^{-3} \mathrm{d}x = \dfrac{x^{-3+1}}{-3+1} + C = -\dfrac{1}{2x^2} + C$

上面两个例子表明,有时被积函数实际是幂函数,但用分式或根式表示.遇此情形,应先把它化成 x^a 的形式,然后应用幂函数的积分公式(2)来求不定积分.

4.1.4 不定积分的性质

由原函数与不定积分的定义,容易得到以下两个性质:

性质 1 设函数 $f(x)$ 及 $g(x)$ 的原函数存在,则

$$\int [f(x) + g(x)] \mathrm{d}x = \int f(x) \mathrm{d}x + \int g(x) \mathrm{d}x \tag{4.1}$$

证明 将式(4.1)右端求导,得

$$\left[\int f(x) \mathrm{d}x + \int g(x) \mathrm{d}x \right]' = \left[\int f(x) \mathrm{d}x \right]' + \left[\int g(x) \mathrm{d}x \right]' = f(x) + g(x)$$

这表示,式(4.1)右端是 $f(x) + g(x)$ 的原函数.又因为式(4.1)右端有两个积分记号,形式上含两个任意常数,由于任意常数之和仍为任意常数,故实际上含一个任意常数,因此式(4.1)右端是 $f(x) + g(x)$ 的不定积分.

性质 1 对于有限个函数也是成立的.

类似地可以证明不定积分的第二个性质.

性质 2 设函数 $f(x)$ 的原函数存在,k 为非零常数,则

$$\int k f(x) \mathrm{d}x = k \int f(x) \mathrm{d}x$$

利用基本积分表以及不定积分的两个性质,可以求出一些简单函数的不定积分.

[例 4.7] 求 $\int \tan^2 x \mathrm{d}x$.

解 $\int \tan^2 x \mathrm{d}x = \int (\sec^2 x - 1) \mathrm{d}x = \int \sec^2 x \mathrm{d}x - \int \mathrm{d}x = \tan x - x + C$

[例 4.8] 求 $\int 3^{2x} \mathrm{e}^x \mathrm{d}x$.

解 $\int 3^{2x} \mathrm{e}^x \mathrm{d}x = \int (9\mathrm{e})^x \mathrm{d}x = \dfrac{(9\mathrm{e})^x}{\ln(9\mathrm{e})} + C = \dfrac{9^x \mathrm{e}^x}{1 + 2\ln 3} + C$

[例 4.9] 求 $\int \dfrac{\mathrm{d}x}{\sin^2 \dfrac{x}{2} \cos^2 \dfrac{x}{2}}$.

解
$$\int \frac{\mathrm{d}x}{\sin^2 \frac{x}{2} \cos^2 \frac{x}{2}} = \int \frac{\mathrm{d}x}{\left(\frac{\sin x}{2}\right)^2} = 4 \int \frac{\mathrm{d}x}{\sin^2 x} = -4\cot x + C$$

[例 4.10] 求 $\int \frac{x^2-1}{x^2+1}\mathrm{d}x$.

解
$$\int \frac{x^2-1}{x^2+1}\mathrm{d}x = \int \frac{x^2+1-2}{x^2+1}\mathrm{d}x = \int \left(1 - \frac{2}{x^2+1}\right)\mathrm{d}x$$
$$= \int \mathrm{d}x - 2\int \frac{1}{x^2+1}\mathrm{d}x = x - 2\arctan x + C$$

[例 4.11] 求 $\int \frac{1+x+x^2}{x(1+x^2)}\mathrm{d}x$.

解
$$\int \frac{1+x+x^2}{x(1+x^2)}\mathrm{d}x = \int \frac{x+(1+x^2)}{x(1+x^2)}\mathrm{d}x = \int \left(\frac{1}{1+x^2} + \frac{1}{x}\right)\mathrm{d}x$$
$$= \int \frac{1}{1+x^2}\mathrm{d}x + \int \frac{1}{x}\mathrm{d}x = \arctan x + \ln x + C$$

[例 4.12] 求 $\int \frac{1+2x^2}{x^2(1+x^2)}\mathrm{d}x$.

解
$$\int \frac{1+2x^2}{x^2(1+x^2)}\mathrm{d}x = \int \frac{1+x^2+x^2}{x^2(1+x^2)}\mathrm{d}x$$
$$= \int \frac{1}{x^2}\mathrm{d}x + \int \frac{1}{1+x^2}\mathrm{d}x = -\frac{1}{x} + \arctan x + C$$

[例 4.13] 求 $\int \frac{1}{1+\cos 2x}\mathrm{d}x$.

解
$$\int \frac{1}{1+\cos 2x}\mathrm{d}x = \int \frac{1}{1+2\cos^2 x - 1}\mathrm{d}x = \frac{1}{2}\int \frac{1}{\cos^2 x}\mathrm{d}x = \frac{1}{2}\tan x + C$$

4.2 换元积分法

4.2.1 第一类换元法

利用基本积分表与积分的性质所能计算的不定积分是非常有限的.因此,有必要进一步研究不定积分的求法.本节把复合函数的微分法反过来用于求不定积分,利用中间变量的代换,得到复合函数的积分法,称为换元积分法,简称换元法.换元法通常分成两类,下面先讲第一类换元法.

设 $f(u)$ 具有原函数 $F(u)$,即
$$F'(u) = f(u), \quad \int f(u)\mathrm{d}u = F(u) + C$$
如果 u 是中间变量:$u = \varphi(x)$,且设 $\varphi(x)$ 可微,那么根据复合函数微分法,有
$$\mathrm{d}F[\varphi(x)] = f[\varphi(x)]\varphi'(x)\mathrm{d}x$$
从而根据不定积分的定义得

$$\int f[\varphi(x)]\varphi'(x)\mathrm{d}x = F[\varphi(x)] + C = \left[\int f(u)\mathrm{d}u\right]_{u=\varphi(x)}$$

于是有下述定理：

定理 4.2 设 $f(u)$ 具有原函数，$u=\varphi(x)$ 可导，则有换元公式

$$\int f[\varphi(x)]\varphi'(x)\mathrm{d}x = \left[\int f(u)\mathrm{d}u\right]_{u=\varphi(x)}$$

从定理 4.2 可以看出，若 $\int g(x)\mathrm{d}x$ 不易求得，且被积表达式 $g(x)$ 可以化为 $g(x) = f[\varphi(x)]\varphi'(x)$ 的形式，那么

$$\int g(x)\mathrm{d}x = \int f[\varphi(x)]\varphi'(x)\mathrm{d}x = \left[\int f(u)\mathrm{d}u\right]_{u=\varphi(x)}$$

这一积分方法的关键是将被积式 $g(x)\mathrm{d}x$ 进行微分变形，从中凑出 $\varphi(x)$ 的微分 $\varphi'(x)\mathrm{d}x$，所以这种积分方法又叫凑微分法．

因此，第一类换元积分法的积分思路是：首先在被积函数中分解一个"因式"出来，再把这个因式按微分意义放到微分符号里面去，使得微分符号里面的这个函数形成一个新的积分变量，在新的积分变量下，积分变得简单了．

[例 4.14] 求 $\int \sin 2x \mathrm{d}x$．

解 被积式

$$g(x)\mathrm{d}x = \sin 2x \mathrm{d}x = \sin x \cdot \frac{1}{2}\mathrm{d}(2x)$$

令 $2x = u$，则

$$\int \sin 2x \mathrm{d}x = \int \sin 2x \cdot \frac{1}{2}\mathrm{d}(2x) = \frac{1}{2}\int \sin u \mathrm{d}u$$

$$= -\frac{1}{2}\cos u + C = -\frac{1}{2}\cos 2x + C$$

[例 4.15] 求 $\int \frac{1}{3+2x}\mathrm{d}x$．

解 被积函数 $\frac{1}{3+2x} = \frac{1}{u}$，$u=3+2x$．这里缺少 $\frac{\mathrm{d}u}{\mathrm{d}x}=2$ 这样一个因子，但由于 $\frac{\mathrm{d}u}{\mathrm{d}x}$ 是个常数，故可改变系数凑出这个因子，即

$$\frac{1}{3+2x} = \frac{1}{2} \cdot \frac{1}{3+2x} \cdot 2 = \frac{1}{2} \cdot \frac{1}{3+2x}(3+2x)'$$

从而令 $u = 3+2x$，便有

$$\int \frac{1}{3+2x}\mathrm{d}x = \int \frac{1}{2} \cdot \frac{1}{3+2x}(3+2x)'\mathrm{d}x = \int \frac{1}{2} \cdot \frac{1}{u}\mathrm{d}u$$

$$= \frac{1}{2}\ln|u| + C = \frac{1}{2}\ln|3+2x| + C$$

一般地，对于积分 $\int f(ax+b)\mathrm{d}x$，总可做变换 $u=ax+b$，把它化为

$$\int f(ax+b)\mathrm{d}x = \int \frac{1}{a}f(ax+b)\mathrm{d}(ax+b) = \frac{1}{a}\left[\int f(u)\mathrm{d}u\right]_{u=ax+b}$$

[例 4.16] 求 $\int x e^{x^2} dx$.

解 不难发现 $x dx = \frac{1}{2} d(x^2)$，在这种情况下，令 $u = x^2$，即

$$\int x e^{x^2} dx = \int \frac{1}{2} e^{x^2} dx^2 = \frac{1}{2} \int e^u du = \frac{1}{2} e^u + C = \frac{1}{2} e^{x^2} + C$$

[例 4.17] 求 $\int \frac{x^2}{(x+2)^3} dx$.

解 令 $u = x+2$，则 $x = u-2$, $dx = du$. 于是

$$\int \frac{x^2}{(x+2)^3} dx = \int \frac{(u-2)^2}{u^3} du = \int (u^2 - 4u + 4) u^{-3} du$$

$$= \int (u^{-1} - 4u^{-2} + 4u^{-3}) du = \ln|u| + 4u^{-1} - 2u^{-2} + C$$

$$= \ln|x+2| + \frac{4}{x+2} - \frac{2}{(x+2)^2} + C$$

[例 4.18] 求 $\int \frac{dx}{\sqrt{a^2 - x^2}} \ (a>0)$.

解 $$\int \frac{dx}{\sqrt{a^2 - x^2}} = \int \frac{1}{\sqrt{1 - \left(\frac{x}{a}\right)^2}} d\left(\frac{x}{a}\right) = \arcsin \frac{x}{a} + C$$

[例 4.19] 求 $\int \frac{dx}{a^2 + x^2}$.

解 $$\int \frac{dx}{a^2 + x^2} = \frac{1}{a} \int \frac{1}{1 + \left(\frac{x}{a}\right)^2} d\left(\frac{x}{a}\right) = \frac{1}{a} \arctan \frac{x}{a} + C$$

[例 4.20] 求 $\int \frac{1}{a^2 - x^2} dx$.

解 由于 $\frac{1}{a^2 - x^2} = \frac{1}{(a-x)(a+x)} = \frac{1}{2a}\left(\frac{1}{a-x} + \frac{1}{a+x}\right)$，所以

$$\int \frac{1}{a^2 - x^2} dx = \frac{1}{2a} \left(\int \frac{1}{a-x} dx + \int \frac{1}{a+x} dx \right)$$

$$= \frac{1}{2a} \int \frac{-1}{a-x} d(a-x) + \frac{1}{2a} \int \frac{1}{a+x} d(a+x)$$

$$= \frac{-1}{2a} \ln|a-x| + \frac{1}{2a} \ln|a+x| + C$$

$$= \frac{1}{2a} \ln \left| \frac{a+x}{a-x} \right| + C$$

[例 4.21] 求 $\int \frac{dx}{x\sqrt{1 - \ln^2 x}}$.

解 $$\int \frac{dx}{x\sqrt{1-\ln^2 x}} = \int \frac{1}{\sqrt{1-\ln^2 x}} d(\ln x) = \arcsin(\ln x) + C$$

凑微分法运用时的难点在于原题并未指明应该把哪一部分凑成 $d\varphi(x)$，这需要多练

习,总结经验.熟记下列微分式,它们在解题中会经常用到.

(1) $dx = \dfrac{1}{a}d(ax+b), xdx = \dfrac{1}{2}d(x^2), \dfrac{dx}{\sqrt{x}} = 2d(\sqrt{x})$.

(2) $e^x dx = d(e^x), \dfrac{1}{x}dx = d(\ln|x|), \sin xdx = -d(\cos x)$.

(3) $\cos xdx = d(\sin x), \sec^2 xdx = d(\tan x), \csc^2 xdx = -d(\cot x)$.

(4) $\dfrac{dx}{\sqrt{1-x^2}} = d(\arcsin x), \dfrac{dx}{1+x^2} = d(\arctan x)$.

[例 4.22] 求 $\int \tan xdx$.

解 $\int \tan xdx = \int \dfrac{\sin x}{\cos x}dx = -\int \dfrac{d(\cos x)}{\cos x} = -\ln|\cos x| + C$

类似地可得

$$\int \cot xdx = \ln|\sin x| + C$$

[例 4.23] 求 $\int \csc xdx$.

解 $\int \csc xdx = \int \dfrac{1}{\sin x}dx = \int \dfrac{1}{2\sin\dfrac{x}{2}\cos\dfrac{x}{2}}dx = \int \dfrac{1}{\tan\dfrac{x}{2}\left(\cos\dfrac{x}{2}\right)^2}d\left(\dfrac{x}{2}\right)$

$= \int \dfrac{1}{\tan\dfrac{x}{2}}d\left(\tan\dfrac{x}{2}\right) = \ln\left|\tan\dfrac{x}{2}\right| + C$

$= \ln|\csc x - \cot x| + C$(使用了三角函数恒等变形)

[例 4.24] 求 $\int \sec xdx$.

解 $\int \sec xdx = \int \dfrac{\sec x(\sec x + \tan x)}{\sec x + \tan x}dx = \int \dfrac{1}{\sec x + \tan x}d(\sec x + \tan x)$

$= \ln|\sec x + \tan x| + C$

同样地,可以得到

$$\int \csc xdx = \ln|\csc x - \cot x| + C$$

[例 4.25] 求 $\int \dfrac{1}{1+e^x}dx$.

解 在积分前,需对被积函数做代数运算的适当变形,有

$\int \dfrac{1}{1+e^x}dx = \int \dfrac{1+e^x-e^x}{1+e^x}dx = \int \left(1 - \dfrac{e^x}{1+e^x}\right)dx$

$= \int dx - \int \dfrac{1}{1+e^x}d(1+e^x) = x - \ln(1+e^x) + C$

当被积函数中含有三角函数时,在计算这种积分时需要用到一些三角公式.

[例 4.26] 求 $\int \sin^3 xdx$.

解 $\int \sin^3 x \mathrm{d}x = \int (1-\cos^2 x)\mathrm{d}(-\cos x) = \int \cos^2 x \mathrm{d}\cos x - \int \mathrm{d}\cos x$

$\qquad\qquad\qquad = \dfrac{1}{3}\cos^3 x - \cos x + C$

[例 4.27] 求 $\int \cos^2 x$.

解 $\int \cos^2 x = \int \dfrac{1+\cos 2x}{2}\mathrm{d}x = \dfrac{1}{2}\left(\int \mathrm{d}x + \int \cos 2x \mathrm{d}x\right)$

$\qquad\qquad = \dfrac{1}{2}\int \mathrm{d}x + \dfrac{1}{4}\int \cos 2x \mathrm{d}(2x) = \dfrac{x}{2} + \dfrac{\sin 2x}{4} + C$

[例 4.28] 求 $\int \sin^2 x \cdot \cos^5 x \mathrm{d}x$.

解 $\int \sin^2 x \cdot \cos^5 x \mathrm{d}x = \int \sin^2 x \cdot \cos^4 x \mathrm{d}(\sin x)$

$\qquad\qquad = \int \sin^2 x \cdot (1-\sin^2 x)^2 \mathrm{d}(\sin x)$

$\qquad\qquad = \int (\sin^2 x - 2\sin^4 x + \sin^6 x) \mathrm{d}(\sin x)$

$\qquad\qquad = \dfrac{1}{3}\sin^3 x - \dfrac{2}{5}\sin^5 x + \dfrac{1}{7}\sin^7 x + C$

[例 4.29] 求 $\int \sec^4 x \mathrm{d}x$.

解 $\int \sec^4 x \mathrm{d}x = \int \sec^2 x \sec^2 x \mathrm{d}x = \int (1+\tan^2 x)\mathrm{d}(\tan x) = \tan x + \dfrac{1}{3}\tan^3 x + C$

[例 4.30] 求 $\int \tan^5 x \sec^3 x \mathrm{d}x$.

解 $\int \tan^5 x \sec^3 x \mathrm{d}x = \int \tan^4 x \sec^2 x \tan x \sec x \mathrm{d}x = \int (\sec^2 x - 1)^2 \sec^2 x \mathrm{d}\sec x$

$\qquad\qquad = \int (\sec^6 x - 2\sec^4 x + \sec^2 x)\mathrm{d}(\sec x)$

$\qquad\qquad = \dfrac{1}{7}\sec^7 x - \dfrac{2}{5}\sec^5 x + \dfrac{1}{3}\sec^3 x + C$

[例 4.31] 求 $\int \cos 3x \cos 2x \mathrm{d}x$.

解 利用三角函数的积化和差公式

$$\cos A \cos B = \dfrac{1}{2}[\cos(A-B) + \cos(A+B)]$$

得

$$\cos 3x \cos 2x = \dfrac{1}{2}(\cos x + \cos 5x)$$

于是

$$\int \cos 3x \cos 2x \mathrm{d}x = \dfrac{1}{2}\int (\cos x + \cos 5x)\mathrm{d}x = \dfrac{1}{2}\sin x + \dfrac{1}{10}\sin 5x + C$$

4.2.2 第二类换元积分法

不定积分第一类换元积分法是积分计算的一种常用的方法,但是它的技巧性相当强,这不仅要求熟练掌握积分的基本公式,还要有一定的分析能力,要熟悉许多恒等式及微分公式.这里没有一个可以普遍遵循的东西,即使同一个问题,解决者选择的切入点不同,解决途径也就不同,难易程度和计算量也会大不相同.

积分 $\int \dfrac{1}{1+\sqrt{1+x}} \mathrm{d}x$ 应当如何计算呢?还能否采用上面的方法呢?

在我们所掌握的基本公式中以及所能采用的恒等变换中,很难找到一个很好的变换,凑出简便的积分式.从问题的分析角度来说,困难的就是这个根号,如果能把根号消去,问题就会变得简单一点.这一方法就是下面将要介绍的第二类换元积分法.

定理 4.3 设 $x=\varphi(t)$ 是单调可导的函数,并且 $\varphi'(t) \neq 0$. 又设 $f[\varphi(t)]\varphi'(t)$ 具有原函数,则有换元公式

$$\int f(x)\mathrm{d}x = \left[\int f[\varphi(t)]\varphi'(t)\mathrm{d}t\right]_{t=\varphi^{-1}(x)} \tag{4.2}$$

其中,$\varphi^{-1}(x)$ 是 $x=\varphi(t)$ 的反函数.

证明 设 $f[\varphi(t)]\varphi'(t)$ 的原函数为 $\Phi(t)$,记 $\Phi[\varphi^{-1}(x)]=F(x)$,利用复合函数及反函数的求导法则,得到

$$F'(x) = \dfrac{\mathrm{d}\Phi}{\mathrm{d}t} \cdot \dfrac{\mathrm{d}t}{\mathrm{d}x} = f[\varphi(t)]\varphi'(t) \cdot \dfrac{1}{\varphi'(t)} = f[\varphi(t)] = f(x)$$

即 $F(x)$ 是 $f(x)$ 的原函数,所以有

$$\int f(x)\mathrm{d}x = F(x)+C = \Phi[\varphi^{-1}(x)]+C = \left[\int f[\varphi(t)]\varphi'(t)\mathrm{d}t\right]_{t=\varphi^{-1}(x)}$$

这就证明了公式(4.2).

使用第二类换元积分法的关键是恰当选择变换函数 $x=\varphi(t)$,特别对 $x=\varphi(t)$ 要求其单调、可导,$\varphi'(t) \neq 0$,且其反函数存在.

下面举例说明换元公式(4.2)的应用.

[例 4.32] 求 $\int \sqrt{a^2-x^2}\,\mathrm{d}x \,(a>0)$.

解 求这个积分的困难在于有根式 $\sqrt{a^2-x^2}$,但可以利用三角公式

$$\sin^2 t + \cos^2 t = 1$$

来化去根式.

令 $x=a\sin t \left(-\dfrac{\pi}{2}<t<\dfrac{\pi}{2}\right)$,则 $\sqrt{a^2-x^2}=a\cos t$,$\mathrm{d}x=\mathrm{d}(a\sin t)=a\cos t\,\mathrm{d}t$,于是根式化成了三角式,所求积分化为

$$\int \sqrt{a^2-x^2}\,\mathrm{d}x = \int \sqrt{a^2-a^2\sin^2 t}\,a\cos t\,\mathrm{d}t = a^2 \int \cos^2 t\,\mathrm{d}t$$

$$= a^2 \int \dfrac{1+\cos 2t}{2}\mathrm{d}t = \dfrac{a^2}{2}t + \dfrac{a^2}{4}\sin 2t + C$$

由于 $x=a\sin t\left(-\dfrac{\pi}{2}<t<\dfrac{\pi}{2}\right)$，作辅助三角形（图 4.2），
所以

$$t=\arcsin\frac{x}{a}, \quad \cos t=\frac{\sqrt{a^2-x^2}}{a}$$

$$\sin 2t=2\sin t\cos t=\frac{2}{a^2}x\sqrt{a^2-x^2}$$

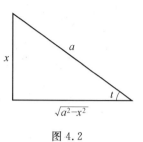

图 4.2

于是所求积分为

$$\int\sqrt{a^2-x^2}\,\mathrm{d}x=\frac{a^2}{2}\arcsin\frac{x}{a}+\frac{x}{2}\sqrt{a^2-x^2}+C$$

[例 4.33] $\displaystyle\int\frac{1}{\sqrt{x^2-a^2}}\mathrm{d}x\,(a>0)$.

解 和上例类似，可以利用三角公式

$$\sec^2 t-1=\tan^2 t$$

来化去根式. 注意到被积函数的定义域是 $x>a$ 和 $x<-a$ 两个区间，在两个区间内分别求不定积分.

当 $x>a$ 时，令 $x=a\sec t\left(0<t<\dfrac{\pi}{2}\right)$，则

$$\sqrt{x^2-a^2}=a\tan t, \quad \mathrm{d}x=a\sec t\tan t\,\mathrm{d}t$$

于是

$$\int\frac{1}{\sqrt{x^2-a^2}}\mathrm{d}x=\int\frac{1}{a\tan t}a\sec t\tan t\,\mathrm{d}t=\int\sec t\,\mathrm{d}t$$

$$=\ln|\sec t+\tan t|+C=\ln\left|x+\sqrt{x^2-a^2}\right|+C$$

为了把 $\sec t$ 及 $\tan t$ 换成 x 的函数，根据 $\sec t=\dfrac{x}{a}$ 作辅助三角形（图 4.3），得到

$$\tan t=\frac{\sqrt{x^2-a^2}}{a}$$

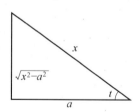

图 4.3

因此

$$\int\frac{\mathrm{d}x}{\sqrt{x^2-a^2}}=\ln\left(\frac{x}{a}+\frac{\sqrt{x^2-a^2}}{a}\right)+C$$

$$=\ln(x+\sqrt{x^2-a^2})+C_1$$

其中，$C_1=C-\ln a$.

当 $x<-a$ 时，令 $x=-u$，那么 $u>a$，由上述结果，有

$$\int\frac{\mathrm{d}x}{\sqrt{x^2-a^2}}=-\int\frac{\mathrm{d}u}{\sqrt{u^2-a^2}}=-\ln(u+\sqrt{u^2-a^2})+C$$

$$=-\ln(-x+\sqrt{x^2-a^2})+C=\ln\frac{-x-\sqrt{x^2-a^2}}{a^2}+C$$

$$=\ln(-x-\sqrt{x^2-a^2})+C_1$$

其中，$C_1 = C - 2\ln a$.

把在 $x > a$ 和 $x < -a$ 内的结果结合起来，可写作

$$\int \frac{\mathrm{d}x}{\sqrt{x^2 - a^2}} = \ln|x + \sqrt{x^2 - a^2}| + C$$

[例 4.34] 求 $\int \frac{1}{\sqrt{a^2 + x^2}} \mathrm{d}x (a > 0)$.

解 和上例类似，可以利用三角公式

$$\sec^2 t = \tan^2 t + 1$$

来化去根式.

令 $x = a\tan t \left(-\frac{\pi}{2} < t < \frac{\pi}{2}\right)$，则

$$\sqrt{x^2 + a^2} = a\sec t, \quad \mathrm{d}x = a\sec^2 t\,\mathrm{d}t$$

于是

$$\int \frac{1}{\sqrt{a^2 + x^2}} \mathrm{d}x = \int \frac{1}{a\sec t} a\sec^2 t\,\mathrm{d}t = \int \sec t\,\mathrm{d}t$$
$$= \ln|\sec t + \tan t| + C_1 = \ln|x + \sqrt{a^2 + x^2}| + C$$

为了把 $\sec t$ 及 $\tan t$ 换成 x 的函数，根据 $\tan t = \frac{x}{a}$ 作辅助三角形（图 4.4），得到

$$\sec t = \frac{\sqrt{x^2 + a^2}}{a}$$

因此

$$\int \frac{\mathrm{d}x}{\sqrt{x^2 + a^2}} = \ln\left(\frac{x}{a} + \frac{\sqrt{x^2 + a^2}}{a}\right) + C = \ln(x + \sqrt{x^2 + a^2}) + C_1$$

其中，$C_1 = C - \ln a$.

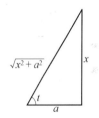

图 4.4

一般地，当被积函数含有：

(1) $\sqrt{a^2 - x^2}$，可做代换 $x = a\sin t$；

(2) $\sqrt{x^2 - a^2}$，可做代换 $x = a\sec t$；

(3) $\sqrt{x^2 + a^2}$，可做代换 $x = a\tan t$.

但具体问题应具体分析，不要拘泥于上述的变量代换.

[例 4.35] 求 $\int \frac{1}{1 + \sqrt{1 + x}} \mathrm{d}x$.

解 令 $\sqrt{1 + x} = t$，于是 $x = t^2 - 1$，这时 $\mathrm{d}x = 2t\,\mathrm{d}t$，把这些关系式代入原式，得

$$\int \frac{1}{1 + \sqrt{1 + x}} \mathrm{d}x = \int \frac{1}{1 + t} 2t\,\mathrm{d}t = \int \left(2 - \frac{2}{1 + t}\right) \mathrm{d}t = 2t - 2\ln(1 + t) + C$$
$$= 2\sqrt{1 + x} - 2\ln(1 + \sqrt{1 + x}) + C$$

[例 4.36] 求 $\int \frac{\sqrt{x}}{1 + \sqrt{x}} \mathrm{d}x$.

解 令 $\sqrt{x}=t$,即 $x=t^2(t\geqslant 0)$,则 $\mathrm{d}x=2t\mathrm{d}t$. 于是

$$\int\frac{\sqrt{x}}{1+\sqrt{x}}\mathrm{d}x=\int\frac{t}{1+t}2t\mathrm{d}t=2\int\frac{t^2}{1+t}\mathrm{d}t=2\int\frac{(t^2-1)+1}{1+t}\mathrm{d}t$$

$$=2\int\left(t-1+\frac{1}{1+t}\right)\mathrm{d}t=t^2-2t+2\ln|1+t|+C$$

$$\stackrel{t=\sqrt{x}}{=\!=\!=}x-2\sqrt{x}+2\ln|1+\sqrt{x}|+C$$

[例 4.37] 求 $\int\dfrac{1}{\sqrt{x}(1+\sqrt[3]{x})}\mathrm{d}x$.

解 令 $x=t^6$,则 $\mathrm{d}x=6t^5\mathrm{d}t$,则

$$\int\frac{1}{\sqrt{x}(1+\sqrt[3]{x})}\mathrm{d}x=\int\frac{6t^5}{t^3(1+t^2)}\mathrm{d}t=\int\frac{6t^2}{1+t^2}\mathrm{d}t=6\int\frac{t^2+1-1}{1+t^2}\mathrm{d}t$$

$$=6\int\left(1-\frac{1}{1+t^2}\right)\mathrm{d}t=6(t-\arctan t)+C$$

$$=6(\sqrt[6]{x}-\arctan\sqrt[6]{x})+C$$

[例 4.38] 求 $\int\dfrac{1}{\sqrt{1+\mathrm{e}^x}}\mathrm{d}x$.

解 令 $t=\sqrt{1+\mathrm{e}^x}$,则 $\mathrm{e}^x=t^2-1$, $x=\ln(t^2-1)$, $\mathrm{d}x=\dfrac{2t}{t^2-1}\mathrm{d}t$,因此

$$\int\frac{1}{\sqrt{1+\mathrm{e}^x}}\mathrm{d}x=\int\frac{2}{t^2-1}\mathrm{d}t=\int\left(\frac{1}{t-1}-\frac{1}{t+1}\right)\mathrm{d}t=\ln\left|\frac{t-1}{t+1}\right|+C$$

$$=2\ln(\sqrt{1+\mathrm{e}^x}-1)-x+C$$

下面通过例子来介绍一种也很有用的代换——倒代换.

[例 4.39] 求 $\int\dfrac{1}{x(x^7+2)}\mathrm{d}x$.

解 令 $x=\dfrac{1}{t}$,则 $\mathrm{d}x=-\dfrac{1}{t^2}\mathrm{d}t$,因此

$$\int\frac{1}{x(x^7+2)}\mathrm{d}x=\int\frac{t}{\left(\dfrac{1}{t}\right)^7+2}\cdot\left(-\frac{1}{t^2}\right)\mathrm{d}t=-\int\frac{t^6}{1+2t^7}\mathrm{d}t$$

$$=-\frac{1}{14}\ln|1+2t^7|+C=-\frac{1}{14}\ln|2+x^7|+\frac{1}{2}\ln|x|+C$$

在例 4.32~4.34 中,有几个积分是以后经常会遇到的,所以它们通常也被当作公式使用. 常用的积分公式除了基本积分表中的那些外,再添下面几个(其中常数 $a>0$):

(14) $\int\tan x\mathrm{d}x=-\ln\cos x+C$;

(15) $\int\cot x\mathrm{d}x=\ln\sin x+C$;

(16) $\int\sec x\mathrm{d}x=\ln|\sec x+\tan x|+C$;

(17) $\int\csc x\mathrm{d}x=\ln|\csc x-\cot x|+C$;

(18) $\int \dfrac{1}{a^2+x^2}\mathrm{d}x = \dfrac{1}{a}\arctan\dfrac{x}{a} + C;$

(19) $\int \dfrac{1}{x^2-a^2}\mathrm{d}x = \dfrac{1}{2a}\ln\left|\dfrac{x-a}{x+a}\right| + C;$

(20) $\int \dfrac{1}{\sqrt{a^2-x^2}}\mathrm{d}x = \arcsin\dfrac{x}{a} + C;$

(21) $\int \dfrac{1}{\sqrt{x^2+a^2}}\mathrm{d}x = \ln(x+\sqrt{x^2+a^2}) + C;$

(22) $\int \dfrac{1}{\sqrt{x^2-a^2}}\mathrm{d}x = \ln\left|x+\sqrt{x^2-a^2}\right| + C.$

4.3　分部积分法

前面在复合函数求导法则的基础上,得到了换元积分法. 现在利用两个函数乘积的求导法则,来推得另一个求积分的基本方法——分部积分法.

分部积分法也是不定积分中一个重要的积分法,它对应于两个函数乘积的求导法则. 现在回忆一下两个函数乘积的求导法则. 设 u,v 可导,则
$$(uv)' = u'v + uv'$$
如果 u',v' 连续,那么对上式两边积分,有
$$\int (uv)'\mathrm{d}x = \int u'v\mathrm{d}x + \int uv'\mathrm{d}x$$
即
$$\int uv'\mathrm{d}x = uv - \int u'v\mathrm{d}x \tag{4.3}$$
这就是分部积分公式.

把这个公式略微变换一下,有
$$\int u\mathrm{d}v = uv - \int v\mathrm{d}u$$

在积分计算中常常会遇到积分 $\int u\mathrm{d}v$,它很难计算,若把"微分符号"里外的两个函数 u、v 互换一下位置,积分就可能变得非常简单了.

[**例 4.40**]　求 $\int x\cos x\mathrm{d}x.$

解　这个积分用换元积分法不易求得结果,现在试用分部积分法来求它. 但是怎样选取 u 和 $\mathrm{d}v$ 呢？如果设 $u=x$, $\mathrm{d}v=\cos x\mathrm{d}x$,那么 $\mathrm{d}u=\mathrm{d}x$, $v=\sin x$,代入分部积分公式 (4.3),得
$$\int x\cos x\mathrm{d}x = x\sin x - \int \sin x\mathrm{d}x$$
而 $\int v\mathrm{d}u = \int \sin x\mathrm{d}x$ 容易积出,因此
$$\int x\cos x\mathrm{d}x = x\sin x + \cos x + C$$

求这个积分时,如果设 $u = \cos x, dv = xdx$,那么
$$du = -\sin x dx, \quad v = \frac{x^2}{2}$$
于是
$$\int x\cos x dx = \frac{x^2}{2}\cos x + \int \frac{x^2}{2}\sin x dx$$
上式右端的积分比原积分更不容易求出.

由此可见,如果 u 和 dv 选取不当,就求不出结果.所以应用分部积分法时,恰当选取 u 和 dv 是一个关键.选取 u 和 dv 一般要考虑下面两点:

(1) v 要容易求得;

(2) $\int v du$ 要比 $\int u dv$ 容易积出.

[例 4.41] 求 $\int x\ln x dx$.

解 设 $u = \ln x, dv = x dx$,那么
$$\int x\ln x dx = \int \ln x d\left(\frac{x^2}{2}\right) = \frac{x^2}{2}\ln x - \int \frac{x^2}{2} d(\ln x)$$
$$= \frac{x^2}{2}\ln x - \frac{1}{2}\int x dx = \frac{x^2}{2}\ln x - \frac{x^2}{4} + C$$

[例 4.42] 求 $\int x e^x dx$.

解 $\int x e^x dx = \int x de^x = x e^x - \int e^x dx = x e^x - e^x + C$

[例 4.43] 求 $\int \arccos x dx$.

解 设 $u = \arccos x, dv = dx$,那么
$$\int \arccos x dx = x\arccos x - \int x d(\arccos x)$$
$$= x\arccos x + \int \frac{x}{\sqrt{1-x^2}} dx$$
$$= x\arccos x - \frac{1}{2}\int \frac{1}{(1-x^2)^{\frac{1}{2}}} d(1-x^2)$$
$$= x\arccos x - \sqrt{1-x^2} + C$$

[例 4.44] 求 $\int x\arctan x dx$.

解
$$\int x\arctan x dx = \frac{x^2}{2}\arctan x - \int \frac{x^2}{2} d(\arctan x)$$
$$= \frac{x^2}{2}\arctan x - \int \frac{x^2}{2} \cdot \frac{1}{1+x^2} dx$$
$$= \frac{x^2}{2}\arctan x - \int \frac{1}{2}\cdot\left(1 - \frac{1}{1+x^2}\right) dx$$

$$= \frac{x^2}{2}\arctan x - \frac{1}{2}(x - \arctan x) + C$$

在分部积分法运用比较熟练以后,就不必再写出哪一部分选作 u,哪一部分选作 dv,只要把被积表达式凑成 $\varphi(x)d\varphi(x)$ 的形式,便可使用分部积分公式.

[例 4.45] 求 $\int e^x \sin x dx$.

解 $\int e^x \sin x dx = \int \sin x d(e^x) = e^x \sin x - \int e^x \cos x dx$

等式右端的积分与等式左端的积分是同一类型的,因此对右端的积分再用一次分部积分法,得

$$\int e^x \sin x dx = e^x \sin x - \int \cos x d(e^x) = e^x \sin x - e^x \cos x - \int e^x \sin x dx$$

由于上式右端的第三项就是所求的积分 $\int e^x \sin x dx$,把它移到等号左端去,整理得

$$\int e^x \sin x dx = \frac{1}{2}e^x(\sin x - \cos x) + C$$

因上式右端已不包含积分项,所以必须加上任意常数 C.

[例 4.46] 求 $\int \sec^3 x dx$.

解
$$\int \sec^3 x dx = \int \sec x d(\tan x) = \sec x \tan x - \int \sec x \tan^2 x dx$$
$$= \sec x \tan x - \int \sec x(\sec^2 x - 1) dx$$
$$= \sec x \tan x - \int \sec^3 x dx + \int \sec x dx$$
$$= \sec x \tan x - \int \sec^3 x dx + \ln|\sec x + \tan x|$$

由于上式右端的第三项就是所求的积分 $\int \sec^3 x dx$,把它移到等号左端去,等式两端再同时除以 2,便得

$$\int \sec^3 x dx = \frac{1}{2}(\sec x \tan x + \ln|\sec x + \tan x|) + C$$

通过以上几个例子,可总结 u 和 v' 取法的规律如下:

(1) 对于 $\int x^n e^{kx} dx, \int x^n \sin ax dx, \int x^n \cos ax dx$,可设 $u = x^n, v' = e^{kx}, \sin ax, \cos ax$;

(2) 对于 $\int x^n \ln x dx, \int x^n \arcsin x dx, \int x^n \arctan x dx$,可设 $u = \ln x, \arcsin x, \arctan x, v' = x^n$;

(3) 对于 $\int e^{ax} \sin bx dx, \int e^{ax} \cos bx dx$,可设 $u = \sin bx, \cos bx, v' = e^{ax}$.

也就是"反、对、幂、三、指",对于任意两个函数相乘,排在前面的作为 u,另一个作为 v'. 对某些不定积分的计算,有时需要同时用换元积分法和分部积分法.

[例 4.47] 求 $\int e^{\sqrt{3x+2}} dx$.

解 令 $\sqrt{3x+2}=t$，则 $x=\dfrac{t^2-2}{3}$，所以 $\mathrm{d}x=\dfrac{2}{3}t\mathrm{d}t$，代入原式得

$$\int \mathrm{e}^{\sqrt{3x+2}}\mathrm{d}x = \dfrac{2}{3}\int t\mathrm{e}^t\mathrm{d}t$$

变化到此，再用分部积分法可得

$$\int \mathrm{e}^{\sqrt{3x+2}}\mathrm{d}x = \dfrac{2}{3}\int t\mathrm{e}^t\mathrm{d}t = \dfrac{2}{3}\int t\,\mathrm{d}\mathrm{e}^t = \dfrac{2}{3}t\mathrm{e}^t - \dfrac{2}{3}\int \mathrm{e}^t\mathrm{d}t$$

$$= \dfrac{2}{3}t\mathrm{e}^t - \dfrac{2}{3}\mathrm{e}^t + C = \dfrac{2}{3}(\sqrt{3x+2}-1)\mathrm{e}^{\sqrt{3x+2}} + C$$

本 章 习 题

4.1 利用求导运算验证下列等式.

(1) $\int \dfrac{1}{\sqrt{x^2+1}}\mathrm{d}x = \ln(x+\sqrt{x^2+1}) + C$；

(2) $\int \dfrac{2x}{(x^2+1)(x+1)^2}\mathrm{d}x = \arctan x + \dfrac{1}{x+1} + C$；

(3) $\int x\cos x\mathrm{d}x = x\sin x + \cos x + C$；

(4) $\int \mathrm{e}^x\sin x\mathrm{d}x = \dfrac{1}{2}\mathrm{e}^x(\sin x - \cos x) + C$.

4.2 求下列不定积分.

(1) $\int \dfrac{\mathrm{d}x}{x^2}$；

(2) $\int \dfrac{\mathrm{d}x}{x^2\sqrt{x}}$；

(3) $\int (\sin x + x^3 - \mathrm{e}^x)\mathrm{d}x$；

(4) $\int 3^x \mathrm{e}^x \mathrm{d}x$；

(5) $\int (1+\sqrt[3]{x})^2 \mathrm{d}x$；

(6) $\int (5^x + \tan^2 x)\mathrm{d}x$；

(7) $\int \cos^2 \dfrac{x}{2}\mathrm{d}x$；

(8) $\int \dfrac{2\cdot 3^x - 5\cdot 2^x}{3^x}\mathrm{d}x$；

(9) $\int \dfrac{\cos 2x}{\cos x - \sin x}\mathrm{d}x$；

(10) $\int \sec x(\sec x - \tan x)\mathrm{d}x$；

(11) $\int \dfrac{(1+x)^2}{x(1+x^2)}\mathrm{d}x$；

(12) $\int \dfrac{\cos 2x \mathrm{d}x}{\cos^2 x \sin^2 x}$；

(13) $\int \dfrac{3x^4 + 2x^2}{x^2+1}\mathrm{d}x$；

(14) $\int \dfrac{x^2 \mathrm{d}x}{x^2+1}$.

4.3 一曲线通过点 $(\mathrm{e}^2, 3)$，且在任一点处的切线斜率等于该点横坐标的倒数，求该曲线的方程.

4.4 在下列各式等号右端的横线上填入适当的系数，使等式成立（例如：$\mathrm{d}x = \dfrac{1}{4}\mathrm{d}(4x+7)$）.

(1) $dx = \underline{\quad} d(7x-3)$;　　(2) $xdx = \underline{\quad} d(x^2)$;

(3) $xdx = \underline{\quad} d(1-x^2)$;　　(4) $e^{2x}dx = \underline{\quad} d(e^{2x})$;

(5) $\sin\dfrac{3}{2}x\,dx = \underline{\quad} d\left(\cos\dfrac{3}{2}x\right)$;　　(6) $\dfrac{dx}{x} = \underline{\quad} d(5\ln|x|)$;

(7) $\dfrac{dx}{1+9x^2} = \underline{\quad} d(\arctan 3x)$;　　(8) $\dfrac{xdx}{\sqrt{1-x^2}} = \underline{\quad} d(\sqrt{1-x^2})$.

4.5　求下列不定积分.

(1) $\displaystyle\int (3+x)^{100}dx$;

(2) $\displaystyle\int \dfrac{e^{\frac{1}{x}}}{x^2}dx$;

(3) $\displaystyle\int \dfrac{dx}{1-2x}$;

(4) $\displaystyle\int \dfrac{dx}{\sqrt[3]{2-3x}}$;

(5) $\displaystyle\int \dfrac{xdx}{\sqrt{2-3x^2}}$;

(6) $\displaystyle\int \dfrac{(x+1)dx}{x^2+2x+4}$;

(7) $\displaystyle\int \dfrac{\sin x\,dx}{\cos^3 x}$;

(8) $\displaystyle\int \dfrac{\sin\sqrt{x}\,dx}{\sqrt{x}}$;

(9) $\displaystyle\int \dfrac{\sin x+\cos x}{\sqrt[3]{\sin x-\cos x}}dx$;

(10) $\displaystyle\int \dfrac{dx}{x\ln x\ln\ln x}$;

(11) $\displaystyle\int \dfrac{dx}{(\arcsin x)^2\sqrt{1-x^2}}$;

(12) $\displaystyle\int \dfrac{10^{2\arccos x}dx}{\sqrt{1-x^2}}$;

(13) $\displaystyle\int \tan^{10}x\sec^2 x\,dx$;

(14) $\displaystyle\int \cos^3 x\,dx$;

(15) $\displaystyle\int \dfrac{1+\ln x}{(x\ln x)^2}dx$;

(16) $\displaystyle\int \tan\sqrt{1+x^2}\cdot\dfrac{dx}{\sqrt{1+x^2}}$;

(17) $\displaystyle\int \dfrac{dx}{\sin x\cos x}$;

(18) $\displaystyle\int \dfrac{\ln\tan x}{\sin x\cos x}dx$;

(19) $\displaystyle\int \tan^3 x\sec x\,dx$;

(20) $\displaystyle\int \sin 2x\cos 3x\,dx$;

(21) $\displaystyle\int \sin 5x\sin 3x\,dx$;

(22) $\displaystyle\int \dfrac{dx}{e^x+e^{-x}}$;

(23) $\displaystyle\int \dfrac{1-x}{\sqrt{9-4x^2}}dx$;

(24) $\displaystyle\int \dfrac{dx}{2x^2-1}$;

(25) $\displaystyle\int \dfrac{dx}{(x-2)(x+1)}$;

(26) $\displaystyle\int \dfrac{xdx}{x^2-x-2}$;

(27) $\displaystyle\int \dfrac{x^2}{\sqrt{a^2-x^2}}dx$;

(28) $\displaystyle\int \dfrac{1}{x\sqrt{x^2-1}}dx$;

(29) $\displaystyle\int \dfrac{1}{1+\sqrt{1-x^2}}dx$;

(30) $\displaystyle\int \dfrac{dx}{\sqrt{x}-\sqrt[3]{x}}$;

(31) $\displaystyle\int \dfrac{1}{1+\sqrt{2x}}dx$;

(32) $\displaystyle\int \dfrac{x-1}{x^2+2x+3}dx$.

4.6 求下列不定积分.

(1) $\int \ln 2x \, dx$;

(2) $\int x \arctan x \, dx$;

(3) $\int x \sin x \, dx$;

(4) $\int x e^{-2x} \, dx$;

(5) $\int \arcsin x \, dx$;

(6) $\int (\ln x)^2 \, dx$;

(7) $\int x^2 e^x \, dx$;

(8) $\int x \ln^2 x \, dx$;

(9) $\int x \tan^2 x \, dx$;

(10) $\int (x^2 - 1) \sin 2x \, dx$;

(11) $\int x^2 \cos x \, dx$;

(12) $\int x e^{-2x} \, dx$;

(13) $\int e^{\sqrt[3]{x}} \, dx$;

(14) $\int \cos \ln x \, dx$.

定 积 分

5.1 定积分概念与性质

5.1.1 定积分问题举例

1. 曲边梯形的面积

曲边梯形：设函数 $y=f(x)$ 在区间 $[a,b]$ 上非负、连续，由直线 $x=a$，$x=b$，$y=0$ 及曲线 $y=f(x)$ 所围成的图形称为曲边梯形，其中曲线弧称为曲边(图 5.1).

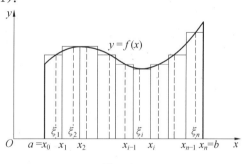

图 5.1

求曲边梯形的面积的近似值：将曲边梯形分割成一些小的曲边梯形，每个小曲边梯形都用一个等宽的小矩形代替，每个小曲边梯形的面积都近似地等于小矩形的面积，则所有小矩形面积的和就是曲边梯形面积的近似值(图 5.1).具体方法是：在区间 $[a,b]$ 中任意插入若干个分点

$$a=x_0<x_1<x_2<\cdots<x_{n-1}<x_n=b$$

把 $[a,b]$ 分成 n 个小区间

$$[x_0,x_1],[x_1,x_2],[x_2,x_3],\cdots,[x_{n-1},x_n]$$

第 5 章

它们的长度依次为 $\Delta x_1 = x_1 - x_0, \Delta x_2 = x_2 - x_1, \cdots, \Delta x_n = x_n - x_{n-1}$.

经过每一个分点作平行于 y 轴的直线段,把曲边梯形分成 n 个窄曲边梯形.在每个小区间 $[x_{i-1}, x_i]$ 上任取一点 ξ_i,以 $[x_{i-1}, x_i]$ 为底、$f(\xi_i)$ 为高的窄矩形近似替代第 i 个窄曲边梯形($i=1,2,\cdots,n$),把这样得到的 n 个窄矩阵形面积之和作为所求曲边梯形面积 A 的近似值,即

$$A \approx f(\xi_1)\Delta x_1 + f(\xi_2)\Delta x_2 + \cdots + f(\xi_n)\Delta x_n = \sum_{i=1}^{n} f(\xi_i)\Delta x_i$$

求曲边梯形的面积的精确值:

显然,分点越多、每个小曲边梯形越窄,所求得的曲边梯形面积 A 的近似值就越接近曲边梯形面积 A 的精确值,因此,要求曲边梯形面积 A 的精确值,只需无限地增加分点,使每个小曲边梯形的宽度趋于零.记 $\lambda = \max\{\Delta x_1, \Delta x_2, \cdots, \Delta x_n\}$,于是,上述增加分点,使每个小曲边梯形的宽度趋于零,相当于令 $\lambda \to 0$.所以曲边梯形的面积为

$$A = \lim_{\lambda \to 0} \sum_{i=1}^{n} f(\xi_i)\Delta x_i$$

2. 变速直线运动的路程

设物体做直线运动,已知速度 $v=v(t)$ 是时间间隔 $[T_1, T_2]$ 上 t 的连续函数,且 $v(t) \geq 0$,计算在这段时间内物体所经过的路程 S.

(1) 求近似路程.

把时间间隔 $[T_1, T_2]$ 分成 n 个小的时间间隔 Δt_i,在每个小的时间间隔 Δt_i 内,物体运动看成是匀速的,其速度近似为物体在时间间隔 Δt_i 内某点 x_i 的速度 $v(t_i)$,物体在时间间隔 Δt_i 内运动的距离近似为 $\Delta S_i = v(t_i)\Delta t_i$.把物体在每一小的时间间隔 Δt_i 内运动的距离加起来作为物体在时间间隔 $[T_1, T_2]$ 内所经过的路程 S 的近似值.具体做法是:

在时间间隔 $[T_1, T_2]$ 内任意插入若干个分点

$$T_1 = t_0 < t_1 < t_2 < \cdots < t_{n-1} < t_n = T_2$$

把 $[T_1, T_2]$ 分成 n 个小段

$$[t_0, t_1], [t_1, t_2], \cdots, [t_{n-1}, t_n]$$

各小段时间的长依次为

$$\Delta t_1 = t_1 - t_0, \Delta t_2 = t_2 - t_1, \cdots, \Delta t_n = t_n - t_{n-1}$$

相应地,在各段时间内物体经过的路程依次为

$$\Delta S_1, \Delta S_2, \cdots, \Delta S_n$$

在时间间隔 $[t_{i-1}, t_i]$ 上任取一个时刻 $\tau_i (t_{i-1} \leq \tau_i \leq t_i)$,以 τ_i 时刻的速度 $v(\tau_i)$ 来代替 $[t_{i-1}, t_i]$ 上各个时刻的速度,得到部分路程 ΔS_i 的近似值,即

$$\Delta S_i \approx v(\tau_i)\Delta t_i \quad (i=1,2,\cdots,n)$$

于是这 n 段部分路程的近似值之和就是所求变速直线运动路程 S 的近似值,即

$$S \approx \sum_{i=1}^{n} v(\tau_i)\Delta t_i$$

(2) 求精确值.

记 $\lambda = \max\{\Delta t_1, \Delta t_2, \cdots, \Delta t_n\}$,当 $\lambda \to 0$ 时,取上述和式的极限,即得变速直线运动的

路程
$$S = \lim_{\lambda \to 0} \sum_{i=1}^{n} v(\tau_i) \Delta t_i$$

设函数 $y = f(x)$ 在区间 $[a, b]$ 上非负、连续.求直线 $x = a$、$x = b$、$y = 0$ 及曲线 $y = f(x)$ 所围成的曲边梯形的面积.

① 用分点 $a = x_0 < x_1 < x_2 < \cdots < x_{n-1} < x_n = b$ 把区间 $[a, b]$ 分成 n 个小区间
$$[x_0, x_1], [x_1, x_2], [x_2, x_3], \cdots, [x_{n-1}, x_n]$$
记
$$\Delta x_i = x_i - x_{i-1} \quad (i = 1, 2, \cdots, n)$$

② 任取 $\xi_i \in [x_{i-1}, x_i]$，以 $[x_{i-1}, x_i]$ 为底的小曲边梯形的面积可近似为
$$f(\xi_i) \Delta x_i \, (i = 1, 2, \cdots, n)$$
所求曲边梯形面积 A 的近似值为
$$A \approx \sum_{i=1}^{n} f(\xi_i) \Delta x_i$$

③ 记 $\lambda = \max\{\Delta x_1, \Delta x_2, \cdots, \Delta x_n\}$，所以曲边梯形面积的精确值为
$$A = \lim_{\lambda \to 0} \sum_{i=1}^{n} f(\xi_i) \Delta x_i$$

设物体做直线运动，已知速度 $v = v(t)$ 是时间间隔 $[T_1, T_2]$ 上 t 的连续函数，且 $v(t) \geqslant 0$，计算在这段时间内物体所经过的路程 S.

① 用分点 $T_1 = t_0 < t_1 < t_2 < \cdots < t_{n-1} < t_n = T_2$ 把时间间隔 $[T_1, T_2]$ 分成 n 个小时间段
$$[t_0, t_1], [t_1, t_2], \cdots, [t_{n-1}, t_n]$$
记
$$\Delta t_i = t_i - t_{i-1} \quad (i = 1, 2, \cdots, n)$$

② 任取 $\tau_i \in [t_{i-1}, t_i]$，在时间段 $[t_{i-1}, t_i]$ 内物体所经过的路程可近似为 $v(\tau_i) \Delta t_i$ $(i = 1, 2, \cdots, n)$，所求路程 S 的近似值为
$$S \approx \sum_{i=1}^{n} v(\tau_i) \Delta t_i$$

(3) 记 $\lambda = \max\{\Delta t_1, \Delta t_2, \cdots, \Delta t_n\}$，所求路程的精确值为
$$S = \lim_{\lambda \to 0} \sum_{i=1}^{n} v(\tau_i) \Delta t_i$$

5.1.2 定积分定义

抛开上述问题的具体意义，抓住它们在数量关系上共同的本质与特性加以概括，就抽象出下述定积分的定义.

定义 5.1 设函数 $f(x)$ 在 $[a, b]$ 上有界，在 $[a, b]$ 中任意插入若干个分点
$$a = x_0 < x_1 < x_2 < \cdots < x_{n-1} < x_n = b$$
把区间 $[a, b]$ 分成 n 个小区间
$$[x_0, x_1], [x_1, x_2], \cdots, [x_{n-1}, x_n]$$
各个小区间的长度依次为
$$\Delta x_1 = x_1 - x_0, \Delta x_2 = x_2 - x_1, \cdots, \Delta x_n = x_n - x_{n-1}$$

在每个小区间$[x_{i-1}, x_i]$上任取一个点$\xi_i (x_{i-1} \leqslant \xi_i \leqslant x_i)$,作函数值$f(\xi_i)$与小区间长度$\Delta x_i$的乘积$f(\xi_i)\Delta x_i (i=1, 2, \cdots, n)$,并作和

$$S = \sum_{i=1}^{n} f(\xi_i) \Delta x_i$$

记$\lambda = \max\{\Delta x_1, \Delta x_2, \cdots, \Delta x_n\}$,如果不论对$[a,b]$的分法,也不论在小区间$[x_{i-1}, x_i]$上点$\xi_i$的取法,只要当$\lambda \to 0$时,和$S$总趋于确定的极限$I$,这时就称这个极限$I$为函数$f(x)$在区间$[a,b]$上的定积分,记作$\int_a^b f(x)\mathrm{d}x$,即

$$\int_a^b f(x)\mathrm{d}x = \lim_{\lambda \to 0} \sum_{i=1}^{n} f(\xi_i) \Delta x_i$$

其中,$f(x)$称为被积函数;$f(x)\mathrm{d}x$称为被积表达式;x称为积分变量;a称为积分下限;b称为积分上限;$[a,b]$称为积分区间.

定义5.2 设函数$f(x)$在$[a,b]$上有界,用分点$a = x_0 < x_1 < x_2 < \cdots < x_{n-1} < x_n = b$把$[a,b]$分成$n$个小区间

$$[x_0, x_1], [x_1, x_2], \cdots, [x_{n-1}, x_n]$$

记$\Delta x_i = x_i - x_{i-1} (i=1, 2, \cdots, n)$.

任取$\xi_i \in [x_{i-1}, x_i] (i=1, 2, \cdots, n)$,作和

$$S \approx \sum_{i=1}^{n} f(\xi_i) \Delta x_i$$

记$\lambda = \max\{\Delta x_1, \Delta x_2, \cdots, \Delta x_n\}$,如果当$\lambda \to 0$时,上述和式的极限存在,且极限值与区间$[a,b]$的分法和$\xi_i$的取法无关,则称这个极限为函数$f(x)$在区间$[a,b]$上的定积分,记作$\int_a^b f(x)\mathrm{d}x$,即

$$\int_a^b f(x)\mathrm{d}x = \lim_{\lambda \to 0} \sum_{i=1}^{n} f(\xi_i) \Delta x_i$$

根据定积分的定义,曲边梯形的面积为

$$A = \int_a^b f(x)\mathrm{d}x$$

变速直线运动的路程为

$$S = \int_{T_1}^{T_2} v(t)\mathrm{d}t$$

说明

(1) 定积分的值只与被积函数及积分区间有关,而与积分变量的记法无关,即

$$\int_a^b f(x)\mathrm{d}x = \int_a^b f(t)\mathrm{d}t = \int_a^b f(u)\mathrm{d}u$$

(2) 和$\sum_{i=1}^{n} f(\xi_i) \Delta x_i$通常称为$f(x)$的积分和.

(3) 如果函数$f(x)$在$[a,b]$上的定积分存在,就说$f(x)$在区间$[a,b]$上可积.

定理5.1 设$f(x)$在区间$[a,b]$上连续,则$f(x)$在$[a,b]$上可积.

定理5.2 设$f(x)$在区间$[a,b]$上有界,且只有有限个间断点,则$f(x)$在$[a,b]$上

可积.

5.1.3 定积分的几何意义

在区间$[a, b]$上,当$f(x) \geqslant 0$时,积分$\int_a^b f(x)\mathrm{d}x$在几何上表示由曲线$y=f(x)$,两条直线$x=a$、$x=b$与x轴所围成的曲边梯形的面积;当$f(x) \leqslant 0$时,由曲线$y=f(x)$,两条直线$x=a$、$x=b$与x轴所围成的曲边梯形位于x轴的下方,定积分在几何上表示上述曲边梯形面积的负值,即

$$\int_a^b f(x)\mathrm{d}x = \lim_{\lambda \to 0}\sum_{i=1}^n f(\xi_i)\Delta x_i = -\lim_{\lambda \to 0}\sum_{i=1}^n [-f(\xi_i)]\Delta x_i = -\int_a^b [-f(x)]\mathrm{d}x$$

当$f(x)$既取得正值又取得负值时,函数$f(x)$的图形某些部分在x轴的上方,而其他部分在x轴的下方.如果对面积赋以正负号,在x轴上方的图形面积赋以正号,在x轴下方的图形面积赋以负号,则在一般情形下,定积分$\int_a^b f(x)\mathrm{d}x$的几何意义为:它是介于x轴,函数$f(x)$的图形及两条直线$x=a$、$x=b$之间的各部分面积的代数和.

下面举例说明用定积分的定义计算定积分:

[**例 5.1**] 利用定义计算定积分$\int_0^1 x^2 \mathrm{d}x$.

解 把区间$[0, 1]$分成n等份,分点和小区间长度为

$$x_i = \frac{i}{n}(i=1, 2, \cdots, n-1), \quad \Delta x_i = \frac{1}{n} \quad (i=1, 2, \cdots, n)$$

取$\xi_i = \frac{i}{n}(i=1, 2, \cdots, n)$,作积分和

$$\sum_{i=1}^n f(\xi_i)\Delta x_i = \sum_{i=1}^n \xi_i^2 \Delta x_i = \sum_{i=1}^n \left(\frac{i}{n}\right)^2 \cdot \frac{1}{n}$$

$$= \frac{1}{n^3}\sum_{i=1}^n i^2 = \frac{1}{n^3} \cdot \frac{1}{6}n(n+1)(2n+1)$$

$$= \frac{1}{6}\left(1+\frac{1}{n}\right)\left(2+\frac{1}{n}\right)$$

因为$\lambda = \frac{1}{n}$,当$\lambda \to 0$时,$n \to \infty$,所以

$$\int_0^1 x^2 \mathrm{d}x = \lim_{\lambda \to 0}\sum_{i=1}^n f(\xi_i)\Delta x_i = \lim_{n \to \infty}\frac{1}{6}\left(1+\frac{1}{n}\right)\left(2+\frac{1}{n}\right) = \frac{1}{3}$$

5.1.4 定积分的性质

做如下两点规定:

(1) 当$a=b$时,$\int_a^b f(x)\mathrm{d}x = 0$;

(2) 当$a>b$时,$\int_a^b f(x)\mathrm{d}x = -\int_b^a f(x)\mathrm{d}x$.

性质 1 函数的和(差)的定积分等于它们的定积分的和(差),即

$$\int_a^b [f(x) \pm g(x)] dx = \int_a^b f(x) dx \pm \int_a^b g(x) dx$$

证明　　　$$\int_a^b [f(x) \pm g(x)] dx = \lim_{\lambda \to 0} \sum_{i=1}^n [f(\xi_i) \pm g(\xi_i)] \Delta x_i$$

$$= \lim_{\lambda \to 0} \sum_{i=1}^n f(\xi_i) \Delta x_i \pm \lim_{\lambda \to 0} \sum_{i=1}^n g(\xi_i) \Delta x_i$$

$$= \int_a^b f(x) dx \pm \int_a^b g(x) dx$$

性质 2　被积函数的常数因子可以提到积分号外面，即

$$\int_a^b kf(x) dx = k \int_a^b f(x) dx$$

性质 3　如果将积分区间分成两部分，则在整个区间上的定积分等于这两部分区间上定积分之和，即

$$\int_a^b f(x) dx = \int_a^c f(x) dx + \int_c^b f(x) dx$$

这个性质表明定积分对于积分区间具有可加性．

值得注意的是不论 a，b，c 的相对位置如何，总有等式

$$\int_a^b f(x) dx = \int_a^c f(x) dx + \int_c^b f(x) dx$$

成立．例如，当 $a < b < c$ 时，由于

$$\int_a^c f(x) dx = \int_a^b f(x) dx + \int_b^c f(x) dx$$

于是有

$$\int_a^b f(x) dx = \int_a^c f(x) dx - \int_b^c f(x) dx = \int_a^c f(x) dx + \int_c^b f(x) dx$$

性质 4　如果在区间 $[a, b]$ 上 $f(x) \equiv 1$，则

$$\int_a^b 1 dx = \int_a^b dx = b - a$$

性质 5　如果在区间 $[a, b]$ 上 $f(x) \geqslant 0$，则

$$\int_a^b f(x) dx \geqslant 0 \quad (a < b)$$

推论 1　如果在区间 $[a, b]$ 上 $f(x) \leqslant g(x)$，则

$$\int_a^b f(x) dx \leqslant \int_a^b g(x) dx \quad (a < b)$$

这是因为 $g(x) - f(x) \geqslant 0$，从而

$$\int_a^b g(x) dx - \int_a^b f(x) dx = \int_a^b [g(x) - f(x)] dx \geqslant 0$$

所以

$$\int_a^b f(x) dx \leqslant \int_a^b g(x) dx$$

推论 2　$\left| \int_a^b f(x) dx \right| \leqslant \int_a^b |f(x)| dx \quad (a < b)$．

证明 因为
$$-|f(x)| \leqslant f(x) \leqslant |f(x)|$$
所以
$$-\int_a^b |f(x)|\,dx \leqslant \int_a^b f(x)\,dx \leqslant \int_a^b |f(x)|\,dx$$
即
$$\left|\int_a^b f(x)\,dx\right| \leqslant \int_a^b |f(x)|\,dx$$

性质 6 如果函数 $f(x)$ 在闭区间 $[a,b]$ 上连续，设 M 及 m 分别是函数 $f(x)$ 在区间 $[a,b]$ 上的最大值及最小值，则
$$m(b-a) \leqslant \int_a^b f(x)\,dx \leqslant M(b-a) \quad (a<b)$$

性质 7（定积分中值定理） 如果函数 $f(x)$ 在闭区间 $[a,b]$ 上连续，则在积分区间 $[a,b]$ 上至少存在一个点 ξ，使下式成立：
$$\int_a^b f(x)\,dx = f(\xi)(b-a) \quad (a \leqslant \xi \leqslant b)$$

这个公式称为积分中值公式.

注意 不论 $a<b$ 还是 $a>b$，积分中值公式都成立.

5.2 微积分基本公式

实例：变速直线运动中位置函数与速度函数之间的联系.

设物体从某定点开始做直线运动，在 t 时刻所经过的路程为 $S(t)$，速度为 $v=v(t)=S'(t)(v(t)\geqslant 0)$，则在时间间隔 $[T_1,T_2]$ 内物体所经过的路程 S 可表示为
$$S(T_2)-S(T_1) \quad \text{及} \quad \int_{T_1}^{T_2} v(t)\,dt$$
即
$$\int_{T_1}^{T_2} v(t)\,dt = S(T_2)-S(T_1)$$

上式表明，速度函数 $v(t)$ 在区间 $[T_1,T_2]$ 上的定积分等于 $v(t)$ 的原函数 $S(t)$ 在区间 $[T_1,T_2]$ 上的增量.

这个特殊问题中得出的关系是否具有普遍意义呢？

5.2.1 积分上限函数及其导数

设函数 $f(x)$ 在区间 $[a,b]$ 上连续，并且设 x 为 $[a,b]$ 上的一点.把函数 $f(x)$ 在部分区间 $[a,x]$ 上的定积分
$$\int_a^x f(x)\,dx$$
称为积分上限的函数.它是区间 $[a,b]$ 上的函数，记为
$$\Phi(x) = \int_a^x f(x)\,dx \quad \text{或} \quad \Phi(x) = \int_a^x f(t)\,dt$$

定理 5.3 如果函数 $f(x)$ 在区间 $[a,b]$ 上连续，则函数
$$\Phi(x)=\int_a^x f(x)\mathrm{d}x$$
在 $[a,b]$ 上具有导数，并且它的导数为
$$\Phi'(x)=\frac{\mathrm{d}}{\mathrm{d}x}\int_a^x f(t)\mathrm{d}t=f(x)\quad(a\leqslant x\leqslant b)$$

简要证明如下：

若 $x\in(a,b)$，取 Δx 使 $x+\Delta x\in(a,b)$，则
$$\Delta\Phi=\Phi(x+\Delta x)-\Phi(x)=\int_a^{x+\Delta x}f(t)\mathrm{d}t-\int_a^x f(t)\mathrm{d}t$$
$$=\int_a^x f(t)\mathrm{d}t+\int_x^{x+\Delta x}f(t)\mathrm{d}t-\int_a^x f(t)\mathrm{d}t$$
$$=\int_x^{x+\Delta x}f(t)\mathrm{d}t=f(\xi)\Delta x$$

应用积分中值定理（图 5.2），有
$$\Delta\Phi=f(\xi)\Delta x$$
其中，ξ 在 x 与 $x+\Delta x$ 之间，$\Delta x\to 0$ 时，$\xi\to x$，于是
$$\Phi'(x)=\lim_{\Delta x\to 0}\frac{\Delta\Phi}{\Delta x}=\lim_{\Delta x\to 0}f(\xi)=\lim_{\xi\to x}f(\xi)=f(x)$$

若 $x=a$，取 $\Delta x>0$，则同理可证 $\Phi'_+(x)=f(a)$；若 $x=b$，取 $\Delta x<0$，则同理可证
$$\Phi'_-(x)=f(b)$$

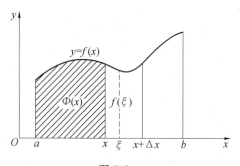

图 5.2

定理 5.4 如果函数 $f(x)$ 在区间 $[a,b]$ 上连续，则函数
$$\Phi(x)=\int_a^x f(x)\mathrm{d}x$$
就是 $f(x)$ 在 $[a,b]$ 上的一个原函数．

定理 5.4 的重要意义：一方面肯定了连续函数的原函数是存在的；另一方面初步地揭示了积分学中的定积分与原函数之间的联系．

5.2.2 牛顿－莱布尼茨公式

定理 5.5 如果函数 $F(x)$ 是连续函数 $f(x)$ 在区间 $[a,b]$ 上的一个原函数，则
$$\int_a^b f(x)\mathrm{d}x=F(b)-F(a)$$

此公式称为牛顿-莱布尼茨公式,也称为微积分基本公式.

这是因为 $F(x)$ 和 $\Phi(x) = \int_a^x f(t)dt$ 都是 $f(x)$ 的原函数,所以存在常数 C,使
$$F(x) - \Phi(x) = C \quad (C \text{ 为某一常数})$$
由 $F(a) - \Phi(a) = C$ 及 $\Phi(a) = 0$,得
$$C = F(a), \quad F(x) - \Phi(x) = F(a)$$
由 $F(b) - \Phi(b) = F(a)$,得
$$\Phi(b) = F(b) - F(a)$$
即
$$\int_a^b f(x)dx = F(b) - F(a)$$

证明 已知函数 $F(x)$ 是连续函数 $f(x)$ 的一个原函数,又根据定理5.4,积分上限函数
$$\Phi(x) = \int_a^x f(t)dt$$
也是 $f(x)$ 的一个原函数.于是有一常数 C,使
$$F(x) - \Phi(x) = C \quad (a \leqslant x \leqslant b)$$
当 $x = a$ 时,有 $F(a) - \Phi(a) = C$,而 $\Phi(a) = 0$,所以 $C = F(a)$;当 $x = b$ 时,$F(b) - \Phi(b) = F(a)$,所以 $\Phi(b) = F(b) - F(a)$,即
$$\int_a^b f(x)dx = F(b) - F(a)$$

为了方便起见,可把 $F(b) - F(a)$ 记成 $[F(x)]_a^b$,于是
$$\int_a^b f(x)dx = [F(x)]_a^b = F(b) - F(a)$$
进一步揭示了定积分与被积函数的原函数或不定积分之间的联系.

[例 5.2] 计算 $\int_0^1 x^2 dx$.

解 由于 $\frac{1}{3}x^3$ 是 x^2 的一个原函数,所以
$$\int_0^1 x^2 dx = \left[\frac{1}{3}x^3\right]_0^1 = \frac{1}{3} \times 1^3 - \frac{1}{3} \times 0^3 = \frac{1}{3}$$

[例 5.3] 计算 $\int_{-1}^{\sqrt{3}} \frac{dx}{1+x^2}$.

解 由于 $\arctan x$ 是 $\frac{1}{1+x^2}$ 的一个原函数,所以
$$\int_{-1}^{\sqrt{3}} \frac{dx}{1+x^2} = [\arctan x]_{-1}^{\sqrt{3}} = \arctan\sqrt{3} - \arctan(-1) = \frac{\pi}{3} - \left(-\frac{\pi}{4}\right) = \frac{7}{12}\pi$$

[例 5.4] 计算 $\int_{-2}^{-1} \frac{1}{x} dx$.

解
$$\int_{-2}^{-1} \frac{1}{x} dx = [\ln|x|]_{-2}^{-1} = \ln 1 - \ln 2 = -\ln 2$$

[**例 5.5**] 计算正弦曲线 $y=\sin x$ 在 $[0,\pi]$ 上与 x 轴所围成的平面图形(图 5.3)的面积.

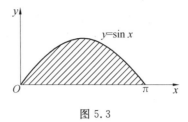

图 5.3

解 该图形是曲边梯形的一个特例.它的面积为

$$A = \int_0^\pi \sin x \, dx = [-\cos x]_0^\pi = -(-1)-(-1) = 2$$

[**例 5.6**] 求 $\displaystyle\lim_{x\to 0} \frac{\int_{\cos x}^1 e^{-t^2} dt}{x^2}$.

解 这是一个零比零型未定式,由洛必达法则,有

$$\lim_{x\to 0} \frac{\int_{\cos x}^1 e^{-t^2} dt}{x^2} = \lim_{x\to 0} \frac{-\int_1^{\cos x} e^{-t^2} dt}{x^2} = \lim_{x\to 0} \frac{\sin x \, e^{-\cos^2 x}}{2x} = \frac{1}{2e}$$

提示:设 $\Phi(x) = \int_1^x e^{-t^2} dt$,则

$$\Phi(\cos x) = \int_1^{\cos x} e^{-t^2} dt$$

$$\frac{d}{dx}\int_1^{\cos x} e^{-t^2} dt = \frac{d}{dx}\Phi(\cos x) = \frac{d}{du}\Phi(u) \cdot \frac{du}{dx}$$
$$= e^{-u^2} \cdot (-\sin x) = -\sin x \cdot e^{-\cos^2 x}$$

5.3 定积分的换元积分法和分部积分法

5.3.1 换元积分法

定理 5.6 假设函数 $f(x)$ 在区间 $[a,b]$ 上连续,函数 $x=\varphi(t)$ 满足条件:
(1) $\varphi(\alpha)=a$,$\varphi(\beta)=b$;
(2) $\varphi(t)$ 在 $[\alpha,\beta]$(或 $[\beta,\alpha]$)上具有连续导数,且其值域 $R_\varphi=[a,b]$.
则有

$$\int_a^b f(x) dx = \int_\alpha^\beta f[\varphi(t)]\varphi'(t) dt$$

这个公式称为定积分的换元公式.

证明 由假设知,$f(x)$ 在区间 $[a,b]$ 上是连续的,因而是可积的;$f[\varphi(t)]\varphi'(t)$ 在区间 $[\alpha,\beta]$(或 $[\beta,\alpha]$)上也是连续的,因而是可积的.

假设 $F(x)$ 是 $f(x)$ 的一个原函数,则
$$\int_a^b f(x)\mathrm{d}x = F(b) - F(a)$$
另外,因为 $\{F[\varphi(t)]\}' = F'[\varphi(t)]\varphi'(t) = f[\varphi(t)]\varphi'(t)$,所以 $F[\varphi(t)]$ 是 $f[\varphi(t)]\varphi'(t)$ 的一个原函数,从而
$$\int_\alpha^\beta f[\varphi(t)]\varphi'(t)\mathrm{d}t = F[\varphi(\beta)] - F[\varphi(\alpha)] = F(b) - F(a)$$
因此
$$\int_a^b f(x)\mathrm{d}x = \int_\alpha^\beta f[\varphi(t)]\varphi'(t)\mathrm{d}t$$

[例 5.7] 计算 $\int_0^{\frac{\pi}{2}} \cos^5 x \sin x \, \mathrm{d}x$.

解 令 $t = \cos x$,则
$$\int_0^{\frac{\pi}{2}} \cos^5 x \sin x \, \mathrm{d}x = -\int_0^{\frac{\pi}{2}} \cos^5 x \, \mathrm{d}\cos x$$
$$\xrightarrow{\text{令} \cos x = t} -\int_1^0 t^5 \mathrm{d}t = \int_0^1 t^5 \mathrm{d}t = \left[\frac{1}{6}t^6\right]_0^1 = \frac{1}{6}$$

提示:当 $x = 0$ 时 $t = 1$,当 $x = \frac{\pi}{2}$ 时 $t = 0$.

也可按如下方法计算:
$$\int_0^{\frac{\pi}{2}} \cos^5 x \sin x \, \mathrm{d}x = -\int_0^{\frac{\pi}{2}} \cos^5 x \, \mathrm{d}\cos x$$
$$= -\left[\frac{1}{6}\cos^6 x\right]_0^{\frac{\pi}{2}} = -\frac{1}{6}\cos^6 \frac{\pi}{2} + \frac{1}{6}\cos^6 0 = \frac{1}{6}$$

[例 5.8] 计算 $\int_0^\pi \sqrt{\sin^3 x - \sin^5 x} \, \mathrm{d}x$.

解
$$\int_0^\pi \sqrt{\sin^3 x - \sin^5 x} \, \mathrm{d}x = \int_0^\pi \sin^{\frac{3}{2}} x \, |\cos x| \, \mathrm{d}x$$
$$= \int_0^{\frac{\pi}{2}} \sin^{\frac{3}{2}} x \cos x \, \mathrm{d}x - \int_{\frac{\pi}{2}}^\pi \sin^{\frac{3}{2}} x \cos x \, \mathrm{d}x$$
$$= \int_0^{\frac{\pi}{2}} \sin^{\frac{3}{2}} x \, \mathrm{d}\sin x - \int_{\frac{\pi}{2}}^\pi \sin^{\frac{3}{2}} x \, \mathrm{d}\sin x$$
$$= \left[\frac{2}{5}\sin^{\frac{5}{2}} x\right]_0^{\frac{\pi}{2}} - \left[\frac{2}{5}\sin^{\frac{5}{2}} x\right]_{\frac{\pi}{2}}^\pi$$
$$= \frac{2}{5} - \left(-\frac{2}{5}\right) = \frac{4}{5}$$

提示:$\sqrt{\sin^3 x - \sin^5 x} = \sqrt{\sin^3 x (1 - \sin^2 x)} = \sin^{\frac{3}{2}} x \, |\cos x|$.

在 $\left[0, \frac{\pi}{2}\right]$ 上 $|\cos x| = \cos x$,在 $\left[\frac{\pi}{2}, \pi\right]$ 上 $|\cos x| = -\cos x$.

[例 5.9] 计算 $\int_0^4 \dfrac{x+2}{\sqrt{2x+1}} \mathrm{d}x$.

解 $\int_0^4 \dfrac{x+2}{\sqrt{2x+1}}\mathrm{d}x \xrightarrow{\diamondsuit \sqrt{2x+1}=t} \int_1^3 \dfrac{\frac{t^2-1}{2}+2}{t}\cdot t\mathrm{d}t = \dfrac{1}{2}\int_1^3(t^2+3)\mathrm{d}t$

$\qquad\qquad = \dfrac{1}{2}\left[\dfrac{1}{3}t^3+3t\right]_1^3 = \dfrac{1}{2}\left[\left(\dfrac{27}{3}+9\right)-\left(\dfrac{1}{3}+3\right)\right] = \dfrac{22}{3}$

提示：$x=\dfrac{t^2-1}{2}, \mathrm{d}x=t\mathrm{d}t$. 当 $x=0$ 时 $t=1$；当 $x=4$ 时 $t=3$.

[例 5.10] 证明：若 $f(x)$ 在 $[-a,a]$ 上连续且为偶函数，则

$$\int_{-a}^a f(x)\mathrm{d}x = 2\int_0^a f(x)\mathrm{d}x$$

证明 因为

$$\int_{-a}^a f(x)\mathrm{d}x = \int_{-a}^0 f(x)\mathrm{d}x + \int_0^a f(x)\mathrm{d}x$$

而 $\int_{-a}^0 f(x)\mathrm{d}x \xrightarrow{\diamondsuit x=-t} -\int_a^0 f(-t)\mathrm{d}t = \int_0^a f(-t)\mathrm{d}t = \int_0^a f(-x)\mathrm{d}x$

所以

$$\int_{-a}^a f(x)\mathrm{d}x = \int_0^a f(-x)\mathrm{d}x + \int_0^a f(x)\mathrm{d}x$$

$$= \int_0^a [f(-x)+f(x)]\mathrm{d}x = \int_{-a}^a 2f(x)\mathrm{d}x = 2\int_0^a f(x)\mathrm{d}x$$

讨论：若 $f(x)$ 在 $[-a,a]$ 上连续且为奇函数，求 $\int_{-a}^a f(x)\mathrm{d}x$.

提示：若 $f(x)$ 为奇函数，则 $f(-x)+f(x)=0$，从而

$$\int_{-a}^a f(x)\mathrm{d}x = \int_0^a [f(-x)+f(x)]\mathrm{d}x = 0$$

[例 5.11] 设函数 $f(x)=\begin{cases} x\mathrm{e}^{-x^2} & (x\geqslant 0) \\ \dfrac{1}{1+\cos x} & (-1<x<0) \end{cases}$，计算 $\int_1^4 f(x-2)\mathrm{d}x$.

解 设 $x-2=t$，则

$$\int_1^4 f(x-2)\mathrm{d}x = \int_{-1}^2 f(t)\mathrm{d}t = \int_{-1}^0 \dfrac{1}{1+\cos t}\mathrm{d}t + \int_0^2 t\mathrm{e}^{-t^2}\mathrm{d}t$$

$$= \left[\tan\dfrac{t}{2}\right]_{-1}^0 - \left[\dfrac{1}{2}\mathrm{e}^{-t^2}\right]_0^2 = \tan\dfrac{1}{2} - \dfrac{1}{2}\mathrm{e}^{-4} + \dfrac{1}{2}$$

提示：设 $x-2=t$，则 $\mathrm{d}x=\mathrm{d}t$. 当 $x=1$ 时 $t=-1$；当 $x=4$ 时 $t=2$.

5.3.2 分部积分法

设函数 $u(x),v(x)$ 在区间 $[a,b]$ 上具有连续导数 $u'(x),v'(x)$，由 $(uv)'=u'v+uv'$ 得 $uv'=uv-u'v$，式两端在区间 $[a,b]$ 上积分得

$$\int_a^b uv'\mathrm{d}x = [uv]_a^b - \int_a^b u'v\mathrm{d}x \quad \text{或} \quad \int_a^b u\mathrm{d}v = [uv]_a^b - \int_a^b v\mathrm{d}u$$

这就是定积分的分部积分公式.

分部积分过程为

$$\int_a^b uv' \,\mathrm{d}x = \int_a^b u\,\mathrm{d}v = [uv]_a^b - \int_a^b v\,\mathrm{d}u = [uv]_a^b - \int_a^b u'v\,\mathrm{d}x = \cdots$$

[例 5.12] 计算 $\int_0^{\frac{1}{2}} \arcsin x\,\mathrm{d}x$.

解
$$\int_0^{\frac{1}{2}} \arcsin x\,\mathrm{d}x = [x\arcsin x]_0^{\frac{1}{2}} - \int_0^{\frac{1}{2}} x\,\mathrm{d}(\arcsin x)$$
$$= \frac{1}{2} \times \frac{\pi}{6} - \int_0^{\frac{1}{2}} \frac{x}{\sqrt{1-x^2}}\,\mathrm{d}x$$
$$= \frac{\pi}{12} + \frac{1}{2}\int_0^{\frac{1}{2}} \frac{1}{\sqrt{1-x^2}}\,\mathrm{d}(1-x^2)$$
$$= \frac{\pi}{12} + [\sqrt{1-x^2}]_0^{\frac{1}{2}} = \frac{\pi}{12} + \frac{\sqrt{3}}{2} - 1$$

[例 5.13] 计算 $\int_0^1 \mathrm{e}^{\sqrt{x}}\,\mathrm{d}x$.

解 令 $\sqrt{x} = t$, 则
$$\int_0^1 \mathrm{e}^{\sqrt{x}}\,\mathrm{d}x = 2\int_0^1 \mathrm{e}^t t\,\mathrm{d}t$$
$$= 2\int_0^1 t\,\mathrm{d}\mathrm{e}^t$$
$$= 2[t\mathrm{e}^t]_0^1 - 2\int_0^1 \mathrm{e}^t\,\mathrm{d}t$$
$$= 2\mathrm{e} - 2[\mathrm{e}^t]_0^1 = 2$$

5.4 定积分的应用 —— 定积分的元素法

设 $y = f(x) \geqslant 0 (x \in [a,b])$. 如果说积分
$$A = \int_a^b f(x)\,\mathrm{d}x$$
是以 $[a,b]$ 为底的曲边梯形的面积, 则积分上限函数
$$A(x) = \int_a^x f(t)\,\mathrm{d}t$$
就是以 $[a,x]$ 为底的曲边梯形的面积. 而微分 $\mathrm{d}A(x) = f(x)\mathrm{d}x$ 表示点 x 处以 $\mathrm{d}x$ 为宽的小曲边梯形面积的近似值, $\Delta A \approx f(x)\mathrm{d}x$, $f(x)\mathrm{d}x$ 称为曲边梯形的面积元素.

以 $[a,b]$ 为底的曲边梯形的面积 A 就是以面积元素 $f(x)\mathrm{d}x$ 为被积表达式, 以 $[a,b]$ 为积分区间的定积分, 即
$$A = \int_a^b f(x)\,\mathrm{d}x$$

一般情况下, 为求某一量 U, 先将此量分布在某一区间 $[a,b]$ 上, 分布在 $[a,x]$ 上的量用函数 $U(x)$ 表示, 再求这一量的元素 $\mathrm{d}U(x)$, 设 $\mathrm{d}U(x) = f(x)\mathrm{d}x$, 然后以 $f(x)\mathrm{d}x$ 为被积表达式, 以 $[a,b]$ 为积分区间求定积分, 即得

$$U = \int_a^b f(x)\mathrm{d}x$$

这种求某一量的值的方法称为微元法(或元素法).

5.4.1 定积分在几何上的应用

1. 平面图形的面积

(1) 直角坐标情形.

设平面图形由上下两条曲线 $y=f_上(x)$ 与 $y=f_下(x)$,以及左右两条直线 $x=a$ 与 $x=b$ 所围成(图 5.4),则面积元素为 $[f_上(x)-f_下(x)]\mathrm{d}x$,于是平面图形的面积为

$$S = \int_a^b [f_上(x) - f_下(x)]\mathrm{d}x$$

类似地,由左右两条曲线 $x=\varphi_左(y)$ 与 $x=\varphi_右(y)$,以及上下两条直线 $y=d$ 与 $y=c$ 所围成(图 5.5)的平面图形的面积为

$$S = \int_c^d [\varphi_右(y) - \varphi_左(y)]\mathrm{d}y$$

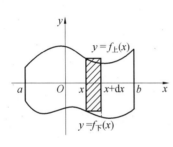

图 5.4

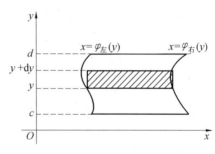

图 5.5

[**例 5.14**] 计算抛物线 $y^2=x, y=x^2$ 所围成的图形的面积.

解 (1) 画图(图 5.6).

(2) 确定在 x 轴上的投影区间:$[0,1]$.

(3) 确定上下曲线:$f_上(x)=\sqrt{x}, f_下(x)=x^2$.

(4) 计算积分,有

$$S = \int_0^1 (\sqrt{x} - x^2)\mathrm{d}x = \left[\frac{2}{3}x^{\frac{3}{2}} - \frac{1}{3}x^3\right]_0^1 = \frac{1}{3}$$

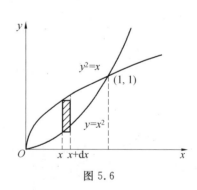

图 5.6

[**例 5.15**] 计算抛物线 $y^2=2x$ 与直线 $y=x-4$ 所围成的图形的面积.

解 (1) 画图(图 5.7).

(2) 确定在 y 轴上的投影区间:$[-2,4]$.

(3) 确定左右曲线:$\varphi_左(y)=\frac{1}{2}y^2, \varphi_右(y)=y+4$.

(4) 计算积分,有

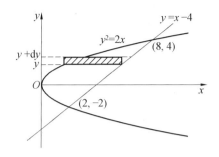

图 5.7

$$S = \int_{-2}^{4}\left(y+4-\frac{1}{2}y^2\right)dy = \left[\frac{1}{2}y^2+4y-\frac{1}{6}y^3\right]_{-2}^{4} = 18$$

(2) 极坐标情形.

曲边扇形及曲边扇形的面积元素.

由曲线 $\rho=\varphi(\theta)$ 及射线 $\theta=\alpha, \theta=\beta$ 围成的图形称为曲边扇形(图 5.8). 曲边扇形的面积元素为

$$dS = \frac{1}{2}[\varphi(\theta)]^2 d\theta$$

曲边扇形的面积为

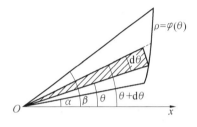

图 5.8

$$S = \int_{\alpha}^{\beta} \frac{1}{2}[\varphi(\theta)]^2 d\theta$$

[**例 5.16**] 计算阿基米德螺线 $\rho=a\theta(a>0)$ 上相应于 θ 从 0 变到 2π 的一段弧与极轴所围成的图形(图 5.9)的面积.

解
$$S = \int_0^{2\pi} \frac{1}{2}(a\theta)^2 d\theta$$
$$= \frac{1}{2}a^2 \left[\frac{1}{3}\theta^3\right]_0^{2\pi}$$
$$= \frac{4}{3}a^2\pi^3$$

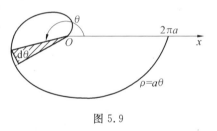

图 5.9

[**例 5.17**] 计算心形线 $\rho=a(1+\cos\theta)(a>0)$ 所围成的图形(图 5.10)的面积.

解 由对称性知整体的面积等于上半心形的两倍,即

$$S = 2\int_0^{\pi} \frac{1}{2}[a(1+\cos\theta)]^2 d\theta$$
$$= a^2 \int_0^{\pi}\left(\frac{1}{2}+2\cos\theta+\frac{1}{2}\cos 2\theta\right)d\theta$$
$$= a^2\left[\frac{3}{2}\theta+2\sin\theta+\frac{1}{4}\sin 2\theta\right]_0^{\pi}$$
$$= \frac{3}{2}a^2\pi$$

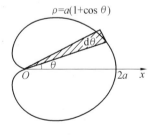

图 5.10

2.体积

(1) 旋转体的体积.

旋转体就是由一个平面图形绕这平面内一条直线旋转一周而成的立体,这条直线叫作旋转轴.

常见的旋转体:圆柱、圆锥、圆台、球体.

旋转体都可以看作是由连续曲线 $y=f(x)$,直线 $x=a$、$x=b$,以及 x 轴所围成的曲边梯形绕 x 轴旋转一周而成的立体(图 5.11).

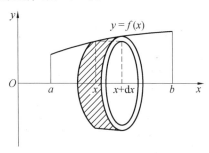

图 5.11

设过区间 $[a,b]$ 内点 x 且垂直于 x 轴的平面左侧的旋转体的体积为 $V(x)$,当平面左右平移 dx 后,体积的增量近似为

$$\Delta V \approx \pi [f(x)]^2 dx$$

于是体积元素为

$$dV = \pi [f(x)]^2 dx$$

旋转体的体积为

$$V = \int_a^b \pi [f(x)]^2 dx$$

[例 5.18] 连接坐标原点 O 及点 $P(h,r)$ 的直线,直线 $x=h$,以及 x 轴围成一个直角三角形.将它绕 x 轴旋转构成一个底面半径为 r、高为 h 的圆锥体(图 5.12).计算此圆锥体的体积.

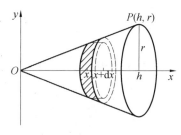

图 5.12

解 直角三角形斜边的直线方程为

$$y = \frac{r}{h} x$$

所求圆锥体的体积为

$$V = \int_0^h \pi \left(\frac{r}{h}x\right)^2 dx = \frac{\pi r^2}{h^2}\left[\frac{1}{3}x^3\right]_0^h = \frac{1}{3}\pi h r^2$$

[**例 5.19**] 计算由椭圆 $\dfrac{x^2}{a^2} + \dfrac{y^2}{b^2} = 1$ 绕 x 轴旋转而成的旋转体(旋转椭球体)的体积.

解 这个旋转椭球体也可以看作是由半个椭圆

$$y = \frac{b}{a}\sqrt{a^2 - x^2}$$

及 x 轴围成的图形绕 x 轴旋转而成的立体(图 5.13). 体积元素为

$$dV = \pi y^2 dx$$

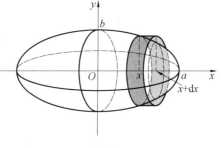

图 5.13

于是所求旋转椭球体的体积为

$$V = \int_{-a}^{a} \pi \frac{b^2}{a^2}(a^2 - x^2)dx = \pi \frac{b^2}{a^2}\left[a^2 x - \frac{1}{3}x^3\right]_{-a}^{a} = \frac{4}{3}\pi a b^2$$

类似可推出:由曲线 $x = \varphi(y)$,直线 $y = c$、$y = d (c < d)$ 与 y 轴围成的图形,绕 y 轴旋转一周而成的旋转体的体积(图 5.14)是

$$V = \pi \int_c^d [\varphi(y)]^2 dy$$

[**例 5.20**] 计算由摆线 $x = a(t - \sin t), y = a(1 - \cos t)$ 相应于 $0 \leqslant t \leqslant 2\pi$ 的一拱与直线 $y = 0$ 所围成的图形分别绕 x 轴、y 轴旋转而成的旋转体的体积.

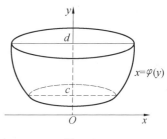

图 5.14

解 所给图形绕 x 轴旋转而成的旋转体的体积为

$$V_x = \int_0^{2\pi a} \pi y^2 dx = \pi \int_0^{2\pi} a^2(1 - \cos t)^2 \cdot a(1 - \cos t)dt$$

$$= \pi a^3 \int_0^{2\pi}(1 - 3\cos t + 3\cos^2 t - \cos^3 t)dt$$

$$= 5\pi^2 a^3$$

所述图形绕 y 轴旋转而成的旋转体的体积是两个旋转体体积的差. 设曲线左半边为 $x = x_1(y)$,右半边为 $x = x_2(y)$(图 5.15),则

$$V_y = \int_0^{2a} \pi x_2^2(y)dy - \int_0^{2a} \pi x_1^2(y)dy$$

$$= \pi \int_{2\pi}^{\pi} a^2(t - \sin t)^2 \cdot a\sin t dt -$$

$$\pi \int_0^{\pi} a^2(t - \sin t)^2 \cdot a\sin t dt$$

$$= -\pi a^3 \int_0^{2\pi}(t - \sin t)^2 \sin t dt = 6\pi^3 a^3$$

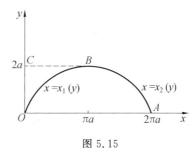

图 5.15

(2) 平行截面面积已知的立体的体积.

设立体在 x 轴的投影区间为 $[a,b]$,过点 x 且垂直于 x 轴的平面与立体相截,截面面积为 $A(x)$(图 5.16),则体积元素为 $A(x)\mathrm{d}x$,立体的体积为

$$V = \int_a^b A(x)\mathrm{d}x$$

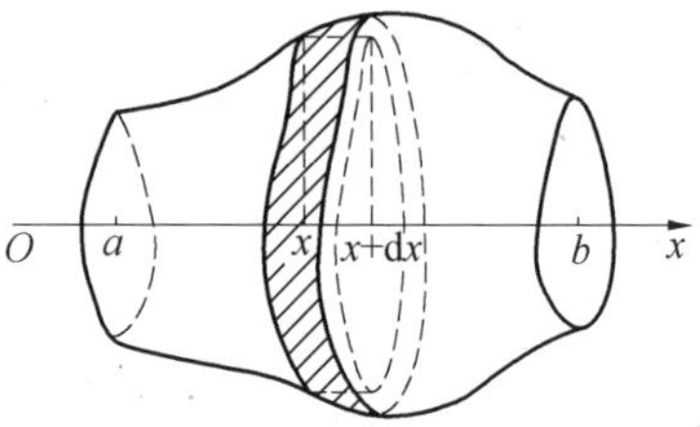

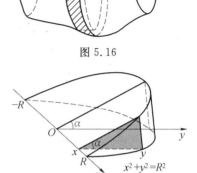

图 5.16

[**例 5.21**] 一平面经过半径为 R 的圆柱体的底面圆中心,并与底面交成角 α.计算该平面截圆柱所得立体(图5.17)的体积.

解 取该平面与圆柱体的底面的交线为 x 轴,底面上过圆中心且垂直于 x 轴的直线为 y 轴.那么底圆的方程为 $x^2+y^2=R^2$.立体中过点 x 且垂直于 x 轴的截面是一个直角三角形.两个直角边分别为 $\sqrt{R^2-x^2}$ 及 $\sqrt{R^2-x^2}\tan\alpha$.因而截面积为

$$A(x) = \frac{1}{2}(R^2-x^2)\tan\alpha$$

图 5.17

于是所求的立体体积为

$$\begin{aligned}V &= \int_{-R}^R \frac{1}{2}(R^2-x^2)\tan\alpha\,\mathrm{d}x \\ &= \frac{1}{2}\tan\alpha\left[R^2 x - \frac{1}{3}x^3\right]_{-R}^R \\ &= \frac{2}{3}R^3\tan\alpha\end{aligned}$$

[**例 5.22**] 求以半径为 R 的圆为底、平行且等于底面圆直径的线段为顶、高为 h 的正劈锥体(图 5.18)的体积.

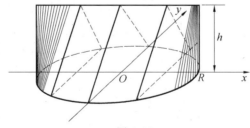

图 5.18

解 取底面圆所在的平面为 xOy 平面,圆心 O 为原点,并使 x 轴与正劈锥体的顶平行.底面圆的方程为 $x^2+y^2=R^2$.过 x 轴上的点 $x(-R\leqslant x\leqslant R)$ 作垂直于 x 轴的平面,截正劈锥体得等腰三角形.该截面的面积为

$$A(x) = h \cdot y = h\sqrt{R^2-x^2}$$

于是所求正劈锥体的体积为

$$V = \int_{-R}^R h\sqrt{R^2-x^2}\,\mathrm{d}x = 2R^2 h \int_0^{\frac{\pi}{2}} \cos^2\theta\,\mathrm{d}\theta = \frac{1}{2}\pi R^2 h$$

3. 平面曲线的弧长

设 A,B 是曲线弧上的两个端点. 在弧 $\overset{\frown}{AB}$ 上依次任取分点 $A=M_0,M_1,M_2,\cdots,M_{i-1},M_i,\cdots,M_{n-1},M_n=B$,并依次连接相邻的分点得一内接折线. 当分点的数目无限增加且每个小段 $\overset{\frown}{M_{i-1}M_i}$ 都缩向一点时, 如果此折线的长 $\sum\limits_{i=1}^{n}|M_{i-1}M_i|$ 的极限存在, 则称此极限为曲线弧 AB 的弧长, 并称此曲线弧 $\overset{\frown}{AB}$ 是可求长的.

定理 5.7 光滑曲线弧是可求长的.

(1) 直角坐标情形.

设曲线弧由直角坐标方程

$$y=f(x) \quad (a\leqslant x\leqslant b)$$

给出, 其中 $f(x)$ 在区间 $[a,b]$ 上具有一阶连续导数. 现在来计算该曲线弧的长度.

取横坐标 x 为积分变量, 它的变化区间为 $[a,b]$. 曲线 $y=f(x)$ 上相应于 $[a,b]$ 上任一小区间 $[x,x+\mathrm{d}x]$ 的一段弧的长度, 可以用该曲线在点 $(x,f(x))$ 处的切线上相应的一小段长度来近似代替. 而切线上该相应的小段长度为

$$\sqrt{(\mathrm{d}x)^2+(\mathrm{d}y)^2}=\sqrt{1+(y')^2}\,\mathrm{d}x$$

从而得弧长元素(即弧微分)

$$\mathrm{d}s=\sqrt{1+(y')^2}\,\mathrm{d}x$$

以 $\sqrt{1+y'^2}\,\mathrm{d}x$ 为被积表达式, 在闭区间 $[a,b]$ 上作定积分, 便得所求的弧长为

$$s=\int_a^b \sqrt{1+(y')^2}\,\mathrm{d}x$$

在曲率一节中, 我们已经知道弧微分的表达式为 $\mathrm{d}s=\sqrt{1+(y')^2}\,\mathrm{d}x$, 这也就是弧长元素.

[例 5.23] 计算曲线 $y=\dfrac{2}{3}x^{\frac{3}{2}}$ 上相应于 x 从 a 到 b 的一段弧的长度.

解 $y'=x^{\frac{1}{2}}$, 从而弧长元素

$$\mathrm{d}s=\sqrt{1+y'^2}\,\mathrm{d}x=\sqrt{1+x}\,\mathrm{d}x$$

因此, 所求弧长为

$$s=\int_a^b\sqrt{1+x}\,\mathrm{d}x=\left[\frac{2}{3}(1+x)^{\frac{3}{2}}\right]_a^b=\frac{2}{3}\left[(1+b)^{\frac{3}{2}}-(1+a)^{\frac{3}{2}}\right]$$

[例 5.24] 计算悬链线 $y=c\,\mathrm{ch}\dfrac{x}{c}$ 上介于 $x=-b$ 与 $x=b$ 之间一段弧的长度.

解 $y'=\mathrm{sh}\dfrac{x}{c}$, 从而弧长元素为

$$\mathrm{d}s=\sqrt{1+\mathrm{sh}^2\frac{x}{c}}\,\mathrm{d}x=\mathrm{ch}\frac{x}{c}\,\mathrm{d}x$$

因此, 所求弧长为

$$s=\int_{-b}^{b}\mathrm{ch}\frac{x}{c}\,\mathrm{d}x=2\int_0^b\mathrm{ch}\frac{x}{c}\,\mathrm{d}x=2c\left[\mathrm{sh}\frac{x}{c}\,\mathrm{d}x\right]_0^b=2c\,\mathrm{sh}\frac{b}{c}$$

(2) 参数方程情形.

设曲线弧由参数方程 $x=\varphi(t), y=\psi(t) (\alpha \leqslant t \leqslant \beta)$ 给出,其中 $\varphi(t), \psi(t)$ 在 $[\alpha, \beta]$ 上具有连续导数.

因为 $\dfrac{dy}{dx}=\dfrac{\psi'(t)}{\varphi'(t)}, dx=\varphi'(t)dt$,所以弧长元素为

$$ds=\sqrt{1+\dfrac{\psi'^2(t)}{\varphi'^2(t)}}\varphi'(t)dt=\sqrt{\varphi'^2(t)+\psi'^2(t)}\,dt$$

所求弧长为

$$s=\int_\alpha^\beta \sqrt{\varphi'^2(t)+\psi'^2(t)}\,dt$$

[例 5.25] 计算摆线 $x=a(\theta-\sin\theta), y=a(1-\cos\theta)$ 的一拱($0\leqslant\theta\leqslant 2\pi$)的长度.

解 弧长元素为

$$ds=\sqrt{a^2(1-\cos\theta)^2+a^2\sin^2\theta}\,d\theta=a\sqrt{2(1-\cos\theta)}\,d\theta=2a\sin\dfrac{\theta}{2}d\theta$$

所求弧长为

$$s=\int_0^{2\pi} 2a\sin\dfrac{\theta}{2}d\theta=2a\left[-2\cos\dfrac{\theta}{2}\right]_0^{2\pi}=8a$$

(3) 极坐标情形.

设曲线弧由极坐标方程

$$\rho=\rho(\theta) \quad (\alpha\leqslant\theta\leqslant\beta)$$

给出,其中 $r(\theta)$ 在 $[\alpha,\beta]$ 上具有连续导数.由直角坐标与极坐标的关系可得

$$x=\rho(\theta)\cos\theta, \quad y=\rho(\theta)\sin\theta \quad (\alpha\leqslant\theta\leqslant\beta)$$

于是得弧长元素为

$$ds=\sqrt{(x')^2(\theta)+(y')^2(\theta)}\,d\theta=\sqrt{\rho^2(\theta)+(\rho')^2(\theta)}\,d\theta$$

从而所求弧长为

$$s=\int_\alpha^\beta \sqrt{\rho^2(\theta)+(\rho')^2(\theta)}\,d\theta$$

[例 5.26] 求阿基米德螺线 $\rho=a\theta (a>0)$ 相应于 θ 从 0 到 2π 一段的弧长.

解 弧长元素为

$$ds=\sqrt{a^2\theta^2+a^2}\,d\theta=a\sqrt{1+\theta^2}\,d\theta$$

于是所求弧长为

$$s=\int_0^{2\pi} a\sqrt{1+\theta^2}\,d\theta=\dfrac{a}{2}[2\pi\sqrt{1+4\pi^2}+\ln(2\pi+\sqrt{1+4\pi^2})]$$

5.4.2 简单物理应用

1. 变力沿直线所做的功

[例 5.27] 把一个带电荷量 $+q$ 的点电荷放在 r 轴上坐标原点 O 处,它产生一个电场.这个电场对周围的电荷有作用力.由物理学知道,如果有一个单位正电荷放在这个电

场中距离原点 O 为 r 的地方,那么电场对它的作用力的大小为

$$F = k\frac{q}{r^2} \quad (k \text{ 是常数})$$

当这个单位正电荷在电场中从 $r=a$ 处沿 r 轴移动到 $r=b(a<b)$ 处时,计算电场力 F 对它所做的功.

解 在上述移动过程中,电场对这个单位正电荷的作用力是变的. 取 r 为积分变量,它的变化区间为 $[a,b]$. 设 $[r, r+\mathrm{d}r]$ 为 $[a,b]$ 上的任一小区间,在 r 轴上,当单位正电荷从 r 移动到 $r+\mathrm{d}r$ 时,电场力对它所做的功近似为 $k\dfrac{q}{r^2}\mathrm{d}r$,即功元素为

$$\mathrm{d}W = k\frac{q}{r^2}\mathrm{d}r$$

于是所求的功为

$$W = \int_a^b \frac{kq}{r^2}\mathrm{d}r = kq\left[-\frac{1}{r}\right]_a^b = kq\left(\frac{1}{a} - \frac{1}{b}\right)$$

[例 5.28] 在底面积为 S 的圆柱形容器中盛有一定量的气体. 在等温条件下,由于气体的膨胀,把容器中的一个活塞(面积为 S)从点 a 处推移到点 b 处. 计算在移动过程中,气体压力所做的功.

解 取坐标系如图 5.19 所示,活塞的位置可以用坐标 x 来表示. 由物理学知道,一定量的气体在等温条件下,压强 p 与体积 V 的乘积是常数 k,即

$$pV = k \quad \text{或} \quad p = \frac{k}{V}$$

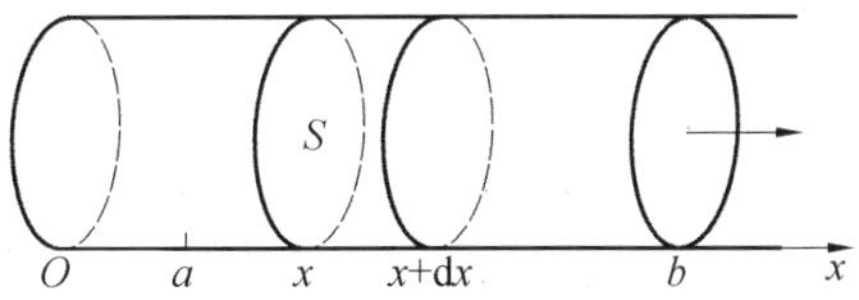

图 5.19

在点 x 处,因为 $V = xS$,所以

$$p = \frac{k}{xS}$$

于是作用在活塞上的力为

$$F = p \cdot S = \frac{k}{xS} \cdot S = \frac{k}{x}$$

当活塞从 x 移动到 $x + \mathrm{d}x$ 时,变力所做的功近似为 $\dfrac{k}{x}\mathrm{d}x$,即功元素为

$$\mathrm{d}W = \frac{k}{x}\mathrm{d}x$$

于是所求的功为

$$W = \int_a^b \frac{k}{x}\mathrm{d}x = k[\ln x]_a^b = k\ln\frac{b}{a}$$

[例 5.29] 一圆柱形的贮水桶高为 5 m,底面圆半径为 3 m,桶内盛满了水. 试问要

把桶内的水全部吸出需做多少功?

解 作 x 轴如图 5.20 所示. 取深度 x 为积分变量. 它的变化区间为 $[0,5]$,相应于 $[0,5]$ 上任意小区间 $[x,x+dx]$ 的一薄层水的高度为 dx. 水的比重为 9.8 kN/m^3,因此如 x 的单位为 m,这薄层水的重力为 $9.8\pi \cdot 3^2 dx$. 这薄层水吸出桶外需做的功近似为

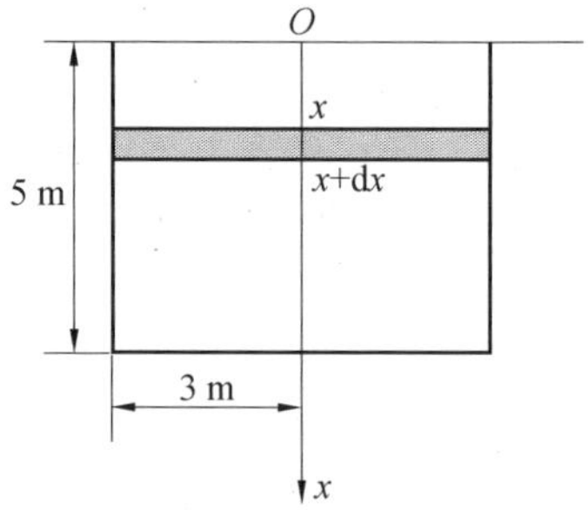

$$dW = 88.2\pi \cdot x \cdot dx$$

此即功元素. 于是所求的功为

$$W = \int_0^5 88.2\pi x dx = 88.2\pi \left[\frac{x^2}{2}\right]_0^5 = 88.2\pi \cdot \frac{25}{2} (\text{kJ}) \approx 3\,462 \text{ (kJ)}$$

图 5.20

2. 水压力

从物理学知道,在水深为 h 处的压强为 $p = \rho g h$,这里 ρ 是水的密度. 如果有一面积为 A 的平板水平地放置在水深为 h 处,那么,平板一侧所受的水压力为

$$P = p \cdot A$$

如果这个平板铅直放置在水中,那么,由于水深不同的点处压强 p 不相等,所以平板所受水的压力就不能用上述方法计算.

[例 5.30] 一个横放着的圆柱形水桶,桶内盛有半桶水. 设桶的底半径为 R,水的密度为 ρ,计算桶的一个端面上所受的压力.

解 桶的一个端面是圆片,与水接触的是下半圆. 取坐标系如图 5.21 所示.

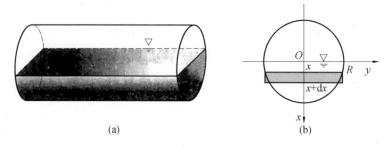

图 5.21

在水深 x 处于圆片上取一窄条,其宽为 dx,得压力元素为

$$dP = 2\rho g x \sqrt{R^2 - x^2} dx$$

所求压力为

$$P = \int_0^R 2\rho g x \sqrt{R^2 - x^2} dx = -\rho g \int_0^R (R^2 - x^2)^{\frac{1}{2}} d(R^2 - x^2)$$

$$= -\rho g \left[\frac{2}{3}(R^2 - x^2)^{\frac{3}{2}}\right]_0^R = \frac{2}{3} R^3 \rho g$$

本 章 习 题

5.1 利用定积分的几何意义求下列定积分.

(1) $\int_0^1 x\mathrm{d}x$; (2) $\int_0^1 \sqrt{1-x^2}\,\mathrm{d}x$; (3) $\int_{-1}^1 |x|\,\mathrm{d}x$.

5.2 利用定积分的性质,比较下列积分的大小.

(1) $\int_0^1 x^2 \mathrm{d}x$ 与 $\int_0^1 x^3 \mathrm{d}x$; (2) $\int_0^2 \mathrm{e}^x \mathrm{d}x$ 与 $\int_0^2 (1+x)\,\mathrm{d}x$;

(3) $\int_0^1 \sin x \mathrm{d}x$ 与 $\int_0^1 \sin x^2 \mathrm{d}x$.

5.3 估计下列定积分的取值范围.

(1) $\int_1^4 (x^2+1)\,\mathrm{d}x$; (2) $\int_0^{\frac{\pi}{2}} \mathrm{e}^{\sin x}\mathrm{d}x$; (3) $\int_{\frac{\pi}{4}}^{\frac{\pi}{3}} \frac{1}{1+\sin^2 x}\mathrm{d}x$.

5.4 求下列函数的导数.

(1) $\Phi(x) = \int_0^{x^2} \cos t^2 \mathrm{d}t$; (2) $\Phi(x) = \int_x^2 \ln^3 t \mathrm{d}t$;

(3) $\Phi(x) = \int_x^{\sin x} \frac{\sin t}{t}\mathrm{d}t$.

5.5 求下列极限.

(1) $\lim\limits_{x \to 0} \dfrac{\int_0^x \arctan t \mathrm{d}t}{x^2}$; (2) $\lim\limits_{x \to 0} \dfrac{\int_0^{x^2} \cos t^2 \mathrm{d}t}{x \sin x}$.

5.6 计算下列定积分.

(1) $\int_1^2 x^3 \mathrm{d}x$; (2) $\int_{-3}^{-1} \frac{1}{x}\mathrm{d}x$;

(3) $\int_0^{2\pi} |\sin x|\,\mathrm{d}x$; (4) $\int_{-\frac{1}{2}}^0 \frac{1}{\sqrt{1-x^2}}\mathrm{d}x$;

(5) $\int_{-1}^0 \frac{x^4+1}{x^2+1}\mathrm{d}x$; (6) $\int_0^1 (\mathrm{e}^x - x)\,\mathrm{d}x$.

5.7 利用换元积分法计算下列定积分.

(1) $\int_0^{\frac{\pi}{2}} \cos^5 x \sin x \mathrm{d}x$; (2) $\int_0^1 (\mathrm{e}^x - 1)\mathrm{e}^x \mathrm{d}x$;

(3) $\int_0^{\sqrt{\frac{\pi}{2}}} x \sin x^2 \mathrm{d}x$; (4) $\int_0^4 \frac{\sqrt{x}}{1+x}\mathrm{d}x$;

(5) $\int_0^\pi \sqrt{\sin x - \sin^3 x}\,\mathrm{d}x$; (6) $\int_0^{\ln 3} \sqrt{\mathrm{e}^x + 1}\,\mathrm{d}x$;

(7) $\int_0^a x^2 \sqrt{a^2 - x^2}\,\mathrm{d}x$; (8) $\int_0^\pi \sin^6 \frac{x}{2}\mathrm{d}x$;

(9) $\int_0^1 \frac{1}{1+\mathrm{e}^x}\mathrm{d}x$; (10) $\int_{-1}^1 \frac{x}{\sqrt{5-4x}}\mathrm{d}x$;

(11) $\int_{-1}^{1} \sqrt{x^2 - x^4}\, dx$.

5.8 利用分部积分法计算下列定积分.

(1) $\int_{1}^{e} x \ln x\, dx$；

(2) $\int_{0}^{\frac{1}{2}} \arcsin x\, dx$；

(3) $\int_{0}^{\frac{\pi}{2}} x \cos x\, dx$；

(4) $\int_{0}^{\frac{\pi}{2}} x^2 \sin x\, dx$；

(5) $\int_{0}^{1} x e^x\, dx$；

(6) $\int_{0}^{1} x \arctan x\, dx$；

(7) $\int_{0}^{\frac{\pi}{2}} e^x \cos x\, dx$.

5.9 求下列各曲线所围成的平面图形的面积.

(1) $y = x^2$ 与 $x = y^2$；

(2) $y = x^3$ 与 $y = 2x$；

(3) $y = e^x, y = e^{-x}$ 与直线 $x = 1$；

(4) $y = x, y = 2 - x$ 与 $y = 2x - 4$；

(5) $y = \ln x, y$ 轴及直线 $y = \ln a, y = \ln b (0 < a < b)$.

5.10 求下列各旋转体的体积.

(1) $y = \cos x, x \in \left[0, \frac{\pi}{2}\right]$ 与 x 轴，y 轴围成的平面图形绕 x 轴；

(2) $y = x^3$ 与 $y = x(x > 0)$ 所围成的图形，分别绕 x 轴，y 轴；

(3) $y = \ln x, x = e$ 与 $y = 0$ 所围成的图形绕 y 轴；

(4) $y = x^2$ 与 $x = y^2$ 所围成的图形绕 x 轴.

5.11 求下列平面曲线的弧长.

(1) $x = e^t \sin t, y = e^t \cos t \left(0 \leqslant t \leqslant \frac{\pi}{2}\right)$；

(2) $x = \arctan t, y = \frac{1}{2} \ln(1 + t^2) (0 \leqslant t \leqslant 1)$；

(3) $y = \frac{1}{4} x^2 - \frac{1}{2} \ln x (1 \leqslant x \leqslant e)$；

(4) $y = \ln(1 - x^2) \left(0 \leqslant x \leqslant \frac{1}{2}\right)$.

微分方程

6.1 微分方程的基本概念

函数是客观事物的内部联系在数量方面的反映,利用函数关系又可以对客观事物的规律性进行研究.因此如何寻找出所需要的函数关系,在实践中具有重要意义.在许多问题中,往往不能直接找出所需要的函数关系,但是根据问题所提供的情况,有时可以列出含有要找的函数及其导数的关系式.这样的关系式就是微分方程.微分方程建立以后,对它进行研究,找出未知函数,这就是解微分方程.

[**例 6.1**] 一曲线通过点 $(1,2)$,且在该曲线上任一点 $M(x,y)$ 处的切线的斜率为 $2x$,求该曲线的方程.

解 设所求曲线的方程为 $y=y(x)$.根据导数的几何意义,可知未知函数 $y=y(x)$ 应满足关系式(称为微分方程)

$$\frac{\mathrm{d}y}{\mathrm{d}x}=2x \tag{6.1}$$

此外,未知函数 $y=y(x)$ 还应满足 $x=1$ 时,$y=2$,简记为

$$y|_{x=1}=2 \tag{6.2}$$

把式(6.1)两端积分,得(称为微分方程的通解)

$$y=\int 2x\mathrm{d}x$$

即

$$y=x^2+C \tag{6.3}$$

其中,C 是任意常数.

把条件"$x=1$ 时,$y=2$"代入式(6.3),得

$$2=1^2+C$$

由此得出 $C=1$.把 $C=1$ 代入式(6.3),得所求曲线方程(称为微分方程满足条件 $y|_{x=1}=2$ 的解)为

$$y=x^2+1$$

[例 6.2] 列车在平直线路上以 20 m/s(相当于 72 km/h)的速度行驶,当制动时列车获得加速度 -0.4 m/s². 问开始制动后多长时间列车才能停住,以及列车在这段时间里行驶了多少路程?

解 设列车在开始制动后 t s 时行驶了 s m. 根据题意,反映制动阶段列车运动规律的函数 $s = s(t)$ 应满足关系式

$$\frac{d^2 s}{dt^2} = -0.4 \tag{6.4}$$

此外,未知函数 $s = s(t)$ 还应满足 $t = 0$ 时, $s = 0$, $v = \frac{ds}{dt} = 20$. 记为

$$s\big|_{t=0} = 0, \quad s'\big|_{t=0} = 20 \tag{6.5}$$

把式(6.4)两端积分一次,得

$$v = \frac{ds}{dt} = -0.4t + C_1 \tag{6.6}$$

再积分一次,得

$$s = -0.2t^2 + C_1 t + C_2 \tag{6.7}$$

这里 C_1, C_2 都是任意常数.

把条件 $v\big|_{t=0} = 20$ 代入式(6.6)得 $20 = C_1$;把条件 $s\big|_{t=0} = 0$ 代入式(6.7)得 $0 = C_2$.
把 C_1, C_2 的值代入式(6.6)及式(6.7)得

$$v = -0.4t + 20 \tag{6.8}$$

$$s = -0.2t^2 + 20t \tag{6.9}$$

在式(6.8)中令 $v = 0$,得到列车从开始制动到完全停住所需的时间为

$$t = \frac{20}{0.4} = 50 \text{(s)}$$

再把 $t = 50$ 代入式(6.9),得到列车在制动阶段行驶的路程为

$$s = -0.2 \times 50^2 + 20 \times 50 = 500 \text{(m)}$$

几个概念:

① 微分方程:表示未知函数、未知函数的导数与自变量之间的关系的方程,称为微分方程.

② 常微分方程:未知函数是一元函数的微分方程,称为常微分方程.

③ 偏微分方程:未知函数是多元函数的微分方程,称为偏微分方程.

④ 微分方程的阶:微分方程中所出现的未知函数的最高阶导数的阶数,称为微分方程的阶. 例如

$$x^3 y''' + x^2 y'' - 4xy' = 3x^2$$

是三阶微分方程.

$$y^{(4)} - 4y''' + 10y'' - 12y' + 5y = \sin 2x$$

是四阶微分方程. 一般 n 阶微分方程为

$$F(x, y, y', \cdots, y^{(n)}) = 0$$

⑤ 微分方程的解:满足微分方程的函数(把函数代入微分方程能使该方程成为恒等式)称为该微分方程的解. 确切地说,设函数 $y = \varphi(x)$ 在区间 I 上有 n 阶连续导数,如果在

区间 I 上,有
$$F[x,\varphi(x),\varphi'(x),\cdots,\varphi^{(n)}(x)]=0$$
那么函数 $y=\varphi(x)$ 就称为微分方程 $F(x,y,y',\cdots,y^{(n)})=0$ 在区间 I 上的解.

⑥ 通解:如果微分方程的解中含有相互独立的常数,且任意常数的个数与微分方程的阶数相同,这样的解称为微分方程的通解.

⑦ 初始条件:用于确定通解中任意常数的条件,称为初始条件. 如 $x=x_0$ 时,$y=y_0$, $y'=y_0'$. 一般写成
$$y\big|_{x=x_0}=y_0, \quad y'\big|_{x=x_0}=y_0'$$

⑧ 特解:确定了通解中的任意常数以后,就得到微分方程的特解,即不含任意常数的解.

⑨ 初值问题:求微分方程满足初始条件的解的问题称为初值问题.

如求微分方程 $y'=f(x,y)$ 满足初始条件 $y\big|_{x=x_0}=y_0$ 的解的问题,记为
$$\begin{cases} y'=f(x,y) \\ y\big|_{x=x_0}=y_0 \end{cases}$$

⑩ 积分曲线:微分方程的解的图形是一条曲线,称为微分方程的积分曲线.

[例 6.3] 验证:函数 $x=C_1\cos kt+C_2\sin kt$ 是微分方程 $\dfrac{\mathrm{d}^2 x}{\mathrm{d} t^2}+k^2 x=0$ 的解.

解 求所给函数的导数,有
$$\frac{\mathrm{d}x}{\mathrm{d}t}=-kC_1\sin kt+kC_2\cos kt$$
$$\frac{\mathrm{d}^2 x}{\mathrm{d}t^2}=-k^2 C_1\cos kt-k^2 C_2\sin kt=-k^2(C_1\cos kt+C_2\sin kt)$$

将 $\dfrac{\mathrm{d}^2 x}{\mathrm{d} t^2}$ 及 x 的表达式代入所给方程,得
$$-k^2(C_1\cos kt+C_2\sin kt)+k^2(C_1\cos kt+C_2\sin kt)\equiv 0$$

这表明函数 $x=C_1\cos kt+C_2\sin kt$ 满足方程 $\dfrac{\mathrm{d}^2 x}{\mathrm{d} t^2}+k^2 x=0$,因此所给函数是所给方程的解.

[例 6.4] 已知函数 $x=C_1\cos kt+C_2\sin kt(k\neq 0)$ 是微分方程 $\dfrac{\mathrm{d}^2 x}{\mathrm{d} t^2}+k^2 x=0$ 的通解,求满足初始条件
$$x\big|_{t=0}=A, \quad x'\big|_{t=0}=0$$
的特解.

解 由条件 $x\big|_{t=0}=A$ 及 $x=C_1\cos kt+C_2\sin kt$,得
$$C_1=A$$
再由条件 $x'\big|_{t=0}=0$ 及 $x'(t)=-kC_1\sin kt+kC_2\cos kt$,得
$$C_2=0$$
把 C_1,C_2 的值代入 $x=C_1\cos kt+C_2\sin kt$ 中,得
$$x=A\cos kt$$

6.2 一阶微分方程

6.2.1 可分离变量的微分方程

先来求微分方程 $y' = 2xy^2$ 的通解.

因为 y 是未知的,所以积分 $\int 2xy^2 \mathrm{d}x$ 无法进行,方程两边直接积分不能求出通解.

为求通解可将方程变为 $\dfrac{1}{y^2}\mathrm{d}y = 2x\mathrm{d}x$,两边积分,得

$$-\frac{1}{y} = x^2 + C \quad \text{或} \quad y = -\frac{1}{x^2 + C}$$

可以验证函数 $y = -\dfrac{1}{x^2 + C}$ 是原方程的通解.

一般地,如果一阶微分方程 $y' = \varphi(x, y)$ 能写成

$$g(y)\mathrm{d}y = f(x)\mathrm{d}x$$

这种形式,则两边积分可得一个不含未知函数的导数的方程

$$G(y) = F(x) + C$$

由方程 $G(y) = F(x) + C$ 所确定的隐函数就是原方程的通解.

(1) 对称形式的一阶微分方程.

一阶微分方程有时也写成对称形式,即

$$P(x, y)\mathrm{d}x + Q(x, y)\mathrm{d}y = 0$$

在这种方程中,变量 x 与 y 是对称的.

若把 x 看作自变量、y 看作未知函数,则当 $Q(x, y) \neq 0$ 时,有

$$\frac{\mathrm{d}y}{\mathrm{d}x} = -\frac{P(x, y)}{Q(x, y)}$$

若把 y 看作自变量、x 看作未知函数,则当 $P(x, y) \neq 0$ 时,有

$$\frac{\mathrm{d}x}{\mathrm{d}y} = -\frac{Q(x, y)}{P(x, y)}$$

(2) 可分离变量的微分方程.

如果一个一阶微分方程能写成

$$g(y)\mathrm{d}y = f(x)\mathrm{d}x$$

的形式,就是说,能把微分方程写成一端只含 y 的函数和 $\mathrm{d}y$,另一端只含 x 的函数和 $\mathrm{d}x$,那么原方程就称为可分离变量的微分方程.

讨论:判断下列方程是否为可分离变量的微分方程.

(1) $y' = 2xy$;   是 $\Rightarrow y^{-1}\mathrm{d}y = 2x\mathrm{d}x$

(2) $3x^2 + 5x - y' = 0$;   是 $\Rightarrow \mathrm{d}y = (3x^2 + 5x)\mathrm{d}x$

(3) $(x^2+y^2)dx - xy dy = 0$; 不是

(4) $y' = 1+x+y^2+xy^2$; 是 $\Rightarrow y' = (1+x)(1+y^2)$

(5) $y' = 10^{x+y}$; 是 $\Rightarrow 10^{-y}dy = 10^x dx$

(6) $y' = \dfrac{x}{y} + \dfrac{y}{x}$。 不是

(3) 可分离变量的微分方程的解法.

① 分离变量,将方程写成 $g(y)dy = f(x)dx$ 的形式;

② 两端积分: $\int g(y)dy = \int f(x)dx$, 设积分后得 $G(y) = F(x) + C$;

③ 求出由 $G(y) = F(x) + C$ 所确定的隐函数 $y = \Phi(x)$ 或 $x = \Psi(y)$.

$G(y) = F(x) + C$, $y = \Phi(x)$ 或 $x = \Psi(y)$ 都是方程的通解,其中 $G(y) = F(x) + C$ 称为隐式(通)解.

[例 6.5] 求微分方程 $\dfrac{dy}{dx} = 2xy$ 的通解.

解 此方程为可分离变量方程,分离变量后得

$$\frac{1}{y}dy = 2xdx$$

两边积分得

$$\int \frac{1}{y}dy = \int 2x dx$$

即

$$\ln|y| = x^2 + C_1$$

从而

$$y = \pm e^{x^2+C_1} = \pm e^{C_1} e^{x^2}$$

因为 $\pm e^{C_1}$ 仍是任意常数,把它记作 C,便得所给方程的通解为

$$y = Ce^{x^2}$$

[例 6.6] 求微分方程 $\dfrac{dy}{dx} = 1+x+y^2+xy^2$ 的通解.

解 方程可化为

$$\frac{dy}{dx} = (1+x)(1+y^2)$$

分离变量得

$$\frac{1}{1+y^2}dy = (1+x)dx$$

两边积分得

$$\int \frac{1}{1+y^2}dy = \int (1+x)dx$$

即

$$\arctan y = \frac{1}{2}x^2 + x + C$$

于是原方程的通解为

$$y = \tan\left(\frac{1}{2}x^2 + x + C\right)$$

[**例 6.7**] 有高为 1 m 的半球形容器,水从它的底部小孔流出,小孔横截面面积为 1 cm²。开始时容器内盛满了水,求水从小孔流出过程中容器里水面高度 h 随时间 t 变化的规律。

解 由水力学知道,水从孔口流出的流量 Q 可用如下公式计算:

$$Q = \frac{dV}{dt} = 0.62 S \sqrt{2gh}$$

其中,0.62 为流量系数;S 为孔口横截面面积;g 为重力加速度。

现在孔口横截面面积 $S = 1 \text{ cm}^2$,故

$$\frac{dV}{dt} = 0.62\sqrt{2gh} \quad \text{或} \quad dV = 0.62\sqrt{2gh}\, dt$$

另外,设在微小时间间隔 $[t, t+dt]$ 内,水面高度由 h 降至 $h+dh (dh < 0)$,则又可得到

$$dV = -\pi r^2 \, dh$$

其中 r 是时刻 t 的水面半径,右端置负号是由于 $dh < 0$ 而 $dV > 0$。又因为

$$r = \sqrt{100^2 - (100-h)^2} = \sqrt{200h - h^2}$$

所以

$$dV = -\pi(200h - h^2)\, dh$$

通过比较得到

$$0.62\sqrt{2gh}\, dt = -\pi(200h - h^2)\, dh$$

这就是未知函数 $h = h(t)$ 应满足的微分方程。

此外,开始时容器内的水是满的,所以未知函数 $h = h(t)$ 还应满足下列初始条件:

$$h \big|_{t=0} = 100$$

将方程 $0.62\sqrt{2gh}\, dt = -\pi(200h - h^2)\, dh$ 分离变量后得

$$dt = -\frac{\pi}{0.62\sqrt{2g}}(200h^{\frac{1}{2}} - h^{\frac{3}{2}})\, dh$$

两端积分,得

$$t = -\frac{\pi}{0.62\sqrt{2g}} \int (200h^{\frac{1}{2}} - h^{\frac{3}{2}})\, dh$$

即

$$t = -\frac{\pi}{0.62\sqrt{2g}} \left(\frac{400}{3} h^{\frac{3}{2}} - \frac{2}{5} h^{\frac{5}{2}} \right) + C$$

其中,C 是任意常数。

由初始条件得

$$t = -\frac{\pi}{0.62\sqrt{2g}} \left(\frac{400}{3} \times 100^{\frac{3}{2}} - \frac{2}{5} \times 100^{\frac{5}{2}} \right) + C$$

$$C = \frac{\pi}{0.62\sqrt{2g}} \left(\frac{400\ 000}{3} - \frac{200\ 000}{5} \right) = \frac{\pi}{0.62\sqrt{2g}} \times \frac{14}{15} \times 10^5$$

因此

$$t = \frac{\pi}{0.62\sqrt{2g}} (7 \times 10^5 - 10^3 h^{\frac{3}{2}} + 3 h^{\frac{5}{2}})$$

上式表达了水从小孔流出的过程中容器内水面高度 h 与时间 t 之间的函数关系.

6.2.2 齐次方程

如果一阶微分方程 $\dfrac{\mathrm{d}y}{\mathrm{d}x}=f(x,y)$ 中的函数 $f(x,y)$ 可写成 $\dfrac{y}{x}$ 的函数,即 $f(x,y)=\varphi\left(\dfrac{y}{x}\right)$,则称此方程为齐次方程. 例如:

(1) $xy'-y-\sqrt{y^2-x^2}=0$ 是齐次方程.

$$\frac{\mathrm{d}y}{\mathrm{d}x}=\frac{y+\sqrt{y^2-x^2}}{x}\Rightarrow\frac{\mathrm{d}y}{\mathrm{d}x}=\frac{y}{x}+\sqrt{\left(\frac{y}{x}\right)^2-1}$$

(2) $\sqrt{1-x^2}\,y'=\sqrt{1-y^2}$ 不是齐次方程.

$$\frac{\mathrm{d}y}{\mathrm{d}x}=\sqrt{\frac{1-y^2}{1-x^2}}$$

(3) $(x^2+y^2)\mathrm{d}x-xy\mathrm{d}y=0$ 是齐次方程.

$$\frac{\mathrm{d}y}{\mathrm{d}x}=\frac{x^2+y^2}{xy}\Rightarrow\frac{\mathrm{d}y}{\mathrm{d}x}=\frac{x}{y}+\frac{y}{x}$$

(4) $(2x+y-4)\mathrm{d}x+(x+y-1)\mathrm{d}y=0$ 不是齐次方程.

$$\frac{\mathrm{d}y}{\mathrm{d}x}=-\frac{2x+y-4}{x+y-1}$$

(5) $\left(2x\mathrm{sh}\dfrac{y}{x}+3y\mathrm{ch}\dfrac{y}{x}\right)\mathrm{d}x-3x\mathrm{ch}\dfrac{y}{x}\mathrm{d}y=0$ 是齐次方程.

$$\frac{\mathrm{d}y}{\mathrm{d}x}=\frac{2x\mathrm{sh}\dfrac{y}{x}+3y\mathrm{ch}\dfrac{y}{x}}{3x\mathrm{ch}\dfrac{y}{x}}\Rightarrow\frac{\mathrm{d}y}{\mathrm{d}x}=\frac{2}{3}\mathrm{th}\frac{y}{x}+\frac{y}{x}$$

下面介绍齐次方程的解法:

在齐次方程 $\dfrac{\mathrm{d}y}{\mathrm{d}x}=\varphi\left(\dfrac{y}{x}\right)$ 中,令 $u=\dfrac{y}{x}$,即 $y=ux$,有

$$u+x\frac{\mathrm{d}u}{\mathrm{d}x}=\varphi(u)$$

分离变量,得

$$\frac{\mathrm{d}u}{\varphi(u)-u}=\frac{\mathrm{d}x}{x}$$

两端积分,得

$$\int\frac{\mathrm{d}u}{\varphi(u)-u}=\int\frac{\mathrm{d}x}{x}$$

求出积分后,再用 $\dfrac{y}{x}$ 代替 u,便得所给齐次方程的通解.

[**例 6.8**] 解方程 $y^2+x^2\dfrac{\mathrm{d}y}{\mathrm{d}x}=xy\dfrac{\mathrm{d}y}{\mathrm{d}x}$.

解 原方程可写成

$$\frac{dy}{dx} = \frac{y^2}{xy - x^2} = \frac{\left(\frac{y}{x}\right)^2}{\frac{y}{x} - 1}$$

因此原方程是齐次方程. 令 $\frac{y}{x} = u$, 则

$$y = ux$$
$$\frac{dy}{dx} = u + x\frac{du}{dx}$$

于是原方程变为

$$u + x\frac{du}{dx} = \frac{u^2}{u-1}$$

即

$$x\frac{du}{dx} = \frac{u}{u-1}$$

分离变量, 得

$$\left(1 - \frac{1}{u}\right)du = \frac{dx}{x}$$

两边积分, 得

$$u - \ln|u| + C = \ln|x|$$

或写成

$$\ln|xu| = u + C$$

以 $\frac{y}{x}$ 代上式中的 u, 便得所给方程的通解为

$$\ln|y| = \frac{y}{x} + C$$

6.2.3 一阶线性微分方程

1. 线性方程

方程 $\frac{dy}{dx} + P(x)y = Q(x)$ 称为一阶线性微分方程.

如果 $Q(x) \equiv 0$, 则方程称为齐次线性方程, 否则方程称为非齐次线性方程.

方程 $\frac{dy}{dx} + P(x)y = 0$ 称为对应于非齐次线性方程 $\frac{dy}{dx} + P(x)y = Q(x)$ 的齐次线性方程.

例如:

(1) $(x-2)\frac{dy}{dx} = y \Rightarrow \frac{dy}{dx} - \frac{1}{x-2}y = 0$, 是齐次线性方程.

(2) $3x^2 + 5x - 5y' = 0 \Rightarrow y' = 3x^2 + 5x$, 是非齐次线性方程.

(3) $y' + y\cos x = e^{-\sin x}$, 是非齐次线性方程.

(4) $\frac{dy}{dx} = 10^{x+y}$, 不是线性方程.

(5) $(y+1)^2 \dfrac{dy}{dx} + x^3 = 0 \Rightarrow \dfrac{dy}{dx} - \dfrac{x^3}{(y+1)^2} = 0$ 或 $\dfrac{dx}{dy} - \dfrac{(y+1)^2}{x^3} = 0$，不是线性方程.

(1) 齐次线性方程的解法.

齐次线性方程 $\dfrac{dy}{dx} + P(x)y = 0$ 是变量可分离方程. 分离变量后得

$$\dfrac{dy}{y} = -P(x)dx$$

两边积分，得

$$\ln|y| = -\int P(x)dx + C_1$$

或

$$y = Ce^{-\int P(x)dx} \quad (C = \pm e^{C_1})$$

这就是齐次线性方程的通解（积分中不再加任意常数）.

[例 6.9] 求方程 $(x-2)\dfrac{dy}{dx} = y$ 的通解.

解 这是齐次线性方程，分离变量得

$$\dfrac{dy}{y} = \dfrac{dx}{x-2}$$

两边积分得

$$\ln|y| = \ln|x-2| + \ln C$$

方程的通解为

$$y = C(x-2)$$

(2) 非齐次线性方程的解法（常数变易法）.

将齐次线性方程通解中的常数换成 x 的未知函数 $u(x)$，把

$$y = u(x)e^{-\int P(x)dx}$$

设想成非齐次线性方程的通解，代入非齐次线性方程求得

$$u'(x)e^{-\int P(x)dx} - u(x)e^{-\int P(x)dx}P(x) + P(x)u(x)e^{-\int P(x)dx} = Q(x)$$

化简得

$$u'(x) = Q(x)e^{\int P(x)dx}$$

$$u(x) = \int Q(x)e^{\int P(x)dx}dx + C$$

于是非齐次线性方程的通解为

$$y = e^{-\int P(x)dx}\left[\int Q(x)e^{\int P(x)dx}dx + C\right]$$

或

$$y = Ce^{-\int P(x)dx} + e^{-\int P(x)dx}\int Q(x)e^{\int P(x)dx}dx$$

非齐次线性方程的通解等于对应的齐次线性方程通解与非齐次线性方程的一个特解之和.

[例 6.10] 求方程 $\dfrac{dy}{dx} - \dfrac{2y}{x+1} = (x+1)^{\frac{5}{2}}$ 的通解.

解 解法一：这是一个非齐次线性方程.

先求对应的齐次线性方程 $\dfrac{dy}{dx} - \dfrac{2y}{x+1} = 0$ 的通解.

分离变量得
$$\frac{dy}{y} = \frac{2dx}{x+1}$$

两边积分得
$$\ln y = 2\ln(x+1) + \ln C$$

齐次线性方程的通解为
$$y = C(x+1)^2$$

用常数变易法,把 C 换成 u,即令 $y = u \cdot (x+1)^2$,代入所给非齐次线性方程,得
$$u' \cdot (x+1)^2 + 2u \cdot (x+1) - \frac{2}{x+1} u \cdot (x+1)^2 = (x+1)^{\frac{5}{2}}$$
$$u' = (x+1)^{\frac{1}{2}}$$

两边积分得
$$u = \frac{2}{3}(x+1)^{\frac{3}{2}} + C$$

再把上式代入 $y = u(x+1)^2$ 中,即得所求方程的通解为
$$y = (x+1)^2 \left[\frac{2}{3}(x+1)^{\frac{3}{2}} + C\right]$$

解法二:这里
$$P(x) = -\frac{2}{x+1}, \quad Q(x) = (x+1)^{\frac{5}{2}}$$

因为
$$\int P(x)dx = \int \left(-\frac{2}{x+1}\right)dx = -2\ln(x+1)$$
$$e^{-\int P(x)dx} = e^{2\ln(x+1)} = (x+1)^2$$
$$\int Q(x)e^{\int P(x)dx}dx = \int (x+1)^{\frac{5}{2}}(x+1)^{-2}dx = \int(x+1)^{\frac{1}{2}}dx = \frac{2}{3}(x+1)^{\frac{3}{2}}$$

所以通解为
$$y = e^{-\int P(x)dx}\left[\int Q(x)e^{\int P(x)dx}dx + C\right] = (x+1)^2\left[\frac{2}{3}(x+1)^{\frac{3}{2}} + C\right]$$

2. 伯努利方程

方程
$$\frac{dy}{dx} + P(x)y = Q(x)y^n \quad (n \neq 0,1)$$

称为伯努利方程.

判断下列方程是什么类型方程.

(1) $\dfrac{dy}{dx} + \dfrac{1}{3}y = \dfrac{1}{3}(1-2x)y^4$,是伯努利方程.

(2) $\dfrac{dy}{dx} = y + xy^5 \Rightarrow \dfrac{dy}{dx} - y = xy^5$,是伯努利方程.

(3) $y' = \dfrac{x}{y} + \dfrac{y}{x} \Rightarrow y' - \dfrac{1}{x}y = xy^{-1}$,是伯努利方程.

(4) $\dfrac{\mathrm{d}y}{\mathrm{d}x} - 2xy = 4x$,是线性方程,不是伯努利方程.

伯努利方程的解法:以 y^n 除方程的两边,得
$$y^{-n}\dfrac{\mathrm{d}y}{\mathrm{d}x} + P(x)y^{1-n} = Q(x)$$

令 $z = y^{1-n}$,得线性方程
$$\dfrac{\mathrm{d}z}{\mathrm{d}x} + (1-n)P(x)z = (1-n)Q(x)$$

[**例 6.11**] 求方程 $\dfrac{\mathrm{d}y}{\mathrm{d}x} + \dfrac{y}{x} = a(\ln x)y^2$ 的通解.

解 以 y^2 除方程的两端,得
$$y^{-2}\dfrac{\mathrm{d}y}{\mathrm{d}x} + \dfrac{1}{x}y^{-1} = a\ln x$$

即
$$-\dfrac{\mathrm{d}(y^{-1})}{\mathrm{d}x} + \dfrac{1}{x}y^{-1} = a\ln x$$

令 $z = y^{-1}$,则上述方程变为
$$\dfrac{\mathrm{d}z}{\mathrm{d}x} - \dfrac{1}{x}z = -a\ln x$$

这是一个线性方程,它的通解为
$$z = x\left[C - \dfrac{a}{2}(\ln x)^2\right]$$

以 y^{-1} 代 z,得所求方程的通解为
$$yx\left[C - \dfrac{a}{2}(\ln x)^2\right] = 1$$

经过变量代换,某些方程可以化为变量可分离的方程,或化为已知其求解方法的方程.

[**例 6.12**] 解方程 $\dfrac{\mathrm{d}y}{\mathrm{d}x} = \dfrac{1}{x+y}$.

解 若把所给方程变形为
$$\dfrac{\mathrm{d}x}{\mathrm{d}y} = x + y$$

即为一阶线性方程,则按一阶线性方程的解法可求得通解.这里用变量代换来解所给方程.

令 $x + y = u$,则原方程化为
$$\dfrac{\mathrm{d}u}{\mathrm{d}x} - 1 = \dfrac{1}{u}$$

即
$$\dfrac{\mathrm{d}u}{\mathrm{d}x} = \dfrac{u+1}{u}$$

分离变量,得

$$\frac{u}{u+1}du = dx$$

两端积分,得
$$u - \ln|u+1| = x - \ln|C|$$

以 $u = x+y$ 代入上式,得
$$y - \ln|x+y+1| = -\ln|C| \quad \text{或} \quad x = Ce^y - y - 1$$

6.3 可降阶的高阶微分方程

6.3.1 $y^{(n)} = f(x)$ 型的微分方程

解法:积分 n 次,即
$$y^{(n-1)} = \int f(x)dx + C_1$$
$$y^{(n-2)} = \int \left[\int f(x)dx + C_1\right]dx + C_2$$
$$\cdots$$

[例 6.13] 求微分方程 $y''' = e^{2x} - \cos x$ 的通解.

解 对所给方程接连积分三次,得
$$y'' = \frac{1}{2}e^{2x} - \sin x + C_1$$
$$y' = \frac{1}{4}e^{2x} + \cos x + C_1 x + C_2$$
$$y = \frac{1}{8}e^{2x} + \sin x + \frac{1}{2}C_1 x^2 + C_2 x + C_3$$

这就是所给方程的通解.

或者
$$y'' = \frac{1}{2}e^{2x} - \sin x + 2C_1$$
$$y' = \frac{1}{4}e^{2x} + \cos x + 2C_1 x + C_2$$
$$y = \frac{1}{8}e^{2x} + \sin x + C_1 x^2 + C_2 x + C_3$$

这就是所给方程的通解.

6.3.2 $y'' = f(x, y')$ 型的微分方程

解法:设 $y' = p$,则方程化为
$$p' = f(x, p)$$

设 $p' = f(x, p)$ 的通解为 $p = \varphi(x, C_1)$,则

$$\frac{dy}{dx} = \varphi(x, C_1)$$

原方程的通解为
$$y = \int \varphi(x, C_1) dx + C_2$$

[例 6.14] 求微分方程
$$(1 + x^2)y'' = 2xy'$$
满足初始条件
$$y|_{x=0} = 1, \quad y'|_{x=0} = 3$$
的特解.

解 所给方程是 $y'' = f(x, y')$ 型的. 设 $y' = p$, 代入方程并分离变量后, 有
$$\frac{dp}{p} = \frac{2x}{1+x^2} dx$$
两边积分, 得
$$\ln|p| = \ln(1+x^2) + C$$
即
$$p = y' = C_1(1+x^2) \quad (C_1 = \pm e^C)$$
由条件 $y'|_{x=0} = 3$, 得 $C_1 = 3$, 所以
$$y' = 3(1+x^2)$$
两边再积分, 得
$$y = x^3 + 3x + C_2$$
又由条件 $y|_{x=0} = 1$, 得 $C_2 = 1$, 于是所求的特解为
$$y = x^3 + 3x + 1$$

6.3.3 $y'' = f(y, y')$ 型的微分方程

解法: 设 $y' = p$, 有
$$y'' = \frac{dp}{dx} = \frac{dp}{dy} \cdot \frac{dy}{dx} = p \frac{dp}{dy}$$
原方程化为
$$p \frac{dp}{dy} = f(y, p)$$

设方程 $p \frac{dp}{dy} = f(y, p)$ 的通解为 $y' = p = \varphi(y, C_1)$, 则原方程的通解为
$$\int \frac{dy}{\varphi(y, C_1)} = x + C_2$$

[例 6.15] 求微分 $yy'' - y'^2 = 0$ 的通解.

解 设 $y' = p$, 则 $y'' = p \frac{dp}{dy}$, 代入方程, 得
$$yp \frac{dp}{dy} - p^2 = 0$$

在 $y \neq 0$、$p \neq 0$ 时,约去 p 并分离变量,得
$$\frac{\mathrm{d}p}{p} = \frac{\mathrm{d}y}{y}$$
两边积分,得
$$\ln|p| = \ln|y| + \ln c$$
即
$$p = Cy \quad \text{或} \quad y' = Cy \quad (C = \pm c)$$
再分离变量并两边积分,便得原方程的通解为
$$\ln|y| = Cx + \ln c_1$$
或
$$y = C_1 \mathrm{e}^{Cx} \quad (C_1 = \pm c_1)$$

[例 6.16] 求微分 $yy'' - y'^2 = 0$ 的通解.

解 设 $y' = p$,则原方程化为
$$yp\frac{\mathrm{d}p}{\mathrm{d}y} - p^2 = 0$$
当 $y \neq 0$、$p \neq 0$ 时,有
$$\frac{\mathrm{d}p}{\mathrm{d}y} - \frac{1}{y}p = 0$$
于是
$$p = \mathrm{e}^{\int \frac{1}{y}\mathrm{d}y} = C_1 y$$
即
$$y' - C_1 y = 0$$
从而原方程的通解为
$$y = C_2 \mathrm{e}^{\int C_1 \mathrm{d}x} = C_2 \mathrm{e}^{C_1 x}$$

6.4 高阶线性微分方程

6.4.1 二阶线性微分方程举例

[例 6.17] 设有一个弹簧,上端固定,下端挂一个质量为 m 的物体. 取 x 轴铅直向下,并取物体的平衡位置为坐标原点.

给物体一个初始速度 $v_0 \neq 0$ 后,物体在平衡位置附近做上下振动. 在振动过程中,物体的位置 x 是 t 的函数:$x = x(t)$.

设弹簧的弹性系数为 c,则恢复力 $f = -cx$.

又设物体在运动过程中受到的阻力的大小与速度成正比,比例系数为 μ,则
$$R = -\mu \frac{\mathrm{d}x}{\mathrm{d}t}$$
由牛顿第二定律得
$$m\frac{\mathrm{d}^2 x}{\mathrm{d}t^2} = -cx - \mu \frac{\mathrm{d}x}{\mathrm{d}t}$$

移项,并记 $2n = \dfrac{\mu}{m}, k^2 = \dfrac{c}{m}$,则上式化为

$$\frac{d^2 x}{dt^2} + 2n \frac{dx}{dt} + k^2 x = 0$$

这就是在有阻尼的情况下,物体自由振动的微分方程.

如果振动物体还受到铅直扰力

$$F = H \sin pt$$

的作用,则有

$$\frac{d^2 x}{dt^2} + 2n \frac{dx}{dt} + k^2 x = h \sin pt$$

其中 $h = \dfrac{H}{m}$. 这就是强迫振动的微分方程.

[**例 6.18**] 设有一个由电阻 R、自感 L、电容 C 和电源 E 串联组成的电路,其中 R、L、及 C 为常数,电源电动势是时间 t 的函数:$E = E_m \sin \omega t$,这里 E_m 及 ω 也是常数.

设电路中的电流为 $i(t)$,电容器极板上的电量为 $q(t)$,两极板间的电压为 u_C,自感电动势为 E_L. 由电学可知

$$i = \frac{dq}{dt}, \quad u_C = \frac{q}{C}, \quad E_L = -L \frac{di}{dt}$$

根据回路电压定律,得

$$E - L \frac{di}{dt} - \frac{q}{C} - Ri = 0$$

即

$$LC \frac{d^2 u_C}{dt^2} + RC \frac{du_C}{dt} + u_C = E_m \sin \omega t$$

或写成

$$\frac{d^2 u_C}{dt^2} + 2\beta \frac{du_C}{dt} + \omega_0^2 u_C = \frac{E_m}{LC} \sin \omega t$$

其中,$\beta = \dfrac{R}{2L}, \omega_0 = \dfrac{1}{\sqrt{LC}}$. 这就是串联电路的振荡方程.

如果电容器经充电后撤去外电源($E = 0$),则上述方程变为

$$\frac{d^2 u_C}{dt^2} + 2\beta \frac{du_C}{dt} + \omega_0^2 u_C = 0$$

二阶线性微分方程:二阶线性微分方程的一般形式为

$$y'' + P(x) y' + Q(x) y = f(x)$$

若方程右端 $f(x) \equiv 0$,方程称为齐次的,否则称为非齐次的.

6.4.2 线性微分方程的解的结构

先讨论二阶齐次线性方程

$$y'' + P(x) y' + Q(x) y = 0$$

即

$$\frac{d^2 y}{dx^2} + P(x) \frac{dy}{dx} + Q(x) y = 0$$

定理 6.1 如果函数 $y_1(x)$ 与 $y_2(x)$ 是方程
$$y'' + P(x)y' + Q(x)y = 0$$
的两个解,那么
$$y = C_1 y_1(x) + C_2 y_2(x)$$
也是方程的解,其中 C_1、C_2 是任意常数.

齐次线性方程的这个性质表明它的解符合叠加原理.

证明
$$(C_1 y_1 + C_2 y_2)' = C_1 y_1' + C_2 y_2'$$
$$(C_1 y_1 + C_2 y_2)'' = C_1 y_1'' + C_2 y_2''$$

因为 y_1 与 y_2 是方程 $y'' + P(x)y' + Q(x)y = 0$ 的解,所以有
$$y_1'' + P(x)y_1' + Q(x)y_1 = 0 \quad \text{及} \quad y_2'' + P(x)y_2' + Q(x)y_2 = 0$$

从而
$$(C_1 y_1 + C_2 y_2)'' + P(x)(C_1 y_1 + C_2 y_2)' + Q(x)(C_1 y_1 + C_2 y_2)$$
$$= C_1 [y_1'' + P(x)y_1' + Q(x)y_1] + C_2 [y_2'' + P(x)y_2' + Q(x)y_2]$$
$$= 0 + 0 = 0$$

这就证明了 $y = C_1 y_1(x) + C_2 y_2(x)$ 也是方程 $y'' + P(x)y' + Q(x)y = 0$ 的解.

(1) 函数的线性相关与线性无关.

设 $y_1(x), y_2(x), \cdots, y_n(x)$ 为定义在区间 I 上的 n 个函数,如果存在 n 个不全为零的常数 $k_1, k_2, \cdots, k_n$,使得当 $x \in I$ 时有恒等式
$$k_1 y_1(x) + k_2 y_2(x) + \cdots + k_n y_n(x) \equiv 0$$
成立,那么称这 n 个函数在区间 I 上线性相关;否则称为线性无关.

(2) 判别两个函数线性相关性的方法.

对于两个函数,它们线性相关与否,只要看它们的比是否为常数,如果比为常数,那么它们就线性相关,否则就线性无关.

例如,$1, \cos^2 x, \sin^2 x$ 在整个数轴上是线性相关的. 函数 $1, x, x^2$ 在任何区间 (a, b) 内是线性无关的.

定理 6.2 如果函数 $y_1(x)$ 与 $y_2(x)$ 是方程
$$y'' + P(x)y' + Q(x)y = 0$$
的两个线性无关的解,那么
$$y = C_1 y_1(x) + C_2 y_2(x) \quad (C_1 \text{、} C_2 \text{ 是任意常数})$$
是方程的通解.

[例 6.19] 验证 $y_1 = \cos x$ 与 $y_2 = \sin x$ 是方程 $y'' + y = 0$ 的线性无关解,并写出其通解.

解 因为
$$y_1'' + y_1 = -\cos x + \cos x = 0$$
$$y_2'' + y_2 = -\sin x + \sin x = 0$$
所以 $y_1 = \cos x$ 与 $y_2 = \sin x$ 都是方程的解.

因为对于任意两个常数 k_1、k_2,要使
$$k_1 \cos x + k_2 \sin x \equiv 0$$

只有 $k_1=k_2=0$,所以 $\cos x$ 与 $\sin x$ 在 $(-\infty,+\infty)$ 内是线性无关的. 因此 $y_1=\cos x$ 与 $y_2=\sin x$ 是方程 $y''+y=0$ 的线性无关解. 方程的通解为
$$y=C_1\cos x+C_2\sin x$$

[例 6.20] 验证 $y_1=x$ 与 $y_2=e^x$ 是方程 $(x-1)y''-xy'+y=0$ 的线性无关解,并写出其通解.

解 因为
$$(x-1)y_1''-xy_1'+y_1=0-x+x=0$$
$$(x-1)y_2''-xy_2'+y_2=(x-1)e^x-xe^x+e^x=0$$
所以 $y_1=x$ 与 $y_2=e^x$ 都是方程的解.

因为比值 e^x/x 不恒为常数,所以 $y_1=x$ 与 $y_2=e^x$ 在 $(-\infty,+\infty)$ 内是线性无关的. 因此 $y_1=x$ 与 $y_2=e^x$ 是方程 $(x-1)y''-xy'+y=0$ 的线性无关解. 方程的通解为
$$y=C_1x+C_2e^x$$

推论 如果 $y_1(x),y_2(x),\cdots,y_n(x)$ 是方程
$$y^{(n)}+a_1(x)y^{(n-1)}+\cdots+a_{n-1}(x)y'+a_n(x)y=0$$
的 n 个线性无关的解,那么,此方程的通解为
$$y=C_1y_1(x)+C_2y_2(x)+\cdots+C_ny_n(x)$$
其中,$C_1,C_2,\cdots,C_n$ 为任意常数.

(3) 二阶非齐次线性方程解的结构.

把方程
$$y''+P(x)y'+Q(x)y=0$$
称为与非齐次方程
$$y''+P(x)y'+Q(x)y=f(x)$$
对应的齐次方程.

定理 6.3 设 $y^*(x)$ 是二阶非齐次线性方程
$$y''+P(x)y'+Q(x)y=f(x)$$
的一个特解,$Y(x)$ 是对应的齐次方程的通解,那么
$$y=Y(x)+y^*(x)$$
是二阶非齐次线性微分方程的通解.

证明提示:
$$[Y(x)+y^*(x)]''+P(x)[Y(x)+y^*(x)]'+Q(x)[Y(x)+y^*(x)]$$
$$=[Y''+P(x)Y'+Q(x)Y]+[y^{*''}+P(x)y^{*'}+Q(x)y^*]$$
$$=0+f(x)=f(x)$$

例如,$Y=C_1\cos x+C_2\sin x$ 是齐次方程 $y''+y=0$ 的通解,$y^*=x^2-2$ 是 $y''+y=x^2$ 的一个特解,因此
$$y=C_1\cos x+C_2\sin x+x^2-2$$
是方程 $y''+y=x^2$ 的通解.

定理 6.4 设非齐次线性微分方程 $y''+P(x)y'+Q(x)y=f(x)$ 的右端 $f(x)$ 是两个函数之和,如

$$y'' + P(x)y' + Q(x)y = f_1(x) + f_2(x)$$

而 $y_1^*(x)$ 与 $y_2^*(x)$ 分别是方程

$$y'' + P(x)y' + Q(x)y = f_1(x) \quad 与 \quad y'' + P(x)y' + Q(x)y = f_2(x)$$

的特解，那么 $y_1^*(x) + y_2^*(x)$ 就是原方程的特解.

证明提示：

$$(y_1^* + y_2^*)'' + P(x)(y_1^* + y_2^*)' + Q(x)(y_1^* + y_2^*)$$
$$= [y_1^{*''} + P(x)y_1^{*'} + Q(x)y_1^*] + [y_2^{*''} + P(x)y_2^{*'} + Q(x)y_2^*]$$
$$= f_1(x) + f_2(x)$$

6.4.3 二阶常系数齐次线性微分方程

方程

$$y'' + py' + qy = 0$$

称为二阶常系数齐次线性微分方程，其中 p,q 均为常数.

如果 y_1、y_2 是二阶常系数齐次线性微分方程的两个线性无关解，那么 $y = C_1 y_1 + C_2 y_2$ 就是它的通解.

用 $y = e^{rx}$ 来尝试，看能否适当选取 r，使 $y = e^{rx}$ 满足二阶常系数齐次线性微分方程，为此将 $y = e^{rx}$ 代入方程

$$y'' + py' + qy = 0$$

得

$$(r^2 + pr + q)e^{rx} = 0$$

由此可见，只要 r 满足代数方程 $r^2 + pr + q = 0$，函数 $y = e^{rx}$ 就是微分方程的解.

方程 $r^2 + pr + q = 0$ 称为微分方程 $y'' + py' + qy = 0$ 的特征方程. 特征方程的两个根 r_1、r_2 可用公式

$$r_{1,2} = \frac{-p \pm \sqrt{p^2 - 4q}}{2}$$

求出.

特征方程的根与通解的关系如下：

(1) 特征方程有两个不相等的实根 r_1、r_2 时，函数 $y_1 = e^{r_1 x}$、$y_2 = e^{r_2 x}$ 是方程的两个线性无关的解.

这是因为，函数 $y_1 = e^{r_1 x}$，$y_2 = e^{r_2 x}$ 是方程的解，又 $\dfrac{y_1}{y_2} = \dfrac{e^{r_1 x}}{e^{r_2 x}} = e^{(r_1 - r_2)x}$ 不是常数，线性无关，因此方程的通解为

$$y = C_1 e^{r_1 x} + C_2 e^{r_2 x}$$

(2) 特征方程有两个相等的实根 $r_1 = r_2$ 时，函数 $y_1 = e^{r_1 x}$，$y_2 = x e^{r_1 x}$ 是二阶常系数齐次线性微分方程的两个线性无关的解.

这是因为，$y_1 = e^{r_1 x}$ 是方程的解，又

$$(xe^{r_1 x})'' + p(xe^{r_1 x})' + q(xe^{r_1 x}) = (2r_1 + xr_1^2)e^{r_1 x} + p(1 + xr_1)e^{r_1 x} + qxe^{r_1 x}$$
$$= e^{r_1 x}(2r_1 + p) + xe^{r_1 x}(r_1^2 + pr_1 + q) = 0$$

所以 $y_2 = xe^{r_1 x}$ 也是方程的解，且 $\dfrac{y_2}{y_1} = \dfrac{xe^{r_1 x}}{e^{r_1 x}} = x$ 不是常数，线性无关.

因此方程的通解为
$$y = C_1 e^{r_1 x} + C_2 x e^{r_1 x}$$

(3) 特征方程有一对共轭复根 $r_{1,2} = \alpha \pm i\beta$ 时,函数 $y = e^{(\alpha+i\beta)x}$,$y = e^{(\alpha-i\beta)x}$ 是微分方程的两个线性无关的复数形式的解;函数 $y = e^{\alpha x} \cos \beta x$,$y = e^{\alpha x} \sin \beta x$ 是微分方程的两个线性无关的实数形式的解.

函数 $y_1 = e^{(\alpha+i\beta)x}$ 和 $y_2 = e^{(\alpha-i\beta)x}$ 都是方程的解,由欧拉公式得
$$y_1 = e^{(\alpha+i\beta)x} = e^{\alpha x}(\cos \beta x + i\sin \beta x)$$
$$y_2 = e^{(\alpha-i\beta)x} = e^{\alpha x}(\cos \beta x - i\sin \beta x)$$
$$y_1 + y_2 = 2e^{\alpha x}\cos \beta x, \quad e^{\alpha x}\cos \beta x = \frac{1}{2}(y_1 + y_2)$$
$$y_1 - y_2 = 2ie^{\alpha x}\sin \beta x, \quad e^{\alpha x}\sin \beta x = \frac{1}{2i}(y_1 - y_2)$$

故 $e^{\alpha x}\cos \beta x$、$y_2 = e^{\alpha x}\sin \beta x$ 也是方程的解.

可以验证,$y_1 = e^{\alpha x}\cos \beta x$、$y_2 = e^{\alpha x}\sin \beta x$ 是方程的线性无关解.因此方程的通解为
$$y = e^{\alpha x}(C_1 \cos \beta x + C_2 \sin \beta x)$$

求二阶常系数齐次线性微分方程 $y'' + py' + qy = 0$ 的通解的步骤为:

① 写出微分方程的特征方程
$$r^2 + pr + q = 0$$
② 求出特征方程的两个根 r_1、r_2.
③ 根据特征方程的两个根的不同情况,写出微分方程的通解.

[例 6.21] 求微分方程 $y'' - 2y' - 3y = 0$ 的通解.

解 所给微分方程的特征方程为
$$r^2 - 2r - 3 = 0$$
即
$$(r+1)(r-3) = 0$$
其根 $r_1 = -1$,$r_2 = 3$ 是两个不相等的实根,因此所求通解为
$$y = C_1 e^{-x} + C_2 e^{3x}$$

[例 6.22] 求方程 $y'' + 2y' + y = 0$ 满足初始条件 $y|_{x=0} = 4$,$y'|_{x=0} = -2$ 的特解.

解 所给方程的特征方程为
$$r^2 + 2r + 1 = 0$$
即
$$(r+1)^2 = 0$$
其根 $r_1 = r_2 = -1$ 是两个相等的实根,因此所给微分方程的通解为
$$y = (C_1 + C_2 x)e^{-x}$$
将条件 $y|_{x=0} = 4$ 代入通解,得 $C_1 = 4$,从而
$$y = (4 + C_2 x)e^{-x}$$
将上式对 x 求导,得
$$y' = (C_2 - 4 - C_2 x)e^{-x}$$
再把条件 $y'|_{x=0} = -2$ 代入上式,得 $C_2 = 2$.于是所求特解为
$$x = (4 + 2x)e^{-x}$$

[例 6.23]　求微分方程 $y'' - 2y' + 5y = 0$ 的通解.

解　所给方程的特征方程为
$$r^2 - 2r + 5 = 0$$
特征方程的根为 $r_1 = 1 + 2\mathrm{i}, r_2 = 1 - 2\mathrm{i}$, 是一对共轭复根, 因此所求通解为
$$y = \mathrm{e}^x(C_1 \cos 2x + C_2 \sin 2x)$$

方程
$$y^{(n)} + p_1 y^{(n-1)} + p_2 y^{(n-2)} + \cdots + p_{n-1} y' + p_n y = 0 \tag{6.10}$$
称为 n 阶常系数齐次线性微分方程, 其中 $p_1, p_2, \cdots, p_n$ 都是常数.

二阶常系数齐次线性微分方程所用的方法以及方程的通解形式, 可推广到 n 阶常系数齐次线性微分方程中.

有时也用记号 D(称为微分算子) 表示对 x 求导的运算 $\dfrac{\mathrm{d}}{\mathrm{d}x}$, 把 $\dfrac{\mathrm{d}y}{\mathrm{d}x}$ 记作 Dy, 把 $\dfrac{\mathrm{d}^n y}{\mathrm{d}x^n}$ 记作 $D^n y$, 则可把式(6.10) 记作
$$(D^n + p_1 D^{n-1} + \cdots + p_{n-1} D + p_n) y = 0$$
记
$$L(D) = D^n + p_1 D^{n-1} + \cdots + p_{n-1} D + p_n$$
则
$$L(r) = r^n + p_1 r^{n-1} + p_2 r^{n-2} + \cdots + p_{n-1} r + p_n = 0$$
称为微分方程 $L(D)y = 0$ 的特征方程.

特征方程的根与通解中项的对应如下:

① 单实根 r 对应于一项: $C\mathrm{e}^{rx}$;

② 一对单复根 $r_{1,2} = \alpha \pm \mathrm{i}\beta$ 对应于两项: $\mathrm{e}^{\alpha x}(C_1 \cos \beta x + C_2 \sin \beta x)$;

③ k 重实根 r 对应于 k 项: $\mathrm{e}^{rx}(C_1 + C_2 x + \cdots + C_k x^{k-1})$;

④ 一对 k 重复根 $r_{1,2} = \alpha \pm \mathrm{i}\beta$ 对应于 $2k$ 项:
$$\mathrm{e}^{\alpha x}[(C_1 + C_2 x + \cdots + C_k x^{k-1})\cos \beta x + (D_1 + D_2 x + \cdots + D_k x^{k-1})\sin \beta x]$$

[例 6.24]　求方程 $y^{(4)} - 2y''' + 5y'' = 0$ 的通解.

解　这里的特征方程为
$$r^4 - 2r^3 + 5r^2 = 0$$
即
$$r^2(r^2 - 2r + 5) = 0$$
它的根是 $r_1 = r_2 = 0$ 和 $r_{3,4} = 1 \pm 2\mathrm{i}$. 因此所给微分方程的通解为
$$y = C_1 + C_2 x + \mathrm{e}^x(C_3 \cos 2x + C_4 \sin 2x)$$

[例 6.25]　求方程 $y^{(4)} + \beta^4 y = 0$ 的通解, 其中 $\beta > 0$.

解　这里的特征方程为
$$r^4 + \beta^4 = 0$$
它的根为
$$r_{1,2} = \frac{\beta}{\sqrt{2}}(1 \pm \mathrm{i}), \quad r_{3,4} = -\frac{\beta}{\sqrt{2}}(1 \pm \mathrm{i})$$

因此所给微分方程的通解为
$$y = \mathrm{e}^{\frac{\beta}{\sqrt{2}}x}\left(C_1 \cos \frac{\beta}{\sqrt{2}}x + C_2 \sin \frac{\beta}{\sqrt{2}}x\right) + \mathrm{e}^{-\frac{\beta}{\sqrt{2}}x}\left(C_3 \cos \frac{\beta}{\sqrt{2}}x + C_4 \sin \frac{\beta}{\sqrt{2}}x\right)$$

6.4.4 二阶常系数非齐次线性微分方程

方程
$$y'' + py' + qy = f(x)$$
称为二阶常系数非齐次线性微分方程,其中 p,q 是常数.

二阶常系数非齐次线性微分方程的通解是对应的齐次方程的通解 $y=Y(x)$ 与非齐次方程本身的一个特解 $y=y^*(x)$ 之和,即
$$y = Y(x) + y^*(x)$$

下面介绍当 $f(x)$ 为两种特殊形式时,方程的特解的求法.

1. $f(x) = P_m(x)e^{\lambda x}$ 型

当 $f(x) = P_m(x)e^{\lambda x}$ 时,可以猜想,方程的特解也应具有这种形式. 因此,设特解形式为 $y^* = Q(x)e^{\lambda x}$,将其代入方程,得等式
$$Q''(x) + (2\lambda + p)Q'(x) + (\lambda^2 + p\lambda + q)Q(x) = P_m(x)$$

(1) 如果 λ 不是特征方程 $r^2 + pr + q = 0$ 的根,则 $\lambda^2 + p\lambda + q \neq 0$. 要使上式成立,$Q(x)$ 应设为 m 次多项式,即
$$Q_m(x) = b_0 x^m + b_1 x^{m-1} + \cdots + b_{m-1} x + b_m$$

通过比较等式两边同次项系数,可确定 $b_0, b_1, \cdots, b_m$,并得所求特解
$$y^* = Q_m(x)e^{\lambda x}$$

(2) 如果 λ 是特征方程 $r^2 + pr + q = 0$ 的单根,则 $\lambda^2 + p\lambda + q = 0$,但 $2\lambda + p \neq 0$,要使等式
$$Q''(x) + (2\lambda + p)Q'(x) + (\lambda^2 + p\lambda + q)Q(x) = P_m(x)$$
成立,$Q(x)$ 应设为 $m+1$ 次多项式,即
$$Q(x) = xQ_m(x)$$
$$Q_m(x) = b_0 x^m + b_1 x^{m-1} + \cdots + b_{m-1} x + b_m$$

通过比较等式两边同次项系数,可确定 $b_0, b_1, \cdots, b_m$,并得所求特解
$$y^* = xQ_m(x)e^{\lambda x}$$

(3) 如果 λ 是特征方程 $r^2 + pr + q = 0$ 的二重根,则 $\lambda^2 + p\lambda + q = 0, 2\lambda + p = 0$,要使等式
$$Q''(x) + (2\lambda + p)Q'(x) + (\lambda^2 + p\lambda + q)Q(x) = P_m(x)$$
成立,$Q(x)$ 应设为 $m+2$ 次多项式,即
$$Q(x) = x^2 Q_m(x)$$
$$Q_m(x) = b_0 x^m + b_1 x^{m-1} + \cdots + b_{m-1} x + b_m$$

通过比较等式两边同次项系数,可确定 $b_0, b_1, \cdots, b_m$,并得所求特解
$$y^* = x^2 Q_m(x)e^{\lambda x}$$

综上所述,有如下结论:如果 $f(x) = P_m(x)e^{\lambda x}$,则二阶常系数非齐次线性微分方程 $y'' + py' + qy = f(x)$ 有形如
$$y^* = x^k Q_m(x)e^{\lambda x}$$
的特解,其中 $Q_m(x)$ 是与 $P_m(x)$ 同次的多项式,而 k 按 λ 不是特征方程的根、是特征方程的单根或是特征方程的重根依次取为 0、1 或 2.

[例 6.26] 求微分方程 $y'' - 2y' - 3y = 3x + 1$ 的一个特解.

解 这是二阶常系数非齐次线性微分方程,且函数 $f(x)$ 是 $P_m(x)\mathrm{e}^{\lambda x}$ 型(其中, $P_m(x) = 3x + 1, \lambda = 0$).

与所给方程对应的齐次方程为
$$y'' - 2y' - 3y = 0$$

它的特征方程为
$$r^2 - 2r - 3 = 0$$

由于这里 $\lambda = 0$ 不是特征方程的根,所以应设特解为
$$y^* = b_0 x + b_1$$

把它代入所给方程,得
$$-3b_0 x - 2b_0 - 3b_1 = 3x + 1$$

比较两端 x 同次幂的系数,得
$$\begin{cases} -3b_0 = 3 \\ -2b_0 - 3b_1 = 1 \end{cases}$$

由此求得 $b_0 = -1, b_1 = \dfrac{1}{3}$. 于是求得所给方程的一个特解为
$$y^* = -x + \frac{1}{3}$$

[例 6.27] 求微分方程 $y'' - 5y' + 6y = x\mathrm{e}^{2x}$ 的通解.

解 所给方程是二阶常系数非齐次线性微分方程,且 $f(x)$ 是 $P_m(x)\mathrm{e}^{\lambda x}$ 型(其中 $P_m(x) = x, \lambda = 2$).

与所给方程对应的齐次方程为
$$y'' - 5y' + 6y = 0$$

它的特征方程为
$$r^2 - 5r + 6 = 0$$

特征方程有两个实根 $r_1 = 2, r_2 = 3$. 于是所给方程对应的齐次方程的通解为
$$Y = C_1 \mathrm{e}^{2x} + C_2 \mathrm{e}^{3x}$$

由于 $\lambda = 2$ 是特征方程的单根,所以应设方程的特解为
$$y^* = x(b_0 x + b_1)\mathrm{e}^{2x}$$

把它代入所给方程,得
$$-2b_0 x + 2b_0 - b_1 = x$$

比较两端 x 同次幂的系数,得
$$\begin{cases} -2b_0 = 1 \\ 2b_0 - b_1 = 0 \end{cases}$$

由此求得 $b_0 = -\dfrac{1}{2}, b_1 = -1$. 于是求得所给方程的一个特解为
$$y^* = x\left(-\frac{1}{2}x - 1\right)\mathrm{e}^{2x}$$

从而所给方程的通解为

$$y = C_1 e^{2x} + C_2 e^{3x} - \frac{1}{2}(x^2 + 2x)e^{2x}$$

2. 方程 $y'' + py' + qy = e^{\lambda x}[P_l(x)\cos \omega x + P_n(x)\sin \omega x]$ 的特解形式

应用欧拉公式可得

$$e^{\lambda x}[P_l(x)\cos \omega x + P_n(x)\sin \omega x]$$
$$= e^{\lambda x}\left[P_l(x)\frac{e^{i\omega x} + e^{-i\omega x}}{2} + P_n(x)\frac{e^{i\omega x} - e^{-i\omega x}}{2i}\right]$$
$$= \frac{1}{2}[P_l(x) - iP_n(x)]e^{(\lambda+i\omega)x} + \frac{1}{2}[P_l(x) + iP_n(x)]e^{(\lambda-i\omega)x}$$
$$= P(x)e^{(\lambda+i\omega)x} + \overline{P}(x)e^{(\lambda-i\omega)x}$$

其中，$P(x) = \frac{1}{2}(P_l - P_n i)$, $\overline{P}(x) = \frac{1}{2}(P_l + P_n i)$ 是互成共轭的 m 次多项式，$m = \max\{l, n\}$.

设方程 $y'' + py' + qy = P(x)e^{(\lambda+i\omega)x}$ 的特解为

$$y_1^* = x^k Q_m(x) e^{(\lambda+i\omega)x}$$

则 $\overline{y_1^*} = x^k \overline{Q}_m(x) e^{(\lambda-i\omega)x}$ 必是方程 $y'' + py' + qy = \overline{P}(x)e^{(\lambda-i\omega)x}$ 的特解，其中 k 按 $\lambda \pm i\omega$ 不是特征方程的根及是特征方程的根依次取 0 或 1.

于是方程 $y'' + py' + qy = e^{\lambda x}[P_l(x)\cos \omega x + P_n(x)\sin \omega x]$ 的特解为

$$y^* = x^k Q_m(x) e^{(\lambda+i\omega)x} + x^k \overline{Q}_m(x) e^{(\lambda-i\omega)x}$$
$$= x^k e^{\lambda x}[Q_m(x)(\cos \omega x + i\sin \omega x) + \overline{Q}_m(x)(\cos \omega x - i\sin \omega x)]$$
$$= x^k e^{\lambda x}[R_m^{(1)}(x)\cos \omega x + R_m^{(2)}(x)\sin \omega x]$$

综上所述，有如下结论：

如果 $f(x) = e^{\lambda x}[P_l(x)\cos \omega x + P_n(x)\sin \omega x]$，则二阶常系数非齐次线性微分方程

$$y'' + py' + qy = f(x)$$

的特解可设为

$$y^* = x^k e^{\lambda x}[R_m^{(1)}(x)\cos \omega x + R_m^{(2)}(x)\sin \omega x]$$

其中，$R_m^{(1)}(x)$、$R_m^{(2)}(x)$ 是 m 次多项式，$m = \max\{l, n\}$，而 k 按 $\lambda + i\omega$（或 $\lambda - i\omega$）不是特征方程的根或是特征方程的单根依次取 0 或 1.

[例 6.28] 求微分方程 $y'' + y = x\cos 2x$ 的一个特解.

解 所给方程是二阶常系数非齐次线性微分方程，且 $f(x)$ 属于 $e^{\lambda x}[P_l(x)\cos \omega x + P_n(x)\sin \omega x]$ 型（其中 $\lambda = 0, \omega = 2, P_l(x) = x, P_n(x) = 0$）.

与所给方程对应的齐次方程为

$$y'' + y = 0$$

它的特征方程为

$$r^2 + 1 = 0$$

由于这里 $\lambda + i\omega = 2i$ 不是特征方程的根，所以应设特解为

$$y^* = (ax + b)\cos 2x + (cx + d)\sin 2x$$

把它代入所给方程,得

$$(-3ax-3b+4c)\cos 2x - (3cx+3d+4a)\sin 2x = x\cos 2x$$

比较两端同类项的系数,得

$$a=-\frac{1}{3}, \quad b=0, \quad c=0, \quad d=\frac{4}{9}$$

于是求得一个特解为

$$y^* = -\frac{1}{3}x\cos 2x + \frac{4}{9}\sin 2x$$

提示:

$$y^* = (ax+b)\cos 2x + (cx+d)\sin 2x$$

$$y^{*\prime} = a\cos 2x - 2(ax+b)\sin 2x + c\sin 2x + 2(cx+d)\cos 2x$$

$$= (2cx+a+2d)\cos 2x + (-2ax-2b+c)\sin 2x$$

$$y^{*\prime\prime} = 2c\cos 2x - 2(2cx+a+2d)\sin 2x - 2a\sin 2x + 2(-2ax-2b+c)\cos 2x$$

$$= (-4ax-4b+4c)\cos 2x + (-4cx-4a-4d)\sin 2x$$

$$y^{*\prime\prime} + y^* = (-3ax-3b+4c)\cos 2x + (-3cx-4a-3d)\sin 2x$$

由 $\begin{cases} -3a=1 \\ -3b+4c=0 \\ -3c=0 \\ -4a-3d=0 \end{cases}$,得 $a=-\frac{1}{3}, b=0, c=0, d=\frac{4}{9}$.

本 章 习 题

6.1 求下列分离变量的微分方程的通解.

(1) $xy\,\mathrm{d}x + (x^2+1)\,\mathrm{d}y = 0$;

(2) $(xy^2+x)\,\mathrm{d}x + (y-x^2 y)\,\mathrm{d}y = 0$;

(3) $\dfrac{x}{\cos y}\mathrm{d}x + (x+1)\,\mathrm{d}y = 0$;

(4) $\dfrac{\tan y}{\cos^2 x}\mathrm{d}x + \dfrac{\tan x}{\cos^2 y}\mathrm{d}y = 0$;

(5) $(y+3)\,\mathrm{d}x + \cot x\,\mathrm{d}y = 0$;

(6) $10^{x+y}\mathrm{d}x - \mathrm{d}y = 0$;

(7) $y\ln x\,\mathrm{d}x + x\ln y\,\mathrm{d}y = 0$;

(8) $(\mathrm{e}^{x+y} - \mathrm{e}^x)\,\mathrm{d}x + (\mathrm{e}^{x+y} + \mathrm{e}^y)\,\mathrm{d}y = 0$;

(9) $\cos x\sin y\,\mathrm{d}x + \sin x\cos y\,\mathrm{d}y = 0$;

(10) $P(x)y\,\mathrm{d}x - \mathrm{d}y = 0$.

6.2 求下列齐次微分方程的通解.

(1) $y' = \dfrac{y}{x} + \tan\dfrac{y}{x}$;

(2) $xy' - x\sin\dfrac{y}{x} - y = 0$;

(3) $(x+\sqrt{x^2+y^2})y' - y = 0$;

(4) $xy' + y = 2\sqrt{xy}$;

(5) $xy' - y - \sqrt{y^2-x^2} = 0$;

(6) $(x^2+y^2)\,\mathrm{d}x - xy\,\mathrm{d}y = 0$;

(7) $\left(x+y\cos\dfrac{y}{x}\right)\mathrm{d}x - \left(x\cos\dfrac{y}{x}\right)\mathrm{d}y = 0$;

(8) $x^2 y\,\mathrm{d}x - (x^3+y^3)\,\mathrm{d}y = 0$.

6.3 求下列一阶线性微分方程的通解.

(1) $\dfrac{dy}{dx} + 2xy = xe^{-x^2}$;

(2) $xy' + y = x^2 + 3x + 2$;

(3) $y' + 2y = e^{3x}$;

(4) $y' + \dfrac{y}{x} = \sin x$;

(5) $y' + y\cos x = e^{-\sin x}$;

(6) $y' + \dfrac{2y}{x} + \dfrac{x}{a} = 0$;

(7) $x^2 y - y = x^2 e^{x-\frac{1}{x}}$;

(8) $y' + y\tan x = \sin 2x$;

(9) $(1+x^2)y' - 2xy = (1+x^2)^2$;

(10) $xy' - y = \dfrac{x}{\ln x}$.

6.4 求下列常系数齐次线性微分方程的通解.

(1) $y'' + 6y' + 13y = 0$;

(2) $4y'' - 8y' + 5y = 0$;

(3) $y'' - 2y' + y = 0$;

(4) $4y'' - 20y' + 25y = 0$;

(5) $y'' - 2y' + (1-a^2)y = 0\,(a>0)$;

(6) $y'' - 10y' + 34y = 0$;

(7) $y'' - 4y' + 5y = 0$;

(8) $y'' - 6y' + 11y = 0$.

6.5 求下列常系数非齐次线性微分方程的通解.

(1) $2y'' + y' - y = 2e^x$;

(2) $y'' + a^2 y = e^x$;

(3) $y'' - 7y' + 6y = \sin x$;

(4) $y'' + 4y = \sin 2x$;

(5) $y'' + y' + y = 3x + 4$;

(6) $2y'' + 5y' = 5x^2 - 6x + 1$.

6.6 求下列微分方程的通解.

(1) $y'' = x + \sin x$;

(2) $y''' = xe^x$;

(3) $y'' = \dfrac{1}{1+x^2}$;

(4) $y'' = 1 + y'^2$;

(5) $y'' = y' + x$;

(6) $xy'' + y' = 0$;

(7) $yy'' + 1 = y'^2$;

(8) $y^3 y'' - 1 = 0$;

(9) $y'' = \dfrac{1}{\sqrt{y}}$;

(10) $y'' = y'^3 + y'$.

6.7 求下列微分方程的特解.

(1) $\dfrac{d^2 s}{dt^2} + 2\dfrac{ds}{dt} + s = 0,\ s(0)=4,\ s'(0)=2$;

(2) $4y'' + 4y' + y = 0,\ y(0)=2,\ y'(0)=0$;

(3) $y'' + 4y' + 29y = 0,\ y(0)=0,\ y'(0)=15$;

(4) $y'' - 2y' - 3y = -10\sin x,\ y(0)=1,\ y'(0)=2$;

(5) $y'' + 4y' + 3y = 2e^{-x},\ y(0)=0,\ y'(0)=0$.

多元函数的微积分

7.1 多元函数的微分学

7.1.1 多元函数的基本概念

1. 平面点集 n 维空间

(1) 平面点集.

由平面解析几何知道,当在平面上引入了一个直角坐标系后,平面上的点 P 与有序二元实数组 (x,y) 之间就建立了一一对应的关系. 于是,常把有序实数组 (x,y) 与平面上的点 P 视作是等同的. 这种建立了坐标系的平面称为坐标平面.

二元有序实数组 (x,y) 的全体,即 $\mathbf{R}^2 = \mathbf{R} \times \mathbf{R} = \{(x,y) \mid x,y \in \mathbf{R}\}$ 就表示坐标平面.

坐标平面上具有某种性质 Q 的点的集合,称为平面点集,记作
$$E = \{(x,y) \mid (x,y) \text{ 具有性质 } Q\}$$
例如,平面上以原点为中心、r 为半径的圆内所有点的集合是
$$C = \{(x,y) \mid x^2 + y^2 < r^2\}$$
如果以点 P 表示 (x,y),以 $|OP|$ 表示点 P 到原点 O 的距离,那么集合 C 可表示成
$$C = \{P \mid |OP| < r\}$$

① 邻域.

设 $P_0(x_0, y_0)$ 是 xOy 平面上的一个点,δ 是某一正数. 与点 $P_0(x_0, y_0)$ 距离小于 δ 的点 $P(x,y)$ 的全体,称为点 P_0 的 δ 邻域,记为 $U(P_0, \delta)$,即
$$U(P_0, \delta) = \{P \mid |PP_0| < \delta\}$$

或
$$U(P_0,\delta) = \{(x,y) \mid \sqrt{(x-x_0)^2+(y-y_0)^2} < \delta\}$$

邻域的几何意义：$U(P_0,\delta)$ 表示 xOy 平面上以点 $P_0(x_0,y_0)$ 为中心、$\delta>0$ 为半径的圆的内部的点 $P(x,y)$ 的全体.

点 P_0 的去心 δ 邻域，记作 $\overset{\circ}{U}(P_0,\delta)$，即
$$\overset{\circ}{U}(P_0,\delta) = \{P \mid 0 < |P_0P| < \delta\}$$

注：如果不需要强调邻域的半径 δ，则用 $U(P_0)$ 表示点 P_0 的某个邻域，点 P_0 的去心邻域记作 $\overset{\circ}{U}(P_0)$.

② 点与点集之间的关系.

任意一点 $P \in \mathbf{R}^2$ 与任意一个点集 $E \subset \mathbf{R}^2$ 之间必有以下三种关系中的一种：

a. 内点：如果存在点 P 的某一邻域 $U(P)$，使得 $U(P) \subset E$，则称 P 为 E 的内点，例如图 7.1 中 P_1.

b. 外点：如果存在点 P 的某个邻域 $U(P)$，使得 $U(P) \cap E = \varnothing$，则称 P 为 E 的外点，例如图 7.1 中 P_2.

c. 边界点：如果点 P 的任一邻域内既有属于 E 的点，也有不属于 E 的点，则称 P 点为 E 的边点，例如图 7.1 中 P_3.

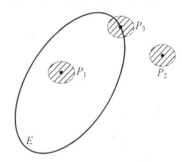

图 7.1

E 的边界点的全体，称为 E 的边界，记作 ∂E.

E 的内点必属于 E；E 的外点必不属于 E；而 E 的边界点可能属于 E，也可能不属于 E.

如果对于任意给定的 $\delta > 0$，点 P 的去心邻域 $\overset{\circ}{U}(P,\delta)$ 内总有 E 中的点，则称 P 是 E 的聚点.

由聚点的定义可知，点集 E 的聚点 P 本身，可能属于 E，也可能不属于 E.

例如，设平面点集
$$E = \{(x,y) \mid 1 < x^2 + y^2 \leqslant 2\}$$

满足 $1 < x^2 + y^2 < 2$ 的一切点 (x,y) 都是 E 的内点；满足 $x^2 + y^2 = 1$ 的一切点 (x,y) 都是 E 的边界点，它们都不属于 E；满足 $x^2 + y^2 = 2$ 的一切点 (x,y) 也是 E 的边界点，它们都属于 E；点集 E 以及它的界边 ∂E 上的一切点都是 E 的聚点.

开集：如果点集 E 的点都是内点，则称 E 为开集.

闭集：如果点集的余集 E^c 为开集，则称 E 为闭集.

开集的例子：$E = \{(x,y) \mid 1 < x^2 + y^2 < 2\}$.

闭集的例子：$E = \{(x,y) \mid 1 \leqslant x^2 + y^2 \leqslant 2\}$.

集合 $\{(x,y) \mid 1 < x^2 + y^2 \leqslant 2\}$ 既非开集，也非闭集.

连通性：如果点集 E 内任何两点，都可用折线联结起来，且该折线上的点都属于 E，则称 E 为连通集.

区域（或开区域）：连通的开集称为区域或开区域. 例如，$E = \{(x,y) \mid 1 <$

$x^2 + y^2 < 2\}$.

闭区域:开区域连同它的边界一起所构成的点集称为闭区域.例如,$E = \{(x,y) \mid 1 \leqslant x^2 + y^2 \leqslant 2\}$.

有界集:对于平面点集 E,如果存在某一正数 r,使得 $E \subset U(O,r)$,其中 O 是坐标原点,则称 E 为有界点集.

无界集:一个集合如果不是有界集,就称该集合为无界集.

例如,集合 $\{(x,y) \mid 1 \leqslant x^2 + y^2 \leqslant 2\}$ 是有界闭区域;集合 $\{(x,y) \mid x+y > 1\}$ 是无界开区域;集合 $\{(x,y) \mid x+y \geqslant 1\}$ 是无界闭区域.

(2) n 维空间.

设 n 为取定的一个自然数,用 $\mathbf{R}^n$ 表示 n 元有序数组 $(x_1, x_2, \cdots, x_n)$ 的全体所构成的集合,即

$$\mathbf{R}^n = \mathbf{R} \times \mathbf{R} \times \cdots \times \mathbf{R} = \{(x_1, x_2, \cdots, x_n) \mid x_i \in \mathbf{R}, i = 1, 2, \cdots, n\}$$

$\mathbf{R}^n$ 中的元素 $(x_1, x_2, \cdots, x_n)$ 有时也用单个字母 $\boldsymbol{x}$ 来表示,即 $\boldsymbol{x} = (x_1, x_2, \cdots, x_n)$.当所有的 $x_i (i=1,2,\cdots,n)$ 都为零时,称这样的元素为 $\mathbf{R}^n$ 中的零元,记为 $\boldsymbol{0}$ 或 O.在解析几何中,通过直角坐标系,$\mathbf{R}^2$(或 $\mathbf{R}^3$)中的元素分别与平面(或空间)中的点或向量建立一一对应,因而 $\mathbf{R}^n$ 中的元素 $\boldsymbol{x} = (x_1, x_2, \cdots, x_n)$ 也称为 $\mathbf{R}^n$ 中的一个点或一个 n 维向量,x_i 称为点 $\boldsymbol{x}$ 的第 i 个坐标或 n 维向量 $\boldsymbol{x}$ 的第 i 个分量.特别地,$\mathbf{R}^n$ 中的零元 $\boldsymbol{0}$ 称为 $\mathbf{R}^n$ 中的坐标原点或 n 维零向量.

为了在集合 $\mathbf{R}^n$ 中的元素之间建立联系,在 $\mathbf{R}^n$ 中定义线性运算如下:

设 $\boldsymbol{x} = (x_1, x_2, \cdots, x_n), \boldsymbol{y} = (y_1, y_2, \cdots, y_n)$ 为 $\mathbf{R}^n$ 中任意两个元素,$\lambda \in \mathbf{R}$,规定

$$\boldsymbol{x} + \boldsymbol{y} = (x_1 + y_1, x_2 + y_2, \cdots, x_n + y_n), \quad \lambda \boldsymbol{x} = (\lambda x_1, \lambda x_2, \cdots, \lambda x_n)$$

这样定义了线性运算的集合 $\mathbf{R}^n$,称为 n 维空间.

$\mathbf{R}^n$ 中点 $\boldsymbol{x} = (x_1, x_2, \cdots, x_n)$ 和点 $\boldsymbol{y} = (y_1, y_2, \cdots, y_n)$ 间的距离,记作 $\rho(\boldsymbol{x}, \boldsymbol{y})$,规定

$$\rho(\boldsymbol{x}, \boldsymbol{y}) = \sqrt{(x_1 - y_1)^2 + (x_2 - y_2)^2 + \cdots + (x_n - y_n)^2}$$

显然,$n = 1, 2, 3$ 时,上述规定与数轴上、直角坐标系下平面及空间中两点间的距离一致.

$\mathbf{R}^n$ 中元素 $\boldsymbol{x} = (x_1, x_2, \cdots, x_n)$ 与零元 $\boldsymbol{0}$ 之间的距离 $\rho(\boldsymbol{x}, \boldsymbol{0})$ 记作 $\|\boldsymbol{x}\|$(在 $\mathbf{R}^1, \mathbf{R}^2, \mathbf{R}^3$ 中,通常将 $\|\boldsymbol{x}\|$ 记作 $|\boldsymbol{x}|$),即

$$\|\boldsymbol{x}\| = \sqrt{x_1^2 + x_2^2 + \cdots x_n^2}$$

采用这一记号,结合向量的线性运算,便得

$$\|\boldsymbol{x} - \boldsymbol{y}\| = \sqrt{(x_1 - y_1)^2 + (x_2 - y_2)^2 + \cdots + (x_n - y_n)^2} = \rho(\boldsymbol{x}, \boldsymbol{y})$$

在 n 维空间 $\mathbf{R}^n$ 中定义了距离以后,就可以定义 $\mathbf{R}^n$ 中变元的极限:

设 $\boldsymbol{x} = (x_1, x_2, \cdots, x_n), \boldsymbol{a} = (a_1, a_2, \cdots, a_n) \in \mathbf{R}^n$,如果

$$\|\boldsymbol{x} - \boldsymbol{a}\| \to 0$$

则称变元 $\boldsymbol{x}$ 在 $\mathbf{R}^n$ 中趋于固定元 $\boldsymbol{a}$,记作 $\boldsymbol{x} \to \boldsymbol{a}$.

显然

$$\boldsymbol{x} \to \boldsymbol{a} \Leftrightarrow x_1 \to a_1, x_2 \to a_2, \cdots, x_n \to a_n$$

在 $\mathbf{R}^n$ 中引入线性运算和距离,使得前面讨论过的有关平面点集的一系列概念,可以

方便地引入到 $n(n \geqslant 3)$ 维空间中来.

例如,设 $\boldsymbol{a}=(a_1,a_2,\cdots,a_n)\in \mathbf{R}^n$,$\delta$ 是某一正数,则 n 维空间内的点集
$$U(\boldsymbol{a},\delta)=\{\boldsymbol{x} \mid \boldsymbol{x} \in \mathbf{R}^n,\rho(\boldsymbol{x},\boldsymbol{a})<\delta\}$$
就定义为 $\mathbf{R}^n$ 中点 $\boldsymbol{a}$ 的 δ 邻域. 以邻域为基础,可以定义点集的内点、外点、边界点和聚点,以及开集、闭集、区域等一系列概念.

2. 多元函数概念

[**例 7.1**] 圆柱体的体积 V 和它的底面半径 r、高 h 之间具有关系
$$V=\pi r^2 h$$
这里,当 r,h 在集合 $\{(r,h) \mid r>0,h>0\}$ 内取定一对值 (r,h) 时,V 对应的值就随之确定.

[**例 7.2**] 一定量的理想气体的压强 p、体积 V 和绝对温度 T 之间具有关系
$$p=\frac{RT}{V}$$
其中,R 为常数. 这里,当 V 和 T 在集合 $\{(V,T) \mid V>0,T>0\}$ 内取定一对值 (V,T) 时,p 的对应值就随之确定.

[**例 7.3**] 设 R 是电阻 R_1、R_2 并联后的总电阻,由电学知道,它们之间具有关系
$$R=\frac{R_1 R_2}{R_1+R_2}$$
这里,当 R_1 和 R_2 在集合 $\{(R_1,R_2) \mid R_1>0,R_2>0\}$ 内取定一对值 (R_1,R_2) 时,R 的对应值就随之确定.

定义 7.1 设 D 是 $\mathbf{R}^2$ 的一个非空子集,称映射 $f:D \to \mathbf{R}$ 为定义在 D 上的二元函数,通常记为
$$z=f(x,y),(x,y) \in D \quad (\text{或 } z=f(P),P \in D)$$
其中,点集 D 称为该函数的定义域;x,y 称为自变量;z 称为因变量.

上述定义中,与自变量 x 和 y 的一对值 (x,y) 相对应的因变量 z 的值,也称为 f 在点 (x,y) 处的函数值,记作 $f(x,y)$,即 $z=f(x,y)$.

值域:$f(D)=\{z \mid z=f(x,y),(x,y) \in D\}$.

函数的其他符号:$z=z(x,y),z=g(x,y)$ 等.

类似地可定义三元函数 $u=f(x,y,z),(x,y,z) \in D$,以及三元以上的函数.

一般地,把定义 7.1 中的平面点集 D 换成 n 维空间 $\mathbf{R}^n$ 内的点集 D,映射 $f:D \to \mathbf{R}$ 就称为定义在 D 上的 n 元函数,通常记为
$$u=f(x_1,x_2,\cdots,x_n),(x_1,x_2,\cdots,x_n) \in D$$
或简记为
$$u=f(\boldsymbol{x}),\boldsymbol{x}=(x_1,x_2,\cdots,x_n) \in D$$
也可记为
$$u=f(P),P(x_1,x_2,\cdots,x_n) \in D$$

关于函数定义域的约定:在一般讨论用算式表达的多元函数 $u=f(\boldsymbol{x})$ 时,就以使这个算式有意义的变元 $\boldsymbol{x}$ 的值所组成的点集为这个多元函数的自然定义域. 因而,对这类函

数,它的定义域不再特别标出.例如:

函数 $z=\ln(x+y)$ 的定义域为 $\{(x,y)\mid x+y>0\}$(无界开区域);

函数 $z=\arcsin(x^2+y^2)$ 的定义域为 $\{(x,y)\mid x^2+y^2\leqslant 1\}$(有界闭区域).

二元函数的图形是曲面:点集 $\{(x,y,z)\mid z=f(x,y),(x,y)\in D\}$ 称为二元函数 $z=f(x,y)$ 的图形(图 7.2).

例如,$z=ax+by+c$ 是一张平面,而函数 $z=x^2+y^2$ 的图形是旋转抛物面.

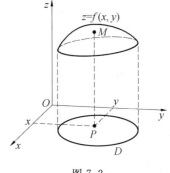

图 7.2

7.1.2 多元函数的极限和连续

1. 多元函数的极限

与一元函数的极限概念类似,如果在 $P(x,y)\to P_0(x_0,y_0)$ 的过程中,对应的函数值 $f(x,y)$ 无限接近于一个确定的常数 A,则称 A 是函数 $f(x,y)$ 当 $(x,y)\to(x_0,y_0)$ 时的极限.

定义 7.2 设二元函数 $f(P)=f(x,y)$ 的定义域为 D,$P_0(x_0,y_0)$ 是 D 的聚点.如果存在常数 A,对于任意给定的正数 ε 总存在正数 δ,使得当 $P(x,y)\in D\cap \mathring{U}(P_0,\delta)$ 时,都有

$$\mid f(P)-A\mid=\mid f(x,y)-A\mid<\varepsilon$$

成立,则称常数 A 为函数 $f(x,y)$ 当 $(x,y)\to(x_0,y_0)$ 时的极限,记为

$$\lim_{(x,y)\to(x_0,y_0)}f(x,y)=A \quad 或 \quad f(x,y)\to A((x,y)\to(x_0,y_0))$$

也记作

$$\lim_{P\to P_0}f(P)=A \quad 或 \quad f(P)\to A(P\to P_0)$$

上述定义的极限也称为二重极限.

[例 7.4] 设 $f(x,y)=(x^2+y^2)\sin\dfrac{1}{x^2+y^2}$,求证 $\lim\limits_{(x,y)\to(0,0)}f(x,y)=0$.

证明 因为

$$\mid f(x,y)-0\mid=\left|(x^2+y^2)\sin\frac{1}{x^2+y^2}-0\right|$$

$$=\mid x^2+y^2\mid\cdot\left|\sin\frac{1}{x^2+y^2}\right|$$

$$\leqslant x^2+y^2$$

可见 $\forall \varepsilon>0$,取 $\delta=\sqrt{\varepsilon}$,则当

$$0<\sqrt{(x-0)^2+(y-0)^2}<\delta$$

即 $P(x,y)\in D\cap \mathring{U}(O,\delta)$ 时,总有

$$\mid f(x,y)-0\mid<\varepsilon$$

因此 $\lim\limits_{(x,y)\to(0,0)} f(x,y) = 0$.

注意

(1) 二重极限存在,是指 P 以任何方式趋于 P_0 时,函数都无限接近于 A.

(2) 如果当 P 以两种不同方式趋于 P_0 时,函数趋于不同的值,则函数的极限不存在.

讨论函数 $f(x,y) = \begin{cases} \dfrac{xy}{x^2+y^2} & (x^2+y^2 \neq 0) \\ 0 & (x^2+y^2 = 0) \end{cases}$ 在点 $(0,0)$ 有无极限.

提示:当点 $P(x,y)$ 沿 x 轴趋于点 $(0,0)$ 时,有
$$\lim_{\substack{(x,y)\to(0,0)\\y=0}} f(x,y) = \lim_{x\to 0} f(x,0) = \lim_{x\to 0} 0 = 0$$

当点 $P(x,y)$ 沿 y 轴趋于点 $(0,0)$ 时,有
$$\lim_{\substack{(x,y)\to(0,0)\\x=0}} f(x,y) = \lim_{y\to 0} f(0,y) = \lim_{y\to 0} 0 = 0$$

当点 $P(x,y)$ 沿直线 $y = kx$ 趋于点 $(0,0)$ 时,有
$$\lim_{(x,y)\to(0,0)} \frac{xy}{x^2+y^2} = \lim_{x\to 0} \frac{kx^2}{x^2+k^2x^2} = \frac{k}{1+k^2}$$

因此,函数 $f(x,y)$ 在 $(0,0)$ 处无极限.

极限概念的推广:多元函数的极限.

多元函数的极限运算法则与一元函数的情况类似.

[例 7.5] 求 $\lim\limits_{(x,y)\to(0,2)} \dfrac{\sin(xy)}{x}$.

解
$$\lim_{(x,y)\to(0,2)} \frac{\sin(xy)}{x} = \lim_{(x,y)\to(0,2)} \frac{\sin(xy)}{xy} \cdot y$$
$$= \lim_{(x,y)\to(0,2)} \frac{\sin(xy)}{xy} \cdot \lim_{(x,y)\to(0,2)} y = 1 \times 2 = 2$$

2. 多元函数的连续性

定义 7.3 设二元函数 $f(P) = f(x,y)$ 的定义域为 D,$P_0(x_0,y_0)$ 为 D 的聚点,且 $P_0 \in D$. 如果
$$\lim_{(x,y)\to(x_0,y_0)} f(x,y) = f(x_0,y_0)$$
则称函数 $f(x,y)$ 在点 $P_0(x_0,y_0)$ 连续.

如果函数 $f(x,y)$ 在 D 的每一点都连续,那么就称函数 $f(x,y)$ 在 D 上连续,或者称 $f(x,y)$ 是 D 上的连续函数.

二元函数的连续性概念可相应地推广到 n 元函数 $f(P)$ 上去.

[例 7.6] 设 $f(x,y) = \sin x$,证明 $f(x,y)$ 是 $\mathbf{R}^2$ 上的连续函数.

证明 设 $P_0(x_0,y_0) \in \mathbf{R}^2$. $\forall \varepsilon > 0$,由于 $\sin x$ 在 x_0 处连续,故 $\exists \delta > 0$,当 $|x - x_0| < \delta$ 时,有
$$|\sin x - \sin x_0| < \varepsilon$$

以上述 δ 作 P_0 的 δ 邻域 $U(P_0,\delta)$,则当 $P(x,y) \in U(P_0,\delta)$ 时,显然
$$|f(x,y) - f(x_0,y_0)| = |\sin x - \sin x_0| < \varepsilon$$

即 $f(x,y) = \sin x$ 在点 $P_0(x_0, y_0)$ 连续. 由 P_0 的任意性知,$\sin x$ 作为 x,y 的二元函数在 $\mathbf{R}^2$ 上连续.

由类似的讨论可知,一元基本初等函数看成二元函数或二元以上的多元函数时,它们在各自的定义域内都是连续的.

定义 7.4 设函数 $f(x,y)$ 的定义域为 D,$P_0(x_0, y_0)$ 是 D 的聚点. 如果函数 $f(x,y)$ 在点 $P_0(x_0, y_0)$ 不连续,则称 $P_0(x_0, y_0)$ 为函数 $f(x,y)$ 的间断点.

例如,函数

$$f(x,y) = \begin{cases} \dfrac{xy}{x^2+y^2} & (x^2+y^2 \neq 0) \\ 0 & (x^2+y^2 = 0) \end{cases}$$

其定义域 $D = \mathbf{R}^2$,$O(0,0)$ 是 D 的聚点. 因为 $f(x,y)$ 当 $(x,y) \to (0,0)$ 时的极限不存在,所以点 $O(0,0)$ 是该函数的一个间断点.

又如,函数 $z = \sin\dfrac{1}{x^2+y^2-1}$,其定义域为 $D = \{(x,y) \mid x^2+y^2 \neq 1\}$,圆周 $C = \{(x,y) \mid x^2+y^2 = 1\}$ 上的点都是 D 的聚点,而 $f(x,y)$ 在 C 上没有定义,当然 $f(x,y)$ 在 C 上各点都不连续,所以圆周 C 上各点都是该函数的间断点.

注:间断点可能是孤立点也可能是曲线上的点.

可以证明,多元连续函数的和、差、积仍为连续函数;连续函数的商在分母不为零处仍连续;多元连续函数的复合函数也是连续函数.

多元初等函数:与一元初等函数类似,多元初等函数是指可用一个式子表示的多元函数,这个式子是由常数及具有不同自变量的一元基本初等函数经过有限次的四则运算和复合运算而得到的.

例如,$\dfrac{x+x^2-y^2}{1+y^2}$,$\sin(x+y)$,$e^{x^2+y^2+z^2}$ 都是多元初等函数.

一切多元初等函数在其定义区域内是连续的. 所谓定义区域是指包含在定义域内的区域或闭区域.

由多元连续函数的连续性,如果要求多元连续函数 $f(P)$ 在点 P_0 处的极限,而该点又在此函数的定义区域内,则

$$\lim_{P \to P_0} f(P) = f(P_0)$$

[例 7.7] 求 $\lim\limits_{(x,y) \to (1,2)} \dfrac{x+y}{xy}$.

解 函数 $f(x,y) = \dfrac{x+y}{xy}$ 是初等函数,它的定义域为

$$D = \{(x,y) \mid x \neq 0, y \neq 0\}$$

$P_0(1,2)$ 为 D 的内点,故存在 P_0 的某一邻域 $U(P_0) \subset D$,而任何邻域都是区域,所以 $U(P_0)$ 是 $f(x,y)$ 的一个定义区域,因此

$$\lim_{(x,y) \to (1,2)} f(x,y) = f(1,2) = \dfrac{3}{2}$$

一般地,求 $\lim\limits_{P \to P_0} f(P)$ 时,如果 $f(P)$ 是初等函数,且 P_0 是 $f(P)$ 的定义域的内点,则

$f(P)$ 在点 P_0 处连续,于是
$$\lim_{P \to P_0} f(P) = f(P_0)$$

[例 7.8] 求 $\lim\limits_{(x,y) \to (0,0)} \dfrac{\sqrt{xy+1}-1}{xy}$.

解 $\lim\limits_{(x,y) \to (0,0)} \dfrac{\sqrt{xy+1}-1}{xy} = \lim\limits_{(x,y) \to (0,0)} \dfrac{(\sqrt{xy+1}-1)(\sqrt{xy+1}+1)}{xy(\sqrt{xy+1}+1)}$
$$= \lim_{(x,y) \to (0,0)} \dfrac{1}{\sqrt{xy+1}+1} = \dfrac{1}{2}$$

3. 有界闭区域多元连续函数的性质

性质 1(有界性与最大值最小值定理) 在有界闭区域 D 上的多元连续函数,必定在 D 上有界,且能取得它的最大值和最小值.

性质1就是说,若 $f(P)$ 在有界闭区域 D 上连续,则必定存在常数 $M>0$,使得对一切 $P \in D$,有 $|f(P)| \leqslant M$;且存在 $P_1, P_2 \in D$,使得
$$f(P_1) = \max\{f(P) \mid P \in D\}, \quad f(P_2) = \min\{f(P) \mid P \in D\}$$

性质 2(介值定理) 在有界闭区域 D 上的多元连续函数必取得介于最大值和最小值之间的任何值.

7.1.3 偏导数

1. 偏导数的定义及其计算法

对于二元函数 $z = f(x, y)$,如果只有自变量 x 变化,而自变量 y 固定,这时它就是 x 的一元函数,该函数对 x 的导数,就称为二元函数 $z = f(x, y)$ 对于 x 的偏导数.

定义 7.5 设函数 $z = f(x, y)$ 在点 (x_0, y_0) 的某一邻域内有定义,当 y 固定在 y_0 而 x 在 x_0 处有增量 Δx 时,相应地函数有增量
$$f(x_0 + \Delta x, y_0) - f(x_0, y_0)$$
如果极限
$$\lim_{\Delta x \to 0} \dfrac{f(x_0 + \Delta x, y_0) - f(x_0, y_0)}{\Delta x}$$
存在,则称此极限为函数 $z = f(x, y)$ 在点 (x_0, y_0) 处对 x 的偏导数,记作
$$\dfrac{\partial z}{\partial x}\bigg|_{\substack{x=x_0 \\ y=y_0}}, \dfrac{\partial f}{\partial x}\bigg|_{\substack{x=x_0 \\ y=y_0}}, z_x\bigg|_{\substack{x=x_0 \\ y=y_0}}, \text{或 } f_x(x_0, y_0)$$
例如
$$f_x(x_0, y_0) = \lim_{\Delta x \to 0} \dfrac{f(x_0 + \Delta x, y_0) - f(x_0, y_0)}{\Delta x}$$
类似地,函数 $z = f(x, y)$ 在点 (x_0, y_0) 处对 y 的偏导数定义为
$$\lim_{\Delta y \to 0} \dfrac{f(x_0, y_0 + \Delta y) - f(x_0, y_0)}{\Delta y}$$
记作
$$\dfrac{\partial z}{\partial y}\bigg|_{\substack{x=x_0 \\ y=y_0}}, \dfrac{\partial f}{\partial y}\bigg|_{\substack{x=x_0 \\ y=y_0}}, z_y\bigg|_{\substack{x=x_0 \\ y=y_0}}, \text{或 } f_y(x_0, y_0)$$

如果函数 $z=f(x,y)$ 在区域 D 内每一点 (x,y) 处对 x 的偏导数都存在,那么这个偏导数就是 x、y 的函数,它就称为函数 $z=f(x,y)$ 对自变量 x 的偏导函数,记作
$$\frac{\partial z}{\partial x}, \frac{\partial f}{\partial x}, z_x, 或 f_x(x,y)$$

偏导函数的定义式为
$$f_x(x,y) = \lim_{\Delta x \to 0} \frac{f(x+\Delta x, y) - f(x,y)}{\Delta x}$$

类似地,可定义函数 $z=f(x,y)$ 对 y 的偏导函数,记为
$$\frac{\partial z}{\partial y}, \frac{\partial f}{\partial y}, z_y, 或 f_y(x,y)$$

偏导函数的定义式为
$$f_y(x,y) = \lim_{\Delta y \to 0} \frac{f(x, y+\Delta y) - f(x,y)}{\Delta y}$$

求 $\frac{\partial f}{\partial x}$ 时,只要把 y 暂时看作常量而对 x 求导数;求 $\frac{\partial f}{\partial y}$ 时,只要把 x 暂时看作常量而对 y 求导数.

讨论下列求偏导数的方法是否正确.
$$f_x(x_0, y_0) = f_x(x,y)\Big|_{\substack{x=x_0 \\ y=y_0}}, \quad f_y(x_0, y_0) = f_y(x,y)\Big|_{\substack{x=x_0 \\ y=y_0}}$$
$$f_x(x_0, y_0) = \left[\frac{\mathrm{d}}{\mathrm{d}x} f(x, y_0)\right]\Big|_{x=x_0}, \quad f_y(x_0, y_0) = \left[\frac{\mathrm{d}}{\mathrm{d}y} f(x_0, y)\right]\Big|_{y=y_0}$$

偏导数的概念还可推广到二元以上的函数.例如,三元函数 $u=f(x,y,z)$ 在点 (x,y,z) 处对 x 的偏导数定义为
$$f_x(x,y,z) = \lim_{\Delta x \to 0} \frac{f(x+\Delta x, y, z) - f(x,y,z)}{\Delta x}$$

其中,(x,y,z) 是函数 $u=f(x,y,z)$ 的定义域的内点. 它们的求法也仍旧是一元函数的微分法问题.

[例 7.9] 求 $z=x^2+3xy+y^2$ 在点 $(1,2)$ 处的偏导数.

解
$$\frac{\partial z}{\partial x} = 2x+3y, \quad \frac{\partial z}{\partial y} = 3x+2y$$
$$\frac{\partial z}{\partial x}\Big|_{\substack{x=1 \\ y=2}} = 2\times 1 + 3\times 2 = 8, \quad \frac{\partial z}{\partial y}\Big|_{\substack{x=1 \\ y=2}} = 3\times 1 + 2\times 2 = 7$$

[例 7.10] 求 $z=x^2 \sin 2y$ 的偏导数.

解
$$\frac{\partial z}{\partial x} = 2x\sin 2y, \quad \frac{\partial z}{\partial y} = 2x^2 \cos 2y$$

[例 7.11] 设 $z = x^y (x>0, x\neq 1)$,求证:$\frac{x}{y}\frac{\partial z}{\partial x} + \frac{1}{\ln x}\frac{\partial z}{\partial y} = 2z$.

证明
$$\frac{\partial z}{\partial x} = yx^{y-1}, \quad \frac{\partial z}{\partial y} = x^y \ln x$$
$$\frac{x}{y}\frac{\partial z}{\partial x} + \frac{1}{\ln x}\frac{\partial z}{\partial y} = \frac{x}{y}yx^{y-1} + \frac{1}{\ln x}x^y \ln x = x^y + x^y = 2z$$

[例 7.12] 求 $r = \sqrt{x^2+y^2+z^2}$ 的偏导数.

解 $\dfrac{\partial r}{\partial x} = \dfrac{x}{\sqrt{x^2+y^2+z^2}} = \dfrac{x}{r}$, $\dfrac{\partial r}{\partial y} = \dfrac{y}{\sqrt{x^2+y^2+z^2}} = \dfrac{y}{r}$

二元函数 $z = f(x,y)$ 在点 (x_0, y_0) 的偏导数的几何意义如下(图 7.3):

$f_x(x_0, y_0) = [f(x, y_0)]'_x$ 是截线 $z = f(x, y_0)$ 在点 M_0 处切线 T_x 对 x 轴的斜率.

$f_y(x_0, y_0) = [f(x_0, y)]'_y$ 是截线 $z = f(x_0, y)$ 在点 M_0 处切线 T_y 对 y 轴的斜率.

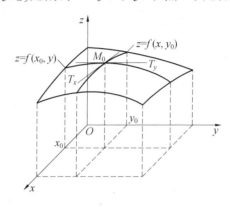

图 7.3

偏导数与连续性:对于多元函数来说,即使各偏导数在某点都存在,也不能保证函数在该点连续.例如

$$f(x,y) = \begin{cases} \dfrac{xy}{x^2+y^2} & (x^2+y^2 \neq 0) \\ 0 & (x^2+y^2 = 0) \end{cases}$$

在点 $(0,0)$ 有 $f_x(0,0) = 0, f_y(0,0) = 0$,但函数在点 $(0,0)$ 并不连续.

提示:

$$f(x,0) = 0, \quad f(0,y) = 0$$

$$f_x(0,0) = \dfrac{\mathrm{d}}{\mathrm{d}x}[f(x,0)] = 0, \quad f_y(0,0) = \dfrac{\mathrm{d}}{\mathrm{d}y}[f(0,y)] = 0$$

当点 $P(x,y)$ 沿 x 轴趋于点 $(0,0)$ 时,有

$$\lim_{(x,y) \to (0,0)} f(x,y) = \lim_{x \to 0} f(x,0) = \lim_{x \to 0} 0 = 0$$

当点 $P(x,y)$ 沿直线 $y = kx$ 趋于点 $(0,0)$ 时,有

$$\lim_{(x,y) \to (0,0)} \dfrac{xy}{x^2+y^2} = \lim_{x \to 0} \dfrac{kx^2}{x^2+k^2x^2} = \dfrac{k}{1+k^2}$$

因此, $\lim\limits_{(x,y) \to (0,0)} f(x,y)$ 不存在,故函数 $f(x,y)$ 在 $(0,0)$ 处不连续.

2. 高阶偏导数

设函数 $z = f(x,y)$ 在区域 D 内具有偏导数

$$\dfrac{\partial z}{\partial x} = f_x(x,y), \quad \dfrac{\partial z}{\partial y} = f_y(x,y)$$

那么在 D 内 $f_x(x,y), f_y(x,y)$ 都是 x, y 的函数.如果这两个函数的偏导数也存在,则称它们是函数 $z = f(x,y)$ 的二阶偏导数.按照对变量求导次序的不同有下列四个二阶偏导数:

$$\frac{\partial}{\partial x}\left(\frac{\partial z}{\partial x}\right) = \frac{\partial^2 z}{\partial x^2} = f_{xx}(x,y), \quad \frac{\partial}{\partial y}\left(\frac{\partial z}{\partial x}\right) = \frac{\partial^2 z}{\partial x \partial y} = f_{xy}(x,y)$$

$$\frac{\partial}{\partial x}\left(\frac{\partial z}{\partial y}\right) = \frac{\partial^2 z}{\partial y \partial x} = f_{yx}(x,y), \quad \frac{\partial}{\partial y}\left(\frac{\partial z}{\partial y}\right) = \frac{\partial^2 z}{\partial y^2} = f_{yy}(x,y)$$

其中

$$\frac{\partial}{\partial y}\left(\frac{\partial z}{\partial x}\right) = \frac{\partial^2 z}{\partial x \partial y} = f_{xy}(x,y), \quad \frac{\partial}{\partial x}\left(\frac{\partial z}{\partial y}\right) = \frac{\partial^2 z}{\partial y \partial x} = f_{yx}(x,y)$$

称为混合偏导数.

同样可得三阶、四阶,以及 n 阶偏导数.

二阶及二阶以上的偏导数统称为高阶偏导数.

[**例 7.13**] 设 $z = x^3 y^2 - 3xy^3 - xy + 1$,求 $\frac{\partial^2 z}{\partial x^2}, \frac{\partial^3 z}{\partial x^3}, \frac{\partial^2 z}{\partial x \partial y}$ 和 $\frac{\partial^2 z}{\partial y \partial x}$.

解

$$\frac{\partial z}{\partial x} = 3x^2 y^2 - 3y^3 - y, \quad \frac{\partial z}{\partial y} = 2x^3 y - 9xy^2 - x$$

$$\frac{\partial^2 z}{\partial x^2} = 6xy^2, \quad \frac{\partial^3 z}{\partial x^3} = 6y^2$$

$$\frac{\partial^2 z}{\partial x \partial y} = 6x^2 y - 9y^2 - 1, \quad \frac{\partial^2 z}{\partial y \partial x} = 6x^2 y - 9y^2 - 1$$

由例 7.13 观察到: $\frac{\partial^2 z}{\partial y \partial x} = \frac{\partial^2 z}{\partial x \partial y}$.

定理 7.1 如果函数 $z = f(x,y)$ 的两个二阶混合偏导数 $\frac{\partial^2 z}{\partial y \partial x}$ 及 $\frac{\partial^2 z}{\partial x \partial y}$ 在区域 D 内连续,那么在该区域内这两个二阶混合偏导数必相等.

类似地可定义二元以上函数的高阶偏导数.

[**例 7.14**] 验证函数 $z = \ln\sqrt{x^2 + y^2}$ 满足方程 $\frac{\partial^2 z}{\partial x^2} + \frac{\partial^2 z}{\partial y^2} = 0$.

证明 因为

$$z = \ln\sqrt{x^2 + y^2} = \frac{1}{2}\ln(x^2 + y^2)$$

所以

$$\frac{\partial z}{\partial x} = \frac{x}{x^2 + y^2}, \quad \frac{\partial z}{\partial y} = \frac{y}{x^2 + y^2}$$

$$\frac{\partial^2 z}{\partial x^2} = \frac{(x^2 + y^2) - x \cdot 2x}{(x^2 + y^2)^2} = \frac{y^2 - x^2}{(x^2 + y^2)^2}$$

$$\frac{\partial^2 z}{\partial y^2} = \frac{(x^2 + y^2) - y \cdot 2y}{(x^2 + y^2)^2} = \frac{x^2 - y^2}{(x^2 + y^2)^2}$$

因此

$$\frac{\partial^2 z}{\partial x^2} + \frac{\partial^2 z}{\partial y^2} = \frac{x^2 - y^2}{(x^2 + y^2)^2} + \frac{y^2 - x^2}{(x^2 + y^2)^2} = 0$$

[**例 7.15**] 证明函数 $u = \frac{1}{r}$ 满足方程 $\frac{\partial^2 u}{\partial x^2} + \frac{\partial^2 u}{\partial y^2} + \frac{\partial^2 u}{\partial z^2} = 0$,其中 $r = \sqrt{x^2 + y^2 + z^2}$.

证明
$$\frac{\partial u}{\partial x} = -\frac{1}{r^2} \cdot \frac{\partial r}{\partial x} = -\frac{1}{r^2} \cdot \frac{x}{r} = -\frac{x}{r^3}$$

$$\frac{\partial^2 u}{\partial x^2} = -\frac{1}{r^3} + \frac{3x}{r^4} \cdot \frac{\partial r}{\partial x} = -\frac{1}{r^3} + \frac{3x^2}{r^5}$$

同理
$$\frac{\partial^2 u}{\partial y^2} = -\frac{1}{r^3} + \frac{3y^2}{r^5}, \quad \frac{\partial^2 u}{\partial z^2} = -\frac{1}{r^3} + \frac{3z^2}{r^5}$$

因此
$$\frac{\partial^2 u}{\partial x^2} + \frac{\partial^2 u}{\partial y^2} + \frac{\partial^2 u}{\partial z^2} = \left(-\frac{1}{r^3} + \frac{3x^2}{r^5}\right) + \left(-\frac{1}{r^3} + \frac{3y^2}{r^5}\right) + \left(-\frac{1}{r^3} + \frac{3z^2}{r^5}\right)$$

$$= -\frac{3}{r^3} + \frac{3(x^2 + y^2 + z^2)}{r^5} = -\frac{3}{r^3} + \frac{3r^2}{r^5} = 0$$

提示：
$$\frac{\partial^2 u}{\partial x^2} = \frac{\partial}{\partial x}\left(-\frac{x}{r^3}\right) = -\frac{r^3 - x \cdot \frac{\partial}{\partial x}(r^3)}{r^6} = -\frac{r^3 - x \cdot 3r^2 \frac{\partial r}{\partial x}}{r^6}$$

7.1.4 全微分及其应用

1. 全微分的定义

根据一元函数微分学中增量与微分的关系，有如下定义：

(1) 偏增量与偏微分．
$$f(x + \Delta x, y) - f(x, y) \approx f_x(x, y)\Delta x$$
其中，$f(x + \Delta x, y) - f(x, y)$ 为函数对 x 的偏增量，$f_x(x, y)\Delta x$ 为函数对 x 的偏微分．
$$f(x, y + \Delta y) - f(x, y) \approx f_y(x, y)\Delta y$$
其中，$f(x, y + \Delta y) - f(x, y)$ 为函数对 y 的偏增量，$f_y(x, y)\Delta y$ 为函数对 y 的偏微分．

(2) 全增量．
$$\Delta z = f(x + \Delta x, y + \Delta y) - f(x, y)$$
计算全增量比较复杂，希望用 Δx、Δy 的线性函数来近似代替它．

定义 7.6 如果函数 $z = f(x, y)$ 在点 (x, y) 的全增量
$$\Delta z = f(x + \Delta x, y + \Delta y) - f(x, y)$$
可表示为
$$\Delta z = A\Delta x + B\Delta y + o(\rho) \quad (\rho = \sqrt{(\Delta x)^2 + (\Delta y)^2})$$
其中，A, B 不依赖于 $\Delta x, \Delta y$ 而仅与 x, y 有关，则称函数 $z = f(x, y)$ 在点 (x, y) 可微分，而称 $A\Delta x + B\Delta y$ 为函数 $z = f(x, y)$ 在点 (x, y) 的全微分，记作 $\mathrm{d}z$，即
$$\mathrm{d}z = A\Delta x + B\Delta y$$
如果函数在区域 D 内各点处都可微分，那么称此函数在 D 内可微分．

(3) 可微与连续．

可微必连续，但偏导数存在不一定连续．

这是因为，如果 $z = f(x, y)$ 在点 (x, y) 可微，则

$$\Delta z = f(x+\Delta x, y+\Delta y) - f(x,y) = A\Delta x + B\Delta y + o(\rho)$$

于是
$$\lim_{\rho \to 0} \Delta z = 0$$

从而
$$\lim_{(\Delta x, \Delta y) \to (0,0)} f(x+\Delta x, y+\Delta y) = \lim_{\rho \to 0}[f(x,y) + \Delta z] = f(x,y)$$

因此函数 $z = f(x,y)$ 在点 (x,y) 处连续.

(4) 可微条件.

定理 7.2(必要条件) 如果函数 $z = f(x,y)$ 在点 (x,y) 可微分,则函数在该点的偏导数 $\frac{\partial z}{\partial x}, \frac{\partial z}{\partial y}$ 必定存在,且函数 $z = f(x,y)$ 在点 (x,y) 的全微分为 $\mathrm{d}z = \frac{\partial z}{\partial x}\Delta x + \frac{\partial z}{\partial y}\Delta y$.

证明 设函数 $z = f(x,y)$ 在点 $P(x,y)$ 可微分. 于是,对于点 P 的某个邻域内的任意一点 $P'(x+\Delta x, y+\Delta y)$,有 $\Delta z = A\Delta x + B\Delta y + o(\rho)$. 特别当 $\Delta y = 0$ 时,有
$$f(x+\Delta x, y) - f(x,y) = A\Delta x + o(|\Delta x|)$$
上式两边各除以 Δx,再令 $\Delta x \to 0$ 而取极限,就得
$$\lim_{\Delta x \to 0} \frac{f(x+\Delta x, y) - f(x,y)}{\Delta x} = A$$

从而偏导数 $\frac{\partial z}{\partial x}$ 存在,且 $\frac{\partial z}{\partial x} = A$. 同理可证偏导数 $\frac{\partial z}{\partial y}$ 存在,且 $\frac{\partial z}{\partial y} = B$. 所以
$$\mathrm{d}z = \frac{\partial z}{\partial x}\Delta x + \frac{\partial z}{\partial y}\Delta y$$

偏导数 $\frac{\partial z}{\partial x}, \frac{\partial z}{\partial y}$ 存在是可微分的必要条件,但不是充分条件.

例如,函数 $f(x,y) = \begin{cases} \dfrac{xy}{\sqrt{x^2+y^2}} & (x^2+y^2 \neq 0) \\ 0 & (x^2+y^2 = 0) \end{cases}$ 在点 $(0,0)$ 处虽然有 $f_x(0,0) = 0$ 及 $f_y(0,0) = 0$,但函数在 $(0,0)$ 处不可微分,即 $\Delta z - [f_x(0,0)\Delta x + f_y(0,0)\Delta y]$ 不是较 ρ 高阶的无穷小. 这是因为当 $(\Delta x, \Delta y)$ 沿直线 $y = x$ 趋于 $(0,0)$ 时,有
$$\frac{\Delta z - [f_x(0,0) \cdot \Delta x + f_y(0,0) \cdot \Delta y]}{\rho} = \frac{\Delta x \cdot \Delta y}{(\Delta x)^2 + (\Delta y)^2}$$
$$= \frac{\Delta x \cdot \Delta x}{(\Delta x)^2 + (\Delta x)^2} = \frac{1}{2} \neq 0$$

定理 7.3(充分条件) 如果函数 $z = f(x,y)$ 的偏导数 $\frac{\partial z}{\partial x}, \frac{\partial z}{\partial y}$ 在点 (x,y) 连续,则函数在该点可微分.

定理 7.2 和定理 7.3 的结论可推广到三元及三元以上函数.

按照习惯,$\Delta x, \Delta y$ 分别记作 $\mathrm{d}x, \mathrm{d}y$,并分别称为自变量的微分,则函数 $z = f(x,y)$ 的全微分可写作
$$\mathrm{d}z = \frac{\partial z}{\partial x}\mathrm{d}x + \frac{\partial z}{\partial y}\mathrm{d}y$$

二元函数的全微分等于它的两个偏微分之和说明二元函数的微分符合叠加原理. 叠

加原理也适用于二元以上的函数,例如,函数 $u=f(x,y,z)$ 的全微分为
$$\mathrm{d}u = \frac{\partial u}{\partial x}\mathrm{d}x + \frac{\partial u}{\partial y}\mathrm{d}y + \frac{\partial u}{\partial z}\mathrm{d}z$$

[例 7.16] 计算函数 $z=x^2y+y^2$ 的全微分.

解 因为
$$\frac{\partial z}{\partial x}=2xy, \quad \frac{\partial z}{\partial y}=x^2+2y$$
所以
$$\mathrm{d}z = 2xy\mathrm{d}x + (x^2+2y)\mathrm{d}y$$

[例 7.17] 计算函数 $z=\mathrm{e}^{xy}$ 在点 $(2,1)$ 处的全微分.

解 因为
$$\frac{\partial z}{\partial x}=y\mathrm{e}^{xy}, \quad \frac{\partial z}{\partial y}=x\mathrm{e}^{xy}$$
$$\left.\frac{\partial z}{\partial x}\right|_{\substack{x=2\\y=1}}=\mathrm{e}^2, \quad \left.\frac{\partial z}{\partial y}\right|_{\substack{x=2\\y=1}}=2\mathrm{e}^2$$
所以
$$\left.\mathrm{d}z\right|_{\substack{x=2\\y=1}} = \mathrm{e}^2\mathrm{d}x + 2\mathrm{e}^2\mathrm{d}y$$

[例 7.18] 计算函数 $u=x+\sin\dfrac{y}{2}+\mathrm{e}^{yz}$ 的全微分.

解 因为
$$\frac{\partial u}{\partial x}=1, \quad \frac{\partial u}{\partial y}=\frac{1}{2}\cos\frac{y}{2}+z\mathrm{e}^{yz}, \quad \frac{\partial u}{\partial z}=y\mathrm{e}^{yz}$$
所以
$$\mathrm{d}u = \mathrm{d}x + \left(\frac{1}{2}\cos\frac{y}{2}+z\mathrm{e}^{yz}\right)\mathrm{d}y + y\mathrm{e}^{yz}\mathrm{d}z$$

2. 全微分在近似计算中的应用

当二元函数 $z=f(x,y)$ 在点 $P(x,y)$ 的两个偏导数 $f_x(x,y),f_y(x,y)$ 连续,并且 $|\Delta x|,|\Delta y|$ 都较小时,有近似等式
$$\Delta z \approx \mathrm{d}z = f_x(x,y)\Delta x + f_y(x,y)\Delta y$$
即
$$f(x+\Delta x, y+\Delta y) \approx f(x,y) + f_x(x,y)\Delta x + f_y(x,y)\Delta y$$
可以利用上述近似等式对二元函数做近似计算.

[例 7.19] 有一圆柱体,受压后发生形变,它的半径由 20 cm 增大到 20.05 cm,高度由 100 cm 减少到 99 cm. 求此圆柱体体积变化的近似值.

解 设圆柱体的半径、高和体积依次为 r,h 和 V,则有
$$V = \pi r^2 h$$
已知 $r=20, h=100, \Delta r=0.05, \Delta h=-1$. 根据近似公式,有
$$\Delta V \approx \mathrm{d}V = V_r\Delta r + V_h\Delta h = 2\pi rh\Delta r + \pi r^2\Delta h$$
$$= 2\pi \times 20 \times 100 \times 0.05 + \pi \times 20^2 \times (-1) = -200\pi\,(\mathrm{cm}^3)$$
即此圆柱体在受压后体积约减少了 200π cm³.

[**例7.20**] 计算$(1.04)^{2.02}$的近似值.

解 设函数$f(x,y)=x^y$. 显然,要计算的值就是函数在$x=1.04, y=2.02$时的函数值$f(1.04, 2.02)$.

取$x=1, y=2, \Delta x=0.04, \Delta y=0.02$. 由于
$$f(x+\Delta x, y+\Delta y) \approx f(x,y)+f_x(x,y)\Delta x+f_y(x,y)\Delta y$$
$$=x^y+yx^{y-1}\Delta x+x^y\ln x\Delta y$$

所以
$$(1.04)^{2.02} \approx 1^2+2\times 1^{2-1}\times 0.04+1^2\times \ln 1\times 0.02=1.08$$

[**例7.21**] 利用单摆摆动测定重力加速度g的公式是$g=\dfrac{4\pi^2 l}{T^2}$. 现测得单摆摆长l与振动周期T分别为$l=100\pm 0.1$ cm, $T=2\pm 0.004$ s. 问由测定l与T的误差而引起的g的绝对误差和相对误差各为多少?

解 如果把测量l与T所产生的误差当作$|\Delta l|$与$|\Delta T|$,则利用上述计算公式所产生的误差就是二元函数$g=\dfrac{4\pi^2 l}{T^2}$的全增量的绝对值$|\Delta g|$. 由于$|\Delta l|, |\Delta T|$都很小,因此可以用$\mathrm{d}g$来近似地代替Δg. 这样就得到g的误差为

$$|\Delta g| \approx |\mathrm{d}g| = \left|\frac{\partial g}{\partial l}\Delta l + \frac{\partial g}{\partial T}\Delta T\right|$$
$$\leq \left|\frac{\partial g}{\partial l}\right|\cdot \delta_l + \left|\frac{\partial g}{\partial T}\right|\cdot \delta_T$$
$$=4\pi^2\left(\frac{1}{T^2}\delta_l+\frac{2l}{T^3}\delta_T\right)$$

其中,δ_l与δ_T为l与T的绝对误差. 把$l=100, T=2, \delta_l=0.1, \delta_T=0.004$代入上式,得$g$的绝对误差约为

$$\delta_g=4\pi^2\left(\frac{0.1}{2^2}+\frac{2\times 100}{2^3}\times 0.004\right)$$
$$=0.5\pi^2 \approx 4.93(\mathrm{cm/s^2})$$

g的相对误差约为
$$\frac{\delta_g}{g}=\frac{0.5\pi^2}{\frac{4\pi^2\times 100}{2^2}} \approx 0.5\%$$

从上面的例子可以看到,对于一般的二元函数$z=f(x,y)$,如果自变量x,y的绝对误差分别为δ_x,δ_y,即
$$|\Delta x|\leq \delta_x, |\Delta y|\leq \delta_y$$

则z的误差为
$$|\Delta z| \approx |\mathrm{d}z| = \left|\frac{\partial z}{\partial x}\Delta x + \frac{\partial z}{\partial y}\Delta y\right|$$
$$\leq \left|\frac{\partial z}{\partial x}\right|\cdot |\Delta x| + \left|\frac{\partial z}{\partial y}\right|\cdot |\Delta y|$$
$$\leq \left|\frac{\partial z}{\partial x}\right|\cdot \delta_x + \left|\frac{\partial z}{\partial y}\right|\cdot \delta_y$$

从而得到 z 的绝对误差约为

$$\delta_z = \left|\frac{\partial z}{\partial x}\right| \cdot \delta_x + \left|\frac{\partial z}{\partial y}\right| \cdot \delta_y$$

z 的相对误差约为

$$\frac{\delta_z}{|z|} = \left|\frac{\frac{\partial z}{\partial x}}{z}\right|\delta_x + \left|\frac{\frac{\partial z}{\partial y}}{z}\right|\delta_y$$

7.1.5 多元函数的微分法则

1. 多元复合函数的求导法则

设 $z=f(u,v)$,而 $u=\varphi(t), v=\psi(t)$,如何求 $\dfrac{\mathrm{d}z}{\mathrm{d}t}$?

设 $z=f(u,v)$,而 $u=\varphi(x,y), v=\psi(x,y)$,如何求 $\dfrac{\partial z}{\partial x}$ 和 $\dfrac{\partial z}{\partial y}$?

(1) 复合函数的中间变量均为一元函数的情形.

定理 7.4 如果函数 $u=\varphi(t)$ 及 $v=\psi(t)$ 都在点 t 可导,函数 $z=f(u,v)$ 在对应点 (u,v) 具有连续偏导数,则复合函数 $z=f[\varphi(t),\psi(t)]$ 在点 t 可导,且有

$$\frac{\mathrm{d}z}{\mathrm{d}t} = \frac{\partial z}{\partial u} \cdot \frac{\mathrm{d}u}{\mathrm{d}t} + \frac{\partial z}{\partial v} \cdot \frac{\mathrm{d}v}{\mathrm{d}t}$$

简要证明 1:因为 $z=f(u,v)$ 具有连续的偏导数,所以它是可微的,即有

$$\mathrm{d}z = \frac{\partial z}{\partial u}\mathrm{d}u + \frac{\partial z}{\partial v}\mathrm{d}v$$

又因为 $u=\varphi(t)$ 及 $v=\psi(t)$ 都可导,因而可微,即有

$$\mathrm{d}u = \frac{\mathrm{d}u}{\mathrm{d}t}\mathrm{d}t, \quad \mathrm{d}v = \frac{\mathrm{d}v}{\mathrm{d}t}\mathrm{d}t$$

代入上式得

$$\mathrm{d}z = \frac{\partial z}{\partial u} \cdot \frac{\mathrm{d}u}{\mathrm{d}t}\mathrm{d}t + \frac{\partial z}{\partial v} \cdot \frac{\mathrm{d}v}{\mathrm{d}t}\mathrm{d}t = \left(\frac{\partial z}{\partial u} \cdot \frac{\mathrm{d}u}{\mathrm{d}t} + \frac{\partial z}{\partial v} \cdot \frac{\mathrm{d}v}{\mathrm{d}t}\right)\mathrm{d}t$$

从而

$$\frac{\mathrm{d}z}{\mathrm{d}t} = \frac{\partial z}{\partial u} \cdot \frac{\mathrm{d}u}{\mathrm{d}t} + \frac{\partial z}{\partial v} \cdot \frac{\mathrm{d}v}{\mathrm{d}t}$$

简要证明 2:当 t 取得增量 Δt 时,u,v 及 z 相应地也取得增量 $\Delta u, \Delta v$ 及 Δz. 由 $z=f(u,v), u=\varphi(t)$ 及 $v=\psi(t)$ 的可微性,有

$$\Delta z = \frac{\partial z}{\partial u}\Delta u + \frac{\partial z}{\partial v}\Delta v + o(\rho) = \frac{\partial z}{\partial u}\left[\frac{\mathrm{d}u}{\mathrm{d}t}\Delta t + o(\Delta t)\right] + \frac{\partial z}{\partial v}\left[\frac{\mathrm{d}v}{\mathrm{d}t}\Delta t + o(\Delta t)\right] + o(\rho)$$

$$= \left(\frac{\partial z}{\partial u} \cdot \frac{\mathrm{d}u}{\mathrm{d}t} + \frac{\partial z}{\partial v} \cdot \frac{\mathrm{d}v}{\mathrm{d}t}\right)\Delta t + \left(\frac{\partial z}{\partial u} + \frac{\partial z}{\partial v}\right)o(\Delta t) + o(\rho)$$

$$\frac{\Delta z}{\Delta t} = \frac{\partial z}{\partial u} \cdot \frac{\mathrm{d}u}{\mathrm{d}t} + \frac{\partial z}{\partial v} \cdot \frac{\mathrm{d}v}{\mathrm{d}t} + \left(\frac{\partial z}{\partial u} + \frac{\partial z}{\partial v}\right)\frac{o(\Delta t)}{\Delta t} + \frac{o(\rho)}{\Delta t}$$

令 $\Delta t \to 0$,上式两边取极限,即得

$$\frac{\mathrm{d}z}{\mathrm{d}t}=\frac{\partial z}{\partial u}\cdot\frac{\mathrm{d}u}{\mathrm{d}t}+\frac{\partial z}{\partial v}\cdot\frac{\mathrm{d}v}{\mathrm{d}t}$$

注：$\lim\limits_{\Delta t\to 0}\dfrac{o(\rho)}{\Delta t}=\lim\limits_{\Delta t\to 0}\dfrac{o(\rho)}{\rho}\cdot\dfrac{\sqrt{(\Delta u)^2+(\Delta v)^2}}{\Delta t}=0\cdot\sqrt{\left(\dfrac{\mathrm{d}u}{\mathrm{d}t}\right)^2+\left(\dfrac{\mathrm{d}v}{\mathrm{d}t}\right)^2}=0.$

推广 设 $z=f(u,v,w),u=\varphi(t),v=\psi(t),w=\omega(t)$，则 $z=f[\varphi(t),\psi(t),\omega(t)]$ 对 t 的导数为

$$\frac{\mathrm{d}z}{\mathrm{d}t}=\frac{\partial z}{\partial u}\frac{\mathrm{d}u}{\mathrm{d}t}+\frac{\partial z}{\partial v}\frac{\mathrm{d}v}{\mathrm{d}t}+\frac{\partial z}{\partial w}\frac{\mathrm{d}w}{\mathrm{d}t}$$

上述 $\dfrac{\mathrm{d}z}{\mathrm{d}t}$ 称为全导数.

(2) 复合函数的中间变量均为多元函数的情形.

定理 7.5 如果函数 $u=\varphi(x,y),v=\psi(x,y)$ 都在点 (x,y) 具有对 x 及 y 的偏导数，函数 $z=f(u,v)$ 在对应点 (u,v) 具有连续偏导数，则复合函数 $z=f[\varphi(x,y),\psi(x,y)]$ 在点 (x,y) 的两个偏导数存在，且有

$$\frac{\partial z}{\partial x}=\frac{\partial z}{\partial u}\cdot\frac{\partial u}{\partial x}+\frac{\partial z}{\partial v}\cdot\frac{\partial v}{\partial x},\quad \frac{\partial z}{\partial y}=\frac{\partial z}{\partial u}\cdot\frac{\partial u}{\partial y}+\frac{\partial z}{\partial v}\cdot\frac{\partial v}{\partial y}$$

推广 设 $z=f(u,v,w),u=\varphi(x,y),v=\psi(x,y),w=\omega(x,y)$，则

$$\frac{\partial z}{\partial x}=\frac{\partial z}{\partial u}\cdot\frac{\partial u}{\partial x}+\frac{\partial z}{\partial v}\cdot\frac{\partial v}{\partial x}+\frac{\partial z}{\partial w}\cdot\frac{\partial w}{\partial x}$$

$$\frac{\partial z}{\partial y}=\frac{\partial z}{\partial u}\cdot\frac{\partial u}{\partial y}+\frac{\partial z}{\partial v}\cdot\frac{\partial v}{\partial y}+\frac{\partial z}{\partial w}\cdot\frac{\partial w}{\partial y}$$

讨论：

(1) 设 $z=f(u,v),u=\varphi(x,y),v=\psi(y)$，求 $\dfrac{\partial z}{\partial x}$ 和 $\dfrac{\partial z}{\partial y}$.

提示：$\dfrac{\partial z}{\partial x}=\dfrac{\partial z}{\partial u}\cdot\dfrac{\partial u}{\partial x},\dfrac{\partial z}{\partial y}=\dfrac{\partial z}{\partial u}\cdot\dfrac{\partial u}{\partial y}+\dfrac{\partial z}{\partial v}\cdot\dfrac{\mathrm{d}v}{\mathrm{d}y}.$

(2) 设 $z=f(u,x,y)$，且 $u=\varphi(x,y)$，求 $\dfrac{\partial z}{\partial x}$ 和 $\dfrac{\partial z}{\partial y}$.

提示：$\dfrac{\partial z}{\partial x}=\dfrac{\partial f}{\partial u}\dfrac{\partial u}{\partial x}+\dfrac{\partial f}{\partial x},\dfrac{\partial z}{\partial y}=\dfrac{\partial f}{\partial u}\dfrac{\partial u}{\partial y}+\dfrac{\partial f}{\partial y}.$

这里 $\dfrac{\partial z}{\partial x}$ 与 $\dfrac{\partial f}{\partial x}$ 是不同的，$\dfrac{\partial z}{\partial x}$ 是把复合函数 $z=f[\varphi(x,y),x,y]$ 中的 y 看作不变而对 x 的偏导数，$\dfrac{\partial f}{\partial x}$ 是把 $f(u,x,y)$ 中的 u 及 y 看作不变而对 x 的偏导数. $\dfrac{\partial z}{\partial y}$ 与 $\dfrac{\partial f}{\partial y}$ 也有类似的区别.

(3) 复合函数的中间变量既有一元函数，又有多元函数的情形.

定理 7.6 如果函数 $u=\varphi(x,y)$ 在点 (x,y) 具有对 x 及对 y 的偏导数，函数 $v=\psi(y)$ 在点 y 可导，函数 $z=f(u,v)$ 在对应点 (u,v) 具有连续偏导数，则复合函数 $z=f[\varphi(x,y),\psi(y)]$ 在点 (x,y) 的两个偏导数存在，且有

$$\frac{\partial z}{\partial x}=\frac{\partial z}{\partial u}\cdot\frac{\partial u}{\partial x},\quad \frac{\partial z}{\partial y}=\frac{\partial z}{\partial u}\cdot\frac{\partial u}{\partial y}+\frac{\partial z}{\partial v}\cdot\frac{\mathrm{d}v}{\mathrm{d}y}$$

[例 7.22] 设 $z=\mathrm{e}^u\sin v, u=xy, v=x+y$，求 $\dfrac{\partial z}{\partial x}$ 和 $\dfrac{\partial z}{\partial y}$。

解
$$\frac{\partial z}{\partial x}=\frac{\partial z}{\partial u}\cdot\frac{\partial u}{\partial x}+\frac{\partial z}{\partial v}\cdot\frac{\partial v}{\partial x}$$
$$=\mathrm{e}^u\sin v\cdot y+\mathrm{e}^u\cos v\cdot 1$$
$$=\mathrm{e}^{xy}[y\sin(x+y)+\cos(x+y)]$$
$$\frac{\partial z}{\partial y}=\frac{\partial z}{\partial u}\cdot\frac{\partial u}{\partial y}+\frac{\partial z}{\partial v}\cdot\frac{\partial v}{\partial y}$$
$$=\mathrm{e}^u\sin v\cdot x+\mathrm{e}^u\cos v\cdot 1$$
$$=\mathrm{e}^{xy}[x\sin(x+y)+\cos(x+y)]$$

[例 7.23] 设 $u=f(x,y,z)=\mathrm{e}^{x^2+y^2+z^2}$，而 $z=x^2\sin y$。求 $\dfrac{\partial u}{\partial x}$ 和 $\dfrac{\partial u}{\partial y}$。

解
$$\frac{\partial u}{\partial x}=\frac{\partial f}{\partial x}+\frac{\partial f}{\partial z}\cdot\frac{\partial z}{\partial x}$$
$$=2x\mathrm{e}^{x^2+y^2+z^2}+2z\mathrm{e}^{x^2+y^2+z^2}\cdot 2x\sin y$$
$$=2x(1+2x^2\sin^2 y)\mathrm{e}^{x^2+y^2+x^4\sin^2 y}$$
$$\frac{\partial u}{\partial y}=\frac{\partial f}{\partial y}+\frac{\partial f}{\partial z}\cdot\frac{\partial z}{\partial y}$$
$$=2y\mathrm{e}^{x^2+y^2+z^2}+2z\mathrm{e}^{x^2+y^2+z^2}\cdot x^2\cos y$$
$$=2(y+x^4\sin y\cos y)\mathrm{e}^{x^2+y^2+x^4\sin^2 y}$$

[例 7.24] 设 $z=uv+\sin t$，而 $u=\mathrm{e}^t, v=\cos t$。求全导数 $\dfrac{\mathrm{d}z}{\mathrm{d}t}$。

解
$$\frac{\mathrm{d}z}{\mathrm{d}t}=\frac{\partial z}{\partial u}\cdot\frac{\mathrm{d}u}{\mathrm{d}t}+\frac{\partial z}{\partial v}\cdot\frac{\mathrm{d}v}{\mathrm{d}t}+\frac{\partial z}{\partial t}$$
$$=v\cdot\mathrm{e}^t+u\cdot(-\sin t)+\cos t$$
$$=\mathrm{e}^t\cos t-\mathrm{e}^t\sin t+\cos t$$
$$=\mathrm{e}^t(\cos t-\sin t)+\cos t$$

[例 7.25] 设 $w=f(x+y+z,xyz)$，f 具有二阶连续偏导数，求 $\dfrac{\partial w}{\partial x}$ 及 $\dfrac{\partial^2 w}{\partial x\partial z}$。

解 令 $u=x+y+z, v=xyz$，则 $w=f(u,v)$。
引入记号
$$f'_1=\frac{\partial f(u,v)}{\partial u},\quad f'_{12}=\frac{\partial f(u,v)}{\partial u\partial v}$$

同理有 f'_2, f''_{11}, f''_{22} 等。
$$\frac{\partial w}{\partial x}=\frac{\partial f}{\partial u}\cdot\frac{\partial u}{\partial x}+\frac{\partial f}{\partial v}\cdot\frac{\partial v}{\partial x}=f'_1+yzf'_2$$
$$\frac{\partial^2 w}{\partial x\partial z}=\frac{\partial}{\partial z}(f'_1+yzf'_2)=\frac{\partial f'_1}{\partial z}+yf'_2+yz\frac{\partial f'_2}{\partial z}$$
$$=f''_{11}+xyf''_{12}+yf'_2+yzf''_{21}+xy^2zf''_{22}$$
$$=f''_{11}+y(x+z)f''_{12}+yf'_2+xy^2zf''_{22}$$

注：

$$\frac{\partial f'_1}{\partial z} = \frac{\partial f'_1}{\partial u} \cdot \frac{\partial u}{\partial z} + \frac{\partial f'_1}{\partial v} \cdot \frac{\partial v}{\partial z} = f''_{11} + xy f''_{12}$$

$$\frac{\partial f'_2}{\partial z} = \frac{\partial f'_2}{\partial u} \cdot \frac{\partial u}{\partial z} + \frac{\partial f'_2}{\partial v} \cdot \frac{\partial v}{\partial z} = f''_{21} + xy f''_{22}$$

[**例7.26**] 设 $u = f(x,y)$ 的所有二阶偏导数连续，把下列表达式转换成极坐标系中的形式：

(1) $\left(\dfrac{\partial u}{\partial x}\right)^2 + \left(\dfrac{\partial u}{\partial y}\right)^2$；(2) $\dfrac{\partial^2 u}{\partial x^2} + \dfrac{\partial^2 u}{\partial y^2}$.

解 由直角坐标与极坐标间的关系式得

$$u = f(x,y) = f(\rho\cos\theta, \rho\sin\theta) = F(\rho,\theta)$$

其中，$x = \rho\cos\theta, y = \rho\sin\theta, \rho = \sqrt{x^2+y^2}, \theta = \arctan\dfrac{y}{x}$.

应用复合函数求导法则，得

$$\frac{\partial u}{\partial x} = \frac{\partial u}{\partial \rho}\frac{\partial \rho}{\partial x} + \frac{\partial u}{\partial \theta}\frac{\partial \theta}{\partial x} = \frac{\partial u}{\partial \rho}\frac{x}{\rho} - \frac{\partial u}{\partial \theta}\frac{y}{\rho^2} = \frac{\partial u}{\partial \rho}\cos\theta - \frac{\partial u}{\partial \theta}\frac{\sin\theta}{\rho}$$

$$\frac{\partial u}{\partial y} = \frac{\partial u}{\partial \rho}\frac{\partial \rho}{\partial y} + \frac{\partial u}{\partial \theta}\frac{\partial \theta}{\partial y} = \frac{\partial u}{\partial \rho}\frac{y}{\rho} + \frac{\partial u}{\partial \theta}\frac{x}{\rho^2} = \frac{\partial u}{\partial \rho}\sin\theta + \frac{\partial u}{\partial \theta}\frac{\cos\theta}{\rho}$$

两式平方后相加，得

$$\left(\frac{\partial u}{\partial x}\right)^2 + \left(\frac{\partial u}{\partial y}\right)^2 = \left(\frac{\partial u}{\partial \rho}\right)^2 + \frac{1}{\rho^2}\left(\frac{\partial u}{\partial \theta}\right)^2$$

再求二阶偏导数，得

$$\frac{\partial^2 u}{\partial x^2} = \frac{\partial}{\partial \rho}\left(\frac{\partial u}{\partial x}\right)\cdot\frac{\partial \rho}{\partial x} + \frac{\partial}{\partial \theta}\left(\frac{\partial u}{\partial x}\right)\cdot\frac{\partial \theta}{\partial x}$$

$$= \frac{\partial}{\partial \rho}\left(\frac{\partial u}{\partial \rho}\cos\theta - \frac{\partial u}{\partial \theta}\frac{\sin\theta}{\rho}\right)\cdot\cos\theta - \left[\frac{\partial}{\partial \theta}\left(\frac{\partial u}{\partial \rho}\cos\theta - \frac{\partial u}{\partial \theta}\frac{\sin\theta}{\rho}\right)\right]\cdot\frac{\sin\theta}{\rho}$$

$$= \frac{\partial^2 u}{\partial \rho^2}\cos^2\theta - 2\frac{\partial^2 u}{\partial \rho\partial \theta}\frac{\sin\theta\cos\theta}{\rho} + \frac{\partial^2 u}{\partial \theta^2}\frac{\sin\theta^2}{\rho^2} + \frac{\partial u}{\partial \theta}\frac{2\sin\theta\cos\theta}{\rho^2} + \frac{\partial u}{\partial \rho}\frac{\sin^2\theta}{\rho}$$

同理可得

$$\frac{\partial^2 u}{\partial y^2} = \frac{\partial^2 u}{\partial \rho^2}\sin^2\theta + 2\frac{\partial^2 u}{\partial \rho\partial \theta}\frac{\sin\theta\cos\theta}{\rho} + \frac{\partial^2 u}{\partial \theta^2}\frac{\cos^2\theta}{\rho^2} - \frac{\partial u}{\partial \theta}\frac{2\sin\theta\cos\theta}{\rho^2} + \frac{\partial u}{\partial \rho}\frac{\cos^2\theta}{\rho}$$

两式相加，得

$$\frac{\partial^2 u}{\partial x^2} + \frac{\partial^2 u}{\partial y^2} = \frac{\partial^2 u}{\partial \rho^2} + \frac{1}{\rho}\frac{\partial u}{\partial \rho} + \frac{1}{\rho^2}\frac{\partial^2 u}{\partial \theta^2} = \frac{1}{\rho}\left[\rho\frac{\partial}{\partial \rho}\left(\rho\frac{\partial u}{\partial \rho}\right) + \frac{\partial^2 u}{\partial \theta^2}\right]$$

全微分形式不变性：设 $z = f(u,v)$ 具有连续偏导数，则有全微分

$$\mathrm{d}z = \frac{\partial z}{\partial u}\mathrm{d}u + \frac{\partial z}{\partial v}\mathrm{d}v$$

如果 $z = f(u,v)$ 具有连续偏导数，而 $u = \varphi(x,y), v = \psi(x,y)$ 也具有连续偏导数，则

$$\mathrm{d}z = \frac{\partial z}{\partial x}\mathrm{d}x + \frac{\partial z}{\partial y}\mathrm{d}y$$

$$= \left(\frac{\partial z}{\partial u}\frac{\partial u}{\partial x} + \frac{\partial z}{\partial v}\frac{\partial v}{\partial x}\right)\mathrm{d}x + \left(\frac{\partial z}{\partial u}\frac{\partial u}{\partial y} + \frac{\partial z}{\partial v}\frac{\partial v}{\partial y}\right)\mathrm{d}y$$

$$= \frac{\partial z}{\partial u}\left(\frac{\partial u}{\partial x}\mathrm{d}x + \frac{\partial u}{\partial y}\mathrm{d}y\right) + \frac{\partial z}{\partial v}\left(\frac{\partial v}{\partial x}\mathrm{d}x + \frac{\partial v}{\partial y}\mathrm{d}y\right)$$

$$= \frac{\partial z}{\partial u}\mathrm{d}u + \frac{\partial z}{\partial v}\mathrm{d}v$$

由此可见,无论 z 是自变量 u,v 的函数还是中间变量 u,v 的函数,它的全微分形式是一样的.这个性质叫作全微分形式不变性.

[例 7.27] 设 $z = \mathrm{e}^u \sin v, u = xy, v = x + y$,利用全微分形式不变性求全微分.

解 $\mathrm{d}z = \dfrac{\partial z}{\partial u}\mathrm{d}u + \dfrac{\partial z}{\partial v}\mathrm{d}v = \mathrm{e}^u \sin v \mathrm{d}u + \mathrm{e}^u \cos v \mathrm{d}v$

$$= \mathrm{e}^u \sin v (y\mathrm{d}x + x\mathrm{d}y) + \mathrm{e}^u \cos v(\mathrm{d}x + \mathrm{d}y)$$

$$= (y\mathrm{e}^u \sin v + \mathrm{e}^u \cos v)\mathrm{d}x + (x\mathrm{e}^u \sin v + \mathrm{e}^u \cos v)\mathrm{d}y$$

$$= \mathrm{e}^{xy}[y\sin(x+y) + \cos(x+y)]\mathrm{d}x + \mathrm{e}^{xy}[x\sin(x+y) + \cos(x+y)]\mathrm{d}y$$

比较上式两边的 $\mathrm{d}x$ 和 $\mathrm{d}y$ 的系数,就同时得到两个偏导数 $\dfrac{\partial \delta}{\partial x}$ 和 $\dfrac{\partial \delta}{\partial y}$.

2. 隐函数的求导法则

(1) 一个方程的情形.

隐函数存在定理 1 设函数 $F(x,y)$ 在点 $P(x_0,y_0)$ 的某一邻域内具有连续偏导数,且 $F(x_0,y_0) = 0, F_y(x_0,y_0) \neq 0$,则方程 $F(x,y) = 0$ 在点 (x_0,y_0) 的某一邻域内恒能唯一确定一个连续且具有连续导数的函数 $y = f(x)$,它满足条件 $y_0 = f(x_0)$,并有

$$\frac{\mathrm{d}y}{\mathrm{d}x} = -\frac{F_x}{F_y}$$

求导公式证明:将 $y = f(x)$ 代入 $F(x,y) = 0$,得恒等式 $F(x, f(x)) \equiv 0$,等式两边对 x 求导得

$$\frac{\partial F}{\partial x} + \frac{\partial F}{\partial y} \cdot \frac{\mathrm{d}y}{\mathrm{d}x} = 0$$

由于 F_y 连续,且 $F_y(x_0,y_0) \neq 0$,所以存在 (x_0,y_0) 的一个邻域,在这个邻域内 $F_y \neq 0$,于是得 $\dfrac{\mathrm{d}y}{\mathrm{d}x} = -\dfrac{F_x}{F_y}$.

[例 7.28] 验证方程 $x^2 + y^2 - 1 = 0$ 在点 $(0,1)$ 的某一邻域内能唯一确定一个有连续导数、当 $x = 0$ 时 $y = 1$ 的隐函数 $y = f(x)$,并求该函数的一阶与二阶导数在 $x = 0$ 的值.

解 设 $F(x,y) = x^2 + y^2 - 1$,则 $F_x = 2x, F_y = 2y, F_x(0,1) = 0, F_y(0,1) = 2 \neq 0$. 因此由隐函数存在定理 1 可知,方程 $x^2 + y^2 - 1 = 0$ 在点 $(0,1)$ 的某一邻域内能唯一确定一个有连续导数、当 $x = 0$ 时 $y = 1$ 的隐函数 $y = f(x)$.

$$\frac{\mathrm{d}y}{\mathrm{d}x} = -\frac{F_x}{F_y} = -\frac{x}{y}, \quad \frac{\mathrm{d}y}{\mathrm{d}x}\bigg|_{x=0} = 0$$

$$\frac{\mathrm{d}^2 y}{\mathrm{d}x^2} = -\frac{y - xy'}{y^2} = -\frac{y - x\left(-\dfrac{x}{y}\right)}{y^2} = -\frac{y^2 + x^2}{y^3} = -\frac{1}{y^3}, \quad \frac{\mathrm{d}^2 y}{\mathrm{d}x^2}\bigg|_{x=0} = -1$$

隐函数存在定理还可以推广到多元函数.既然一个二元方程 $F(x,y) = 0$ 可以确定一个一元隐函数,那么一个三元方程 $F(x,y,z) = 0$ 就可以确定一个二元隐函数.

隐函数存在定理 2 设函数 $F(x,y,z)$ 在点 $P(x_0,y_0,z_0)$ 的某一邻域内具有连续的偏导数,且 $F(x_0,y_0,z_0)=0, F_z(x_0,y_0,z_0)\neq 0$,则方程 $F(x,y,z)=0$ 在点 (x_0,y_0,z_0) 的某一邻域内恒能唯一确定一个连续且具有连续偏导数的函数 $z=f(x,y)$,它满足条件 $z_0=f(x_0,y_0)$,并有

$$\frac{\partial z}{\partial x}=-\frac{F_x}{F_z}, \quad \frac{\partial z}{\partial y}=-\frac{F_y}{F_z}$$

公式的证明:将 $z=f(x,y)$ 代入 $F(x,y,z)=0$,得 $F(x,y,f(x,y))\equiv 0$,将上式两端分别对 x 和 y 求导,得

$$F_x+F_z\cdot\frac{\partial z}{\partial x}=0, \quad F_y+F_z\cdot\frac{\partial z}{\partial y}=0$$

因为 F_z 连续且 $F_z(x_0,y_0,z_0)\neq 0$,所以存在点 (x_0,y_0,z_0) 的一个邻域,使 $F_z\neq 0$,于是得

$$\frac{\partial z}{\partial x}=-\frac{F_x}{F_z}, \quad \frac{\partial z}{\partial y}=-\frac{F_y}{F_z}$$

[例 7.29] 设 $x^2+y^2+z^2-4z=0$,求 $\frac{\partial^2 z}{\partial x^2}$.

解 设 $F(x,y,z)=x^2+y^2+z^2-4z$,则

$$F_x=2x, \quad F_z=2z-4$$

$$\frac{\partial z}{\partial x}=-\frac{F_x}{F_z}=-\frac{2x}{2z-4}=\frac{x}{2-z}$$

$$\frac{\partial^2 z}{\partial x^2}=\frac{(2-x)+x\frac{\partial z}{\partial x}}{(2-z)^2}=\frac{(2-x)+x\cdot\frac{x}{2-z}}{(2-z)^2}=\frac{(2-x)^2+x^2}{(2-z)^3}$$

(2) 方程组的情形.

在一定条件下,由一个方程组 $\begin{cases}F(x,y,u,v)=0\\G(x,y,u,v)=0\end{cases}$ 可以确定一对二元函数 $u=u(x,y)$, $v=v(x,y)$,例如方程 $xu-yv=0$ 和 $yu+xv=1$ 可以确定两个二元函数 $u=\dfrac{y}{x^2+y^2}$, $v=\dfrac{x}{x^2+y^2}$.

事实上

$$xu-yv=0\Rightarrow v=\frac{x}{y}u\Rightarrow yu+x\cdot\frac{x}{y}u=1\Rightarrow u=\frac{y}{x^2+y^2}$$

$$v=\frac{x}{y}\cdot\frac{y}{x^2+y^2}=\frac{x}{x^2+y^2}$$

如何根据原方程组求 u,v 的偏导数?

隐函数存在定理 3 设 $\begin{cases}F(x,y,u,v)\\G(x,y,u,v)\end{cases}$ 在点 $P(x_0,y_0,u_0,v_0)$ 的某一邻域内具有对各个变量的连续偏导数,又 $F(x_0,y_0,u_0,v_0)=0, G(x_0,y_0,u_0,v_0)=0$,且偏导数所组成的函数行列式或称雅可比(Jacobi)式

$$J = \frac{\partial(F,G)}{\partial(u,v)} = \begin{vmatrix} \frac{\partial F}{\partial u} & \frac{\partial F}{\partial v} \\ \frac{\partial G}{\partial u} & \frac{\partial G}{\partial v} \end{vmatrix}$$

在点 $P(x_0,y_0,u_0,v_0)$ 不等于零,则方程组 $\begin{cases} F(x,y,u,v)=0 \\ G(x,y,u,v)=0 \end{cases}$ 在点 $P(x_0,y_0,u_0,v_0)$ 的某一邻域内恒能唯一确定一组连续且具有连续偏导数的函数 $u=u(x,y), v=v(x,y)$,它们满足条件 $u_0=u(x_0,y_0), v_0=v(x_0,y_0)$,并有

$$\frac{\partial u}{\partial x} = -\frac{1}{J}\frac{\partial(F,G)}{\partial(x,v)} = -\frac{\begin{vmatrix} F_x & F_v \\ G_x & G_v \end{vmatrix}}{\begin{vmatrix} F_u & F_v \\ G_u & G_v \end{vmatrix}}, \quad \frac{\partial v}{\partial x} = -\frac{1}{J}\frac{\partial(F,G)}{\partial(u,x)} = -\frac{\begin{vmatrix} F_u & F_x \\ G_u & G_x \end{vmatrix}}{\begin{vmatrix} F_u & F_v \\ G_u & G_v \end{vmatrix}}$$

$$\frac{\partial u}{\partial y} = -\frac{1}{J}\frac{\partial(F,G)}{\partial(y,v)} = -\frac{\begin{vmatrix} F_y & F_v \\ G_y & G_v \end{vmatrix}}{\begin{vmatrix} F_u & F_v \\ G_u & G_v \end{vmatrix}}, \quad \frac{\partial v}{\partial y} = -\frac{1}{J}\frac{\partial(F,G)}{\partial(u,y)} = -\frac{\begin{vmatrix} F_u & F_y \\ G_u & G_y \end{vmatrix}}{\begin{vmatrix} F_u & F_v \\ G_u & G_v \end{vmatrix}}$$

隐函数的偏导数：

设方程组 $\begin{cases} F(x,y,u,v)=0 \\ G(x,y,u,v)=0 \end{cases}$ 确定一对具有连续偏导数的二元函数 $u=u(x,y), v=v(x,y)$,则偏导数 $\frac{\partial u}{\partial x}, \frac{\partial v}{\partial x}$ 由方程组

$$\begin{cases} F_x + F_u \frac{\partial u}{\partial x} + F_v \frac{\partial v}{\partial x} = 0 \\ G_x + G_u \frac{\partial u}{\partial x} + G_v \frac{\partial v}{\partial x} = 0 \end{cases}$$

确定；偏导数 $\frac{\partial u}{\partial y}, \frac{\partial v}{\partial y}$ 由方程组

$$\begin{cases} F_y + F_u \frac{\partial u}{\partial y} + F_v \frac{\partial v}{\partial y} = 0 \\ G_y + G_u \frac{\partial u}{\partial y} + G_v \frac{\partial v}{\partial y} = 0 \end{cases}$$

确定.

[例 7.30] 设 $xu - yv = 0, yu + xv = 1$,求 $\frac{\partial u}{\partial x}, \frac{\partial v}{\partial x}, \frac{\partial u}{\partial y}$ 和 $\frac{\partial v}{\partial y}$.

解 两个方程两边分别对 x 求偏导,得关于 $\frac{\partial u}{\partial x}$ 和 $\frac{\partial v}{\partial x}$ 的方程组

$$\begin{cases} u + x\frac{\partial u}{\partial x} - y\frac{\partial v}{\partial x} = 0 \\ y\frac{\partial u}{\partial x} + v + x\frac{\partial v}{\partial x} = 0 \end{cases}$$

当 $x^2 + y^2 \neq 0$ 时,解之得

$$\frac{\partial u}{\partial x} = -\frac{xu+yv}{x^2+y^2}, \quad \frac{\partial v}{\partial x} = \frac{yu-xv}{x^2+y^2}$$

两个方程两边分别对 x 求偏导,得关于 $\frac{\partial u}{\partial y}$ 和 $\frac{\partial v}{\partial y}$ 的方程组

$$\begin{cases} x\dfrac{\partial u}{\partial y} - v - y\dfrac{\partial v}{\partial y} = 0 \\ u + y\dfrac{\partial u}{\partial y} + x\dfrac{\partial v}{\partial y} = 0 \end{cases}$$

当 $x^2+y^2 \neq 0$ 时,解之得

$$\frac{\partial u}{\partial y} = \frac{xv-yu}{x^2+y^2}, \quad \frac{\partial v}{\partial y} = -\frac{xu+yv}{x^2+y^2}$$

将两个方程的两边微分得

$$\begin{cases} u\mathrm{d}x + x\mathrm{d}u - v\mathrm{d}y - y\mathrm{d}v = 0 \\ u\mathrm{d}y + y\mathrm{d}u + v\mathrm{d}x + x\mathrm{d}v = 0 \end{cases}$$

即

$$\begin{cases} x\mathrm{d}u - y\mathrm{d}v = v\mathrm{d}y - u\mathrm{d}x \\ y\mathrm{d}u + x\mathrm{d}v = -u\mathrm{d}y - v\mathrm{d}x \end{cases}$$

解之得

$$\mathrm{d}u = -\frac{xu+yv}{x^2+y^2}\mathrm{d}x + \frac{xv-yu}{x^2+y^2}\mathrm{d}y$$

$$\mathrm{d}v = \frac{yu-xv}{x^2+y^2}\mathrm{d}x - \frac{xu+yv}{x^2+y^2}\mathrm{d}y$$

于是

$$\frac{\partial u}{\partial x} = -\frac{xu+yv}{x^2+y^2}, \quad \frac{\partial u}{\partial y} = \frac{xv-yu}{x^2+y^2}$$

$$\frac{\partial v}{\partial x} = \frac{yu-xv}{x^2+y^2}, \quad \frac{\partial v}{\partial y} = -\frac{xu+yv}{x^2+y^2}$$

[**例 7.31**] 设函数 $x=x(u,v), y=y(u,v)$ 在点 (u,v) 的某一邻域内连续且有连续偏导数,又 $\dfrac{\partial(x,y)}{\partial(u,v)} \neq 0$.

(1) 证明方程组

$$\begin{cases} x = x(u,v) \\ y = y(u,v) \end{cases} \tag{7.1}$$

在点 (x,y,u,v) 的某一邻域内唯一确定一组单值连续且有连续偏导数的反函数 $u=u(x,y), v=v(x,y)$.

(2) 求反函数 $u=u(x,y), v=v(x,y)$ 对 x,y 的偏导数.

解 (1) 将方程组改写成下面的形式:

$$\begin{cases} F(x,y,u,v) \equiv x - x(u,v) = 0 \\ G(x,y,u,v) \equiv y - y(u,v) = 0 \end{cases} \tag{7.2}$$

则按假设

$$J = \frac{\partial(F,G)}{\partial(u,v)} = \frac{\partial(x,y)}{\partial(u,v)} \neq 0$$

由隐函数存在定理 3,即得所要证的结论.

(2) 将由方程组(7.2)所确定的反函数 $u=u(x,y),v=v(x,y)$ 代入方程组(7.1),即得

$$\begin{cases} x \equiv x[u(x,y),v(x,y)] \\ y \equiv y[u(x,y),v(x,y)] \end{cases}$$

将上述恒等式两边分别对 x 求偏导数,得

$$\begin{cases} 1 = \dfrac{\partial x}{\partial u} \cdot \dfrac{\partial u}{\partial x} + \dfrac{\partial x}{\partial v} \cdot \dfrac{\partial v}{\partial x} \\ 0 = \dfrac{\partial y}{\partial u} \cdot \dfrac{\partial u}{\partial x} + \dfrac{\partial y}{\partial v} \cdot \dfrac{\partial v}{\partial x} \end{cases}$$

由于 $J \neq 0$,故可解得

$$\frac{\partial u}{\partial x} = \frac{1}{J} \frac{\partial y}{\partial v}, \quad \frac{\partial v}{\partial x} = -\frac{1}{J} \frac{\partial y}{\partial u}$$

同理可得

$$\frac{\partial u}{\partial y} = -\frac{1}{J} \frac{\partial x}{\partial v}, \quad \frac{\partial v}{\partial y} = \frac{1}{J} \frac{\partial x}{\partial u}$$

7.1.6　多元函数微分学的几何应用

1. 空间曲线的切线与法平面

设空间曲线 Γ 的参数方程为

$$\begin{cases} x = \varphi(t) \\ y = \psi(t) \\ z = \omega(t) \end{cases}$$

这里假定 $\varphi(t),\psi(t),\omega(t)$ 都在 $[\alpha,\beta]$ 上可导.

在曲线 Γ 上取对应于 $t=t_0$ 的一点 $M_0(x_0,y_0,z_0)$ 及对应于 $t=t_0+\Delta t$ 的邻近一点 $M(x_0+\Delta x,y_0+\Delta y,z_0+\Delta z)$.作曲线的割线 MM_0,其方程为

$$\frac{x-x_0}{\Delta x} = \frac{y-y_0}{\Delta y} = \frac{z-z_0}{\Delta z}$$

当点 M 沿着 Γ 趋于点 M_0 时,割线 MM_0 的极限位置就是曲线在点 M_0 处的切线.考虑

$$\frac{x-x_0}{\dfrac{\Delta x}{\Delta t}} = \frac{y-y_0}{\dfrac{\Delta y}{\Delta t}} = \frac{z-z_0}{\dfrac{\Delta z}{\Delta t}}$$

当 $M \to M_0$,即 $\Delta t \to 0$ 时,得曲线在点 M_0 处的切线方程为

$$\frac{x-x_0}{\varphi'(t_0)} = \frac{y-y_0}{\psi'(t_0)} = \frac{z-z_0}{\omega'(t_0)}$$

曲线的切向量:切线的方向向量称为曲线的切向量.向量

$$\boldsymbol{T} = (\varphi'(t_0),\psi'(t_0),\omega'(t_0))$$

就是曲线 Γ 在点 M_0 处的一个切向量.

法平面:通过点 M_0 而与切线垂直的平面称为曲线 Γ 在点 M_0 处的法平面,其法平面方程为
$$\varphi'(t_0)(x-x_0)+\psi'(t_0)(y-y_0)+\omega'(t_0)(z-z_0)=0$$

[例 7.32] 求曲线 $x=t, y=t^2, z=t^3$ 在点 $(1,1,1)$ 处的切线及法平面方程.

解 因为 $x_t'=1, y_t'=2t, z_t'=3t^2$,而点 $(1,1,1)$ 所对应的参数 $t=1$,所以
$$T=(1,2,3)$$
于是,切线方程为
$$\frac{x-1}{1}=\frac{y-1}{2}=\frac{z-1}{3}$$
法平面方程为
$$(x-1)+2(y-1)+3(z-1)=0$$
即
$$x+2y+3z=6$$

讨论:

(1) 若曲线 Γ 的方程为 $\begin{cases} y=\varphi(x) \\ z=\psi(x) \end{cases}$,问其切线和法平面方程是什么形式?

提示:曲线方程可看作参数方程 $\begin{cases} x=x \\ y=\varphi(x) \\ z=\psi(x) \end{cases}$,切向量为 $T=(1,\varphi'(x),\psi'(x))$.

(2) 若曲线 Γ 的方程为
$$\begin{cases} F(x,y,z)=0 \\ G(x,y,z)=0 \end{cases}$$
问其切线和法平面方程又是什么形式?

提示:两方程确定了两个隐函数,即 $y=\varphi(x), z=\psi(x)$,曲线的参数方程为
$$\begin{cases} x=x \\ y=\varphi(x) \\ z=\psi(x) \end{cases}$$

由方程组 $\begin{cases} F_x+F_y\dfrac{dy}{dx}+F_z\dfrac{dz}{dx}=0 \\ G_x+G_y\dfrac{dy}{dx}+G_z\dfrac{dz}{dx}=0 \end{cases}$ 可解得 $\dfrac{dy}{dx}$ 和 $\dfrac{dz}{dx}$.

切向量为 $T=\left(1,\dfrac{dy}{dx},\dfrac{dz}{dx}\right)$.

[例 7.33] 求曲线 $\begin{cases} x^2+y^2+z^2=6 \\ x+y+z=0 \end{cases}$ 在点 $(1,-2,1)$ 处的切线及法平面方程.

解 为求切向量,将所给方程的两边对 x 求导数,得
$$\begin{cases} 2x+2y\dfrac{dy}{dx}+2z\dfrac{dz}{dx}=0 \\ 1+\dfrac{dy}{dx}+\dfrac{dz}{dx}=0 \end{cases}$$

解方程组得
$$\frac{dy}{dx} = \frac{z-x}{y-z}, \quad \frac{dz}{dx} = \frac{x-y}{y-z}$$

在点 $(1,-2,1)$ 处, $\frac{dy}{dx}=0, \frac{dz}{dx}=-1$. 从而 $\boldsymbol{T}=(1,0,-1)$.

所求切线方程为
$$\frac{x-1}{1} = \frac{y+2}{0} = \frac{z-1}{-1}$$

法平面方程为
$$(x-1) + 0 \cdot (y+2) - (z-1) = 0$$

即 $x-z=0$.

2. 曲面的切平面与法线

设曲面 Σ 的方程为
$$F(x,y,z)=0$$
$M(x_0,y_0,z_0)$ 是曲面 Σ 上的一点,并设函数 $F(x,y,z)$ 的偏导数在该点连续且不同时为零.

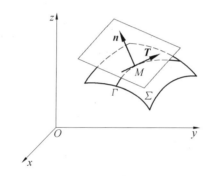

图 7.4

在曲面 Σ 上,通过点 M 任意引一条曲线 Γ(图 7.4),假定曲线 Γ 的参数方程为
$$\begin{cases} x=\varphi(t) \\ y=\psi(t) \\ z=\omega(t) \end{cases}$$
$t=t_0$ 对应于点 $M(x_0,y_0,z_0)$,且 $\varphi'(t_0),\psi'(t_0),\omega'(t_0)$ 不全为零. 曲线在点 M 的切向量为
$$\boldsymbol{T}=(\varphi'(t_0),\psi'(t_0),\omega'(t_0))$$
考虑曲面方程 $F(x,y,z)=0$ 左边在 $t=t_0$ 的全导数:
$$F_x(x_0,y_0,z_0)\varphi'(t_0) + F_y(x_0,y_0,z_0)\psi'(t_0) + F_z(x_0,y_0,z_0)\omega'(t_0) = 0$$
引入向量
$$\boldsymbol{n} = (F_x(x_0,y_0,z_0), F_y(x_0,y_0,z_0), F_z(x_0,y_0,z_0))$$
易见 $\boldsymbol{T}$ 与 $\boldsymbol{n}$ 是垂直的. 因为曲线 Γ 是曲面 Σ 上通过点 M 的任意一条曲线,它们在点 M 的切线都与同一向量 $\boldsymbol{n}$ 垂直,所以曲面上通过点 M 的一切曲线在点 M 的切线都在同一个平面上. 这个平面称为曲面 Σ 在点 M 的切平面. 该切平面的方程式是

$$F_x(x_0,y_0,z_0)(x-x_0)+F_y(x_0,y_0,z_0)(y-y_0)+F_z(x_0,y_0,z_0)(z-z_0)=0$$

曲面的法线:通过点 $M(x_0,y_0,z_0)$ 而垂直于切平面的直线称为曲面在该点的法线. 法线方程为

$$\frac{x-x_0}{F_x(x_0,y_0,z_0)}=\frac{y-y_0}{F_y(x_0,y_0,z_0)}=\frac{z-z_0}{F_z(x_0,y_0,z_0)}$$

曲面的法向量:垂直于曲面上切平面的向量称为曲面的法向量. 向量

$$\boldsymbol{n}=(F_x(x_0,y_0,z_0),F_y(x_0,y_0,z_0),F_z(x_0,y_0,z_0))$$

就是曲面 Σ 在点 M 处的一个法向量.

[例 7.34] 求球面 $x^2+y^2+z^2=14$ 在点 $(1,2,3)$ 处的切平面及法线方程式.

解
$$F(x,y,z)=x^2+y^2+z^2-14$$
$$F_x=2x,\quad F_y=2y,\quad F_z=2z$$
$$F_x(1,2,3)=2,\quad F_y(1,2,3)=4,\quad F_z(1,2,3)=6$$

法向量为 $\boldsymbol{n}=(2,4,6)$,所求切平面方程为
$$2(x-1)+4(y-2)+6(z-3)=0$$

即
$$x+2y+3z-14=0$$

法线方程为
$$\frac{x-1}{1}=\frac{y-2}{2}=\frac{z-3}{3}$$

讨论:若曲面方程为 $z=f(x,y)$,问曲面的切平面及法线的方程式是什么形式?

提示:此时 $F(x,y,z)=f(x,y)-z$,$\boldsymbol{n}=(f_x(x_0,y_0),f_y(x_0,y_0),-1)$.

[例 7.35] 求旋转抛物面 $z=x^2+y^2-1$ 在点 $(2,1,4)$ 处的切平面及法线方程.

解
$$f(x,y)=x^2+y^2-1$$
$$\boldsymbol{n}=(f_x,f_y,-1)=(2x,2y,-1)$$
$$\boldsymbol{n}\big|_{(2,1,4)}=(4,2,-1)$$

所以在点 $(2,1,4)$ 处的切平面方程为
$$4(x-2)+2(y-1)-(z-4)=0$$

即 $4x+2y-z-6=0$.

法线方程为
$$\frac{x-2}{4}=\frac{y-1}{2}=\frac{z-4}{-1}$$

7.1.7 多元函数的极值及其求法

1. 多元函数的极值及最大值、最小值

定义 7.7 设函数 $z=f(x,y)$ 在点 (x_0,y_0) 的某个邻域内有定义,如果对于该邻域内任何异于 (x_0,y_0) 的点 (x,y),都有

$$f(x,y)<f(x_0,y_0)\quad (\text{或 } f(x,y)>f(x_0,y_0))$$

则称函数在点 (x_0,y_0) 有极大值(或极小值) $f(x_0,y_0)$.

极大值、极小值统称为极值. 使函数取得极值的点称为极值点.

[例 7.36] 函数 $z=3x^2+4y^2$ 在点 $(0,0)$ 处有极小值.

当$(x,y)=(0,0)$时,$z=0$;而当$(x,y)\neq(0,0)$时,$z>0$.因此$z=0$是函数的极小值.

[例7.37] 函数$z=-\sqrt{x^2+y^2}$在点$(0,0)$处有极大值.

当$(x,y)=(0,0)$时,$z=0$,而当$(x,y)\neq(0,0)$时,$z<0$.因此$z=0$是函数的极大值.

[例7.38] 函数$z=xy$在点$(0,0)$处既不取得极大值也不取得极小值.

因为在点$(0,0)$处的函数值为零,而在点$(0,0)$的任一邻域内,总有使函数值为正的点,也有使函数值为负的点.

以上关于二元函数的极值概念,可推广到n元函数.设n元函数$u=f(P)$在点P_0的某一邻域内有定义,如果对于该邻域内任何异于P_0的点P,都有

$$f(P)<f(P_0) \quad (或\ f(P)>f(P_0))$$

则称函数$f(P)$在点P_0有极大值(或极小值)$f(P_0)$.

定理7.7(必要条件) 设函数$z=f(x,y)$在点(x_0,y_0)具有偏导数,且在点(x_0,y_0)处有极值,则有

$$f_x(x_0,y_0)=0,\quad f_y(x_0,y_0)=0$$

证明 不妨设$z=f(x,y)$在点(x_0,y_0)处有极大值.依照极大值的定义,对于点(x_0,y_0)的某邻域内异于(x_0,y_0)的点(x,y),都有不等式

$$f(x,y)<f(x_0,y_0)$$

特殊地,在该邻域内取$y=y_0$而$x\neq x_0$的点,也应有不等式

$$f(x,y_0)<f(x_0,y_0)$$

这表明一元函数$f(x,y_0)$在$x=x_0$处取得极大值,因而必有

$$f_x(x_0,y_0)=0$$

类似地,可证

$$f_y(x_0,y_0)=0$$

从几何上看,这时如果曲面$z=f(x,y)$在点(x_0,y_0,z_0)处有切平面,则切平面

$$z-z_0=f_x(x_0,y_0)(x-x_0)+f_y(x_0,y_0)(y-y_0)$$

为平行于xOy坐标面的平面$z=z_0$.

类似地可推得,如果三元函数$u=f(x,y,z)$在点(x_0,y_0,z_0)具有偏导数,则它在点(x_0,y_0,z_0)具有极值的必要条件为

$$f_x(x_0,y_0,z_0)=0,\quad f_y(x_0,y_0,z_0)=0,\quad f_z(x_0,y_0,z_0)=0$$

仿照一元函数,凡是能使$f_x(x,y)=0,f_y(x,y)=0$同时成立的点(x_0,y_0)称为函数$z=f(x,y)$的驻点.

从定理7.7可知,具有偏导数的函数的极值点必定是驻点.但函数的驻点不一定是极值点.

例如,函数$z=xy$在点$(0,0)$处的两个偏导数都是零,函数在$(0,0)$既不取得极大值也不取得极小值.

定理7.8(充分条件) 设函数$z=f(x,y)$在点(x_0,y_0)的某邻域内连续且有一阶及二阶连续偏导数,又$\begin{cases}f_x(x_0,y_0)=0\\f_y(x_0,y_0)=0\end{cases}$,令

$$f_{xx}(x_0,y_0)=A,\quad f_{xy}(x_0,y_0)=B,\quad f_{yy}(x_0,y_0)=C$$

则 $f(x,y)$ 在 (x_0,y_0) 处是否取得极值的条件如下：

(1) $AC-B^2>0$ 时具有极值，且当 $A<0$ 时有极大值，当 $A>0$ 时有极小值；

(2) $AC-B^2<0$ 时没有极值；

(3) $AC-B^2=0$ 时可能有极值，也可能没有极值.

利用定理 7.7 和定理 7.8，二阶连续偏导数的函数 $z=f(x,y)$ 的极值求法可叙述如下：

第一步 解方程组
$$\begin{cases} f_x(x,y)=0 \\ f_y(x,y)=0 \end{cases}$$
求得一切实数解，即可得一切驻点.

第二步 对于每一个驻点 (x_0,y_0)，求出二阶偏导数的值 A、B 和 C.

第三步 确定 $AC-B^2$ 的符号，按定理 7.8 的结论判定 $f(x_0,y_0)$ 是否是极值，是极大值还是极小值.

[**例 7.39**] 求函数 $f(x,y)=x^3-y^3+3x^2+3y^2-9x$ 的极值.

解 解方程组
$$\begin{cases} f_x(x,y)=3x^2+6x-9=0 \\ f_y(x,y)=-3y^2+6y=0 \end{cases}$$
求得驻点为 $(1,0)$、$(1,2)$、$(-3,0)$、$(-3,2)$.

再求出二阶偏导数
$$f_{xx}(x,y)=6x+6,\quad f_{xy}(x,y)=0,\quad f_{yy}(x,y)=-6y+6$$

在点 $(1,0)$ 处，$AC-B^2=12\times 6>0$，又 $A>0$，所以函数在 $(1,0)$ 处有极小值 $f(1,0)=-5$；

在点 $(1,2)$ 处，$AC-B^2=12\times(-6)<0$，所以 $f(1,2)$ 不是极值；

在点 $(-3,0)$ 处，$AC-B^2=-12\times 6<0$，所以 $f(-3,0)$ 不是极值；

在点 $(-3,2)$ 处，$AC-B^2=-12\times(-6)>0$，又 $A<0$，所以函数在 $(-3,2)$ 处有极大值 $f(-3,2)=31$.

应注意的问题：不是驻点也可能是极值点，例如，函数 $z=-\sqrt{x^2+y^2}$ 在点 $(0,0)$ 处有极大值，但 $(0,0)$ 不是函数的驻点. 因此，在考虑函数的极值问题时，除了考虑函数的驻点外，如果有偏导数不存在的点，那么对这些点也应当考虑.

最大值和最小值问题：如果 $f(x,y)$ 在有界闭区域 D 上连续，则 $f(x,y)$ 在 D 上必定能取得最大值和最小值. 这种使函数取得最大值或最小值的点既可能在 D 的内部，也可能在 D 的边界上. 现假定函数在 D 上连续、在 D 内可微分且只有有限个驻点，这时如果函数在 D 的内部取得最大值（最小值），那么这个最大值（最小值）也是函数的极大值（极小值）. 因此，求最大值和最小值的一般方法是：将函数 $f(x,y)$ 在 D 内的所有驻点处的函数值及在 D 的边界上的最大值和最小值相互比较，其中最大的就是最大值，最小的就是最小值. 在通常遇到的实际问题中，如果根据问题的性质，知道函数 $f(x,y)$ 的最大值（最小值）一定在 D 的内部取得，而函数在 D 内只有一个驻点，那么可以肯定该驻点处的函数值

就是函数 $f(x,y)$ 在 D 上的最大值(最小值).

[例 7.40] 某厂要用铁板做成一个体积为 8 m^3 的有盖长方体水箱.问当长、宽、高各取多少时,才能使用料最省?

解 设水箱的长为 x m,宽为 y m,则其高应为 $\dfrac{8}{xy}$ m.此水箱所用材料的面积为

$$A = 2\left(xy + y \cdot \dfrac{8}{xy} + x \cdot \dfrac{8}{xy}\right) = 2\left(xy + \dfrac{8}{x} + \dfrac{8}{y}\right) \quad (x>0, y>0)$$

令 $A_x = 2\left(y - \dfrac{8}{x^2}\right) = 0, A_y = 2\left(x - \dfrac{8}{y^2}\right) = 0$,得 $x=2, y=2$.

根据题意可知,水箱所用材料面积的最小值一定存在,并在开区域 $D=\{(x,y)\mid x>0, y>0\}$ 内取得.因为函数 A 在 D 内只有一个驻点,所以此驻点一定是 A 的最小值点,即当水箱的长为 2 m,宽为 2 m,高为 $\dfrac{8}{2\times 2} = 2 \text{(m)}$ 时,水箱所用的材料最省.

因此 A 在 D 内的唯一驻点 $(2,2)$ 处取得最小值,即长为 2 m、宽为 2 m、高为 2 m 时,所用材料最省.

从这个例子还可看出,在体积一定的长方体中,以立方体的表面积为最小.

[例 7.41] 有一宽为 24 cm 的长方形铁板,把它两边折起来做成一断面为等腰梯形的水槽.问怎样折才能使断面的面积最大?

解 设折起来的边长为 x cm,倾角为 a,那么梯形断面的下底长为 $(24-2x)$ cm,上底长为 $(24-2x \cdot \cos a)$ cm,高为 $(x \cdot \sin a)$ cm,所以断面面积

$$A = \dfrac{1}{2}(24 - 2x + 2x\cos a + 24 - 2x) \cdot x\sin a$$

即 $A = 24x \cdot \sin a - 2x^2 \sin a + x^2 \sin a \cos a \quad (0 < x < 12, 0 < a \leqslant 90°)$

可见断面面积 A 是 x 和 a 的二元函数,这就是目标函数,要求使该函数取得最大值的点 (x,a).

令

$$\begin{cases} A_x = 24\sin a - 4x\sin a + 2x\sin a\cos a = 0 \\ A_a = 24x\cos a - 2x^2\cos a + x^2(\cos^2 a - \sin^2 a) = 0 \end{cases}$$

由于 $\sin a \neq 0, x \neq 0$,上述方程组可化为

$$\begin{cases} 12 - 2x + x\cos a = 0 \\ 24\cos a - 2x\cos a + x(\cos^2 a - \sin^2 a) = 0 \end{cases}$$

解此方程组,得 $a = 60°, x = 8$.

根据题意可知断面面积的最大值一定存在,并且在 $D = \{(x,y) \mid 0 < x < 12, 0 < a \leqslant 90°\}$ 内取得,通过计算得知 $a=90°$ 时的函数值比 $a=60°, x=8$ 时的函数值小.又函数在 D 内只有一个驻点,因此可以断定,当 $x=8, a=60°$ 时,就能使断面的面积最大.

2. 条件极值(拉格朗日乘数法)

对自变量有附加条件的极值称为条件极值.例如,求表面积为 a^2 而体积为最大的长方体的体积问题.设长方体的三条棱长为 x, y 与 z,则体积 $V = xyz$.又因假定表面积为 a^2,所以自变量 x, y, z 还必须满足附加条件 $2(xy + yz + xz) = a^2$.

这个问题就是求函数 $V = xyz$ 在条件 $2(xy + yz + xz) = a^2$ 下的最大值问题,这是一

个条件极值问题.

对于有些实际问题,可以把条件极值问题化为无条件极值问题.

例如上述问题,由条件 $2(xy+yz+xz)=a^2$,解得 $z=\dfrac{a^2-2xy}{2(x+y)}$,于是得

$$V=\dfrac{xy}{2}\cdot\dfrac{a^2-2xy}{x+y}$$

化为求 V 的无条件极值问题.

在很多情形下,将条件极值化为无条件极值并不容易.需要另一种求条件极值的专用方法,这就是拉格朗日乘数法.

现在先来寻求函数 $z=f(x,y)$ 在条件 $\varphi(x,y)=0$ 下取得极值的必要条件.

如果函数 $z=f(x,y)$ 在 (x_0,y_0) 取得所求的极值,那么有

$$\varphi(x_0,y_0)=0$$

假定在 (x_0,y_0) 的某一邻域内 $f(x,y)$ 与 $\varphi(x,y)$ 均有连续的一阶偏导数,而 $\varphi_y(x_0,y_0)\neq0$.由隐函数存在定理,方程 $\varphi(x,y)=0$ 确定了一个连续且具有连续导数的函数 $y=y(x)$,将其代入目标函数 $z=f(x,y)$,得一元函数

$$z=f[x,y(x)]$$

于是 $x=x_0$ 是一元函数 $z=f[x,y(x)]$ 的极值点,由取得极值的必要条件,有

$$\left.\dfrac{\mathrm{d}z}{\mathrm{d}x}\right|_{x=x_0}=f_x(x_0,y_0)+f_y(x_0,y_0)\left.\dfrac{\mathrm{d}y}{\mathrm{d}x}\right|_{x=x_0}=0$$

即

$$f_x(x_0,y_0)-f_y(x_0,y_0)\dfrac{\varphi_x(x_0,y_0)}{\varphi_y(x_0,y_0)}=0$$

从而函数 $z=f(x,y)$ 在条件 $\varphi(x,y)=0$ 下,在 (x_0,y_0) 取得极值的必要条件是

$$f_x(x_0,y_0)-f_y(x_0,y_0)\dfrac{\varphi_x(x_0,y_0)}{\varphi_y(x_0,y_0)}=0$$

与 $\varphi(x_0,y_0)=0$ 同时成立.

设 $\dfrac{f_y(x_0,y_0)}{\varphi_y(x_0,y_0)}=-\lambda$,上述必要条件变为

$$\begin{cases}f_x(x_0,y_0)+\lambda\varphi_x(x_0,y_0)=0\\f_y(x_0,y_0)+\lambda\varphi_y(x_0,y_0)=0\\\varphi(x_0,y_0)=0\end{cases}$$

拉格朗日乘数法:要找函数 $z=f(x,y)$ 在条件 $\varphi(x,y)=0$ 下的可能极值点,可以先构造辅助函数

$$F(x,y)=f(x,y)+\lambda\varphi(x,y)$$

其中,λ 为某一常数.然后解方程组

$$\begin{cases}f_x(x,y)+\lambda\varphi_x(x,y)=0\\f_y(x,y)+\lambda\varphi_y(x,y)=0\\\varphi(x,y)=0\end{cases}$$

由这方程组解出 x,y 及 λ,则其中 (x,y) 就是所要求的可能的极值点.

这种方法可以推广到自变量多于两个而条件多于一个的情形.

至于如何确定所求的点是否是极值点,在实际问题中往往可根据问题本身的性质来判定.

[例 7.42] 求表面积为 a^2 而体积为最大的长方体的体积.

解 设长方体的三条棱长为 x,y,z,则问题化为在条件
$$2(xy+yz+xz)=a^2$$
下求函数 $V=xyz$ 的最大值.

构造辅助函数
$$F(x,y,z)=xyz+\lambda(2xy+2yz+2xz-a^2)$$

解方程组
$$\begin{cases} F_x(x,y,z)=yz+2\lambda(y+z)=0 \\ F_y(x,y,z)=xz+2\lambda(x+z)=0 \\ F_z(x,y,z)=xy+2\lambda(y+x)=0 \\ 2xy+2yz+2xz=a^2 \end{cases}$$

得
$$x=y=z=\frac{\sqrt{6}}{6}a$$

这是唯一可能的极值点.因为由问题本身可知最大值一定存在,所以最大值就在这个可能的极值点处取得.此时 $V=\frac{\sqrt{6}}{36}a^3$.

7.2 多元函数的积分学

7.2.1 二重积分的概念与性质

1. 二重积分的概念

(1) 曲顶柱体的体积.

设有一立体,它的底是 xOy 面上的闭区域 D,它的侧面是以 D 的边界曲线为准线而母线平行于 z 轴的柱面,它的顶是曲面 $z=f(x,y)$,这里 $f(x,y) \geqslant 0$ 且在 D 上连续.这种立体叫作曲顶柱体(图 7.5).现在来讨论如何计算曲顶柱体的体积.

首先,用一组曲线网把 D 分成 n 个小闭区域:
$$\Delta\sigma_1, \Delta\sigma_2, \cdots, \Delta\sigma_n$$

分别以这些小闭区域的边界曲线为准线,作母线平行于 z 轴的柱面,这些柱面把原来的曲顶柱体分为 n 个细曲顶柱体(图 7.5).在每个 $\Delta\sigma_i$ 中任取一点 (ξ_i,η_i),以 $f(\xi_i,\eta_i)$ 为高而底为 $\Delta\sigma_i$ 的平顶柱体的体积为
$$f(\xi_i,\eta_i)\Delta\sigma_i \quad (i=1,2,\cdots,n)$$

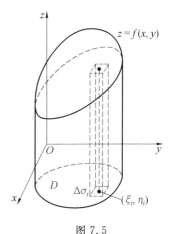

图 7.5

所有平顶柱体体积之和

$$V \approx \sum_{i=1}^{n} f(\xi_i, \eta_i) \Delta \sigma_i$$

可以认为是整个曲顶柱体体积的近似值. 为求得曲顶柱体体积的精确值, 将分割加密, 只需取极限, 即

$$V = \lim_{\lambda \to 0} \sum_{i=1}^{n} f(\xi_i, \eta_i) \Delta \sigma_i$$

其中, λ 是各小区域的直径中的最大值.

(2) 平面薄片的质量.

设有一平面薄片占有 xOy 面上的闭区域 D, 它在点 (x, y) 处的面密度为 $\rho(x, y)$, 这里 $\rho(x, y) > 0$ 且在 D 上连续. 现在要计算该薄片的质量 M.

用一组曲线网把 D 分成 n 个小区域 $\Delta \sigma_1, \Delta \sigma_2, \cdots, \Delta \sigma_n$.

把各小块的质量近似地看作均匀薄片的质量:

$$\rho(\xi_i, \eta_i) \Delta \sigma_i$$

各小块质量的和作为平面薄片的质量的近似值:

$$M \approx \sum_{i=1}^{n} \rho(\xi_i, \eta_i) \Delta \sigma_i$$

将分割加细, 取极限, 得到平面薄片的质量

$$M = \lim_{\lambda \to 0} \sum_{i=1}^{n} \rho(\xi_i, \eta_i) \Delta \sigma_i$$

其中, λ 是各小区域的直径中的最大值.

定义 7.8 设 $f(x, y)$ 是有界闭区域 D 上的有界函数. 将闭区域 D 任意分成 n 个小闭区域

$$\Delta \sigma_1, \Delta \sigma_2, \cdots, \Delta \sigma_n$$

其中, $\Delta \sigma_i$ 表示第 i 个小区域, 也表示它的面积. 在每个 $\Delta \sigma_i$ 上任取一点 (ξ_i, η_i), 作和

$$\sum_{i=1}^{n} f(\xi_i, \eta_i) \Delta \sigma_i$$

如果当各小闭区域的直径中的最大值 λ 趋于零时, 和式 $\sum_{i=1}^{n} f(\xi_i, \eta_i) \Delta \sigma_i$ 的极限总存在, 则称此极限为函数 $f(x, y)$ 在闭区域 D 上的二重积分, 记作 $\iint\limits_{D} f(x, y) \mathrm{d}\sigma$, 即

$$\iint\limits_{D} f(x, y) \mathrm{d}\sigma = \lim_{\lambda \to 0} \sum_{i=1}^{n} f(\xi_i, \eta_i) \Delta \sigma_i$$

其中, $f(x, y)$ 叫作被积函数; $f(x, y) \mathrm{d}\sigma$ 叫作被积表达式; $\mathrm{d}\sigma$ 叫作面积元素; x, y 叫作积分变量; D 叫作积分区域; $\sum_{i=1}^{n} f(\xi_i, \eta_i) \Delta \sigma_i$ 叫作积分和.

(3) 直角坐标系中的面积元素.

如果在直角坐标系中用平行于坐标轴的直线网来划分 D, 那么除了包含边界点的一些小闭区域外, 其余的小闭区域都是矩形闭区域. 设矩形闭区域 $\Delta \sigma_i$ 的边长为 Δx_i 和 Δy_i,

则 $\Delta\sigma_i = \Delta x_i \Delta y_i$,因此在直角坐标系中,有时也把面积元素 $d\sigma$ 记作 $dxdy$,而把二重积分记作

$$\iint\limits_{D} f(x,y)dxdy$$

其中,$dxdy$ 叫作直角坐标系中的面积元素.

2. 二重积分的存在性

当 $f(x,y)$ 在闭区域 D 上连续时,积分和的极限是存在的,也就是说函数 $f(x,y)$ 在 D 上的二重积分必定存在. 总假定函数 $f(x,y)$ 在闭区域 D 上连续,所以 $f(x,y)$ 在 D 上的二重积分都是存在的.

3. 二重积分的几何意义

如果 $f(x,y) \geqslant 0$,被积函数 $f(x,y)$ 可解释为曲顶柱体的在点 (x,y) 处的竖坐标,所以二重积分的几何意义就是柱体的体积. 如果 $f(x,y)$ 是负的,柱体就在 xOy 面的下方,二重积分的绝对值仍等于柱体的体积,只是二重积分的值是负的.

7.2.2 二重积分的性质

性质1 设 c_1、c_2 为常数,则

$$\iint\limits_{D} [c_1 f(x,y) + c_2 g(x,y)]d\sigma = c_1 \iint\limits_{D} f(x,y)d\sigma + c_2 \iint\limits_{D} g(x,y)d\sigma$$

性质2 如果闭区域 D 被有限条曲线分为有限个部分闭区域,则在 D 上的二重积分等于在各部分闭区域上的二重积分的和. 例如 D 分为两个闭区域 D_1 与 D_2,则

$$\iint\limits_{D} f(x,y)d\sigma = \iint\limits_{D_1} f(x,y)d\sigma + \iint\limits_{D_2} f(x,y)d\sigma$$

性质3 如果在 D 上,$f(x,y) = 1$,σ 为 D 的面积,那么

$$\iint\limits_{D} 1 \cdot d\sigma = \iint\limits_{D} d\sigma = \sigma$$

性质4 如果在 D 上,$f(x,y) \leqslant g(x,y)$,则有不等式

$$\iint\limits_{D} f(x,y)d\sigma \leqslant \iint\limits_{D} g(x,y)d\sigma$$

特殊地

$$\left| \iint\limits_{D} f(x,y)d\sigma \right| \leqslant \iint\limits_{D} |f(x,y)| d\sigma$$

性质5 设 M、m 分别是 $f(x,y)$ 在闭区域 D 上的最大值和最小值,σ 为 D 的面积,则有

$$m\sigma \leqslant \iint\limits_{D} f(x,y)d\sigma \leqslant M\sigma$$

性质6(二重积分的中值定理) 设函数 $f(x,y)$ 在闭区域 D 上连续,σ 为 D 的面积,则在 D 上至少存在一点 (ξ,η) 使得

$$\iint\limits_{D} f(x,y)d\sigma = f(\xi,\eta)\sigma$$

7.2.3 二重积分的计算法

1. 利用直角坐标计算二重积分

图 7.6 所示为 X 型区域,有

$$D:\varphi_1(x) \leqslant y \leqslant \varphi_2(x), a \leqslant x \leqslant b$$

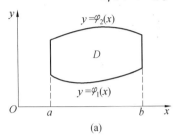
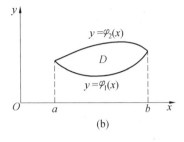

图 7.6

图 7.7 所示为 Y 型区域,有

$$D:\psi_1(y) \leqslant x \leqslant \psi_2(y), c \leqslant y \leqslant d$$

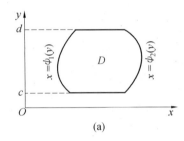
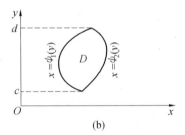

图 7.7

设 $f(x,y) \geqslant 0, D = \{(x,y) \mid \varphi_1(x) \leqslant y \leqslant \varphi_2(x), a \leqslant x \leqslant b\}$. 此时二重积分 $\iint\limits_D f(x,y)\mathrm{d}\sigma$ 在几何上表示以曲面 $z = f(x,y)$ 为顶,以区域 D 为底的曲顶柱体的体积(图 7.8).

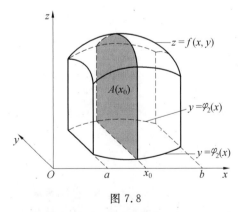

图 7.8

对于 $x_0 \in [a,b]$,曲顶柱体在 $x = x_0$ 的截面面积为以区间 $[\varphi_1(x_0), \varphi_2(x_0)]$ 为底、以曲线 $z = f(x_0,y)$ 为曲边的曲边梯形,所以该截面的面积为

$$A(x_0) = \int_{\varphi_1(x_0)}^{\varphi_2(x_0)} f(x_0, y) \mathrm{d}y$$

根据平行截面面积为已知的立体体积的方法,得曲顶柱体体积为

$$V = \int_a^b A(x) \mathrm{d}x = \int_a^b \left[\int_{\varphi_1(x)}^{\varphi_2(x)} f(x, y) \mathrm{d}y \right] \mathrm{d}x$$

即

$$V = \iint_D f(x, y) \mathrm{d}\sigma = \int_a^b \left[\int_{\varphi_1(x)}^{\varphi_2(x)} f(x, y) \mathrm{d}y \right] \mathrm{d}x$$

可记为

$$\iint_D f(x, y) \mathrm{d}\sigma = \int_a^b \mathrm{d}x \int_{\varphi_1(x)}^{\varphi_2(x)} f(x, y) \mathrm{d}y$$

这就是把二重积分化为先对 y、后对 x 的二次积分的公式。

类似地,如果区域 D 为 Y 型区域

$$D: \psi_1(y) \leqslant x \leqslant \psi_2(y), c \leqslant y \leqslant d$$

则有

$$\iint_D f(x, y) \mathrm{d}\sigma = \int_c^d \mathrm{d}y \int_{\psi_1(y)}^{\psi_2(y)} f(x, y) \mathrm{d}x$$

这就是把二重积分化为先对 x、后对 y 的二次积分的公式。

[例 7.43] 计算 $\iint_D xy \mathrm{d}\sigma$,其中 D 是由直线 $y=1$、$x=2$ 及 $y=x$ 所围成的闭区域.

解法 1 可把 D 看成是 X 型区域(图 7.9):$1 \leqslant x \leqslant 2, 1 \leqslant y \leqslant x$. 于是

$$\iint_D xy \mathrm{d}\sigma = \int_1^2 \left[\int_1^x xy \mathrm{d}y \right] \mathrm{d}x = \int_1^2 \left[x \cdot \frac{y^2}{2} \right]_1^x \mathrm{d}x$$

$$= \frac{1}{2} \int_1^2 (x^3 - x) \mathrm{d}x = \frac{1}{2} \left[\frac{x^4}{4} - \frac{x^2}{2} \right]_1^2 = \frac{9}{8}$$

注:积分还可以写成 $\iint_D xy \mathrm{d}\sigma = \int_1^2 \mathrm{d}x \int_1^x xy \mathrm{d}y = \int_1^2 x \mathrm{d}x \int_1^x y \mathrm{d}y$.

解法 2 也可把 D 看成是 Y 型区域(图 7.10):$1 \leqslant y \leqslant 2, y \leqslant x \leqslant 2$. 于是

$$\iint_D xy \mathrm{d}\sigma = \int_1^2 \left[\int_y^2 xy \mathrm{d}x \right] \mathrm{d}y = \int_1^2 \left[y \cdot \frac{x^2}{2} \right]_y^2 \mathrm{d}y$$

$$= \int_1^2 \left(2y - \frac{y^3}{2} \right) \mathrm{d}y = \left[y^2 - \frac{y^4}{8} \right]_1^2 = \frac{9}{8}$$

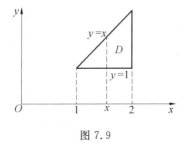

图 7.9

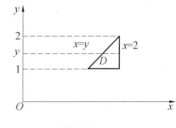

图 7.10

[例 7.44] 计算 $\iint\limits_{D} y\sqrt{1+x^2-y^2}\,d\sigma$,其中 D 是由直线 $y=1$、$x=-1$ 及 $y=x$ 所围成的闭区域.

解 画出区域 D,可把 D 看成是 X 型区域(图 7.11):$-1 \leqslant x \leqslant 1, x \leqslant y \leqslant 1$. 于是

$$\iint\limits_{D} y\sqrt{1+x^2-y^2}\,d\sigma = \int_{-1}^{1} dx \int_{x}^{1} y\sqrt{1+x^2-y^2}\,dy$$

$$= -\frac{1}{3}\int_{-1}^{1}\left[(1+x^2-y^2)^{\frac{3}{2}}\right]_{x}^{1} dx$$

$$= -\frac{1}{3}\int_{-1}^{1}(|x|^3-1)\,dx$$

$$= -\frac{2}{3}\int_{0}^{1}(x^3-1)\,dx = \frac{1}{2}$$

也可 D 看成是 Y 型区域(图 7.12):$-1 \leqslant y \leqslant 1, -1 \leqslant x \leqslant y$. 于是

$$\iint\limits_{D} y\sqrt{1+x^2-y^2}\,d\sigma = \int_{-1}^{1} y\,dy \int_{-1}^{y} \sqrt{1+x^2-y^2}\,dx$$

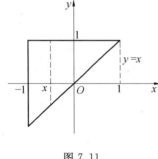
图 7.11

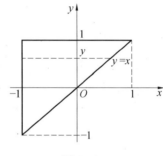
图 7.12

[例 7.45] 计算 $\iint\limits_{D} xy\,d\sigma$,其中 D 是由直线 $y=x-2$ 及抛物线 $y^2=x$ 所围成的闭区域.

解 积分区域可以表示为 $D=D_1+D_2$(图 7.13),其中 $D_1: 0 \leqslant x \leqslant 1, -\sqrt{x} \leqslant y \leqslant \sqrt{x}$;$D_2: 1 \leqslant x \leqslant 4, 2 \leqslant y \leqslant \sqrt{x}$. 于是

$$\iint\limits_{D} xy\,d\sigma = \int_{0}^{1} dx \int_{-\sqrt{x}}^{\sqrt{x}} xy\,dy + \int_{1}^{4} dx \int_{x-2}^{\sqrt{x}} xy\,dy$$

积分区域也可以表示为 $D: -1 \leqslant y \leqslant 2, y^2 \leqslant x \leqslant y+2$(图 7.14). 于是

$$\iint\limits_{D} xy\,d\sigma = \int_{-1}^{2} dy \int_{y^2}^{y+2} xy\,dx = \int_{-1}^{2}\left[\frac{x^2}{2} y\right]_{y^2}^{y+2} dy = \frac{1}{2}\int_{-1}^{2}[y(y+2)^2 - y^5]\,dy$$

$$= \frac{1}{2}\left[\frac{y^4}{4} + \frac{4}{3}y^3 + 2y^2 - \frac{y^6}{6}\right]_{-1}^{2} = 5\frac{5}{8}$$

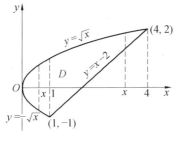
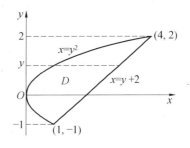

图 7.13　　　　　　　　　图 7.14

[例 7.46] 求两个底圆半径都等于 ρ 的直交圆柱面所围成的立体的体积.

解 设这两个圆柱面的方程分别为
$$x^2 + y^2 = \rho^2, \quad x^2 + z^2 = \rho^2$$

利用立体关于坐标平面的对称性,只要算出它在第一卦限部分的体积 V_1,然后再乘 8 就行了.

第一卦限部分是以 $D = \{(x,y) \mid 0 \leqslant y \leqslant \sqrt{R^2-x^2}, 0 \leqslant x \leqslant \rho\}$ 为底,以 $z = \sqrt{R^2-x^2}$ 顶的曲顶柱体. 于是

$$V = 8 \iint_D \sqrt{R^2-x^2}\, d\sigma = 8\int_0^R dx \int_0^{\sqrt{R^2-x^2}} \sqrt{R^2-x^2}\, dy$$
$$= 8\int_0^R \left[\sqrt{R^2-x^2}\, y\right]_0^{\sqrt{R^2-x^2}} dx$$
$$= 8\int_0^R (R^2-x^2)\, dx = \frac{16}{3}R^3$$

2. 利用极坐标计算二重积分

有些二重积分,积分区域 D 的边界曲线用极坐标方程来表示比较方便,且被积函数用极坐标变量 ρ、θ 表达比较简单. 这时就可以考虑利用极坐标来计算二重积分 $\iint_D f(x,y)\, d\sigma$.

按二重积分的定义
$$\iint_D f(x,y)\, d\sigma = \lim_{\lambda \to 0} \sum_{i=1}^n f(\xi_i, \eta_i) \Delta\sigma_i$$

下面来研究这个和的极限在极坐标系中的形式.

以从极点 O 出发的一族射线及以极点为中心的一族同心圆构成的网将区域 D 分为 n 个小闭区域(图 7.15),小闭区域的面积为

$$\Delta\sigma_i = \frac{1}{2}(\rho_i + \Delta\rho_i)^2 \cdot \Delta\theta_i - \frac{1}{2} \cdot \rho_i^2 \cdot \Delta\theta_i = \frac{1}{2}(2\rho_i + \Delta\rho_i)\Delta\rho_i \cdot \Delta\theta_i$$
$$= \frac{\rho_i + (\rho_i + \Delta\rho_i)}{2} \cdot \Delta\rho_i \cdot \Delta\theta_i = \bar{\rho}_i \Delta\rho_i \Delta\theta_i$$

其中, $\bar{\rho}_i$ 表示相邻两圆弧的半径的平均值.

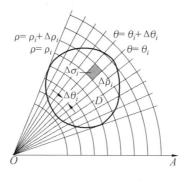

图 7.15

在 $\Delta\sigma_i$ 内取点 $(\bar{\rho}_i, \bar{\theta}_i)$，设其直角坐标为 (ξ_i, η_i)，则有

$$\xi_i = \bar{\rho}_i \cos \bar{\theta}_i, \quad \eta_i = \bar{\rho}_i \sin \bar{\theta}_i$$

于是

$$\lim_{\lambda \to 0} \sum_{i=1}^n f(\xi_i, \eta_i) \Delta\sigma_i = \lim_{\lambda \to 0} \sum_{i=1}^n f(\bar{\rho}_i \cos \bar{\theta}_i, \bar{\rho}_i \sin \bar{\theta}_i) \bar{\rho}_i \Delta\rho_i \Delta\theta_i$$

即

$$\iint_D f(x,y) \mathrm{d}\sigma = \iint_D f(\rho\cos\theta, \rho\sin\theta) \rho \mathrm{d}\rho \mathrm{d}\theta$$

若积分区域 D 可表示为

$$\varphi_1(\theta) \leqslant \rho \leqslant \varphi_2(\theta) \quad (\alpha \leqslant \theta \leqslant \beta)$$

则

$$\iint_D f(\rho\cos\theta, \rho\sin\theta) \rho \mathrm{d}\rho \mathrm{d}\theta = \int_\alpha^\beta \mathrm{d}\theta \int_{\varphi_1(\theta)}^{\varphi_2(\theta)} f(\rho\cos\theta, \rho\sin\theta) \rho \mathrm{d}\rho$$

讨论：如何确定积分限？

提示：

$$\iint_D f(\rho\cos\theta, \rho\sin\theta) \rho \mathrm{d}\rho \mathrm{d}\theta = \int_\alpha^\beta \mathrm{d}\theta \int_0^{\varphi(\theta)} f(\rho\cos\theta, \rho\sin\theta) \rho \mathrm{d}\rho$$

$$\iint_D f(\rho\cos\theta, \rho\sin\theta) \rho \mathrm{d}\rho \mathrm{d}\theta = \int_0^{2\pi} \mathrm{d}\theta \int_0^{\varphi(\theta)} f(\rho\cos\theta, \rho\sin\theta) \rho \mathrm{d}\rho$$

[例 7.47] 计算 $\iint_D \mathrm{e}^{-x^2-y^2} \mathrm{d}x\mathrm{d}y$，其中 D 是由中心在原点、半径为 a 的圆周所围成的闭区域．

解 在极坐标系中，闭区域 D 可表示为

$$0 \leqslant \rho \leqslant a, \quad 0 \leqslant \theta \leqslant 2\pi$$

于是

$$\iint_D \mathrm{e}^{-x^2-y^2} \mathrm{d}x\mathrm{d}y = \iint_D \mathrm{e}^{-\rho^2} \rho \mathrm{d}\rho \mathrm{d}\theta = \int_0^{2\pi} \left[\int_0^a \mathrm{e}^{-\rho^2} \rho \mathrm{d}\rho\right] \mathrm{d}\theta = \int_0^{2\pi} \left[-\frac{1}{2}\mathrm{e}^{-\rho^2}\right]_0^a \mathrm{d}\theta$$

$$= \frac{1}{2}(1-\mathrm{e}^{-a^2}) \int_0^{2\pi} \mathrm{d}\theta = \pi(1-\mathrm{e}^{-a^2}).$$

注：此处积分 $\iint_D \mathrm{e}^{-x^2-y^2} \mathrm{d}x\mathrm{d}y$ 也常写成 $\iint_{x^2+y^2 \leqslant a^2} \mathrm{e}^{-x^2-y^2} \mathrm{d}x\mathrm{d}y$．

利用 $\iint\limits_{x^2+y^2 \leqslant a^2} e^{-x^2-y^2} dx dy = \pi(1-e^{-a^2})$ 计算广义积分 $\int_0^{+\infty} e^{-x^2} dx$:

设
$$D_1 = \{(x,y) \mid x^2+y^2 \leqslant R^2, x \geqslant 0, y \geqslant 0\}$$
$$D_2 = \{(x,y) \mid x^2+y^2 \leqslant 2R^2, x \geqslant 0, y \geqslant 0\}$$
$$S = \{(x,y) \mid 0 \leqslant x \leqslant R, 0 \leqslant y \leqslant R\}$$

显然 $D_1 \subset S \subset D_2$(图 7.16). 由于 $e^{-x^2-y^2} > 0$,从而在这些闭区域上的二重积分之间有不等式

$$\iint\limits_{D_1} e^{-x^2-y^2} dx dy < \iint\limits_{S} e^{-x^2-y^2} dx dy < \iint\limits_{D_2} e^{-x^2-y^2} dx dy$$

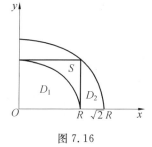

图 7.16

因为
$$\iint\limits_{S} e^{-x^2-y^2} dx dy = \int_0^R e^{-x^2} dx \cdot \int_0^R e^{-y^2} dy$$
$$= \left(\int_0^R e^{-x^2} dx\right)^2$$

又应用上面已得的结果有
$$\iint\limits_{D_1} e^{-x^2-y^2} dx dy = \frac{\pi}{4}(1-e^{-R^2})$$

$$\iint\limits_{D_2} e^{-x^2-y^2} dx dy = \frac{\pi}{4}(1-e^{-2R^2})$$

于是上面的不等式可写成
$$\frac{\pi}{4}(1-e^{-R^2}) < \left(\int_0^R e^{-x^2} dx\right)^2 < \frac{\pi}{4}(1-e^{-2R^2})$$

令 $R \to +\infty$,上式两端趋于同一极限 $\frac{\pi}{4}$,从而

$$\int_0^{+\infty} e^{-x^2} dx = \frac{\sqrt{\pi}}{2}$$

[例 7.48] 求球体 $x^2+y^2+z^2 \leqslant 4a^2$ 被圆柱面 $x^2+y^2 = 2ax$ 所截得的(含在圆柱面内的部分)立体的体积.

解 由对称性,立体体积为第一卦限部分的四倍,即
$$V = 4\iint\limits_{D} \sqrt{4a^2-x^2-y^2} dx dy$$

其中,D 为半圆周 $y = \sqrt{2ax-x^2}$ 及 x 轴所围成的闭区域.

在极坐标系中 D 可表示为
$$0 \leqslant \rho \leqslant 2a\cos\theta \quad \left(0 \leqslant \theta \leqslant \frac{\pi}{2}\right)$$

于是
$$V = 4\iint\limits_{D} \sqrt{4a^2-\rho^2} \rho d\rho d\theta = 4\int_0^{\frac{\pi}{2}} d\theta \int_0^{2a\cos\theta} \sqrt{4a^2-\rho^2} \rho d\rho$$
$$= \frac{32}{3}a^2 \int_0^{\frac{\pi}{2}} (1-\sin^3\theta) d\theta = \frac{32}{3}a^2 \left(\frac{\pi}{2} - \frac{2}{3}\right)$$

本 章 习 题

7.1 求下列函数的定义域.

(1) $z = \ln xy$; (2) $z = \dfrac{1}{\sqrt{x+y}} + \dfrac{1}{\sqrt{x-y}}$;

(3) $z = \arcsin \dfrac{y}{x}$; (4) $z = \sqrt{(x^2+y^2-1)(4-x^2-y^2)}$;

(5) $u = \sqrt{R^2 - x^2 - y^2 - z^2} + \sqrt{x^2 + y^2 + z^2 - r^2} \ (0 < r < R)$.

7.2 已知函数 $f(u,v) = u^v$,求 $f(xy, x+y)$.

7.3 求下列极限.

(1) $\lim\limits_{(x,y) \to (0,0)} \dfrac{xy}{\sqrt{xy+1}-1}$; (2) $\lim\limits_{(x,y) \to (0,0)} \dfrac{e^x \cos y}{1+2x+3y}$;

(3) $\lim\limits_{(x,y) \to (0,2)} \dfrac{\sin xy}{x}$; (4) $\lim\limits_{(x,y) \to (0,0)} \dfrac{\ln(1+x^2+y^2)}{x^2+y^2}$.

7.4 极限 $\lim\limits_{(x,y) \to (0,0)} \dfrac{\sqrt{xy+1}-1}{x+y}$ 是否存在,为什么?

7.5 函数 $z = \dfrac{1}{x-y}$ 在何处是间断的?

7.6 设 $z = \dfrac{x\cos y - y\cos x}{1+\sin x + \sin y}$,求 $z_x(0,0), z_y(0,0)$.

7.7 求下列函数对每个自变量的偏导数.

(1) $z = \arcsin(y\sqrt{x})$; (2) $z = xy e^{\sin \pi xy}$;

(3) $u = x^{y^z}$; (4) $u = \arctan(x-y)^z$.

7.8 设 $z = \arcsin \dfrac{x}{y}$,求 dz 和 $dz|_{(\sqrt{2},\sqrt{3})}$.

7.9 设 $u = x^{yz}$,求 du.

7.10 设函数 $f(x,y) = \begin{cases} (x^2+y^2) \sin \dfrac{1}{x^2+y^2} & (x^2+y^2 \neq 0) \\ 0 & (x^2+y^2 = 0) \end{cases}$,求 $f_x(0,0)$,

$f_y(0,0)$,并讨论 $f_x(0,0), f_y(0,0)$ 在原点处的连续性以及 $f(x,y)$ 在原点处的可微性.

7.11 设 $z = x^2 \ln y, x = \dfrac{u}{v}, y = 3u - 2v$,求 $\dfrac{\partial z}{\partial u}, \dfrac{\partial z}{\partial v}$.

7.12 设 $z = \dfrac{y}{x}, x = e^t, y = 1 - e^{2t}$,求 $\dfrac{dz}{dt}$.

7.13 设 $z = \arctan(xy), y = e^x$,求全导数 $\dfrac{dz}{dx}$.

7.14 设 $u = xe^{2y-3x}$,其中 $x = \sin t, y = t^3, z = t$,求 $\dfrac{du}{dt}$.

7.15 设 $z=uv+\sin t$,其中 $u=\mathrm{e}^t, v=\cos t$,求 $\dfrac{\mathrm{d}z}{\mathrm{d}t}$.

7.16 设 $z=x^{x^y}$,求 $\dfrac{\partial z}{\partial x}, \dfrac{\partial z}{\partial y}$.

7.17 设 $z=f(x^2-y^2, \mathrm{e}^{xy})$,求 $\dfrac{\partial z}{\partial x}, \dfrac{\partial z}{\partial y}$.

7.18 设 $z=y^{\ln x}$,求 $\dfrac{\partial^2 z}{\partial x^2}, \dfrac{\partial^2 z}{\partial x \partial y}, \dfrac{\partial^2 z}{\partial y^2}$.

7.19 设 $u=f(x^2+y^2+z^2)$,求 $\dfrac{\partial^2 u}{\partial x^2}$.

7.20 设 $xy+\ln x+\ln y=0$,求 $\dfrac{\mathrm{d}y}{\mathrm{d}x}$.

7.21 设 $\mathrm{e}^z-xyz=0$,求 $\dfrac{\partial z}{\partial x}, \dfrac{\partial z}{\partial y}, \dfrac{\partial x}{\partial y}$.

7.22 设 $z^3-3xyz=a^3$,求 $\dfrac{\partial^2 z}{\partial x^2}, \dfrac{\partial^2 z}{\partial x \partial y}, \dfrac{\partial^2 z}{\partial y^2}$.

7.23 设 $x^2+y^2+z^2=4z$,求 $\dfrac{\partial^2 z}{\partial x^2}$.

7.24 求曲线 $x=t-\sin t, y=1-\cos t, z=4\sin\dfrac{t}{2}$ 在点 $\left(\dfrac{\pi}{2}-1, 1, 2\sqrt{2}\right)$ 处的切线和法平面方程.

7.25 求曲线 $x=\dfrac{t}{1+t}, y=\dfrac{1+t}{t}, z=t^2$ 在 $t=1$ 对应点处的切线和法平面方程.

7.26 求曲面 $3x^2+y^2-z^2=27$ 在点 $(3,1,1)$ 处的切平面与法线的方程.

7.27 求曲面 $z=\arctan\dfrac{y}{x}$ 在点 $\left(1,1,\dfrac{\pi}{4}\right)$ 处的切平面与法线的方程.

7.28 求函数 $f(x,y)=4(x-y)-x^2-y^2$ 的极值.

7.29 求函数 $f(x,y)=\mathrm{e}^{2x}(x+y^2+2y)$ 的极值.

7.30 已知函数 $u=x+y+z$,求该函数满足 $\dfrac{1}{x}+\dfrac{1}{y}+\dfrac{1}{z}=1, x>0, y>0, z>0$ 的条件极值.

7.31 已知函数 $u=x-2y+2z$,求该函数满足 $x^2+y^2+z^2=1$ 的条件极值.

7.32 已知长方体的表面积等于 Q,求其最大体积.

7.33 求在半径为 a 的半球内,体积最大的内接长方体的体积.

7.34 利用二重积分的性质比较下列各题中积分值的大小.

(1) $I_1=\iint\limits_{D}\sqrt{x+y}\,\mathrm{d}\sigma, I_2=\iint\limits_{D}(x+y)^2\,\mathrm{d}\sigma$,其中 D 是由 x 轴、y 轴与直线 $x+y=1$ 所构成的三角形闭区域;

(2) $I_1=\iint\limits_{D}(x+y)^2\,\mathrm{d}\sigma, I_2=\iint\limits_{D}(x+y)^3\,\mathrm{d}\sigma$,其中 D 是由 $(x-2)^2+(y-2)^2\leqslant 2$ 所围成的闭区域.

7.35 计算下列二重积分.

(1) $\iint\limits_{D} \left(1 - \dfrac{x}{3} - \dfrac{y}{4}\right) dx dy$,其中 D 为 $-1 \leqslant x \leqslant 1, -2 \leqslant y \leqslant 2$.

(2) $\iint\limits_{D} e^{x+y} dx dy$,其中 D 为 $0 \leqslant x \leqslant 1, 0 \leqslant y \leqslant 1$.

(3) $\iint\limits_{D} \cos(x+y) dx dy$,其中 D 为 $0 \leqslant x \leqslant y, 0 \leqslant y \leqslant \pi$.

7.36 将二重积分 $\iint\limits_{D} f(x,y) dx dy$ 化为累次积分(两种次序均要),其中积分区域 D 依次是:

(1) $x + y \leqslant 1, x - y \leqslant 1, 0 \leqslant x \leqslant 1$;
(2) $x^2 \leqslant y \leqslant 1$;
(3) 由 $y = x^2$ 及 $y = 4 - x^2$ 所围成;
(4) $x^2 + y^2 \leqslant y$.

7.37 更换下列累次积分的积分次序.

(1) $I = \int_{0}^{1} dx \int_{0}^{x} f(x,y) dy$;

(2) $I = \int_{1}^{2} dx \int_{x}^{2x} f(x,y) dy$;

(3) $I = \int_{0}^{1} dx \int_{0}^{x^2} f(x,y) dy + \int_{1}^{3} dx \int_{0}^{\frac{x+1}{2}} f(x,y) dy$;

(4) $I = \int_{\frac{1}{2}}^{1} dy \int_{\frac{1}{y}}^{2} f(x,y) dx + \int_{1}^{\sqrt{2}} dy \int_{y^2}^{2} f(x,y) dx$.

7.38 计算下列二重积分.

(1) $\iint\limits_{D} (2x + 3y) dx dy$,其中 D 是由 $y = 1 - x^2$ 与 $y = x^2$ 所围成;

(2) $\iint\limits_{D} \sqrt{a^2 - x^2} dx dy$,其中 D 是由 $x^2 + y^2 \leqslant a^2, a > 0$ 所围成;

(3) $\iint\limits_{D} y dx dy$,其中 D 是由 $x = y^2 (y \geqslant 0), x = y + 2$ 与 x 轴所围成;

(4) $\iint\limits_{D} \sqrt{|y - x^2|} dx dy$,其中 D 是由 $0 \leqslant y \leqslant 2, -1 \leqslant x \leqslant 1$ 所围成.

7.39 把下列各题中的积分化为极坐标形式的二次积分.

(1) $\int_{0}^{2R} dy \int_{0}^{\sqrt{2Ry - y^2}} f(x,y) dx$;

(2) $\int_{0}^{\frac{R}{\sqrt{1+R^2}}} dx \int_{0}^{Rx} f\left(\dfrac{y}{x}\right) dy + \int_{\frac{R}{\sqrt{1+R^2}}}^{R} dx \int_{0}^{\sqrt{R^2 - x^2}} f\left(\dfrac{y}{x}\right) dy$;

(3) $\iint\limits_{D} f(x^2 + y^2) dx dy$,其中 D 为 $(x^2 + y^2)^3 \leqslant 4a^2 x^2 y^2, x \geqslant 0, y \geqslant 0$.

7.40 在极坐标系下计算下列二重积分.

(1) $\iint\limits_{D} \sin\sqrt{x^2+y^2}\,dxdy$,其中 D 为 $\pi^2 \leqslant x^2+y^2 \leqslant 4\pi^2$;

(2) $\iint\limits_{D} \sqrt{x^2+y^2}\,d\sigma$,其中 D 为 $x^2+y^2 \leqslant 2x$;

(3) $\iint\limits_{D} \dfrac{1}{\sqrt{x^2+y^2}}\,d\sigma$,其中 D 在极坐标系下为 $0 < a \leqslant r \leqslant a(1+\cos\theta), 0 \leqslant \theta \leqslant \dfrac{\pi}{2}$;

(4) $\iint\limits_{D} \sqrt{1-x^2-y^2}\,d\sigma$,其中 D 为 $x^2+y^2 \leqslant 1, x \geqslant 0, y \geqslant 0$;

(5) $\iint\limits_{D} x^2\,dxdy$,其中 D 为 $1 \leqslant x^2+y^2 \leqslant 4$;

(6) $\iint\limits_{D} \arctan\dfrac{y}{x}\,dxdy$,其中 D 为 $x^2+y^2=4, x^2+y^2=1, y=x, y=0$ 所围成的在第一象限内的区域.

无穷级数

8.1 常数项级数的概念和性质

8.1.1 常数项级数的概念

如果给定一个数列

$$u_1, u_2, u_3, \cdots, u_n, \cdots$$

则由该数列构成的表达式

$$u_1 + u_2 + u_3 + \cdots + u_n + \cdots$$

叫作(常数项)无穷级数,简称(常数项)级数,记为 $\sum_{n=1}^{\infty} u_n$,即 $\sum_{n=1}^{\infty} u_n = u_1 + u_2 + u_3 + \cdots + u_n + \cdots$,其中第 n 项 u_n 叫作级数的一般项.

作级数 $\sum_{n=1}^{\infty} u_n$ 的前 n 项和 $s_n = \sum_{i=1}^{n} u_i = u_1 + u_2 + u_3 + \cdots + u_n$,称为级数 $\sum_{n=1}^{\infty} u_n$ 的部分和.

级数敛散性:如果级数 $\sum_{n=1}^{\infty} u_n$ 的部分和数列 $\{s_n\}$ 有极限 s,即 $\lim_{n \to \infty} s_n = s$,则称无穷级数 $\sum_{n=1}^{\infty} u_n$ 收敛,这时极限 s 叫作此级数的和,并写成

$$s = \sum_{n=1}^{\infty} u_n = u_1 + u_2 + u_3 + \cdots + u_n + \cdots$$

如果 $\{s_n\}$ 没有极限,则称无穷级数 $\sum_{n=1}^{\infty} u_n$ 发散.

显然,当级数 $\sum_{n=1}^{\infty} u_n$ 收敛时,其部分和 s_n 是级数 $\sum_{n=1}^{\infty} u_n$ 的和 s 的近似值,它们之间的差值 $r_n = s - s_n = u_{n+1} + u_{n+2} + \cdots$ 叫作级数 $\sum_{n=1}^{\infty} u_n$ 的余项.

[**例 8.1**] 讨论等比级数(几何级数)
$$\sum_{n=0}^{\infty} aq^n = a + aq + aq^2 + \cdots + aq^n + \cdots$$
的敛散性,其中 $a \neq 0$,q 叫作级数的公比.

解 如果 $q \neq 1$,则部分和
$$s_n = a + aq + aq^2 + \cdots + aq^{n-1} = \frac{a - aq^n}{1-q} = \frac{a}{1-q} - \frac{aq^n}{1-q}$$

当 $|q| < 1$ 时,因为 $\lim_{n \to \infty} s_n = \frac{a}{1-q}$,所以此时级数 $\sum_{n=0}^{\infty} aq^n$ 收敛,其和为 $\frac{a}{1-q}$.

当 $|q| > 1$ 时,因为 $\lim_{n \to \infty} s_n = \infty$,所以此时级数 $\sum_{n=0}^{\infty} aq^n$ 发散.

如果 $|q| = 1$,则当 $q = 1$ 时,$s_n = na \to \infty$,因此级数 $\sum_{n=0}^{\infty} aq^n$ 发散;当 $q = -1$ 时,级数 $\sum_{n=0}^{\infty} aq^n$ 成为
$$a - a + a - a + \cdots$$
显然 s_n 随着 n 为奇数或偶数而等于 a 或 0,所以 s_n 的极限不存在,从而这时级数 $\sum_{n=0}^{\infty} aq^n$ 也发散.

综上所述,如果 $|q| < 1$,则级数 $\sum_{n=0}^{\infty} aq^n$ 收敛,其和为 $\frac{a}{1-q}$;如果 $|q| \geq 1$,则级数 $\sum_{n=0}^{\infty} aq^n$ 发散.

[**例 8.2**] 证明级数 $1 + 2 + 3 + \cdots + n + \cdots$ 是发散的.

证明 此级数的部分和为
$$s_n = 1 + 2 + 3 + \cdots + n = \frac{n(n+1)}{2}$$
显然,$\lim_{n \to \infty} s_n = \infty$,因此所给级数是发散的.

[**例 8.3**] 判别无穷级数 $\frac{1}{1 \times 2} + \frac{1}{2 \times 3} + \frac{1}{3 \times 4} + \cdots + \frac{1}{n(n+1)} + \cdots$ 的收敛性.

解 由于
$$u_n = \frac{1}{n(n+1)} = \frac{1}{n} - \frac{1}{n+1}$$
因此
$$s_n = \frac{1}{1 \times 2} + \frac{1}{2 \times 3} + \frac{1}{3 \times 4} + \cdots + \frac{1}{n(n+1)}$$

$$= \left(1 - \frac{1}{2}\right) + \left(\frac{1}{2} - \frac{1}{3}\right) + \cdots + \left(\frac{1}{n} - \frac{1}{n+1}\right)$$

$$= 1 - \frac{1}{n+1}$$

从而

$$\lim_{n \to \infty} s_n = \lim_{n \to \infty} \left(1 - \frac{1}{n+1}\right) = 1$$

所以该级数收敛,它的和是 1.

8.1.2 收敛级数的基本性质

性质 1 如果级数 $\sum_{n=1}^{\infty} u_n$ 收敛于和 s,则它的各项同乘一个常数 k 所得的级数 $\sum_{n=1}^{\infty} k u_n$ 也收敛,且其和为 ks.

这是因为,设 $\sum_{n=1}^{\infty} u_n$ 与 $\sum_{n=1}^{\infty} k u_n$ 的部分和分别为 s_n 与 σ_n,则

$$\lim_{n \to \infty} \sigma_n = \lim_{n \to \infty}(k u_1 + k u_2 + \cdots + k u_n) = k \lim_{n \to \infty}(u_1 + u_2 + \cdots + u_n) = k \lim_{n \to \infty} s_n = ks$$

这表明级数 $\sum_{n=1}^{\infty} k u_n$ 收敛,且和为 ks.

性质 2 如果级数 $\sum_{n=1}^{\infty} u_n$, $\sum_{n=1}^{\infty} v_n$ 分别收敛于和 s, σ,则级数 $\sum_{n=1}^{\infty} (u_n \pm v_n)$ 也收敛,且其和为 $s \pm \sigma$.

这是因为,如果 $\sum_{n=1}^{\infty} u_n, \sum_{n=1}^{\infty} v_n, \sum_{n=1}^{\infty} (u_n \pm v_n)$ 的部分和分别为 s_n, σ_n, τ_n,则

$$\lim_{n \to \infty} \tau_n = \lim_{n \to \infty} [(u_1 \pm v_1) + (u_2 \pm v_2) + \cdots + (u_n \pm v_n)]$$
$$= \lim_{n \to \infty} [(u_1 + u_2 + \cdots + u_n) \pm (v_1 + v_2 + \cdots + v_n)]$$
$$= \lim_{n \to \infty} (s_n \pm \sigma_n) = s \pm \sigma$$

性质 3 在级数中去掉、加上或改变有限项,不会改变级数的收敛性.

例如,级数 $\frac{1}{1 \times 2} + \frac{1}{2 \times 3} + \frac{1}{3 \times 4} + \cdots + \frac{1}{n(n+1)} + \cdots$ 是收敛的;级数 $10\,000 + \frac{1}{1 \times 2} + \frac{1}{2 \times 3} + \frac{1}{3 \times 4} + \cdots + \frac{1}{n(n+1)} + \cdots$ 也是收敛的;级数 $\frac{1}{3 \times 4} + \frac{1}{4 \times 5} + \cdots + \frac{1}{n(n+1)} + \cdots$ 也是收敛的.

性质 4 如果级数 $\sum_{n=1}^{\infty} u_n$ 收敛,则对此级数的项任意加括号后所成的级数仍收敛,且其和不变.

应注意的问题:如果加括号后所成的级数收敛,则不能断定去括号后原来的级数也收敛.例如,级数 $(1-1) + (1-1) + \cdots$ 收敛于零,但级数 $1 - 1 + 1 - 1 + \cdots$ 却是发散的.

推论 如果加括号后所成的级数发散,则原来的级数也发散.

性质 5　级数收敛的必要条件：如果 $\sum\limits_{n=1}^{\infty} u_n$ 收敛，则它的一般项 u_n 趋于零，即 $\lim\limits_{n \to 0} u_n = 0$.

（性质 5 的等价命题：若 $\lim\limits_{n \to 0} u_n \neq 0$，则级数 $\sum\limits_{n=1}^{\infty} u_n$ 发散.）

证明　设级数 $\sum\limits_{n=1}^{\infty} u_n$ 的部分和为 s_n，且 $\lim s_n = s$，则
$$\lim_{n \to 0} u_n = \lim_{n \to \infty}(s_n - s_{n-1}) = \lim_{n \to \infty} s_n - \lim_{n \to \infty} s_{n-1} = s - s = 0$$

应注意的问题：级数的一般项趋于零并不是级数收敛的充分条件.

[例 8.4]　证明调和级数 $\sum\limits_{n=1}^{\infty} \dfrac{1}{n} = 1 + \dfrac{1}{2} + \dfrac{1}{3} + \cdots + \dfrac{1}{n} + \cdots$ 是发散的.

证明　假若级数 $\sum\limits_{n=1}^{\infty} \dfrac{1}{n}$ 收敛且其和为 s，s_n 是它的部分和. 显然有
$$\lim_{n \to \infty} s_n = s \quad \text{及} \quad \lim_{n \to \infty} s_{2n} = s$$
于是
$$\lim_{n \to \infty}(s_{2n} - s_n) = 0$$
但由于
$$s_{2n} - s_n = \dfrac{1}{n+1} + \dfrac{1}{n+2} + \cdots + \dfrac{1}{2n} > \dfrac{1}{2n} + \dfrac{1}{2n} + \cdots + \dfrac{1}{2n} = \dfrac{1}{2}$$
故 $\lim\limits_{n \to \infty}(s_{2n} - s_n) \neq 0$，矛盾. 该矛盾说明级数 $\sum\limits_{n=1}^{\infty} \dfrac{1}{n}$ 必定发散.

8.2　常数项级数的审敛法

8.2.1　正项级数及其审敛法

正项级数：各项都是正数或零的级数称为正项级数.

定理 8.1　正项级数 $\sum\limits_{n=1}^{\infty} u_n$ 收敛的充分必要条件它的部分和数列 $\{s_n\}$ 有界.

定理 8.2（比较审敛法）　设 $\sum\limits_{n=1}^{\infty} u_n$ 和 $\sum\limits_{n=1}^{\infty} v_n$ 都是正项级数，且 $u_n \leqslant v_n (n=1,2,\cdots)$. 若级数 $\sum\limits_{n=1}^{\infty} v_n$ 收敛，则级数 $\sum\limits_{n=1}^{\infty} u_n$ 收敛；若级数 $\sum\limits_{n=1}^{\infty} u_n$ 发散，则级数 $\sum\limits_{n=1}^{\infty} v_n$ 发散.

证明　设级数 $\sum\limits_{n=1}^{\infty} v_n$ 收敛于和 σ，则级数 $\sum\limits_{n=1}^{\infty} u_n$ 的部分和
$$s_n = u_1 + u_2 + \cdots + u_n \leqslant v_1 + v_2 + \cdots + v_n \leqslant \sigma \quad (n=1,2,\cdots)$$
即部分和数列 $\{s_n\}$ 有界，由定理 8.1 知级数 $\sum\limits_{n=1}^{\infty} u_n$ 收敛.

设级数 $\sum\limits_{n=1}^{\infty} u_n$ 发散,则级数 $\sum\limits_{n=1}^{\infty} v_n$ 必发散.因为若级数 $\sum\limits_{n=1}^{\infty} v_n$ 收敛,由上已证明的结论,将有级数 $\sum\limits_{n=1}^{\infty} u_n$ 也收敛,与假设矛盾.

推论 设 $\sum\limits_{n=1}^{\infty} u_n$ 和 $\sum\limits_{n=1}^{\infty} v_n$ 都是正项级数,如果级数 $\sum\limits_{n=1}^{\infty} v_n$ 收敛,且存在自然数 N,使当 $n \geq N$ 时有 $u_n \leq k v_n (k > 0)$ 成立,则级数 $\sum\limits_{n=1}^{\infty} u_n$ 收敛;如果级数 $\sum\limits_{n=1}^{\infty} v_n$ 发散,且当 $n \geq N$ 时有 $u_n \geq k v_n (k > 0)$ 成立,则级数 $\sum\limits_{n=1}^{\infty} u_n$ 发散.

[例 8.5] 讨论 p-级数

$$\sum_{n=1}^{\infty} \frac{1}{n^p} = 1 + \frac{1}{2^p} + \frac{1}{3^p} + \frac{1}{4^p} + \cdots + \frac{1}{n^p} + \cdots$$

的收敛性,其中常数 $p > 0$.

解 设 $p \leq 1$,这时 $\frac{1}{n^p} \geq \frac{1}{n}$,而调和级数 $\sum\limits_{n=1}^{\infty} \frac{1}{n}$ 发散,由比较审敛法知,当 $p \leq 1$ 时级数 $\sum\limits_{n=1}^{\infty} \frac{1}{n^p}$ 发散.

设 $p > 1$.因为当 $n-1 \leq x \leq n$ 时,有 $\frac{1}{n^p} \leq \frac{1}{x^p}$,此时有

$$\frac{1}{n^p} = \int_{n-1}^{n} \frac{1}{n^p} \mathrm{d}x \leq \int_{n-1}^{n} \frac{1}{x^p} \mathrm{d}x = \frac{1}{p-1}\left[\frac{1}{(n-1)^{p-1}} - \frac{1}{n^{p-1}}\right] \quad (n=2,3,\cdots)$$

对于级数 $\sum\limits_{n=2}^{\infty}\left[\frac{1}{(n-1)^{p-1}} - \frac{1}{n^{p-1}}\right]$,其部分和为

$$s_n = \left(1 - \frac{1}{2^{p-1}}\right) + \left(\frac{1}{2^{p-1}} - \frac{1}{3^{p-1}}\right) + \cdots + \left[\frac{1}{n^{p-1}} - \frac{1}{(n+1)^{p-1}}\right] = 1 - \frac{1}{(n+1)^{p-1}}$$

因为

$$\lim_{n \to \infty} s_n = \lim_{n \to \infty}\left[1 - \frac{1}{(n+1)^{p-1}}\right] = 1$$

所以级数 $\sum\limits_{n=2}^{\infty}\left[\frac{1}{(n-1)^{p-1}} - \frac{1}{n^{p-1}}\right]$ 收敛.从而根据比较审敛法的推论可知,级数 $\sum\limits_{n=1}^{\infty} \frac{1}{n^p}$ 当 $p > 1$ 时收敛.

综上所述,p-级数 $\sum\limits_{n=1}^{\infty} \frac{1}{n^p}$ 当 $p > 1$ 时收敛,当 $p \leq 1$ 时发散.

[例 8.6] 证明级数 $\sum\limits_{n=1}^{\infty} \frac{1}{\sqrt{n(n+1)}}$ 是发散的.

证明 因为

$$\frac{1}{\sqrt{n(n+1)}} > \frac{1}{\sqrt{(n+1)^2}} = \frac{1}{n+1}$$

而级数 $\sum\limits_{n=1}^{\infty} \frac{1}{n+1} = \frac{1}{2} + \frac{1}{3} + \cdots + \frac{1}{n+1} + \cdots$ 是发散的,根据比较审敛法可知所给级数也是

发散的.

定理 8.3(比较审敛法的极限形式) 设 $\sum\limits_{n=1}^{\infty}u_n$ 和 $\sum\limits_{n=1}^{\infty}v_n$ 都是正项级数,

(1) 如果 $\lim\limits_{n\to\infty}\dfrac{u_n}{v_n}=l(0\leqslant l<+\infty)$,且级数 $\sum\limits_{n=1}^{\infty}v_n$ 收敛,则级数 $\sum\limits_{n=1}^{\infty}u_n$ 收敛;

(2) 如果 $\lim\limits_{n\to\infty}\dfrac{u_n}{v_n}=l>0$ 或 $\lim\limits_{n\to\infty}\dfrac{u_n}{v_n}=+\infty$,且级数 $\sum\limits_{n=1}^{\infty}v_n$ 发散,则级数 $\sum\limits_{n=1}^{\infty}u_n$ 发散.

[例 8.7] 判别级数 $\sum\limits_{n=1}^{\infty}\sin\dfrac{1}{n}$ 的收敛性.

解 因为

$$\lim_{n\to\infty}\frac{\sin\dfrac{1}{n}}{\dfrac{1}{n}}=1$$

而级数 $\sum\limits_{n=1}^{\infty}\dfrac{1}{n}$ 发散,根据比较审敛法的极限形式,级数 $\sum\limits_{n=1}^{\infty}\sin\dfrac{1}{n}$ 发散.

[例 8.8] 判别级数 $\sum\limits_{n=1}^{\infty}\ln\left(1+\dfrac{1}{n^2}\right)$ 的收敛性.

解 因为

$$\lim_{n\to\infty}\frac{\ln\left(1+\dfrac{1}{n^2}\right)}{\dfrac{1}{n^2}}=1$$

而级数 $\sum\limits_{n=1}^{\infty}\dfrac{1}{n^2}$ 收敛,根据比较审敛法的极限形式,级数 $\sum\limits_{n=1}^{\infty}\ln\left(1+\dfrac{1}{n^2}\right)$ 收敛.

定理 8.4(比值审敛法,达朗贝尔判别法) 设 $\sum\limits_{n=1}^{\infty}u_n$ 为正项级数,如果

$$\lim_{n\to\infty}\frac{u_{n+1}}{u_n}=\rho$$

则当 $\rho<1$ 时级数收敛;当 $\rho>1$(或 $\lim\limits_{n\to\infty}\dfrac{u_{n+1}}{u_n}=\infty$) 时级数发散;当 $\rho=1$ 时级数可能收敛也可能发散.

[例 8.9] 证明级数 $1+\dfrac{1}{1}+\dfrac{1}{1\times 2}+\dfrac{1}{1\times 2\times 3}+\cdots+\dfrac{1}{1\times 2\times 3\times\cdots\times(n-1)}+\cdots$ 是收敛的.

证明 因为

$$\lim_{n\to\infty}\frac{u_{n+1}}{u_n}=\lim_{n\to\infty}\frac{1\times 2\times 3\times\cdots\times(n-1)}{1\times 2\times 3\times\cdots\times n}=\lim_{n\to\infty}\frac{1}{n}=0<1$$

根据比值审敛法可知所给级数收敛.

[例 8.10] 判别级数 $\dfrac{1}{10}+\dfrac{1\times 2}{10^2}+\dfrac{1\times 2\times 3}{10^3}+\cdots+\dfrac{n!}{10^n}+\cdots$ 的收敛性.

解 因为

$$\lim_{n\to\infty}\frac{u_{n+1}}{u_n}=\lim_{n\to\infty}\frac{(n+1)!}{10^{n+1}}\cdot\frac{10^n}{n!}=\lim_{n\to\infty}\frac{n+1}{10}=\infty$$

根据比值审敛法可知所给级数发散.

[例 8.11] 判别级数 $\sum_{n=1}^{\infty}\frac{1}{(2n-1)\cdot 2n}$ 的收敛性.

解

$$\lim_{n\to\infty}\frac{u_{n+1}}{u_n}=\lim_{n\to\infty}\frac{(2n-1)\cdot 2n}{(2n+1)\cdot(2n+2)}=1$$

这时 $\rho=1$,比值审敛法失效,必须用其他方法来判别级数的收敛性.

因为 $\frac{1}{(2n-1)\cdot 2n}<\frac{1}{n^2}$,而级数 $\sum_{n=1}^{\infty}\frac{1}{n^2}$ 收敛,因此由比较审敛法可知所给级数收敛.

定理 8.5 (根值审敛法,柯西判别法) 设 $\sum_{n=1}^{\infty}u_n$ 是正项级数,如果它的一般项 u_n 的 n 次根的极限等于 ρ,即

$$\lim_{n\to\infty}\sqrt[n]{u_n}=\rho$$

则当 $\rho<1$ 时级数收敛;当 $\rho>1$ (或 $\lim_{n\to\infty}\sqrt[n]{u_n}=+\infty$) 时级数发散;当 $\rho=1$ 时级数可能收敛也可能发散.

[例 8.12] 证明级数 $1+\frac{1}{2^2}+\frac{1}{3^3}+\cdots+\frac{1}{n^n}+\cdots$ 是收敛的,并估计以级数的部分和 s_n 近似代替和 s 所产生的误差.

证明 因为

$$\lim_{n\to\infty}\sqrt[n]{u_n}=\lim_{n\to\infty}\sqrt[n]{\frac{1}{n^n}}=\lim_{n\to\infty}\frac{1}{n}=0$$

所以根据根值审敛法可知所给级数收敛.

以此级数的部分和 s_n 近似代替和 s 所产生的误差为

$$|r_n|=\frac{1}{(n+1)^{n+1}}+\frac{1}{(n+2)^{n+2}}+\frac{1}{(n+3)^{n+3}}+\cdots$$

$$<\frac{1}{(n+1)^{n+1}}+\frac{1}{(n+1)^{n+2}}+\frac{1}{(n+1)^{n+3}}+\cdots$$

$$=\frac{1}{n(n+1)^n}$$

[例 8.13] 判定级数 $\sum_{n=1}^{\infty}\frac{2+(-1)^n}{2^n}$ 的收敛性.

解 因为

$$\lim_{n\to\infty}\sqrt[n]{u_n}=\lim_{n\to\infty}\frac{1}{2}\sqrt[n]{2+(-1)^n}=\frac{1}{2}$$

所以根据根值审敛法知所给级数收敛.

定理 8.6(极限审敛法) 设 $\sum_{n=1}^{\infty}u_n$ 为正项级数,

(1) 如果 $\lim\limits_{n\to\infty} nu_n = l > 0$(或$\lim\limits_{n\to\infty} nu_n = +\infty$),则级数 $\sum\limits_{n=1}^{\infty} u_n$ 发散;

(2) 如果 $p > 1$,而 $\lim\limits_{n\to\infty} n^p u_n = l(0 \leqslant l < +\infty)$,则级数 $\sum\limits_{n=1}^{\infty} u_n$ 收敛.

[例 8.14] 判定级数 $\sum\limits_{n=1}^{\infty} \ln\left(1 + \dfrac{1}{n^2}\right)$ 的收敛性.

解 因为 $\ln\left(1 + \dfrac{1}{n^2}\right) \sim \dfrac{1}{n^2}(n \to \infty)$,故

$$\lim_{n\to\infty} n^2 u_n = \lim_{n\to\infty} n^2 \ln\left(1 + \frac{1}{n^2}\right) = \lim_{n\to\infty} n^2 \cdot \frac{1}{n^2} = 1$$

根据极限审敛法知所给级数收敛.

[例 8.15] 判定级数 $\sum\limits_{n=1}^{\infty} \sqrt{n+1}\left(1 - \cos\dfrac{\pi}{n}\right)$ 的收敛性.

解 因为

$$\lim_{n\to\infty} n^{\frac{3}{2}} u_n = \lim_{n\to\infty} n^{\frac{3}{2}} \sqrt{n+1}\left(1 - \cos\frac{\pi}{n}\right) = \lim_{n\to\infty} n^2 \sqrt{\frac{n+1}{n}} \cdot \frac{1}{2}\left(\frac{\pi}{n}\right)^2 = \frac{1}{2}\pi^2$$

根据极限审敛法知所给级数收敛.

8.2.2 交错级数及其审敛法

交错级数:交错级数是这样的级数,它的各项是正负交错的.

交错级数的一般形式为 $\sum\limits_{n=1}^{\infty} (-1)^{n-1} u_n$,其中 $u_n > 0$.

例如,$\sum\limits_{n=1}^{\infty} (-1)^{n-1} \dfrac{1}{n}$ 是交错级数,但 $\sum\limits_{n=1}^{\infty} (-1)^{n-1} \dfrac{1-\cos n\pi}{n}$ 不是交错级数.

定理 8.7(莱布尼茨定理) 如果交错级数 $\sum\limits_{n=1}^{\infty} (-1)^{n-1} u_n$ 满足条件:

(1) $u_n \geqslant u_{n+1}(n = 1, 2, 3, \cdots)$;

(2) $\lim\limits_{n\to\infty} u_n = 0$.

则级数收敛,且其和 $s \leqslant u_1$,其余项 r_n 的绝对值 $|r_n| \leqslant u_{n+1}$.

简要证明:设前 n 项部分和为 s_n. 由

$$s_{2n} = (u_1 - u_2) + (u_3 - u_4) + \cdots + (u_{2n-1} - u_{2n})$$

及

$$s_{2n} = u_1 - (u_2 - u_3) + (u_4 - u_5) + \cdots + (u_{2n-2} - u_{2n-1}) - u_{2n}$$

可知数列 $\{s_{2n}\}$ 单调增加且有界($s_{2n} < u_1$),所以收敛.

设 $s_{2n} \to s(n \to \infty)$,则也有 $s_{2n+1} = s_{2n} + u_{2n+1} \to s(n \to \infty)$,所以 $s_n \to s(n \to \infty)$. 从而级数是收敛的,且 $s_n < u_1$.

因为 $|r_n| = u_{n+1} - u_{n+2} + \cdots$ 也是收敛的交错级数,所以 $|r_n| \leqslant u_{n+1}$.

[例 8.16] 证明级数 $\sum\limits_{n=1}^{\infty} (-1)^{n-1} \dfrac{1}{n}$ 收敛,并估计和及余项.

证明 这是一个交错级数,因为此级数满足

(1) $u_n = \dfrac{1}{n} > \dfrac{1}{n+1} = u_{n+1}(n=1,2,\cdots)$;

(2) $\lim\limits_{n\to\infty} u_n = \lim\limits_{n\to\infty} \dfrac{1}{n} = 0$.

由莱布尼茨定理知级数是收敛的,且其和 $s < u_1 = 1$,余项 $|r_n| \leqslant u_{n+1} = \dfrac{1}{n+1}$.

8.2.3 绝对收敛与条件收敛

下面讨论一般的级数 $u_1 + u_2 + \cdots + u_n + \cdots$,它的各项为任意实数.

若级数 $\sum\limits_{n=1}^{\infty} |u_n|$ 收敛,则称级数 $\sum\limits_{n=1}^{\infty} u_n$ 绝对收敛;若级数 $\sum\limits_{n=1}^{\infty} u_n$ 收敛,而级数 $\sum\limits_{n=1}^{\infty} |u_n|$ 发散,则称级数 $\sum\limits_{n=1}^{\infty} u_n$ 条件收敛.

[例 8.17] 级数 $\sum\limits_{n=1}^{\infty} (-1)^{n-1} \dfrac{1}{n^2}$ 是绝对收敛的,而级数 $\sum\limits_{n=1}^{\infty} (-1)^{n-1} \dfrac{1}{n}$ 是条件收敛的.

定理 8.8 如果级数 $\sum\limits_{n=1}^{\infty} u_n$ 绝对收敛,则级数 $\sum\limits_{n=1}^{\infty} u_n$ 必定收敛.

值得注意的问题:如果级数 $\sum\limits_{n=1}^{\infty} |u_n|$ 发散,不能断定级数 $\sum\limits_{n=1}^{\infty} u_n$ 也发散.但是,如果用比值法或根值法判定级数 $\sum\limits_{n=1}^{\infty} |u_n|$ 发散,则可以断定级数 $\sum\limits_{n=1}^{\infty} u_n$ 必定发散.这是因为,从 $\rho > 1$ 可推知 $|u_n|$ 不趋于零,从而 u_n 也不趋于零,因此级数 $\sum\limits_{n=1}^{\infty} u_n$ 也是发散的.

[例 8.18] 判别级数 $\sum\limits_{n=1}^{\infty} \dfrac{\sin na}{n^2}$ 的收敛性.

解 因为 $\left|\dfrac{\sin na}{n^2}\right| \leqslant \dfrac{1}{n^2}$,而级数 $\sum\limits_{n=1}^{\infty} \dfrac{1}{n^2}$ 是收敛的,所以级数 $\sum\limits_{n=1}^{\infty} \left|\dfrac{\sin na}{n^2}\right|$ 也收敛,从而级数 $\sum\limits_{n=1}^{\infty} \dfrac{\sin na}{n^2}$ 绝对收敛.

[例 8.19] 判别级数 $\sum\limits_{n=1}^{\infty} (-1)^n \dfrac{1}{2^n} \left(1+\dfrac{1}{n}\right)^{n^2}$ 的收敛性.

解 由 $|u_n| = \dfrac{1}{2^n}\left(1+\dfrac{1}{n}\right)^{n^2}$,有

$$\lim_{n\to\infty} \sqrt[n]{|u_n|} = \dfrac{1}{2} \lim_{n\to\infty} \left(1+\dfrac{1}{n}\right)^n = \dfrac{1}{2} e > 1$$

可知 $\lim\limits_{n\to\infty} u_n \neq 0$,因此级数 $\sum\limits_{n=1}^{\infty} (-1)^n \dfrac{1}{2^n}\left(1+\dfrac{1}{n}\right)^{n^2}$ 发散.

8.3 幂 级 数

8.3.1 函数项级数的概念

如果给定一个定义在区间 I 上的函数列 $u_1(x), u_2(x), u_3(x), \cdots, u_n(x), \cdots$，那么由此函数列构成的表达式

$$u_1(x) + u_2(x) + u_3(x) + \cdots + u_n(x) + \cdots$$

称为定义在区间 I 上的（函数项）无穷级数，记为 $\sum_{n=1}^{\infty} u_n(x)$.

(1) 收敛点与发散点.

对于区间 I 内的一定点 x_0，若常数项级数 $\sum_{n=1}^{\infty} u_n(x_0)$ 收敛，则称点 x_0 是级数 $\sum_{n=1}^{\infty} u_n(x)$ 的收敛点. 若常数项级数 $\sum_{n=1}^{\infty} u_n(x_0)$ 发散，则称点 x_0 是级数 $\sum_{n=1}^{\infty} u_n(x)$ 的发散点.

(2) 收敛域与发散域.

函数项级数 $\sum_{n=1}^{\infty} u_n(x)$ 的所有收敛点的全体称为它的收敛域，所有发散点的全体称为它的发散域.

(3) 和函数.

在收敛域上，函数项级数 $\sum_{n=1}^{\infty} u_n(x)$ 的和是 x 的函数 $s(x)$，$s(x)$ 称为函数项级数 $\sum_{n=1}^{\infty} u_n(x)$ 的和函数，并写成 $s(x) = \sum_{n=1}^{\infty} u_n(x)$. 此函数的定义域就是级数的收敛域.

(4) 部分和.

把函数项级数 $\sum u_n(x)$ 的前 n 项的部分和记作 $s_n(x)$，即

$$s_n(x) = u_1(x) + u_2(x) + u_3(x) + \cdots + u_n(x)$$

则在收敛域上有 $\lim_{n \to \infty} s_n(x) = s(x)$ 或 $s_n(x) \to s(x) (n \to \infty)$.

(5) 余项.

函数项级数 $\sum_{n=1}^{\infty} u_n(x)$ 的和函数 $s(x)$ 与部分和 $s_n(x)$ 的差 $r_n(x) = s(x) - s_n(x)$ 称为函数项级数 $\sum_{n=1}^{\infty} u_n(x)$ 的余项.

在收敛域上有 $\lim_{n \to \infty} r_n(x) = 0$.

8.3.2 幂级数及其收敛性

1. 幂级数

函数项级数中简单而常见的一类级数就是各项都是常数乘幂函数的函数项级数，这

种形式的级数称为幂级数,它的形式是
$$\sum_{n=0}^{\infty} a_n x^n = a_0 + a_1 x + a_2 x^2 + \cdots + a_n x^n + \cdots$$
其中,常数 $a_0, a_1, a_2, \cdots, a_n, \cdots$ 叫作幂级数的系数.

幂级数的例子:
$$1 + x + x^2 + x^3 + \cdots + x^n + \cdots$$
$$1 + x + \frac{1}{2!} x^2 + \cdots + \frac{1}{n!} x^n + \cdots$$

注:幂级数的一般形式是
$$a_0 + a_1(x - x_0) + a_2(x - x_0)^2 + \cdots + a_n(x - x_0)^n + \cdots$$
经变换 $t = x - x_0$ 后得 $a_0 + a_1 t + a_2 t^2 + \cdots + a_n t^n + \cdots$.

下面来讨论对于一个给定的幂级数,它的收敛域与发散域是怎样的.

先看一个例子,考察幂级数
$$1 + x + x^2 + x^3 + \cdots + x^n + \cdots$$
可以看成是公比为 x 的几何级数.当 $|x| < 1$ 时,它是收敛的;当 $|x| \geqslant 1$ 时,它是发散的.因此它的收敛域为 $(-1, 1)$,发散域为 $(-\infty, -1]$ 及 $[1, +\infty)$,在收敛域内有
$$\frac{1}{1-x} = 1 + x + x^2 + x^3 + \cdots + x^n + \cdots$$

在这个例子中可以看到,这个幂级数的收敛域是一个区间,事实上,这个结论对于一般的幂级数也是成立的.有如下定理:

定理 8.9(阿贝尔定理) 如果级数 $\sum_{n=0}^{\infty} a_n x^n$ 当 $x = x_0 (x_0 \neq 0)$ 时收敛,则适合不等式 $|x| < |x_0|$ 的一切 x 使此幂级数绝对收敛.反之,如果级数 $\sum_{n=0}^{\infty} a_n x^n$ 当 $x = x_0$ 时发散,则适合不等式 $|x| > |x_0|$ 的一切 x 使此幂级数发散.

证明 先设 x_0 是幂级数 $\sum_{n=0}^{\infty} a_n x^n$ 的收敛点,即级数 $\sum_{n=0}^{\infty} a_n x_0^n$ 收敛.根据级数收敛的必要条件,有 $\lim_{n \to \infty} a_n x_0^n = 0$,于是存在一个常数 M,使
$$|a_n x_0^n| \leqslant M \quad (n = 0, 1, 2, \cdots)$$

这样级数 $\sum_{n=0}^{\infty} a_n x^n$ 的一般项的绝对值
$$|a_n x^n| = \left| a_n x_0^n \cdot \frac{x^n}{x_0^n} \right| = |a_n x_0^n| \cdot \left| \frac{x}{x_0} \right|^n \leqslant M \cdot \left| \frac{x}{x_0} \right|^n$$

因为当 $|x| < |x_0|$ 时,等比级数 $\sum_{n=0}^{\infty} M \cdot \left| \frac{x}{x_0} \right|^n$ 收敛,所以级数 $\sum_{n=0}^{\infty} |a_n x^n|$ 收敛,也就是级数 $\sum_{n=0}^{\infty} a_n x^n$ 绝对收敛.

定理 8.9 的第二部分可用反证法证明.假设幂级数当 $x = x_0$ 时发散,而有一点 x_1 适合 $|x_1| > |x_0|$ 使级数收敛,则根据本定理的第一部分,级数当 $x = x_0$ 时应收敛,这与所设

矛盾. 定理得证.

推论 如果幂级数 $\sum\limits_{n=0}^{\infty} a_n x^n$ 不是仅在点 $x=0$ 一点收敛,也不是在整个数轴上都收敛,那么必有一个确定的正数 R 存在,使得

当 $|x|<R$ 时,幂级数绝对收敛;

当 $|x|>R$ 时,幂级数发散;

当 $x=R$ 或 $x=-R$ 时,幂级数可能收敛也可能发散.

正数 R 通常叫作幂级数 $\sum\limits_{n=0}^{\infty} a_n x^n$ 的收敛半径. 开区间 $(-R,R)$ 叫作幂级数 $\sum\limits_{n=0}^{\infty} a_n x^n$ 的收敛区间. 再由幂级数在 $x=\pm R$ 处的收敛性就可以决定它的收敛域. 幂级数 $\sum\limits_{n=0}^{\infty} a_n x^n$ 的收敛域是 $(-R,R)$、$[-R,R)$、$(-R,R]$、$[-R,R]$ 之一.

规定:若幂级数 $\sum\limits_{n=0}^{\infty} a_n x^n$ 只在 $x=0$ 收敛,则规定收敛半径 $R=0$,若幂级数 $\sum\limits_{n=0}^{\infty} a_n x^n$ 对一切 x 都收敛,则规定收敛半径 $R=+\infty$,这时收敛域为 $(-\infty,+\infty)$.

定理 8.10 如果 $\lim\limits_{n\to\infty}\left|\dfrac{a_{n+1}}{a_n}\right|=\rho$,其中 a_n, a_{n+1} 是幂级数 $\sum\limits_{n=0}^{\infty} a_n x^n$ 的相邻两项的系数,则该幂级数的收敛半径

$$R=\begin{cases}+\infty & (\rho=0) \\ \dfrac{1}{\rho} & (\rho\neq 0) \\ 0 & (\rho=+\infty)\end{cases}$$

[例 8.20] 求幂级数

$$\sum_{n=1}^{\infty}(-1)^{n-1}\frac{x^n}{n}=x-\frac{x^2}{2}+\frac{x^3}{3}-\cdots+(-1)^{n-1}\frac{x^n}{n}+\cdots$$

的收敛半径与收敛域.

解 因为

$$\rho=\lim_{n\to\infty}\left|\frac{a_{n+1}}{a_n}\right|=\lim_{n\to\infty}\frac{\dfrac{1}{n+1}}{\dfrac{1}{n}}=1$$

所以收敛半径为 $R=\dfrac{1}{\rho}=1$.

当 $x=1$ 时,幂级数成为 $\sum\limits_{n=1}^{\infty}(-1)^{n-1}\dfrac{1}{n}$,是收敛的;当 $x=-1$ 时,幂级数成为 $\sum\limits_{n=1}^{\infty}\left(-\dfrac{1}{n}\right)$,是发散的. 因此,收敛域为 $(-1,1]$.

[例 8.21] 求幂级数

$$1+x+\frac{1}{2!}x^2+\frac{1}{3!}x^3+\cdots+\frac{1}{n!}x^n+\cdots$$

的收敛域.

解 因为

$$\rho = \lim_{n \to \infty} \left| \frac{a_{n+1}}{a_n} \right| = \lim_{n \to \infty} \frac{\frac{1}{(n+1)!}}{\frac{1}{n!}} = \lim_{n \to \infty} \frac{n!}{(n+1)!} = 0$$

所以收敛半径为 $R = +\infty$,从而收敛域为 $(-\infty, +\infty)$.

[**例 8.22**] 求幂级数 $\sum_{n=0}^{\infty} n! \, x^n$ 的收敛半径.

解 因为

$$\rho = \lim_{n \to \infty} \left| \frac{a_{n+1}}{a_n} \right| = \lim_{n \to \infty} \frac{(n+1)!}{n!} = +\infty$$

所以收敛半径为 $R = 0$,即级数仅在 $x = 0$ 处收敛.

[**例 8.23**] 求幂级数 $\sum_{n=0}^{\infty} \frac{(2n)!}{(n!)^2} x^{2n}$ 的收敛半径.

解 级数缺少奇次幂的项,定理 8.10 不能应用.可根据比值审敛法来求收敛半径.
幂级数的一般项记为

$$u_n(x) = \frac{(2n)!}{(n!)^2} x^{2n}$$

因为

$$\lim_{n \to \infty} \left| \frac{u_{n+1}(x)}{u_n(x)} \right| = 4|x|^2$$

当 $4|x|^2 < 1$,即 $|x| < \frac{1}{2}$ 时,级数收敛;当 $4|x|^2 > 1$,即 $|x| > \frac{1}{2}$ 时,级数发散,所以收敛半径为 $R = \frac{1}{2}$.

提示: $\frac{u_{n+1}(x)}{u_n(x)} = \frac{\frac{[2(n+1)]!}{[(n+1)!]^2} x^{2(n+1)}}{\frac{(2n)!}{(n!)^2} x^{2n}} = \frac{(2n+2)(2n+1)}{(n+1)^2} x^2.$

[**例 8.24**] 求幂级数 $\sum_{n=1}^{\infty} \frac{(x-1)^n}{2^n n}$ 的收敛域.

解 令 $t = x - 1$,所求级数变为 $\sum_{n=1}^{\infty} \frac{t^n}{2^n n}$.

因为

$$\rho = \lim_{n \to \infty} \left| \frac{a_{n+1}}{a_n} \right| = \frac{2^n \cdot n}{2^{n+1} \cdot (n+1)} = \frac{1}{2}$$

所以收敛半径 $R = 2$.

当 $t = 2$ 时,级数成为 $\sum_{n=1}^{\infty} \frac{1}{n}$,此级数发散;当 $t = -2$ 时,级数成为 $\sum_{n=1}^{\infty} \frac{(-1)^n}{n}$,此级数收敛.因此级数 $\sum_{n=1}^{\infty} \frac{t^n}{2^n n}$ 的收敛域为 $-2 \leqslant t < 2$.

因为 $-2 \leqslant x-1 < 2$,即 $-1 \leqslant x < 3$,所以原级数的收敛域为 $[-1,3)$.

2. 幂级数的运算

设幂级数 $\sum_{n=0}^{\infty} a_n x^n$ 及 $\sum_{n=0}^{\infty} b_n x^n$ 分别在区间 $(-R,R)$ 及 $(-R',R')$ 内收敛,则在 $(-R,R)$ 与 $(-R',R')$ 中较小的区间内有:

加法
$$\sum_{n=0}^{\infty} a_n x^n + \sum_{n=0}^{\infty} b_n x^n = \sum_{n=0}^{\infty} (a_n + b_n) x^n$$

减法
$$\sum_{n=0}^{\infty} a_n x^n - \sum_{n=0}^{\infty} b_n x^n = \sum_{n=0}^{\infty} (a_n - b_n) x^n$$

乘法
$$\left(\sum_{n=0}^{\infty} a_n x^n\right) \cdot \left(\sum_{n=0}^{\infty} b_n x^n\right) = a_0 b_0 + (a_0 b_1 + a_1 b_0) x + (a_0 b_2 + a_1 b_1 + a_2 b_0) x^2 + \cdots + (a_0 b_n + a_1 b_{n-1} + \cdots + a_n b_0) x^n + \cdots$$

关于幂级数的和函数有下列重要性质:

性质 1 幂级数 $\sum_{n=0}^{\infty} a_n x^n$ 的和函数 $s(x)$ 在其收敛域 I 上连续.

如果幂级数在 $x=R$(或 $x=-R$)也收敛,则和函数 $s(x)$ 在 $(-R,R]$(或 $[-R,R)$)连续.

性质 2 幂级数 $\sum_{n=0}^{\infty} a_n x^n$ 的和函数 $s(x)$ 在其收敛域 I 上可积,并且有逐项积分公式
$$\int_0^x s(t) \mathrm{d}t = \int_0^x \left(\sum_{n=0}^{\infty} a_n t^n\right) \mathrm{d}t = \sum_{n=0}^{\infty} \int_0^x a_n t^n \mathrm{d}t = \sum_{n=0}^{\infty} \frac{a_n}{n+1} x^{n+1} \quad (x \in I)$$
逐项积分后所得到的幂级数和原级数有相同的收敛半径.

性质 3 幂级数 $\sum_{n=0}^{\infty} a_n x^n$ 的和函数 $s(x)$ 在其收敛区间 $(-R,R)$ 内可导,并且有逐项求导公式
$$s'(x) = \left(\sum_{n=0}^{\infty} a_n x^n\right)' = \sum_{n=0}^{\infty} (a_n x^n)' = \sum_{n=1}^{\infty} n a_n x^{n-1} \quad (|x| < R)$$
逐项求导后所得到的幂级数和原级数有相同的收敛半径.

[例 8.25] 求幂级数 $\sum_{n=0}^{\infty} \frac{1}{n+1} x^n$ 的和函数.

解 易得幂级数的收敛域为 $[-1,1)$.

设和函数为 $s(x)$,即
$$s(x) = \sum_{n=0}^{\infty} \frac{1}{n+1} x^n \quad (x \in [-1,1))$$
显然 $s(0) = 1$.

对 $xs(x) = \sum_{n=0}^{\infty} \frac{1}{n+1} x^{n+1}$ 的两边求导得

$$[xs(x)]' = \sum_{n=0}^{\infty}\left(\frac{1}{n+1}x^{n+1}\right)' = \sum_{n=0}^{\infty} x^n = \frac{1}{1-x}$$

对上式从 0 到 x 积分,得

$$xs(x) = \int_0^x \frac{1}{1-x}\mathrm{d}x = -\ln(1-x)$$

于是,当 $x \neq 0$ 时,有

$$s(x) = -\frac{1}{x}\ln(1-x)$$

从而

$$s(x) = \begin{cases} -\dfrac{1}{x}\ln(1-x) & (0 < |x| < 1) \\ 1 & (x = 0) \end{cases}$$

8.4 函数展开成幂级数

8.4.1 泰勒级数

给定函数 $f(x)$,要考虑它是否能在某个区间内"展开成幂级数",就是说,是否能找到这样一个幂级数,它在某区间内收敛,且其和恰好就是给定的函数 $f(x)$.如果能找到这样的幂级数,就说函数 $f(x)$ 在该区间内能展开成幂级数,或简单地说函数 $f(x)$ 能展开成幂级数,而该级数在收敛区间内就表达了函数 $f(x)$.

泰勒多项式 如果 $f(x)$ 在点 x_0 的某邻域内具有 n 阶导数,则在该邻域内 $f(x)$ 近似等于

$$f(x) = f(x_0) + f'(x_0)(x-x_0) + \frac{f''(x_0)}{2!}(x-x_0)^2 + \cdots + \frac{f^{(n)}(x_0)}{n!}(x-x_0)^n + R_n(x)$$

其中

$$R_n(x) = \frac{f^{(n+1)}(\xi)}{(n+1)!}(x-x_0)^{n+1} \quad (\xi \text{ 介于 } x \text{ 与 } x_0 \text{ 之间})$$

如果 $f(x)$ 在点 x_0 的某邻域内具有各阶导数 $f'(x), f''(x), \cdots, f^{(n)}(x), \cdots$,则当 $n \to \infty$ 时,$f(x)$ 在点 x_0 的泰勒多项式

$$p_n(x) = f(x_0) + f'(x_0)(x-x_0) + \frac{f''(x_0)}{2!}(x-x_0)^2 + \cdots + \frac{f^{(n)}(x_0)}{n!}(x-x_0)^n$$

成为幂级数

$$f(x_0) + f'(x_0)(x-x_0) + \frac{f''(x_0)}{2!}(x-x_0)^2 + \cdots + \frac{f^{(n)}(x_0)}{n!}(x-x_0)^n + \cdots$$

这一幂级数称为函数 $f(x)$ 的泰勒级数.显然,当 $x = x_0$ 时,$f(x)$ 的泰勒级数收敛于 $f(x_0)$.

下面讨论除了 $x=x_0$ 外，$f(x)$ 的泰勒级数是否收敛，如果收敛，它是否一定收敛于 $f(x)$.

定理 8.11　设函数 $f(x)$ 在点 x_0 的某一邻域 $U(x_0)$ 内具有各阶导数，则 $f(x)$ 在该邻域内能展开成泰勒级数的充分必要条件是 $f(x)$ 的泰勒公式中的余项 $R_n(x)$ 当 $n\to\infty$ 时的极限为零，即

$$\lim_{n\to\infty} R_n(x) = 0 \quad (x \in U(x_0))$$

证明　先证必要性.

设 $f(x)$ 在 $U(x_0)$ 内能展开为泰勒级数，即

$$f(x) = f(x_0) + f'(x_0)(x-x_0) + \frac{f''(x_0)}{2!}(x-x_0)^2 + \cdots + \frac{f^{(n)}(x_0)}{n!}(x-x_0)^n + \cdots$$

又设 $s_{n+1}(x)$ 是 $f(x)$ 的泰勒级数的前 $n+1$ 项的和，则在 $U(x_0)$ 内 $s_{n+1}(x) \to f(x)$ $(n\to\infty)$. 而 $f(x)$ 的 n 阶泰勒公式可写成 $f(x) = s_{n+1}(x) + R_n(x)$，于是 $R_n(x) = f(x) - s_{n+1}(x) \to 0 (n\to\infty)$.

再证充分性.

设 $R_n(x) \to 0 (n\to\infty)$ 对一切 $x \in U(x_0)$ 成立.

因为 $f(x)$ 的 n 阶泰勒公式可写成 $f(x) = s_{n+1}(x) + R_n(x)$，于是 $s_{n+1}(x) = f(x) - R_n(x) \to f(x)$，即 $f(x)$ 的泰勒级数在 $U(x_0)$ 内收敛，并且收敛于 $f(x)$.

麦克劳林级数　在泰勒级数中取 $x_0=0$，得

$$f(0) + f'(0)x + \frac{f''(0)}{2!}x^2 + \cdots + \frac{f^{(n)}(0)}{n!}x^n + \cdots$$

此级数称为 $f(x)$ 的麦克劳林级数.

展开式的唯一性　如果 $f(x)$ 能展开成 x 的幂级数，那么这种展开式是唯一的，它一定与 $f(x)$ 的麦克劳林级数一致. 这是因为，如果 $f(x)$ 在点 $x_0=0$ 的某邻域 $(-R,R)$ 内能展开成 x 的幂级数，即

$$f(x) = a_0 + a_1 x + a_2 x^2 + \cdots + a_n x^n + \cdots$$

那么根据幂级数在收敛区间内可以逐项求导，有

$$f'(x) = a_1 + 2a_2 x + 3a_3 x^2 + \cdots + na_n x^{n-1} + \cdots$$
$$f''(x) = 2!\, a_2 + 3\cdot 2a_3 x + \cdots + n\cdot(n-1)a_n x^{n-2} + \cdots$$
$$f'''(x) = 3!\, a_3 + \cdots + n\cdot(n-1)(n-2)a_n x^{n-3} + \cdots$$
$$\vdots$$
$$f^{(n)}(x) = n!\, a_n + (n+1)n(n-1)\cdots 2 a_{n+1} x + \cdots$$

于是得

$$a_0 = f(0),\ a_1 = f'(0),\ a_2 = \frac{f''(0)}{2!},\ \cdots,\ a_n = \frac{f^{(n)}(0)}{n!},\ \cdots$$

应注意的问题：如果 $f(x)$ 能展开成 x 的幂级数，那么这个幂级数就是 $f(x)$ 的麦克劳林级数. 但是，反过来如果 $f(x)$ 的麦克劳林级数在点 $x_0=0$ 的某邻域内收敛，它却不一定收敛于 $f(x)$. 因此，如果 $f(x)$ 在点 $x_0=0$ 处具有各阶导数，则 $f(x)$ 的麦克劳林级数虽然存在，但这个级数是否在某个区间内收敛，以及是否收敛于 $f(x)$ 却需要进一步考察.

8.4.2 函数展开成幂级数

1. 函数展开成幂级数

函数展开成幂级数的步骤：

① 求出 $f(x)$ 的各阶导数：$f'(x), f''(x), \cdots, f^{(n)}(x), \cdots$.

② 求函数及其各阶导数在 $x=0$ 处的值，即
$$f(0), f'(0), f''(0), \cdots, f^{(n)}(0), \cdots$$

③ 写出幂级数
$$f(0) + f'(0)x + \frac{f''(0)}{2!}x^2 + \cdots + \frac{f^{(n)}(0)}{n!}x^n + \cdots$$

并求出收敛半径 R.

④ 考察在区间 $(-R, R)$ 内时
$$\lim_{n \to \infty} R_n(x) = \lim_{n \to \infty} \frac{f^{(n+1)}(\xi)}{(n+1)!} x^{n+1}$$

是否为零. 如果 $R_n(x) \to 0 (n \to \infty)$，则 $f(x)$ 在 $(-R, R)$ 内有展开式
$$f(x) = f(0) + f'(0)x + \frac{f''(0)}{2!}x^2 + \cdots + \frac{f^{(n)}(0)}{n!}x^n + \cdots \quad (-R < x < R)$$

[例 8.26] 将函数 $f(x) = e^x$ 展开成 x 的幂级数.

解 所给函数的各阶导数为 $f^{(n)}(x) = e^x (n=1,2,\cdots)$，因此 $f^{(n)}(0) = 1 (n=1,2,\cdots)$. 于是得级数
$$1 + x + \frac{1}{2!}x^2 + \cdots \frac{1}{n!}x^n + \cdots$$

它的收敛半径 $R = +\infty$.

对于任何有限的数 x 与 ξ（ξ 介于 0 与 x 之间），有
$$|R_n(x)| = \left| \frac{e^{\xi}}{(n+1)!} x^{n+1} \right| < e^{|x|} \cdot \frac{|x|^{n+1}}{(n+1)!}$$

因 $e^{|x|}$ 有限，而 $\frac{|x|^{n+1}}{(n+1)!}$ 是收敛级数 $\sum_{n=0}^{\infty} \frac{|x|^{n+1}}{(n+1)!}$ 的一般项，$\lim_{n \to \infty} \frac{|x|^{n+1}}{(n+1)!} = 0$，所以 $\lim_{n \to \infty} |R_n(x)| = 0$，从而有展开式

$$e^x = 1 + x + \frac{1}{2!}x^2 + \cdots \frac{1}{n!}x^n + \cdots \quad (-\infty < x < +\infty)$$

[例 8.27] 将函数 $f(x) = \sin x$ 展开成 x 的幂级数.

解 因为
$$f^{(n)}(x) = \sin\left(x + n \cdot \frac{\pi}{2}\right) \quad (n=1,2,\cdots)$$

所以 $f^{(n)}(0)$ 顺序循环地取 $0, 1, 0, -1, \cdots (n=0,1,2,3,\cdots)$，于是得级数
$$x - \frac{x^3}{3!} + \frac{x^5}{5!} - \cdots + (-1)^{n-1} \frac{x^{2n-1}}{(2n-1)!} + \cdots$$

的收敛半径为 $R = +\infty$.

对于任何有限的数 x, ξ（ξ 介于 0 与 x 之间），有

$$|R_n(x)| = \left| \frac{\sin\left[\xi + \frac{(n+1)\pi}{2}\right]}{(n+1)!} x^{n+1} \right| \leqslant \frac{|x|^{n+1}}{(n+1)!} \to 0 \quad (n \to \infty)$$

因此得展开式

$$\sin x = x - \frac{x^3}{3!} + \frac{x^5}{5!} - \cdots + (-1)^{n-1} \frac{x^{2n-1}}{(2n-1)!} + \cdots \quad (-\infty < x < +\infty)$$

$$e^x = 1 + x + \frac{1}{2!}x^2 + \cdots + \frac{1}{n!}x^n + \cdots \quad (-\infty < x < +\infty)$$

[例 8.28] 将函数 $f(x) = (1+x)^m$ 展开成 x 的幂级数,其中 m 为任意常数.

解 因为 $f(x)$ 的各阶导数为

$$f'(x) = m(1+x)^{m-1}$$
$$f''(x) = m(m-1)(1+x)^{m-2}$$
$$\vdots$$
$$f^{(n)}(x) = m(m-1)(m-2)\cdots(m-n+1)(1+x)^{m-n}$$
$$\vdots$$

所以

$$f(0) = 1$$
$$f'(0) = m$$
$$f''(0) = m(m-1)$$
$$\vdots$$
$$f^{(n)}(0) = m(m-1)(m-2)\cdots(m-n+1)$$
$$\vdots$$

于是得幂级数

$$1 + mx + \frac{m(m-1)}{2!}x^2 + \cdots + \frac{m(m-1)\cdots(m-n+1)}{n!}x^n + \cdots$$

可以证明

$$(1+x)^m = 1 + mx + \frac{m(m-1)}{2!}x^2 + \cdots + \frac{m(m-1)\cdots(m-n+1)}{n!}x^n + \cdots \quad (-1 < x < 1)$$

[例 8.29] 将函数 $f(x) = \cos x$ 展开成 x 的幂级数.

解 已知

$$\sin x = x - \frac{x^3}{3!} + \frac{x^5}{5!} - \cdots + (-1)^{n-1} \frac{x^{2n-1}}{(2n-1)!} + \cdots \quad (-\infty < x < +\infty)$$

对上式两边求导得

$$\cos x = 1 - \frac{x^2}{2!} + \frac{x^4}{4!} - \cdots + (-1)^n \frac{x^{2n}}{(2n)!} + \cdots \quad (-\infty < x < +\infty)$$

[例 8.30] 将函数 $f(x) = \dfrac{1}{1+x^2}$ 展开成 x 的幂级数.

解 因为

$$\frac{1}{1-x}=1+x+x^2+\cdots+x^n+\cdots \quad (-1<x<1)$$

把 x 换成 $-x^2$,得

$$\frac{1}{1+x^2}=1-x^2+x^4-\cdots+(-1)^n x^{2n}+\cdots \quad (-1<x<1)$$

收敛半径的确定:由 $-1<-x^2<1$ 得 $-1<x<1$.

[**例 8.31**] 将函数 $f(x)=\ln(1+x)$ 展开成 x 的幂级数.

解 因为

$$f'(x)=\frac{1}{1+x}$$

而 $\dfrac{1}{1+x}$ 是收敛的等比级数 $\sum\limits_{n=0}^{\infty}(-1)^n x^n (-1<x<1)$ 的和函数

$$\frac{1}{1+x}=1-x+x^2-x^3+\cdots+(-1)^n x^n+\cdots$$

所以将上式从 0 到 x 逐项积分,得

$$\ln(1+x)=x-\frac{x^2}{2}+\frac{x^3}{3}-\frac{x^4}{4}+\cdots+(-1)^n\frac{x^{n+1}}{n+1}+\cdots \quad (-1<x\leqslant 1)$$

或

$$f(x)=\ln(1+x)=\int_0^x [\ln(1+x)]' dx=\int_0^x \frac{1}{1+x}dx$$

$$=\int_0^x \left[\sum_{n=0}^{\infty}(-1)^n x^n\right]dx=\sum_{n=0}^{\infty}(-1)^n\frac{x^{n+1}}{n+1} \quad (-1<x\leqslant 1)$$

上述展开式对 $x=1$ 也成立,这是因为上式右端的幂级数当 $x=1$ 时收敛,而 $\ln(1+x)$ 在 $x=1$ 处有定义且连续.

[**例 8.32**] 将函数 $f(x)=\sin x$ 展开成 $x-\dfrac{\pi}{4}$ 的幂级数.

解 因为

$$\sin x=\sin\left[\frac{\pi}{4}+\left(x-\frac{\pi}{4}\right)\right]=\frac{\sqrt{2}}{2}\left[\cos\left(x-\frac{\pi}{4}\right)+\sin\left(x-\frac{\pi}{4}\right)\right]$$

并且有

$$\cos\left(x-\frac{\pi}{4}\right)=1-\frac{1}{2!}\left(x-\frac{\pi}{4}\right)^2+\frac{1}{4!}\left(x-\frac{\pi}{4}\right)^4-\cdots \quad (-\infty<x<+\infty)$$

$$\sin\left(x-\frac{\pi}{4}\right)=\left(x-\frac{\pi}{4}\right)-\frac{1}{3!}\left(x-\frac{\pi}{4}\right)^3+\frac{1}{5!}\left(x-\frac{\pi}{4}\right)^5-\cdots \quad (-\infty<x<+\infty)$$

所以

$$\sin x=\frac{\sqrt{2}}{2}\left[1+\left(x-\frac{\pi}{4}\right)-\frac{1}{2!}\left(x-\frac{\pi}{4}\right)^2-\frac{1}{3!}\left(x-\frac{\pi}{4}\right)^3+\cdots\right]$$

$$(-\infty<x<+\infty)$$

[**例 8.33**] 将函数 $f(x)=\dfrac{1}{x^2+4x+3}$ 展开成 $x-1$ 的幂级数.

解 $f(x)=\dfrac{1}{x^2+4x+3}=\dfrac{1}{(x+1)(x+3)}=\dfrac{1}{2(1+x)}-\dfrac{1}{2(3+x)}$

$$= \frac{1}{4\left(1+\frac{x-1}{2}\right)} - \frac{1}{8\left(1+\frac{x-1}{4}\right)}$$

$$= \frac{1}{4}\sum_{n=0}^{\infty}(-1)^n\frac{(x-1)^n}{2^n} - \frac{1}{8}\sum_{n=0}^{\infty}(-1)^n\frac{(x-1)^n}{4^n}$$

$$= \sum_{n=0}^{\infty}(-1)^n\left(\frac{1}{2^{n+2}} - \frac{1}{2^{2n+3}}\right)(x-1)^n \quad (-1 < x < 3)$$

提示：

$$1+x = 2+(x-1) = 2\left(1+\frac{x-1}{2}\right)$$

$$3+x = 4+(x-1) = 4\left(1+\frac{x-1}{4}\right)$$

$$\frac{1}{1+\frac{x-1}{2}} = \sum_{n=0}^{\infty}(-1)^n\frac{(x-1)^n}{2^n} \quad \left(-1 < \frac{x-1}{2} < 1\right)$$

$$\frac{1}{1+\frac{x-1}{4}} = \sum_{n=0}^{\infty}(-1)^n\frac{(x-1)^n}{4^n} \quad \left(-1 < \frac{x-1}{4} < 1\right)$$

收敛域的确定：由 $-1 < \frac{x-1}{2} < 1$ 和 $-1 < \frac{x-1}{4} < 1$ 得 $-1 < x < 3$.

函数展开成幂级数的常用展开式总结如下：

$$\frac{1}{1-x} = 1+x+x^2+\cdots+x^n+\cdots \quad (-1 < x < 1)$$

$$e^x = 1+x+\frac{1}{2!}x^2+\cdots+\frac{1}{n!}x^n+\cdots \quad (-\infty < x < +\infty)$$

$$\sin x = x - \frac{x^3}{3!} + \frac{x^5}{5!} - \cdots + (-1)^{n-1}\frac{x^{2n-1}}{(2n-1)!} + \cdots \quad (-\infty < x < +\infty)$$

$$\cos x = 1 - \frac{x^2}{2!} + \frac{x^4}{4!} - \cdots + (-1)^n\frac{x^{2n}}{(2n)!} + \cdots \quad (-\infty < x < +\infty)$$

$$\ln(1+x) = x - \frac{x^2}{2} + \frac{x^3}{3} - \frac{x^4}{4} + \cdots + (-1)^n\frac{x^{n+1}}{n+1} + \cdots \quad (-1 < x \leqslant 1)$$

$$(1+x)^m = 1+mx+\frac{m(m-1)}{2!}x^2+\cdots+\frac{m(m-1)\cdots(m-n+1)}{n!}x^n+\cdots$$

$$(-1 < x < 1)$$

2. 函数的幂级数展开式的简单应用

[**例 8.34**] 计算 $\sqrt[5]{240}$ 的近似值，要求误差不超过 0.0001.

解 因为

$$\sqrt[5]{240} = \sqrt[5]{243-3} = 3\left(1-\frac{1}{3^4}\right)^{\frac{1}{5}}$$

所以在二项展开式中取 $m = \frac{1}{5}$，$x = -\frac{1}{3^4}$，即得

$$\sqrt[5]{240} = 3\left(1 - \frac{1}{5}\times\frac{1}{3^4} - \frac{1\times 4}{5^2\times 2!}\times\frac{1}{3^8} - \frac{1\times 4\times 9}{5^3\times 3!}\times\frac{1}{3^{12}} - \cdots\right)$$

这个级数收敛很快. 取前两项的和作为 $\sqrt[5]{240}$ 的近似值, 其误差(也叫作截断误差)为

$$|r_2| = 3\left(\frac{1\times 4}{5^2 \times 2!} \times \frac{1}{3^8} + \frac{1\times 4\times 9}{5^3 \times 3!} \times \frac{1}{3^{12}} + \frac{1\times 4\times 9\times 14}{5^4 \times 4!} \times \frac{1}{3^{16}} + \cdots\right)$$

$$< 3 \times \frac{1\times 4}{5^2 \times 2!} \times \frac{1}{3^8}\left[1 + \frac{1}{81} + \left(\frac{1}{81}\right)^2 + \cdots\right]$$

$$= \frac{6}{25} \times \frac{1}{3^8} \times \frac{1}{1-\frac{1}{81}} = \frac{1}{25 \times 27 \times 40} < \frac{1}{20\,000}$$

于是取近似式为

$$\sqrt[5]{240} \approx 3\left(1 - \frac{1}{5} \times \frac{1}{3^4}\right)$$

为了使"四舍五入"引起的误差(叫作舍入误差)与截断误差之和不超过 10^{-4}, 计算时应取 5 位小数, 然后四舍五入. 因此最后得

$$\sqrt[5]{240} \approx 2.992\,6$$

[例 8.35] 计算 $\ln 2$ 的近似值, 要求误差不超过 $0.000\,1$.

解 在例 8.31 中, 令 $x = 1$ 可得

$$\ln 2 = 1 - \frac{1}{2} + \frac{1}{3} - \cdots + (-1)^{n-1}\frac{1}{n} + \cdots$$

如果取该级数前 n 项和作为 $\ln 2$ 的近似值, 其误差为

$$|r_n| \leqslant \frac{1}{n+1}$$

为了保证误差不超过 10^{-4}, 就需要取级数的前 10 000 项进行计算. 这样做计算量太大了, 因此必须用收敛较快的级数来代替它.

把展开式

$$\ln(1+x) = x - \frac{x^2}{2} + \frac{x^3}{3} - \frac{x^4}{4} + \cdots + (-1)^n \frac{x^{n+1}}{n+1} + \cdots \quad (-1 < x \leqslant 1)$$

中的 x 换成 $-x$, 得

$$\ln(1-x) = -x - \frac{x^2}{2} - \frac{x^3}{3} - \frac{x^4}{4} - \cdots \quad (-1 \leqslant x < 1)$$

两式相减, 得到不含有偶次幂的展开式

$$\ln\frac{1+x}{1-x} = \ln(1+x) - \ln(1-x) = 2\left(x + \frac{1}{3}x^3 + \frac{1}{5}x^5 + \cdots\right) \quad (-1 < x < 1)$$

令 $\frac{1+x}{1-x} = 2$, 解出 $x = \frac{1}{3}$. 以 $x = \frac{1}{3}$ 代入最后一个展开式, 得

$$\ln 2 = 2\left(\frac{1}{3} + \frac{1}{3} \times \frac{1}{3^3} + \frac{1}{5} \times \frac{1}{3^5} + \cdots\right)$$

如果取前四项作为 $\ln 2$ 的近似值, 则误差为

$$|r_4| = 2\left(\frac{1}{9} \times \frac{1}{3^9} + \frac{1}{11} \times \frac{1}{3^{11}} + \frac{1}{13} \times \frac{1}{3^{13}} + \cdots\right)$$

$$< \frac{2}{3^{11}}\left[1 + \frac{1}{9} + \left(\frac{1}{9}\right)^2 + \cdots\right]$$

$$= \frac{2}{3^{11}} \times \frac{1}{1-\frac{1}{9}} = \frac{1}{4 \times 3^9} < \frac{1}{700\ 000}$$

于是取
$$\ln 2 \approx 2\left(\frac{1}{3} + \frac{1}{3} \times \frac{1}{3^3} + \frac{1}{5} \times \frac{1}{3^5} + \frac{1}{7} \times \frac{1}{3^7}\right)$$

同样地,考虑到舍入误差,计算时应取五位小数,有

$$\frac{1}{3} \approx 0.333\ 33, \quad \frac{1}{3} \times \frac{1}{3^3} \approx 0.012\ 35$$

$$\frac{1}{5} \times \frac{1}{3^5} \approx 0.000\ 82, \quad \frac{1}{7} \times \frac{1}{3^7} \approx 0.000\ 07$$

因此得
$$\ln 2 \approx 0.693\ 1$$

[例 8.36] 利用 $\sin x \approx x - \frac{1}{3!}x^3$ 求 $\sin 9°$ 的近似值,并估计误差.

解 首先把角度化成弧度,有
$$9° = \frac{\pi}{180} \times 9 = \frac{\pi}{20}(\text{rad})$$

从而
$$\sin \frac{\pi}{20} \approx \frac{\pi}{20} - \frac{1}{3!}\left(\frac{\pi}{20}\right)^3$$

然后,估计这个近似值的精确度. 在 $\sin x$ 的幂级数展开式中令 $x = \frac{\pi}{20}$,得

$$\sin \frac{\pi}{20} = \frac{\pi}{20} - \frac{1}{3!}\left(\frac{\pi}{20}\right)^3 + \frac{1}{5!}\left(\frac{\pi}{20}\right)^5 - \frac{1}{7!}\left(\frac{\pi}{20}\right)^7 + \cdots$$

等式右端是一个收敛的交错级数,且各项的绝对值单调减少. 取它的前两项之和作为 $\sin \frac{\pi}{20}$ 的近似值,其误差为

$$|r_2| \leqslant \frac{1}{5!}\left(\frac{\pi}{20}\right)^5 < \frac{1}{120} \times (0.2)^5 < \frac{1}{300\ 000}$$

因此取
$$\frac{\pi}{20} \approx 0.157\ 080, \quad \left(\frac{\pi}{20}\right)^3 \approx 0.003\ 876$$

于是得
$$\sin 9° \approx 0.156\ 43$$

这时误差不超过 10^{-5}.

[例 8.37] 计算定积分 $\frac{2}{\sqrt{\pi}} \int_0^{\frac{1}{2}} e^{-x^2} dx$ 的近似值,要求误差不超过 $0.000\ 1$(取 $\frac{1}{\sqrt{\pi}} \approx 0.564\ 19$).

解 将 e^x 的幂级数展开式中的 x 换成 $-x^2$,得到被积函数的幂级数展开式为

$$e^{-x^2} = 1 + \frac{(-x^2)}{1!} + \frac{(-x^2)^2}{2!} + \frac{(-x^2)^3}{3!} + \cdots$$

$$= \sum_{n=0}^{\infty} (-1)^n \frac{x^{2n}}{n!} \quad (-\infty < x < +\infty)$$

于是,根据幂级数在收敛区间内逐项可积,得

$$\frac{2}{\sqrt{\pi}} \int_0^{\frac{1}{2}} e^{-x^2} dx = \frac{2}{\sqrt{\pi}} \int_0^{\frac{1}{2}} \left[\sum_{n=0}^{\infty} (-1)^n \frac{x^{2n}}{n!} \right] dx = \frac{2}{\sqrt{\pi}} \sum_{n=0}^{\infty} \frac{(-1)^n}{n!} \int_0^{\frac{1}{2}} x^{2n} dx$$

$$= \frac{1}{\sqrt{\pi}} \left(1 - \frac{1}{2^2 \times 3} + \frac{1}{2^4 \times 5 \times 2!} - \frac{1}{2^6 \times 7 \times 3!} + \cdots \right)$$

前四项的和作为近似值,其误差为

$$|r_4| \leqslant \frac{1}{\sqrt{\pi}} \cdot \frac{1}{2^8 \times 9 \times 4!} < \frac{1}{90\,000}$$

所以

$$\frac{2}{\sqrt{\pi}} \int_0^{\frac{1}{2}} e^{-x^2} dx \approx \frac{1}{\sqrt{\pi}} \left(1 - \frac{1}{2^2 \times 3} + \frac{1}{2^4 \times 5 \times 2!} - \frac{1}{2^6 \times 7 \times 3!} \right) \approx 0.520\,5$$

[例 8.38] 计算积分

$$\int_0^1 \frac{\sin x}{x} dx$$

的近似值,要求误差不超过 0.000 1.

解 由于 $\lim_{x \to 0} \frac{\sin x}{x} = 1$,因此所给积分不是反常积分. 如果定义被积函数在 $x=0$ 处的值为 1,则它在积分区间 $[0,1]$ 上连续.

展开被积函数,有

$$\frac{\sin x}{x} = 1 - \frac{x^2}{3!} + \frac{x^4}{5!} - \frac{x^6}{7!} + \cdots \quad (-\infty < x < +\infty)$$

在区间 $[0,1]$ 上逐项积分,得

$$\int_0^1 \frac{\sin x}{x} dx = 1 - \frac{1}{3 \times 3!} + \frac{1}{5 \times 5!} - \frac{1}{7 \times 7!} + \cdots$$

因为第四项

$$\frac{1}{7 \times 7!} < \frac{1}{30\,000}$$

所以取前三项的和作为积分的近似值,即

$$\int_0^1 \frac{\sin x}{x} dx \approx 1 - \frac{1}{3 \times 3!} + \frac{1}{5 \times 5!} \approx 0.946\,1$$

本 章 习 题

8.1 应用级数发散与收敛的定义判别下列级数的敛散性.

(1) $\sum_{n=1}^{\infty}(\sqrt{n}-\sqrt{n-1})$;

(2) $\sum_{n=1}^{\infty}\dfrac{1}{(6n-5)(6n+1)}$;

(3) $\sum_{n=1}^{\infty}(\sqrt{n+2}-2\sqrt{n+1}+\sqrt{n})$;

(4) $\sum_{n=1}^{\infty}\dfrac{1}{n(n+1)(n+2)}$;

(5) $\sum_{n=1}^{\infty}\sin\dfrac{n\pi}{6}$.

8.2 利用几何级数、调和级数的敛散性及级数的基本性质，判别下列级数的敛散性.

(1) $\sum_{n=1}^{\infty}\dfrac{1}{3n}$;

(2) $\sum_{n=1}^{\infty}\dfrac{n}{2n+1}$;

(3) $\sum_{n=1}^{\infty}\left(\dfrac{1}{2^n}+\dfrac{1}{6n}\right)$;

(4) $\sum_{n=1}^{\infty}\left(\dfrac{1}{3^n}-\dfrac{1}{5^n}\right)$;

(5) $\sum_{n=1}^{\infty}n\sin\dfrac{2}{n}$;

(6) $\sum_{n=1}^{\infty}n^2\ln\left(1+\dfrac{3}{n^2}\right)$.

8.3 利用适当的方法判别下列级数的敛散性.

(1) $\sum_{n=1}^{\infty}\sin\dfrac{\pi}{2^n}$;

(2) $\sum_{n=1}^{\infty}\dfrac{1}{\sqrt{n^2+n+1}}$;

(3) $\sum_{n=1}^{\infty}\dfrac{1}{n\sqrt{n+3}}$;

(4) $\sum_{n=1}^{\infty}\dfrac{2^n\cdot n!}{n^n}$;

(5) $\sum_{n=2}^{\infty}\dfrac{1}{(\ln n)^{\ln n}}$;

(6) $\sum_{n=1}^{\infty}\ln\left(1+\dfrac{1}{2^n}\right)$;

(7) $\sum_{n=1}^{\infty}2^n\sin\dfrac{\pi}{3^n}$;

(8) $\sum_{n=1}^{\infty}\dfrac{\ln n}{n^{\frac{4}{3}}}$;

(9) $\sum_{n=1}^{\infty}\dfrac{1}{n}\left(\dfrac{4}{3}\right)^n$;

(10) $\sum_{n=1}^{\infty}\left(\dfrac{an}{1+n}\right)^n\ (a>0)$.

8.4 判别下列级数的敛散性，若收敛指出是绝对收敛还是条件收敛.

(1) $\sum_{n=1}^{\infty}(-1)^{n-1}\dfrac{1}{\sqrt{n}}$;

(2) $\sum_{n=1}^{\infty}(-1)^{n-1}\dfrac{(n+1)!}{10^n}$;

(3) $\sum_{n=1}^{\infty}(-1)^n(\sqrt{n+1}-\sqrt{n})$;

(4) $\sum_{n=1}^{\infty}(-1)^{\frac{n(n-1)}{2}}\dfrac{n^{10}}{2^n}$;

(5) $\sum_{n=1}^{\infty}(-1)^{n-1}\sin\dfrac{1}{n}$;

(6) $\sum_{n=1}^{\infty}(-1)^{n-1}\dfrac{1}{n^p}$;

(7) $\sum_{n=1}^{\infty}(-1)^n\dfrac{1}{n-\ln n}$;

(8) $\sum_{n=1}^{\infty}\dfrac{\sin n\alpha}{n^2}$;

(9) $\sum_{n=1}^{\infty}(-1)^{n-1}\dfrac{n^3}{2^n}$;

(10) $\sum_{n=1}^{\infty}(-1)^{n-1}\dfrac{\ln n}{n}$.

8.5 求下列幂级数的收敛区间.

(1) $\sum_{n=1}^{\infty}\dfrac{2^n}{n^2+1}x^n$;

(2) $\sum_{n=1}^{\infty}\dfrac{1}{n(n+1)}x^n$;

(3) $\sum_{n=1}^{\infty} \dfrac{1}{n!} x^{2n-1}$;

(4) $\sum_{n=1}^{\infty} \dfrac{(-1)^n}{2n+1} x^{2n+1}$;

(5) $\sum_{n=1}^{\infty} \dfrac{(-1)^{n-1}}{n}(x+1)^n$;

(6) $\sum_{n=1}^{\infty} \dfrac{1}{n \cdot 3^n}(x-3)^n$;

(7) $\sum_{n=1}^{\infty} \dfrac{n^2}{x^n}$;

(8) $\sum_{n=1}^{\infty} \dfrac{1}{2n+1}\left(\dfrac{1-x}{1+x}\right)^n$;

(9) $\sum_{n=1}^{\infty} \dfrac{3^n+2^n}{n} x^n$;

(10) $\sum_{n=1}^{\infty} x^{n^2}$.

8.6 求下列幂级数的和函数以及相应的级数和.

(1) $\sum_{n=1}^{\infty} \dfrac{1}{n} x^n$,并求 $\sum_{n=1}^{\infty} \dfrac{1}{n \cdot 3^n}$ 及 $\sum_{n=1}^{\infty} \dfrac{(-1)^{n-1}}{n}$ 的和;

(2) $\sum_{n=1}^{\infty} n x^{n-1}$,并求 $\sum_{n=1}^{\infty} \dfrac{(-1)^n n}{2^n}$ 及 $\sum_{n=1}^{\infty} \dfrac{n}{3^n}$ 的和;

(3) $\sum_{n=1}^{\infty} n x^n$;

(4) $\sum_{n=1}^{\infty} \dfrac{n(n+1)}{2} x^{n-1}$;

(5) $\sum_{n=1}^{\infty} (-1)^{n-1} \dfrac{1}{2n-1} x^{2n-1}$,并求 $\sum_{n=1}^{\infty} \dfrac{(-1)^n}{2n-1}\left(\dfrac{3}{4}\right)^n$ 及 $\sum_{n=1}^{\infty} \dfrac{(-1)^{n-1}}{2n-1}$ 的和;

(6) $\sum_{n=1}^{\infty} \dfrac{2n-1}{2^n} x^{2n-2}$,并求 $\sum_{n=1}^{\infty} \dfrac{2n-1}{2^n}$ 的和。

8.7 将下列函数展开为 x 的幂级数,并求其展开式成立的区间.

(1) $\dfrac{e^x - e^{-x}}{2}$;

(2) $\sin\left(\dfrac{\pi}{4} + x\right)$;

(3) $\cos^2 x$;

(4) $\ln(a+x) \ (a>0)$;

(5) $\ln(6+x-x^2)$;

(6) $\arcsin x$;

(7) $\arctan \dfrac{1+x}{1-x}$.

8.8 将函数 $f(x) = \dfrac{1}{x}$ 展开为 $x-3$ 的幂级数.

8.9 将函数 $f(x) = \dfrac{1}{x^2 + 3x + 2}$ 展开为 $x+4$ 的幂级数.

8.10 求下列各式的近似值,精确到 10^{-4}.

(1) $\ln 3$;

(2) $\sqrt{e}$;

(3) $\int_0^1 e^{\sqrt{x}} dx$.

简单积分表

说明：公式中的 $a,b,\cdots$ 均为实数，n 为正整数.

1. 含有 $a+bx$ 的积分

(1) $\int \dfrac{\mathrm{d}x}{a+bx} = \dfrac{1}{b}\ln|a+bx| + C$

(2) $\int \dfrac{x\mathrm{d}x}{a+bx} = \dfrac{x}{b} - \dfrac{a}{b^2}\ln|a+bx| + C$

(3) $\int \dfrac{x^2\mathrm{d}x}{a+bx} = \dfrac{1}{b^3}\left[\dfrac{1}{2}(a+bx)^2 - 2a(a+bx) + a^2\ln|a+bx|\right] + C$

(4) $\int \dfrac{x\mathrm{d}x}{(a+bx)^2} = \dfrac{1}{b^2}\left(\dfrac{a}{a+bx} + \ln|a+bx|\right) + C$

(5) $\int \dfrac{x^2\mathrm{d}x}{(a+bx)^2} = \dfrac{x}{b^2} - \dfrac{a^2}{b^3(a+bx)} - \dfrac{2a}{b^3}\ln|a+bx| + C$

(6) $\int \dfrac{\mathrm{d}x}{x(a+bx)} = \dfrac{1}{a}\ln\left|\dfrac{x}{a+bx}\right| + C$

(7) $\int \dfrac{\mathrm{d}x}{x^2(a+bx)} = -\dfrac{1}{ax} + \dfrac{b}{a^2}\ln\left|\dfrac{a+bx}{x}\right| + C$

(8) $\int \dfrac{\mathrm{d}x}{x(a+bx)^2} = \dfrac{1}{a(a+bx)} - \dfrac{1}{a^2}\ln\left|\dfrac{a+bx}{x}\right| + C$

2. 含有 $\sqrt{ax+b}$ 的积分

(1) $\int \sqrt{ax+b}\,\mathrm{d}x = \dfrac{2}{3a}\sqrt{(ax+b)^3} + C$

(2) $\int x\sqrt{ax+b}\,\mathrm{d}x = \dfrac{2}{15a^2}(3ax-2b)\sqrt{(ax+b)^3} + C$

(3) $\int x^2\sqrt{ax+b}\,\mathrm{d}x = \dfrac{2}{105a^3}(15a^2x^2 - 12abx + 8b^2)\sqrt{(ax+b)^3} + C$

(4) $\int \dfrac{x\mathrm{d}x}{\sqrt{ax+b}} = \dfrac{2}{3a^2}(ax-2b)\sqrt{ax+b} + C$

(5) $\int \dfrac{x^2 \,\mathrm{d}x}{\sqrt{ax+b}} = \dfrac{2}{15a^3}(3a^2x^2 - 4abx + 8b^2)\sqrt{ax+b} + C$

(6) $\int \dfrac{\sqrt{ax+b}}{x}\,\mathrm{d}x = 2\sqrt{ax+b} + b\int \dfrac{\mathrm{d}x}{x\sqrt{ax+b}}$

(7) $\int \dfrac{\mathrm{d}x}{x\sqrt{ax+b}} = \begin{cases} \dfrac{1}{\sqrt{b}}\ln\left|\dfrac{\sqrt{ax+b}-\sqrt{b}}{\sqrt{ax+b}+\sqrt{b}}\right| + C & (b>0) \\ \dfrac{2}{\sqrt{-b}}\arctan\sqrt{\dfrac{ax+b}{-b}} + C & (b<0) \end{cases}$

3. 含有 $x^2 \pm a^2$ 的积分

(1) $\int \dfrac{1}{x^2+a^2}\,\mathrm{d}x = \dfrac{1}{a}\arctan\dfrac{x}{a} + C$

(2) $\int \dfrac{1}{x^2-a^2}\,\mathrm{d}x = \dfrac{1}{2a}\ln\left|\dfrac{x-a}{x+a}\right| + C$

(3) $\int \dfrac{\mathrm{d}x}{(x^2+a^2)^n} = \dfrac{x}{2(n-1)a^2(x^2+a^2)^{n-1}} + \dfrac{2n-3}{2(n-1)a^2}\int \dfrac{\mathrm{d}x}{(x^2+a^2)^{n-1}}$

4. 含有 $\sqrt{x^2+a^2}$ 及 $\sqrt{x^2-a^2}$ ($a>0$) 的积分

(1) $\int \dfrac{\mathrm{d}x}{\sqrt{x^2+a^2}} = \ln(x+\sqrt{x^2+a^2}) + C$

(2) $\int \dfrac{x\,\mathrm{d}x}{\sqrt{x^2+a^2}} = \sqrt{x^2+a^2} + C$

(3) $\int \dfrac{x^2\,\mathrm{d}x}{\sqrt{x^2+a^2}} = \dfrac{x}{2}\sqrt{x^2+a^2} - \dfrac{a^2}{2}\ln(x+\sqrt{x^2+a^2}) + C$

(4) $\int \dfrac{\mathrm{d}x}{x\sqrt{x^2+a^2}} = \dfrac{1}{a}\ln\dfrac{\sqrt{x^2+a^2}-a}{|x|} + C$

(5) $\int \dfrac{\mathrm{d}x}{x^2\sqrt{x^2+a^2}} = -\dfrac{\sqrt{x^2+a^2}}{a^2 x} + C$

(6) $\int \sqrt{x^2+a^2}\,\mathrm{d}x = \dfrac{x}{2}\sqrt{x^2+a^2} + \dfrac{a^2}{2}\ln(x+\sqrt{x^2+a^2}) + C$

(7) $\int x\sqrt{x^2+a^2}\,\mathrm{d}x = \dfrac{1}{3}\sqrt{(x^2+a^2)^3} + C$

(8) $\int x^2\sqrt{x^2+a^2}\,\mathrm{d}x = \dfrac{x}{8}(2x^2+a^2)\sqrt{x^2+a^2} - \dfrac{a^4}{8}\ln(x+\sqrt{x^2+a^2}) + C$

(9) $\int \dfrac{\sqrt{x^2+a^2}}{x}\,\mathrm{d}x = \sqrt{x^2+a^2} + a\ln\dfrac{\sqrt{x^2+a^2}-a}{|x|} + C$

(10) $\int \dfrac{\sqrt{x^2+a^2}}{x^2}\,\mathrm{d}x = -\dfrac{\sqrt{x^2+a^2}}{x} + \ln(x+\sqrt{x^2+a^2}) + C$

(11) $\int \dfrac{1}{\sqrt{x^2-a^2}}\,\mathrm{d}x = \ln|x+\sqrt{x^2-a^2}| + C$

(12) $\int \dfrac{x}{\sqrt{x^2-a^2}}\,\mathrm{d}x = \sqrt{x^2-a^2} + C$

(13) $\int \dfrac{x^2}{\sqrt{x^2-a^2}} dx = \dfrac{x}{2}\sqrt{x^2-a^2} + \dfrac{a^2}{2}\ln|x+\sqrt{x^2-a^2}| + C$

(14) $\int \dfrac{dx}{x\sqrt{x^2-a^2}} = \dfrac{1}{a}\arccos \dfrac{a}{|x|} + C$

(15) $\int \dfrac{dx}{x^2\sqrt{x^2-a^2}} = \dfrac{\sqrt{x^2-a^2}}{a^2 x} + C$

(16) $\int \sqrt{x^2-a^2}\, dx = \dfrac{x}{2}\sqrt{x^2-a^2} - \dfrac{a^2}{2}\ln|x+\sqrt{x^2-a^2}| + C$

(17) $\int x\sqrt{x^2-a^2}\, dx = \dfrac{1}{3}\sqrt{(x^2-a^2)^3} + C$

(18) $\int x^2\sqrt{x^2-a^2}\, dx = \dfrac{x}{8}(2x^2-a^2)\sqrt{x^2-a^2} - \dfrac{a^4}{8}\ln|x+\sqrt{x^2-a^2}| + C$

(19) $\int \dfrac{\sqrt{x^2-a^2}}{x} dx = \sqrt{x^2-a^2} - a\arccos \dfrac{a}{|x|} + C$

(20) $\int \dfrac{\sqrt{x^2-a^2}}{x^2} dx = -\dfrac{\sqrt{x^2-a^2}}{x} + \ln|x+\sqrt{x^2-a^2}| + C$

5. 含有 $\sqrt{a^2-x^2}\ (a>0)$ 的积分

(1) $\int \dfrac{dx}{\sqrt{a^2-x^2}} = \arcsin \dfrac{x}{a} + C$

(2) $\int \dfrac{x\, dx}{\sqrt{a^2-x^2}} = -\sqrt{a^2-x^2} + C$

(3) $\int \dfrac{x^2\, dx}{\sqrt{a^2-x^2}} = -\dfrac{x}{2}\sqrt{a^2-x^2} + \dfrac{a^2}{2}\arcsin \dfrac{x}{a} + C$

(4) $\int \dfrac{dx}{x\sqrt{a^2-x^2}} = \dfrac{1}{a}\ln \dfrac{a-\sqrt{a^2-x^2}}{|x|} + C$

(5) $\int \dfrac{dx}{x^2\sqrt{a^2-x^2}} = -\dfrac{\sqrt{a^2-x^2}}{a^2 x} + C$

(6) $\int \sqrt{a^2-x^2}\, dx = \dfrac{x}{2}\sqrt{a^2-x^2} + \dfrac{a^2}{2}\arcsin \dfrac{x}{a} + C$

(7) $\int x\sqrt{a^2-x^2}\, dx = -\dfrac{1}{3}\sqrt{(a^2-x^2)^3} + C$

(8) $\int x^2\sqrt{a^2-x^2}\, dx = \dfrac{x}{8}(2x^2-a^2)\sqrt{a^2-x^2} + \dfrac{a^4}{8}\arcsin \dfrac{x}{a} + C$

(9) $\int \dfrac{\sqrt{a^2-x^2}}{x} dx = \sqrt{a^2-x^2} + a\ln \dfrac{a-\sqrt{a^2-x^2}}{|x|} + C$

(10) $\int \dfrac{\sqrt{a^2-x^2}}{x^2} dx = -\dfrac{\sqrt{a^2-x^2}}{x} - \arcsin \dfrac{x}{a} + C$

6. 含有三角函数的积分

(1) $\int \sin^2 x\, dx = \dfrac{x}{2} - \dfrac{1}{4}\sin 2x + C$

(2) $\int \cos^2 x \, dx = \dfrac{x}{2} + \dfrac{1}{4}\sin 2x + C$

(3) $\int \sin^n x \, dx = -\dfrac{1}{n}\sin^{n-1} x \cos x + \dfrac{n-1}{n}\int \sin^{n-2} x \, dx$

(4) $\int \cos^n x \, dx = \dfrac{1}{n}\cos^{n-1} x \sin x + \dfrac{n-1}{n}\int \cos^{n-2} x \, dx$

(5) $\int \dfrac{dx}{\sin^n x} = -\dfrac{1}{n-1} \cdot \dfrac{\cos x}{\sin^{n-1} x} + \dfrac{n-2}{n-1}\int \dfrac{dx}{\sin^{n-2} x}$

(6) $\int \dfrac{dx}{\cos^n x} = -\dfrac{1}{n-1} \cdot \dfrac{\sin x}{\cos^{n-1} x} + \dfrac{n-2}{n-1}\int \dfrac{dx}{\cos^{n-2} x}$

(7) $\int \sin ax \cos bx \, dx = -\dfrac{1}{2(a+b)}\cos(a+b)x - \dfrac{1}{2(a-b)}\cos(a-b)x + C$

(8) $\int \sin ax \sin bx \, dx = -\dfrac{1}{2(a+b)}\sin(a+b)x + \dfrac{1}{2(a-b)}\sin(a-b)x + C$

(9) $\int \cos ax \cos bx \, dx = \dfrac{1}{2(a+b)}\sin(a+b)x + \dfrac{1}{2(a-b)}\sin(a-b)x + C$

(10) $\int \dfrac{dx}{a^2 \cos^2 x + b^2 \sin^2 x} = \dfrac{1}{ab}\arctan\left(\dfrac{b}{a}\tan x\right) + C$

(11) $\int \dfrac{dx}{a^2 \cos^2 x - b^2 \sin^2 x} = \dfrac{1}{2ab}\ln\left|\dfrac{b\tan x + a}{b\tan x - a}\right| + C$

(12) $\int x \sin ax \, dx = \dfrac{1}{a^2}\sin ax - \dfrac{1}{a}x \cos ax + C$

(13) $\int x \cos ax \, dx = \dfrac{1}{a^2}\cos ax + \dfrac{1}{a}x \sin ax + C$

7. 含有反三角函数的积分

(1) $\int \arcsin \dfrac{x}{a} \, dx = x \arcsin \dfrac{x}{a} + \sqrt{a^2 - x^2} + C$

(2) $\int x \arcsin \dfrac{x}{a} \, dx = \left(\dfrac{x^2}{2} - \dfrac{a^2}{4}\right)\arcsin \dfrac{x}{a} + \dfrac{x}{4}\sqrt{a^2 - x^2} + C$

(3) $\int x^2 \arcsin \dfrac{x}{a} \, dx = \dfrac{x^3}{3}\arcsin \dfrac{x}{a} + \dfrac{1}{9}(x^2 + 2a^2)\sqrt{a^2 - x^2} + C$

(4) $\int \arccos \dfrac{x}{a} \, dx = x \arccos \dfrac{x}{a} - \sqrt{a^2 - x^2} + C$

(5) $\int x \arccos \dfrac{x}{a} \, dx = \left(\dfrac{x^2}{2} - \dfrac{a^2}{4}\right)\arccos \dfrac{x}{a} - \dfrac{x}{4}\sqrt{a^2 - x^2} + C$

(6) $\int x^2 \arccos \dfrac{x}{a} \, dx = \dfrac{x^3}{3}\arccos \dfrac{x}{a} - \dfrac{1}{9}(x^2 + 2a^2)\sqrt{a^2 - x^2} + C$

(7) $\int \arctan \dfrac{x}{a} \, dx = x \arctan \dfrac{x}{a} - \dfrac{a}{2}\ln(a^2 + x^2) + C$

(8) $\int x \arctan \dfrac{x}{a} \, dx = \dfrac{1}{2}(a^2 + x^2)\arctan \dfrac{x}{a} - \dfrac{a}{2}x + C$

(9) $\int x^2 \arctan \dfrac{x}{a} \, dx = \dfrac{x^3}{3}\arctan \dfrac{x}{a} - \dfrac{a}{6}x^2 + \dfrac{a^3}{6}\ln(a^2 + x^2) + C$

8. 含有指数函数和对数函数的积分

(1) $\int a^x \, dx = \dfrac{1}{\ln a} a^x + C$

(2) $\int x a^{ax} \, dx = \dfrac{x}{\ln a} a^x - \dfrac{1}{(\ln a)^2} a^x + C$

(3) $\int x^n a^{ax} \, dx = \dfrac{1}{\ln a} x^n a^x - \dfrac{n}{\ln a} \int x^{n-1} a^x \, dx$

(4) $\int e^{ax} \sin^n bx \, dx$

$= \dfrac{1}{a^2 + b^2 n^2} e^{ax} \sin^{n-1} bx \, (a \sin bx - nb \cos bx) +$

$\qquad \dfrac{n(n-1) b^2}{a^2 + b^2 n^2} \int e^{ax} \sin^{n-2} bx \, dx \int e^{ax} \cos^n bx \, dx$

$= \dfrac{1}{a^2 + b^2 n^2} e^{ax} \cos^{n-1} bx \, (a \cos bx + nb \sin bx) + \dfrac{n(n-1) b^2}{a^2 + b^2 n^2} \int e^{ax} \cos^{n-2} bx \, dx$

(5) $\int \ln x \, dx = x \ln x - x + C$

(6) $\int x^n \ln x \, dx = \dfrac{1}{n+1} x^{n+1} \left(\ln x - \dfrac{1}{n+1} \right) + C$

(7) $\int (\ln x)^n \, dx = x (\ln x)^n - n \int (\ln x)^{n-1} \, dx$

初等数学常用公式

1. 和差化积公式

(1) $\sin a + \sin b = 2\sin\dfrac{a+b}{2}\cos\dfrac{a-b}{2}$

(2) $\sin a - \sin b = 2\cos\dfrac{a+b}{2}\sin\dfrac{a-b}{2}$

(3) $\cos a + \cos b = 2\cos\dfrac{a+b}{2}\cos\dfrac{a-b}{2}$

(4) $\cos a - \cos b = -2\sin\dfrac{a+b}{2}\sin\dfrac{a-b}{2}$

2. 积化和差公式

(1) $\cos a \sin b = \dfrac{1}{2}[\sin(a+b) - \sin(a-b)]$

(2) $\sin a \cos b = \dfrac{1}{2}[\sin(a+b) + \sin(a-b)]$

(3) $\cos a \cos b = \dfrac{1}{2}[\cos(a+b) + \cos(a-b)]$

(4) $\sin a \sin b = -\dfrac{1}{2}[\cos(a+b) - \cos(a-b)]$

3. 两角和(差)公式

(1) $\sin(a \pm b) = \sin a \cos b \pm \cos a \sin b$

(2) $\cos(a \pm b) = \cos a \cos b \mp \sin a \sin b$

(3) $\tan(a \pm b) = \dfrac{\tan a \pm \tan b}{1 \mp \tan a \tan b}$

4. 二倍角公式

(1) $\sin 2a = 2\sin a \cos a$

(2) $\cos 2a = \cos^2 a - \sin^2 a = 2\cos^2 x - 1 = 1 - 2\sin^2 a$

(3) $\tan 2a = \dfrac{2\tan a}{1 - \tan^2 a}$

附录 Ⅱ

5. 半角公式

(1) $\sin\dfrac{a}{2} = \pm\sqrt{\dfrac{1-\cos a}{2}}$

(2) $\cos\dfrac{a}{2} = \pm\sqrt{\dfrac{1+\cos a}{2}}$

(3) $\tan\dfrac{a}{2} = \dfrac{\sin a}{1+\cos a} = \dfrac{1-\cos a}{\sin a} = \pm\sqrt{\dfrac{1-\cos a}{1+\cos a}}$

6. 万能公式

(1) $\sin a = \dfrac{2\tan\dfrac{a}{2}}{1+\tan^2\dfrac{a}{2}}$

(2) $\cos a = \dfrac{1-\tan^2\dfrac{a}{2}}{1+\tan^2\dfrac{a}{2}}$

(3) $\tan a = \dfrac{2\tan\dfrac{a}{2}}{1-\tan^2\dfrac{a}{2}}$

7. 诱导公式

(1) $\sin(a+2k\pi) = \sin a, \cos(a+2k\pi) = \cos a, \tan(a+2k\pi) = \tan a$

(2) $\sin[a+(2k+1)\pi] = -\sin a$,

$\cos[a+(2k+1)\pi] = -\cos a$,

$\tan[a+(2k+1)\pi] = \tan a$

(3) $\sin(-a) = -\sin a, \cos(-a) = \cos a, \tan(-a) = -\tan a$

(4) $\sin\left(\dfrac{\pi}{2}-a\right) = \cos a, \cos\left(\dfrac{\pi}{2}-a\right) = \sin a$;

$\sin\left(\dfrac{\pi}{2}+a\right) = \cos a, \cos\left(\dfrac{\pi}{2}+a\right) = -\sin a$

参 考 文 献

[1] 同济大学数学系.高等数学[M].7版.北京:高等教育出版社,2014.
[2] 四川大学数学学院高等数学教研室,四川大学数学学院微分方程教研室.高等数学.第四册[M].4版.北京:高等教育出版社,2020.
[3] 张弢,殷俊锋.高等数学:微课版[M].2版.北京:人民邮电出版社,2022.
[4] 徐晶.高等数学[M].成都:西南交通大学出版社,2016.
[5] 潘福臣,杨磊.高等数学[M].沈阳:辽宁大学出版社,2016.
[6] 杨光昊,李伟,芦艺.高等数学[M].上海:复旦大学出版社,2022.
[7] 金路,童裕孙,张万国,等.高等数学[M].5版.北京:高等教育出版社,2020.
[8] 李忠,周建莹.高等数学[M].3版.北京:北京大学出版社,2023.
[9] 吴赣昌.高等数学:理工类:高职高专版[M].4版.北京:中国人民大学出版社,2017.
[10] 朱健民,李建平,王晓,等.高等数学[M].3版.北京:高等教育出版社,2022.